时代之问 中国答卷

人民日报国际评论『和音』

人民日报国际部◎编

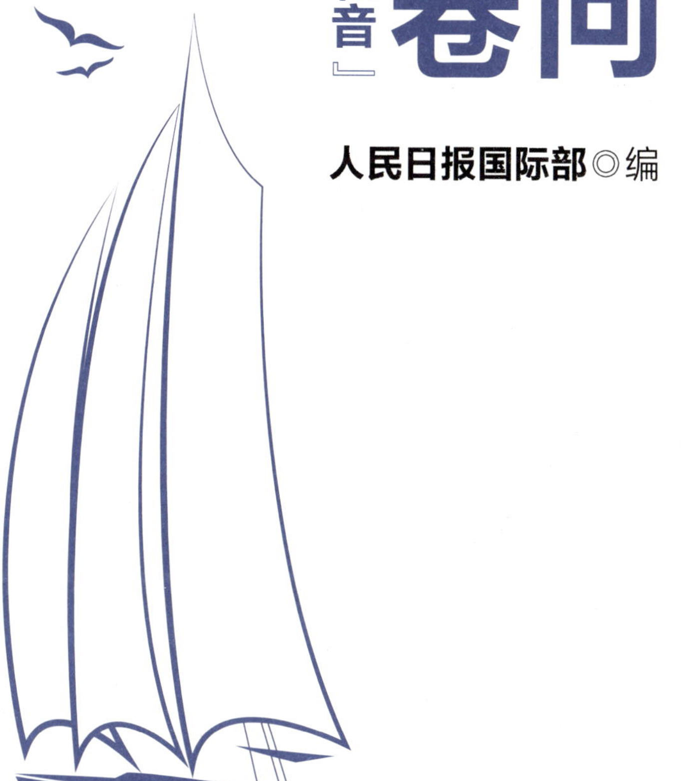

人民日报出版社
北京

图书在版编目（CIP）数据

时代之问　中国答卷：人民日报国际评论“和音”/人民日报国际部编．— 北京：人民日报出版社，2022.9

ISBN 978-7-5115-7199-1

Ⅰ．①时…　Ⅱ．①人…　Ⅲ．①时事评论－世界－2021－文集　Ⅳ．① D5-53

中国版本图书馆 CIP 数据核字（2021）第 251156 号

书　　名：时代之问　中国答卷：人民日报国际评论“和音”
　　　　　SHIDAIZHIWEN ZHONGGUODAJUAN：RENMINRIBAO GUOJI PINGLUN “HEYIN”
作　　者：人民日报国际部

出 版 人：刘华新
责任编辑：蒋菊平　李　安
版式设计：九章文化

出版发行：人民日报出版社
社　　址：北京金台西路 2 号
邮政编码：100733
发行热线：(010) 65369527　65369512　65369509
邮购热线：(010) 65369530　65363527
编辑热线：(010) 65369528
网　　址：www.peopledailypress.com
经　　销：新华书店
印　　刷：大厂回族自治县彩虹印刷有限公司
法律顾问：北京科宇律师事务所　010-83622312

开　　本：710mm×1000mm　1/16
字　　数：510 千字
印　　张：31.25
版次印次：2022 年 9 月第 1 版　　2022 年 9 月第 1 次印刷

书　　号：ISBN 978-7-5115-7199-1
定　　价：78.00 元

目录

第一章　民族复兴，不可逆转的历史进程

壹

民族复兴，不可逆转的历史进程

“

中国共产党和中国人民以英勇顽强的奋斗向世界庄严宣告，中华民族迎来了从站起来、富起来到强起来的伟大飞跃，实现中华民族伟大复兴进入了不可逆转的历史进程！

”

为世界经济发展贡献更大力量

作为世界第二大经济体、第二大消费市场和第一货物贸易大国，中国经济持续稳定恢复，对世界经济增长的稳定器和动力源作用更加明显

“我国经济发展和疫情防控保持全球领先地位”“我国经济韧性强，长期向好的基本面不会改变”……日前在北京举行的中央经济工作会议，总结2021年经济工作，分析当前经济形势，部署2022年经济工作，为做好明年经济工作指明了前进方向、提供了根本遵循。会议释放的积极信息让国际社会更加清晰地感知到中国经济高质量发展的光明前景。

今年是党和国家历史上具有里程碑意义的一年。中国沉着应对百年变局和世纪疫情，构建新发展格局迈出新步伐，高质量发展取得新成效，实现了“十四五”良好开局。中国经济发展和疫情防控保持全球领先地位，国家战略科技力量加快壮大，产业链韧性得到提升，改革开放向纵深推进，民生保障有力有效，生态文明建设持续推进。前三季度，中国国内生产总值同比增长9.8%，两年平均增长5.2%。作为世界第二大经济体、第二大消费市场和第一货物贸易大国，中国经济持续稳定恢复，对世界经济增长的稳定器和动力源作用更加明显。

世纪疫情冲击下，百年变局加速演进，外部环境更趋复杂严峻和不确定。尽管面临需求收缩、供给冲击、预期转弱三重压力，但中国经济发展长期向好的基本面不会改变。中国产业结构持续优化，高技术制造业、装备制造业表现亮眼，现代服务业增长较快；中国市场主体总量超1.5亿户，14亿多人口和4亿以上中等收入群体，让中国成为全球最具潜力的大市场。“中国经济增长将继续保持强劲势头”“明年中国的经济增长结构将更好”……国际货币基金组织以及众多外资机构持续看好中国经济稳中向好、长期向好发展大势。

中国市场的磁力效应更加明显。中国商务部的数据显示，今年 1 至 10 月，全国实际使用外资金额 9431.5 亿元，同比增长 17.8%，引资规模保持增长。近年来，中国有序扩大对外开放，越来越多外国企业抓住重要机遇，加快布局中国市场。中国美国商会 2021 年度商务调查显示，近 2/3 会员计划增加在华投资。美中贸易委员会不久前发布的报告称，九成以上受访企业过去一年在华业务保持盈利。未来，中国将继续扩大高水平对外开放，推动制度型开放，落实好外资企业国民待遇，吸引更多跨国公司投资，推动重大外资项目加快落地。美国《纽约时报》网站刊文指出，中国的投资前景“比以往任何时候都要乐观”。

中国的发展离不开世界，世界的繁荣也需要中国。中国统筹疫情防控和经济社会发展，推动对外贸易创新发展，为保障全球产业链供应链稳定、推动世界经济复苏作出重要贡献。面对世界经济不稳定性不确定性明显增强，单边主义、保护主义蔓延，中国以自身开放推动世界共同开放，为疫情阴霾下艰难前行的世界经济带来“开放的春风”，对凝聚开放共识、提振发展信心产生积极影响。中国迄今已与 144 个国家、32 个国际组织签署 200 多份共建“一带一路”合作文件，与“一带一路”沿线国家货物贸易额累计达 10.4 万亿美元，对沿线国家非金融类直接投资超过 1300 亿美元，高质量共建“一带一路”有效增强了世界经济的韧性。

所当乘者势也，不可失者时也。无论国际风云如何变幻，中国都将坚定不移做好自己的事情，不断做强经济基础，增强科技创新能力，坚持多边主义，主动对标高标准国际经贸规则，以高水平开放促进深层次改革、推动高质量发展，为世界经济发展贡献更大力量。

《人民日报》（2021 年 12 月 13 日）

人民幸福生活是最大的人权

中国始终积极参与全球人权治理，认真履行国际人权义务，为国际人权事业发展贡献了重要智慧和力量

“人权是人类文明进步的标志。呵护人的生命、价值和尊严，实现人人享有人权，是人类社会的共同追求。坚持人民至上，把人民对美好生活的向往作为奋斗目标，是时代赋予世界各国的责任。”12 月 8 日，习近平主席向 2021·南南人权论坛致贺信，深刻阐明中国的人权观和尊重保障人权的生动实践，彰显了弘扬全人类共同价值、促进国际人权事业健康发展的使命担当。

中国共产党始终是尊重和保障人权的政党。中国共产党的 100 年，创造了尊重和保障人权的伟大奇迹，谱写了人权文明的新篇章。中国共产党自成立之日起就举起争民主、争人权的旗帜，团结带领人民为实现民族独立、人民解放不懈奋斗，建立了新中国，实现了人民当家作主。新中国成立后，中国共产党领导人民进行社会主义革命和建设，确立了社会主义基本制度，为中国人权事业发展奠定了根本政治前提和制度基础。改革开放新时期，中国开辟了中国特色社会主义道路，不断解放和发展社会生产力，实现了人民生活从温饱不足到总体小康、奔向全面小康的历史性跨越，中国人权事业取得长足进步。

党的十八大以来，习近平主席高度重视尊重和保障人权，鲜明提出“坚持以人民为中心”“人民至上”“生命至上”“人民幸福生活是最大的人权”“推动构建人类命运共同体”等富有原创性、感召力的人权新理念。中国坚持以人民为中心，把人民利益放在首位，以发展促进人权，推进全过程人民民主，促进人的自由全面发展，成功走出一条符合时代潮流的人权发展道路，推动中国人权事业取得了显著成就。出席 2021·南南人权论坛的中非共和国前外长杜巴纳指出：“中国将人的发展置于核心位置，我们应该借鉴这一经验，一起前进，一起发展。”

中国的实践充分印证了人民幸福生活是最大的人权这一科学论断。“全面小康路上一个也不能少”，中国举全党全国之力打赢脱贫攻坚战，使近1亿农村贫困人口实现脱贫，提前10年实现联合国2030年可持续发展议程减贫目标。为保护人民生命安全和身体健康，中国在抗击新冠肺炎疫情斗争中坚持人民至上、生命至上，无论是新生婴儿还是百岁老人，每一个生命都得到悉心呵护。曾深度参与中国脱贫攻坚工作的意大利专家罗杰威有感而发：“14亿多中国人的获得感、幸福感、安全感不断增强，中国的做法为其他国家推进人权事业提供了宝贵经验。”

中国始终积极参与全球人权治理，认真履行国际人权义务，为国际人权事业发展贡献了重要智慧和力量。中国积极开展抗疫国际合作，向世界输送大批抗疫物资。中国率先提出将本国新冠疫苗作为全球公共产品，已向120多个国家和国际组织提供了超过18亿剂新冠疫苗，为促进疫苗公平可及作出重要贡献。为促进全球共同发展，中国坚持共商共建共享，推进高质量共建“一带一路”，一大批合作项目落地生根，给沿线国家创造了30多万个就业岗位，有力增进了沿线各国人民福祉。吉尔吉斯斯坦前外长、上海合作组织前秘书长伊马纳利耶夫表示，人类命运共同体理念已经成为促进南南人权合作的指南。

人权保障没有最好，只有更好。在世界人权日到来之际，中国愿以2021·南南人权论坛为契机，大力弘扬全人类共同价值，加强人权交流合作，完善全球人权治理体系，推动国际人权事业向着更加平等、全面、均衡、进步的方向发展。中国将始终与广大发展中国家站在一起，共商人权发展大计，不断推动国际人权事业取得更大进步，共同开创人权事业的美好未来。

《人民日报》（2021年12月10日）

为人类文明发展进步作出新的更大贡献

中国的民主实践充分证明，民主是各国人民的权利，而不是少数国家的专利；民主不是装饰品，不是用来做摆设的，而是要用来解决人民需要解决的问题的

12 月 4 日，“民主：全人类共同价值”国际论坛在北京开幕。120 多个国家和地区、20 多个国际组织的 500 余名嘉宾线上线下参会，共同探讨民主真谛，共商交流互鉴之道。

民主是全人类共同价值，是人类文明发展进步的重要标志。实现人民民主，是中国共产党始终高举的伟大旗帜和坚持的重要理念。100 年来，中国共产党领导人民矢志不渝追求民主、发展民主、实现民主，中国民主之路越走越宽广。人民当家作主是中国民主的本质和核心，中国民主充分体现人民意志、维护人民权益、激发人民创造，真正把发展为了人民、发展依靠人民、发展成果由人民共享落到实处。这是中国之治的“密码”，是中国民主的力量。在世界文明的百花园里，中国的民主之花绚丽绽放。

中国的民主实践充分证明，民主是各国人民的权利，而不是少数国家的专利。实现民主有多种方式，不可能千篇一律。民主是历史的、具体的、发展的，各国民主植根于本国的历史文化传统，成长于本国人民的实践探索和智慧创造，民主道路不同，民主形态各异。一个国家是不是民主，应该由这个国家的人民来评判，而不应该由外部少数人指手画脚来评判。国际社会哪个国家是不是民主的，应该由国际社会共同来评判，而不应该由自以为是的少数国家来评判。用单一的标尺衡量世界丰富多彩的政治制度，用单调的眼光审视人类五彩缤纷的政治文明，本身就是不民主的。日本前首相鸠山由纪夫在“民主：全人

类共同价值”国际论坛上发言指出，各国应该培养共同价值观的思维，不应该企图通过攻击他国价值观来逃避自身价值观所面临的混乱。

中国的民主实践充分证明，民主不是装饰品，不是用来做摆设的，而是要用来解决人民需要解决的问题的。中国共产党一经诞生，就把为中国人民谋幸福、为中华民族谋复兴确立为自己的初心和使命，为实现人民当家作主进行了不懈探索和奋斗，让中国人民真正成为国家、社会和自己命运的主人。党的十八大以来，中国共产党深化对中国民主政治发展规律的认识，提出全过程人民民主重大理念并大力推进，民主价值和理念进一步转化为科学有效的制度安排和具体现实的民主实践。“中国赋予了民主更全面的内涵和更强大的生命力”“中国的民主实践真正解决人民要解决的问题”“中国式民主不仅体现在民主选举中，也广泛体现在日常生活中，是有效的民主制度”……国际人士纷纷予以高度评价。

民主没有放之四海而皆准的模式，各国应相互尊重、求同存异、交流互鉴，促进团结而不是造成分裂，推动合作而不是制造对抗，增进人民福祉而不是带来动荡混乱。人类民主事业的真正阻碍，不是民主模式的差异，而是对他国民主探索的傲慢、偏见和敌视，是把本国民主模式强加于人的“唯我独尊”。正是本着对人类前途命运高度负责的态度，中国始终积极推动各方以宽广胸怀理解不同文明对价值内涵的认识，尊重不同国家人民对价值实现路径的探索，把全人类共同价值具体地、现实地体现到实现本国人民利益的实践中去。西班牙共产党主席何塞·路易斯·森特利亚强调，只有各国经常对话、和谐共处，同时秉持共同的价值，才能战胜当下的一系列挑战，为人类共同的未来谋取更好的福祉。

民主是多样的，世界是多彩的。中国共产党和中国人民愿同各国交流互鉴、携手合作，一道弘扬和平、发展、公平、正义、民主、自由的全人类共同价值，携手应对全球共同挑战，推进构建人类命运共同体，为人类文明发展进步作出新的更大贡献。

《人民日报》（2021 年 12 月 6 日）

中国道路拓展发展中国家走向现代化的途径

中国特色社会主义道路适合中国国情、符合中国特点、顺应时代发展要求，是一条走得对、行得通的强国之路。中国人民拥有坚定的道路自信

《中共中央关于党的百年奋斗重大成就和历史经验的决议》指出："党领导人民成功走出中国式现代化道路，创造了人类文明新形态，拓展了发展中国家走向现代化的途径，给世界上那些既希望加快发展又希望保持自身独立性的国家和民族提供了全新选择。"这一重要论断深刻揭示了中国共产党团结带领中国人民成功开辟中国特色社会主义道路、不断推进社会主义现代化建设的世界意义。

环顾全球，世界各国都希望找到本国发展振兴之路。事实证明，人类历史上没有一个民族、一个国家可以通过依赖外部力量、照搬外国模式、跟在他人后面亦步亦趋实现强大和振兴。那样做的结果，不是必然遭遇失败，就是必然成为他人的附庸。把本国发展进步的命运牢牢掌握在自己手中，必须探索出一条符合本国国情的正确道路，并坚定不移走自己的路。

中国共产党在百年奋斗中始终坚持从中国国情出发，探索并形成符合中国实际的正确道路。改革开放以来，中国共产党团结带领中国人民坚定不移走中国特色社会主义道路，经济实力、科技实力、综合国力大幅提升，国际地位空前提高，人民生活由温饱不足跨越到全面小康，创造了经济快速发展、社会长期稳定的奇迹。有学者形象地比喻：相较于西方国家现代化是一个"串联式"的发展过程，工业化、城镇化、农业现代化、信息化顺序发展，中国的现代化是一个"并联式"进程，用几十年的时间走过了西方发达国家上百年甚至数百

年的发展历程。也正因为如此，当代中国被称为是“世界现代化的增长极”“最大的经济和社会变革的实验室”。

一个国家走的道路行不行，关键要看是否符合本国国情，是否顺应时代发展潮流，能否带来经济发展、社会进步、民生改善、社会稳定，能否得到人民支持和拥护，能否为人类进步事业作出贡献。当前，中国人民拥有坚定的道路自信，就是因为中国特色社会主义道路适合中国国情、符合中国特点、顺应时代发展要求，是一条走得对、行得通的强国之路。对于世界而言，中国沿着自身选择的发展道路快速发展起来，也在以一种具有高度“可视性”的方式向各国表明，世界上根本不存在定于一尊的发展模式，每个国家都有探索自身发展道路的权利。

世界是丰富多彩的，多样性是人类文明的魅力所在，更是世界发展的活力和动力之源。文明没有高下、优劣之分，只有特色、地域之别，只有在交流中才能融合，在融合中才能进步。中国坚持走自己的路，也始终以开放的姿态拥抱世界，乐于学习借鉴其他优秀文明成果。中国坚持独立自主、自力更生，也虚心学习借鉴国外的有益经验。当前，世界瞩目中国共产党百年奋斗取得的伟大成就，许多国家的政党希望与中国共产党交流治国理政经验，学习借鉴中国发展之道。西班牙塞维利亚大学教授弗朗西斯科·西埃拉认为，中国走出了一条不一样的发展道路，这条道路正在越来越深刻地影响和改变着世界。

尊重世界文明多样性、发展道路多样化，尊重和维护各国人民自主选择社会制度和发展道路的权利，相互借鉴，取长补短，这是人类文明进步的历史潮流。展望未来，中国共产党将继续团结带领中国人民沿着中国特色社会主义道路奋勇前行，为实现第二个百年奋斗目标、实现中华民族伟大复兴的中国梦而不懈奋斗，为人类文明作出更大的贡献。

《人民日报》（2021 年 11 月 26 日）

不断为人类进步事业作出新的贡献

中国共产党以自强不息的奋斗深刻改变了世界发展的趋势和格局。未来，中国共产党一定能够不断为人类文明进步贡献智慧和力量

党的十九届六中全会是一次继往开来的盛会，受到国际社会持续广泛关注。全会通过《中共中央关于党的百年奋斗重大成就和历史经验的决议》，深刻揭示了中国共产党过去为什么能够成功、未来怎样才能继续成功，成为国际社会探寻中国共产党成功密码的重要依据。

100 年来，中国共产党始终践行初心使命，团结带领全国各族人民绘就了人类发展史上的壮美画卷，中华民族伟大复兴展现出前所未有的光明前景。中国共产党的百年奋斗从根本上改变了中国人民的前途命运，开辟了实现中华民族伟大复兴的正确道路，展示了马克思主义的强大生命力，深刻影响了世界历史进程，锻造了走在时代前列的中国共产党。坚持党的领导，坚持人民至上，坚持理论创新，坚持独立自主，坚持中国道路，坚持胸怀天下，坚持开拓创新，坚持敢于斗争，坚持统一战线，坚持自我革命，这是中国共产党在百年奋斗中积累的宝贵历史经验。

当前，世界百年未有之大变局加速演进，中华民族伟大复兴进入关键时期。在这一特殊的历史节点，对中国共产党百年奋斗的历史和实践进行深刻总结，不仅让国际社会看到中国共产党“能”，也让国际社会深刻认识到中国共产党“为什么能”。透过十九届六中全会及其通过的决议，国际社会愈加清晰地看到，中国共产党具有强大的领导力执政力，是中国人民最可靠的主心骨，是团结带领中国人民攻坚克难、开拓前进最可靠的领导力量。

100 年来，在历史重大转折到来时，中国共产党总是能够比较好地、有预

见地、全面客观地分析研究形势，并在此基础上制定切合实际的目标和任务、政策和路径，从而使全党在正确路线指引下有条不紊地开展工作。尼泊尔共产党（马列）总书记梅纳利说，中国共产党是一个实事求是、重视实干的伟大政党。印度共产党总书记拉贾认为，中国共产党取得如此巨大的成就，是因为能把马克思主义普遍真理同中国实践相结合，走出了中国特色社会主义道路。俄罗斯科学院远东研究所政治研究和预测中心主任安德烈·维诺格拉多夫指出，习近平新时代中国特色社会主义思想为中国共产党和中国的发展指明了方向，也有利于推动全球发展繁荣。

100 年来，中国共产党建组织、严纪律、强法治，真正使千百万党员凝聚起来，真正把亿万人民组织起来，保证了党的决策部署能够及时、坚决、有力地贯彻执行。“我们看到了一个面对巨大挑战，坚守信念又灵活智慧的政党；一个将全面发展、制度建设、法制建设贯穿工作全过程，以人民为中心的政党。”古巴共产党中央第一书记、国家主席迪亚斯—卡内尔表示，中国有效应对新冠肺炎疫情，成功消除极端贫困，这都是中国共产党回应民众诉求、高效开展工作的结果。塞尔维亚前进党主席、总统武契奇指出，中国共产党在建设国家过程中激发出的伟大创造力，为世界各国带来了启迪和希望。

中国共产党的根基在人民、血脉在人民、力量在人民，人民是党执政兴国的最大底气。中国共产党始终坚持为中国人民谋幸福，始终坚持以人民为中心的发展思想，不断增进全体人民福祉，不断激发全体人民的奋进动力。巴基斯坦正义运动党主席、总理伊姆兰·汗认为，中国共产党的实践证明，一个政党唯有全心全意为人民服务，才能广受拥护。“我们从中国共产党那里学到了很多。”南非非国大主席、总统拉马福萨表示，一个政党要致力于为国家谋发展，为人民谋幸福，人民利益高于一切。

中国共产党和中国人民的事业是人类进步事业的重要组成部分。过去 100 年，中国共产党向人民、向历史交出了一份优异的答卷，以自强不息的奋斗深刻改变了世界发展的趋势和格局。未来，中国共产党将继续团结带领中国人民埋头苦干、勇毅前行，为实现第二个百年奋斗目标、实现中华民族伟大复兴的中国梦而不懈奋斗，一定能够不断为人类文明进步贡献智慧和力量。

《人民日报》（2021 年 11 月 23 日）

通向共同繁荣的机遇之路

紧紧抓住发展这个最大公约数，共建“一带一路”造福沿线各国人民，成为全球开放合作、促进共同发展繁荣的中国方案

“通过共建‘一带一路’，提高了国内各区域开放水平，拓展了对外开放领域，推动了制度型开放，构建了广泛的朋友圈，探索了促进共同发展的新路子，实现了同共建国家互利共赢。”11月19日，习近平总书记在北京出席第三次“一带一路”建设座谈会并发表重要讲话，系统总结共建“一带一路”取得的重要成就和经验启示，科学分析共建“一带一路”面临的新形势，对继续推动共建“一带一路”高质量发展提出明确要求，展现新时代中国通过共建“一带一路”继续扩大高水平开放、同世界分享发展机遇、推动构建人类命运共同体的坚定决心和大国担当。

凡益之道，与时偕行。2013年秋天，顺应和平、发展、合作、共赢的时代潮流，习近平主席提出共建“一带一路”重大倡议。8年多来，中国坚持共商共建共享原则，把基础设施“硬联通”作为重要方向，把规则标准“软联通”作为重要支撑，把同共建国家人民“心联通”作为重要基础，推动共建“一带一路”高质量发展，取得实打实、沉甸甸的成就。如今，“一带一路”成为广受欢迎的国际公共产品和规模最大的合作平台。截至2021年11月，中国已与140个国家、32个国际组织签署200多份共建“一带一路”合作文件；与日本、意大利等14国签署第三方市场合作文件；有关合作理念和主张写入联合国、二十国集团、亚太经合组织、上海合作组织等重要国际机制的成果文件。“一带一路”的“朋友圈”越来越大，合作质量越来越高，发展前景越来越好。联合国秘书长古特雷斯指出：“各国应当抓住‘一带一路’合作带来的机遇，

实现互利共赢。”

紧紧抓住发展这个最大公约数，共建“一带一路”造福沿线各国人民，成为全球开放合作、促进共同发展繁荣的中国方案。面对新冠肺炎疫情肆虐，中国与沿线国家拉紧命运与共的纽带，共同打造“健康丝绸之路”，为抗击疫情凝聚合力；中国与沿线国家共享互利共赢的机遇，深化经贸投资合作，为世界经济复苏增添助力；中国与沿线国家坚定共同发展的信心，释放经济发展动能，为造福各国人民激发活力。“一带一路”已成为团结应对挑战的合作之路，维护人民健康安全的健康之路，促进经济社会恢复的复苏之路，释放发展潜力的增长之路。“我们的生活有了翻天覆地的变化”“创造了数以万计的就业岗位”“让我们从靠天吃饭的农民转变为技术工人和管理人才”……沿线国家人民的心声，是对共建“一带一路”价值与意义的最佳诠释。

百年变局叠加世纪疫情，世界进入动荡变革期。如何继续推动共建“一带一路”高质量发展，中国给出的答案坚定而响亮：“要夯实发展根基”“要稳步拓展合作新领域”“要更好服务构建新发展格局”“要全面强化风险防控”“要强化统筹协调”。踏上全面建设社会主义现代化国家新征程的中国，将继续坚持共商共建共享原则，与沿线各国深化政治互信、深化互联互通、深化贸易畅通、深化资金融通、深化人文交流，推动共建“一带一路”高质量发展，以中国的新发展为世界提供新机遇。

海纳百川，大道致远。根植于历史厚土、顺应时代大势，“一带一路”倡议凝聚起沿线国家人民求和平、谋发展的共同心愿，传递出中国坚定扩大开放、促进合作共赢的时代强音。中国将通过共建“一带一路”，与各国携手开拓出一条通向共同繁荣的机遇之路，共同推动历史车轮向着光明的目标前进。

《人民日报》（2021 年 11 月 21 日）

为推动构建人类命运共同体而不懈努力

10 月 25 日，习近平主席将在北京出席中华人民共和国恢复联合国合法席位 50 周年纪念会议并发表重要讲话。中国隆重纪念这一历史性事件，回顾中国同联合国携手同行的光辉历程，总结中国积极参与全球治理体系改革和建设的宝贵经验，将推动中国同联合国合作迈上新台阶，为世界和平与发展作出新的更大贡献。

1971 年 10 月 25 日，第二十六届联合国大会以压倒多数通过第 2758 号决议，决定恢复中华人民共和国在联合国的一切权利。这是世界公道正义的胜利，也是联合国宪章宗旨和原则的胜利。自此，占世界人口近 1/4 的中国人民在联合国有了真正代表，联合国的普遍性、代表性和权威性得到切实增强，国际社会坚持一个中国原则的格局得到极大巩固和发展，世界和平与发展的力量得到空前壮大。

中华人民共和国恢复联合国合法席位的 50 年，是中国践行多边主义的 50 年，是中国全面参与和支持联合国事业的 50 年，也是中国持续为世界和平与发展作出贡献的 50 年。作为联合国创始会员国和安理会常任理事国，中国始终坚决维护联合国宪章宗旨和原则，坚定维护世界和平与安全，大力促进全球发展，不断推动国际法治建设，全力支持联合国在国际事务中发挥核心作用，积极致力于促进和保护人权，大力推进社会领域发展与合作，不断为提升人类卫生健康水平作出贡献。国际人士普遍认为，中国是多极化世界中的重要力量。

近年来，面对“建设一个什么样的世界、如何建设这个世界”等关乎人类前途命运的重大课题，习近平主席以为世界谋的战略眼光和为天下计的宽广胸怀，提出构建人类命运共同体的重大倡议。从出席联合国成立 70 周年系列峰会、访问联合国日内瓦总部，到出席联合国成立 75 周年系列高级别会议、出席第七十六届联合国大会一般性辩论并发表重要讲话，习近平主席每一次登上联合国这一最重要多边舞台，都以鲜明的中国主张、务实的中国行动回应时代之变、世界之变，为推动构建人类命运共同体、共创人类美好未来指明方向，让世界看到一个信念坚定如磐、行动踏实有力的负责任大国的担当。

当前，世界百年未有之大变局和新冠肺炎疫情全球大流行交织影响，世界又站在历史的十字路口。只有维护以联合国为核心的国际体系，维护以国际法为基础的国际秩序，维护以联合国宪章宗旨和原则为基础的国际关系基本准则，才能有效凝聚国际共识，共同应对全球性挑战。中国秉持共商共建共享的全球治理观，高举真正的多边主义旗帜，为联合国事业不断作出新贡献。中国主张，联合国应成为各国共同维护普遍安全、共同分享发展成果、共同掌握世界命运的核心平台。中国积极参与联合国维和行动，推动落实联合国 2030 年可持续发展议程，引领全球气候治理进程，推动全球抗疫合作，为充满不稳定性不确定性的世界注入关键正能量。联合国秘书长古特雷斯表示，中国的支持对多边主义至关重要，期待中国在国际事务中发挥重要领导力。

站在新的历史起点上，中国将继续做世界和平的建设者、全球发展的贡献者、国际秩序的维护者、公共产品的提供者，与世界上一切进步力量携手前进，坚定维护联合国宪章宗旨和原则，坚定弘扬和平、发展、公平、正义、民主、自由的全人类共同价值，为推动构建相互尊重、公平正义、合作共赢的新型国际关系，推动构建人类命运共同体而不懈努力。

《人民日报》（2021 年 10 月 23 日）

携手实现世界永续和平发展

中国将坚持走和平发展之路、改革开放之路、多边主义之路，始终做世界和平的建设者、全球发展的贡献者、国际秩序的维护者

10月25日，习近平主席在北京出席中华人民共和国恢复联合国合法席位50周年纪念会议并发表重要讲话。习近平主席回顾历史，总结新中国恢复联合国合法席位50年来对联合国事业和世界和平发展所作的积极贡献；展望未来，就加深同联合国合作、促进人类和平与发展、推动构建人类命运共同体提出中国主张、中国倡议，具有重大现实意义和深远历史影响。

“新中国恢复在联合国合法席位，是世界上的一个大事件，也是联合国的一个大事件。”习近平主席强调，这是世界上一切爱好和平和主持正义的国家共同努力的结果，标志着占世界人口四分之一的中国人民从此重新走上联合国舞台。50年来，中国人民始终发扬自强不息精神，在风云变幻中把握中国前进方向，书写了中国以及人类发展的壮阔史诗；中国人民始终同世界各国人民团结合作，维护国际公平正义，为世界和平与发展作出了重大贡献；中国人民始终维护联合国权威和地位，践行多边主义，中国同联合国合作日益深化。联合国前秘书长潘基文表示，50年来，中国不仅实现了自身的高速发展，更成为世界和平的建设者和全球发展的贡献者，世界期待中国为促进人类可持续发展发挥更大积极作用。

当前，世界百年未有之大变局加速演进，和平发展进步力量不断增长。习近平主席把脉时代前进方向，强调应该顺应历史大势，坚持合作、不搞对抗，坚持开放、不搞封闭，坚持互利共赢、不搞零和博弈，坚决反对一切形式的霸权主义和强权政治，坚决反对一切形式的单边主义和保护主义，提出“应该大

力弘扬和平、发展、公平、正义、民主、自由的全人类共同价值，共同为建设一个更加美好的世界提供正确理念指引”“应该携手推动构建人类命运共同体，共同建设持久和平、普遍安全、共同繁荣、开放包容、清洁美丽的世界”“应该坚持互利共赢，共同推动经济社会发展更好造福人民”“应该加强合作，共同应对人类面临的各种挑战和全球性问题”“应该坚决维护联合国权威和地位，共同践行真正的多边主义”的重要论断，引发国际社会强烈共鸣。国际人士指出，“这是中国向世界发出的积极倡导”，“中国理念深刻阐释了联合国的宗旨原则”。

行之以躬，不言而信。作为联合国事业的坚定支持者和贡献者，中国忠实履行联合国安理会常任理事国职责和使命，维护联合国宪章宗旨和原则，维护联合国在国际事务中的核心作用，在维护世界和平、促进共同发展、捍卫国际公平正义、应对全球性挑战中始终发挥重要建设性作用，得到国际社会广泛称赞。联合国秘书长古特雷斯感谢中国始终坚持多边主义，支持联合国工作，为促进世界和平与发展发挥了重要作用，作出了重大贡献。

世界潮流，浩浩荡荡，顺之则昌，逆之则亡。历史已经并将继续证明，互利合作必将取代零和博弈，多边主义必将战胜单边主义。“国际规则只能由联合国 193 个会员国共同制定，不能由个别国家和国家集团来决定。国际规则应该由联合国 193 个会员国共同遵守，没有也不应该有例外。”习近平主席强调，对联合国，世界各国都应该秉持尊重的态度，爱护好、守护好这个大家庭，决不能合则利用、不合则弃之，让联合国在促进人类和平与发展的崇高事业中发挥更为积极的作用。关键时刻，中国的重要宣示尽显大国担当。

50 年风雨兼程，50 年初心不改。站在新的历史起点，中国将站在历史正确的一边，站在人类进步的一边，坚持走和平发展之路、改革开放之路、多边主义之路，始终做世界和平的建设者、全球发展的贡献者、国际秩序的维护者，携手各方，为实现世界永续和平发展、推动构建人类命运共同体而不懈奋斗！

《人民日报》（2021 年 10 月 26 日）

推进和平与发展的共同事业

全人类共同价值反映了各国人民的共同事业、共同理想、共同追求，是不同国家、不同民族、不同文明的最大公约数

“我们应该大力弘扬和平、发展、公平、正义、民主、自由的全人类共同价值，共同为建设一个更加美好的世界提供正确理念指引。”10月25日，习近平主席在北京出席中华人民共和国恢复联合国合法席位50周年纪念会议并发表重要讲话，再次强调弘扬全人类共同价值，为共建一个更加美好的世界提供正确理念指引，充分彰显中国负责任大国的担当。

理念决定方向，思想决定行动。当今世界正面临百年未有之大变局，共建更加美好的世界是各国共同的追求。习近平主席提出构建人类命运共同体，为共建更加美好的世界指明了方向和路径。2015年9月，习近平主席在第七十届联合国大会一般性辩论上首次提出全人类共同价值，强调“和平、发展、公平、正义、民主、自由，是全人类的共同价值，也是联合国的崇高目标”。此后，习近平主席又在多个重要双多边场合进行深刻阐释，体现了中国对全人类共同价值的坚守和践行。全人类共同价值反映了各国人民的共同事业、共同理想、共同追求，是不同国家、不同民族、不同文明的最大公约数，得到国际社会越来越多的认可和支持。

和平与发展是人类的永恒期望，是世界各国的共同事业，也是当今时代的主题。和平犹如空气和阳光，受益而不觉，失之则难存。维护比金子还珍贵的和平，是每个国家都应该肩负起来的责任。没有和平，发展就无从谈起。发展是解决一切问题的总钥匙，是增进人类福祉的重要前提。没有发展，和平就失去了基础。在追求本国利益时兼顾他国合理关切，在谋求自身发展中着力促进

各国共同发展，不断扩大共同利益汇合点，就能让发展成果惠及世界各国。

追随习近平主席的外交步伐，可以清晰看到中国为建设持久和平、共同繁荣世界的深邃思考和务实行动。“和平、发展、进步的阳光足以穿透战争、贫穷、落后的阴霾”“让和平的薪火代代相传，让发展的动力源源不断，让文明的光芒熠熠生辉，是各国人民的期待，也是我们这一代政治家应有的担当”……国际舞台上，习近平主席一次次以立己达人、兼善天下的境界胸怀，把各国人民对美好生活的向往作为努力目标，呼吁并推动各方共促和平、共谋发展。

联合国的成立是人类和平与发展事业的里程碑事件。新中国恢复在联合国合法席位，使世界和平与发展的力量空前壮大。50年来，中国人民始终同世界各国人民团结合作，维护国际公平正义，为世界和平与发展作出了重大贡献。有着14亿多人口的中国坚持走和平发展道路，集中力量办好自己的事，本身就是对世界和平发展的重大贡献。中国人民热爱和平，深知和平安宁的珍贵，始终奉行独立自主的和平外交政策，主持公道，伸张正义，坚决反对霸权主义和强权政治。中国人民坚定支持广大发展中国家维护自身主权、安全、发展利益的正义斗争。中国人民致力于推动共同发展，从“坦赞铁路”到“一带一路”，向发展中国家提供力所能及的帮助，不断以中国发展为世界提供新机遇。

正如习近平主席在会见联合国秘书长古特雷斯时所强调的，中国同联合国合作50年，很重要的一条经验，就是要始终如一坚守联合国理想，坚定不移走多边主义道路，诚心诚意为世界和平与发展作出贡献。面对风云变幻的国际形势和层出不穷的全球性挑战，世界各国应该真正将和平与发展视为共同事业，加强团结而不是制造隔阂、推进合作而不是挑起冲突。站在新的历史起点，中国将坚持走和平发展之路，始终做世界和平的建设者；坚持走改革开放之路，始终做全球发展的贡献者，愿同世界各国一道，携手为实现世界永续和平发展、推动构建人类命运共同体而不懈奋斗！

《人民日报》（2021年10月27日）

全面小康是中国对世界的伟大贡献

中国朝着全体人民共同富裕的目标扎实迈进，将继续为维护世界和平、促进共同发展作出新贡献，不断书写推动构建人类命运共同体的新篇章

“中国始终把自身发展置于人类发展的坐标系中，始终把中国人民利益同各国人民共同利益结合起来，始终做世界和平的建设者、全球发展的贡献者、国际秩序的维护者、公共产品的提供者。”9月28日，国务院新闻办公室发表《中国的全面小康》白皮书，深刻阐释全面建成小康社会是迈向中华民族伟大复兴的关键一步，为构建人类命运共同体贡献了中国智慧和中国力量。

世界好，中国才能更好；中国好，世界才会更好。作为全球人口最多的国家和最大的发展中国家，中国全面建成小康社会，本身就是对世界和平与发展的巨大贡献。1979年至2020年，中国国内生产总值年均增长9.2%，成为世界经济增长的重要引擎。自2006年起，中国连续15年成为世界经济增长的最大贡献国，对世界经济增长的平均贡献率超过30%。正如国际人士所指出的，全面建成小康社会等辉煌成就，标志着“中国阔步走在繁荣发展的道路上”，“世界可以从中国的发展中获益”。

中国全面建成小康社会，谱写了人类反贫困历史新篇章，创造了减贫治理的中国样本，为加速世界减贫进程贡献了重要力量。贫困是困扰人类社会的一大顽疾，消除贫困是各国人民梦寐以求的共同理想。改革开放以来，按照现行贫困标准计算，中国7.7亿农村贫困人口摆脱贫困；按照世界银行标准，中国减贫人口占同期全球减贫人口70%以上，提前10年实现联合国2030年可持续发展议程减贫目标。占世界近20%人口的14亿多中国人民踏上全面建设社会主义现代化国家新征程，这是人类历史上前所未有的大变革、大事件。中国

消除绝对贫困的成功实践和宝贵经验，深化了各国对减贫规律的认识，丰富发展了反贫困理论，提振了各国特别是广大发展中国家消除绝对贫困的信心。

中国的发展离不开世界，世界的繁荣也需要中国。全面建成小康社会，不断释放中国的发展活力，为世界发展提供新机遇。中国全面建成小康社会得益于持续扩大对外开放，中国全方位对外开放有效促进了合作共赢。近年来，面对逆全球化思潮，中国坚定不移奉行互利共赢的开放战略，坚持发展更高层次的开放型经济，推动形成全面开放新格局。持续优化营商环境，实行高水平的贸易和投资自由化便利化政策，成为50多个国家和地区的最大贸易伙伴、120多个国家和地区的前三大贸易伙伴，中国在国际大循环中的地位日益突出……开放大门越开越大的中国不断为各国提供更多的市场机遇、投资机遇、增长机遇。

中国全面建成小康社会，为人类走向现代化探索了新路径。中国共产党立足中国国情，把握经济社会发展规律，在中国大地上探寻适合自己的道路和方法，走出了一条中国式现代化新道路，创造了人类文明新形态。中国式现代化是人口规模巨大的现代化，是全体人民共同富裕的现代化，是物质文明和精神文明相协调的现代化，是人与自然和谐共生的现代化，是走和平发展道路的现代化。在全球仍面临严重发展困境的当下，中国的探索和实践不仅深化了广大发展中国家对国家治理、现代化建设的认识，也为世界上那些既希望加快发展又希望保持自身独立性的国家和民族提供了全新选择，对人类社会发展具有深远影响。

治国之道，富民为始。中国全面建成小康社会，是对世界的伟大贡献。中国朝着全体人民共同富裕的目标扎实迈进，将继续为维护世界和平、促进共同发展作出新贡献，不断书写推动构建人类命运共同体的新篇章。

《人民日报》（2021年9月30日）

创造人类尊重和保障人权的奇迹

在人口占世界总人口近1/5的中国全面建成小康社会，既为其他国家人权事业发展提供了重要启示，也是对其他国家人权事业发展的巨大激励

“中国在全面建成小康社会的伟大进程中，所创造的尊重和保障人权的成功做法和经验，为增进人类福祉贡献了中国智慧、提供了中国方案。”8月12日，国务院新闻办公室发表《全面建成小康社会：中国人权事业发展的光辉篇章》白皮书，深刻阐述中国全面建成小康社会是世界人权事业发展史上的重要里程碑，开辟了人权事业新境界。

在庆祝中国共产党成立100周年大会上，习近平总书记代表党和人民庄严宣告：“经过全党全国各族人民持续奋斗，我们实现了第一个百年奋斗目标，在中华大地上全面建成了小康社会，历史性地解决了绝对贫困问题，正在意气风发向着全面建成社会主义现代化强国的第二个百年奋斗目标迈进。”中国全面建成小康社会，是中国共产党团结带领中国人民不懈奋斗取得的伟大成就，实现了中国共产党和中国政府向人民、向历史作出的庄严承诺。多国人士表示，全面建成小康社会彰显了中国共产党卓越的领导能力和人民至上的执政理念，增强了全球特别是发展中国家减贫事业的信心，中国宝贵的发展经验值得学习和借鉴。

全面小康，本质上是全民共享人权的小康。中国全面建成小康社会的进程，也是中国人权事业全方位发展的进程，始终体现和包含着解放人、保障人、发展人的战略、目标和任务。中国消除绝对贫困实现基本生活水准权，以发展促人权增进经济社会文化权利，实行良法善治维护公民权利政治权利，促进社会公平保障特定群体权益，无不体现出尊重人权、保障人权、促进人权的价值遵循，无不体现出将增加人民的获得感、幸福感、安全感作为出发点和落脚点的坚定追求。聚焦中国实现“前所未有的跨越”的俄罗斯媒体表示，在中国共产党领导下，“中国人民享受着令人惊叹的现代化生活”。波兰《选举报》刊文指出，“社会民生问题得到重视和改善，证明了中国特色社会主义道路是成功的”。

中国全面建成小康社会，夯实了人权基础，丰富了人权内涵，拓宽了人权视野，意味着人权的全面发展和全民共享，谱写了中国人权事业的新篇章，创造了人类尊重和保障人权的奇迹。根据联合国开发计划署发布的“人类发展报告”，中国的人类发展指数从 1990 年的 0.499 增长到 2019 年的 0.761，是自 1990 年联合国开发计划署在全球首次测算人类发展指数以来，唯一从低人类发展水平组跨越到高人类发展水平组的国家。世界银行前行长罗伯特·佐利克指出：“仅中国的努力，就极大促进了与世界减贫有关的联合国千年发展目标的实现。”

在人口占世界总人口近 1/5 的中国全面建成小康社会，既为其他国家人权事业发展提供了重要启示，也是对其他国家人权事业发展的巨大激励。哥伦比亚—中国友好协会主席吉列尔莫·普亚纳表示：“中国全面建成小康社会为其他发展中国家和地区提供范例，即必须走符合本国国情的道路、坚持理论与实践相结合、一切以人民利益为出发点。”在实现自身发展的同时，中国始终致力于做全球发展的贡献者，始终以自身发展为世界提供新的机遇。中国积极与其他国家开展减贫合作，让中国减贫经验惠及更多国家和人民。中国携手各方高质量共建“一带一路”，有望帮助全球 760 万人摆脱极端贫困、3200 万人摆脱中度贫困……中国尊重和保障人权的成功做法和经验，正在转化为助力世界人权事业发展的实实在在行动。

全面建成小康社会，奠定了中国人权发展进步的新起点。人权保障没有最好，只有更好。中国将牢牢把握人民群众对美好生活的向往，与世界各国携手努力，推动国际人权事业健康发展，为世界人权事业发展作出新的更大贡献。

《人民日报》（2021 年 8 月 14 日）

民族复兴，不可逆转的历史进程
——推动历史车轮向着光明的目标前进①

正在意气风发向着全面建成社会主义现代化强国的第二个百年奋斗目标迈进的中国，让世人感受到中国共产党团结带领中国人民奋进新征程、再创新辉煌的磅礴力量

“震撼世界的百年”“史无前例的跨越”“最非凡的百年成就”……中共中央总书记、国家主席、中央军委主席习近平在庆祝中国共产党成立100周年大会上发表的重要讲话，引发国际舆论热议。正在意气风发向着全面建成社会主义现代化强国的第二个百年奋斗目标迈进的中国，让世人感受到中国共产党团结带领中国人民奋进新征程、再创新辉煌的磅礴力量。

习近平总书记指出，中国产生了共产党，这是开天辟地的大事变，深刻改变了近代以后中华民族发展的方向和进程，深刻改变了中国人民和中华民族的前途和命运，深刻改变了世界发展的趋势和格局。100年来，中国共产党团结带领中国人民创造了新民主主义革命、社会主义革命和建设、改革开放和社会主义现代化建设、新时代中国特色社会主义的伟大成就，书写了中华民族几千年历史上最恢宏的史诗。中国从落后挨打、积贫积弱到如今成为世界第二大经济体、日益走近世界舞台中央，中华民族迎来了从站起来、富起来到强起来的伟大飞跃，实现中华民族伟大复兴进入了不可逆转的历史进程。英国学者马丁·雅克祝贺中国共产党取得的成就，认为这不仅改变了中国，也正以深刻的方式改变世界。

习近平总书记庄严宣告，中国实现了第一个百年奋斗目标，在中华大地上全面建成了小康社会。中国共产党兑现了对历史和人民作出的庄严承诺。国际

舆论普遍认为，这一令人振奋的成就“为全球减贫事业增添了信心，为各国推动包容发展提供了宝贵启示和借鉴”。英国《金融时报》评价指出，中国共产党带领数亿人摆脱贫困，并使中国转型成为一个高科技经济强国，这是“里程碑式成就”。中国的崛起是“最令人瞩目的事件之一，这是历史上规模最大、持续时间最长的经济繁荣”。

办好中国的事情，关键在党。历史充分证明，没有中国共产党，就没有新中国，就没有中华民族伟大复兴。中国共产党为什么能？国际社会孜孜探寻答案。阿根廷《经济学家报》网站刊文指出，中国共产党之所以能在发展过程中应对每一次风险挑战，与其非凡的务实、长远眼光和精心规划密不可分，这些都是中国共产党在百年道路上成功的关键。俄罗斯卫星通讯社报道认为，100年来，中国从一个遭受列强入侵的国家发展成为世界第二大经济体和全球性大国，中国共产党始终发挥着领导作用。在中国共产党领导下，中国的国际影响力必将不断提升。

中国共产党根基在人民、血脉在人民、力量在人民。“任何想把中国共产党同中国人民分割开来、对立起来的企图，都是绝不会得逞的！9500多万中国共产党人不答应！14亿多中国人民也不答应！”习近平总书记的铿锵话语让国际社会进一步认识到，中国共产党与人民心连心、同呼吸、共命运，人民是中国共产党执政的最大底气。正是因为有这样的底气，中国对实现中华民族伟大复兴的中国梦无比自信。报道庆祝大会的很多外国媒体抓住了这样一个细节——“当习近平强调中国人民绝不允许任何外来势力欺负、压迫、奴役时，现场爆发了热烈的掌声和欢呼声。”美国消费者新闻与商业频道报道指出，这段话展示了中国顶住外国压力的坚定决心。

立志于中华民族千秋伟业，百年恰是风华正茂。今天，中华民族向世界展现的是一派欣欣向荣的气象，正以不可阻挡的步伐迈向伟大复兴；现在，中国共产党团结带领中国人民又踏上了实现第二个百年奋斗目标新的赶考之路。新的征程上，中国共产党将继续同一切爱好和平的国家和人民一道，推动历史车轮向着光明的目标前进！

《人民日报》（2021年7月3日）

走自己的路，牢牢掌握国家发展进步的命运
——推动历史车轮向着光明的目标前进②

中国共产党和中国人民坚持和发展中国特色社会主义，创造了中国式现代化新道路，实现了中国从“赶上时代”到“引领时代”的伟大跨越；创造了人类文明新形态，拓展了发展中国家走向现代化的途径

“中国共产党和中国人民将在自己选择的道路上昂首阔步走下去，把中国发展进步的命运牢牢掌握在自己手中！”习近平总书记在庆祝中国共产党成立100周年大会上发表重要讲话，向世界传递出坚持和发展中国特色社会主义的坚定决心和信心。

走自己的路，是党的全部理论和实践立足点，更是党百年奋斗得出的历史结论。一个国家选择什么样的道路，关键要看这条道路是否能够真正解决这个国家所面临的历史性课题。中国特色社会主义是中国共产党和人民历经千辛万苦、付出巨大代价取得的根本成就，是实现中华民族伟大复兴的正确道路。国际友好人士认为，在中国共产党领导下，中国创造了世所罕见的经济快速发展奇迹和社会长期稳定奇迹，充分说明中国特色社会主义是一条成功之路。

中国共产党和中国人民坚持和发展中国特色社会主义，创造了中国式现代化新道路，实现了中国从“赶上时代”到“引领时代”的伟大跨越。在百年苦难与辉煌的对比中，中国人民更加认识到中国特色社会主义来之不易，更加认识到中国特色社会主义对中国的特殊意义。

中国共产党和中国人民坚持和发展中国特色社会主义，创造了人类文明新形态，拓展了发展中国家走向现代化的途径。道路决定命运。探索符合本国国情的发展道路，这是广大发展中国家长期以来的重要任务。中国道路的成功，

让许多发展中国家看到了新的希望。英国社会科学院院士马丁·阿尔布劳指出，中国共产党的成功不仅在于领导中国取得非凡成就，更在于为世界提供了一种新的治理形式。埃塞俄比亚总理阿比认为，中国共产党领导中国人民坚定走符合中国国情的发展道路，在改善人民生活和实现民族复兴方面取得巨大成就，中国共产党的成功经验值得世界各国学习借鉴。

中国特色社会主义是一条从中国国情出发确立的道路，也是一条在开放创新中形成的道路。中国立足自身国情和实践，从中华文明中汲取智慧，博采东西方各家之长，坚守但不僵化，借鉴但不照搬，在不断探索中形成了自己的发展道路。中国共产党和中国人民开辟了适合中国的发展道路，找到了符合中国国情的治理方式，愿意与世界上任何有需要的国家分享中国发展经验。中国共产党和中国人民积极学习借鉴人类文明的一切有益成果，欢迎一切有益的建议和善意的批评，但绝不接受"教师爷"般颐指气使的说教。正如马来西亚新亚洲战略研究中心主席翁诗杰所说："在中国共产党领导下，中国绝不会屈从于任何外部压力，绝不会改变既定发展模式和发展路线。"

胸怀民族复兴梦想再出发，更加波澜壮阔的征程已经开启；沿着中国特色社会主义道路前进，更大的胜利就在前方。中国共产党将继续带领中国人民书写人类发展史上的"中国传奇"，继续与国际社会一道，创造人类更加繁荣美好的未来。

《人民日报》（2021 年 7 月 4 日）

高举和平、发展、合作、共赢旗帜
——推动历史车轮向着光明的目标前进③

中国共产党致力于推动构建人类命运共同体的伟业，将一如既往为世界和平安宁作贡献，一如既往为世界共同发展作贡献，一如既往为世界文明交流互鉴作贡献，不断为人类进步事业贡献自己的力量

“新的征程上，我们必须高举和平、发展、合作、共赢旗帜，奉行独立自主的和平外交政策，坚持走和平发展道路，推动建设新型国际关系，推动构建人类命运共同体，推动共建‘一带一路’高质量发展，以中国的新发展为世界提供新机遇。”习近平总书记在庆祝中国共产党成立 100 周年大会上发表的重要讲话，充分彰显中国共产党的博大情怀和勇毅担当。

中国共产党是为中国人民谋幸福的党，也是为人类进步事业而奋斗的党。“维护世界和平与促进共同发展”写入中国共产党章程，被列为三大历史任务之一；“中国共产党坚持独立自主的和平外交政策，坚持和平发展道路，坚持互利共赢的开放战略”“维护世界和平，促进人类进步，推动构建人类命运共同体，推动建设持久和平、共同繁荣的和谐世界”也写入党章总纲。这些都表明，中国共产党关注人类前途命运，愿同世界上一切进步力量携手前进。

中国共产党领导下的中国始终是世界和平的建设者。习近平总书记指出，和平、和睦、和谐是中华民族 5000 多年来一直追求和传承的理念，中华民族的血液中没有侵略他人、称王称霸的基因。无论世界局势如何风云变幻，无论中国发展到什么程度，中国始终坚持不称霸、不扩张、不谋求势力范围，既通过维护世界和平发展自己，又通过自身发展促进世界和平。中国提出和平共处五项原则，倡导共同、综合、合作、可持续的安全观，派出 5 万余人次维和人

员，先后参加近30项联合国维和行动。中国护佑世界和平的理念和行动，充分证明和平是中国共产党人融入血脉的精神追求和自觉实践。

中国共产党领导下的中国始终是全球发展的贡献者。“中国共产党希望中国繁荣发展，希望邻国繁荣发展，也希望世界繁荣发展。”在祝贺中国共产党百年华诞时，许多国家政党政要表达了对中国共产党推动各国共同发展这一理念的高度认同。中国共产党坚持互利共赢的开放战略，以合作消弭对抗，以共赢取代零和，以中国的新发展为世界提供新机遇。巴西共产党在祝贺中国共产党成立100周年的贺信中说，今天的中国蓬勃发展、日新月异，给世界留下了深刻印象，也给世界带来了发展机会。140个国家和32个国际组织加入“一带一路”大家庭，亚洲基础设施投资银行成员数量超过100个，充分说明合作共赢、共同发展符合各方共同期待。

中国共产党领导下的中国始终是国际秩序的维护者。中国共产党始终坚持公平正义，坚持国家不分大小、强弱、贫富一律平等，反对强加于人、反对干涉内政、反对以强凌弱。许多国际人士积极评价中国在弘扬多边主义、完善全球治理等方面发挥的重要作用，认为中国共产党为世界提供了“一种更加公正合理的国际关系范式”。当今世界正经历百年未有之大变局，单边主义、保护主义抬头，全球性挑战日益增多。中国坚定维护并践行多边主义，坚定维护以联合国为核心的国际体系和以国际法为基础的国际秩序，成为大变局中不变的稳定力量。

世界格局在变，发展格局在变。顺应时代发展潮流、把握人类进步大势、顺应人民共同期待，把自身发展同国家、民族、人类的发展紧密结合在一起，携手建设更加美好的世界，是各个政党应自觉担负起的时代使命。中国共产党致力于推动构建人类命运共同体的伟业，将一如既往为世界和平安宁作贡献，一如既往为世界共同发展作贡献，一如既往为世界文明交流互鉴作贡献，不断为人类进步事业贡献自己的力量。

《人民日报》（2021年7月5日）

共襄伟业，不断推动构建人类命运共同体

——推动历史车轮向着光明的目标前进④

7 月 6 日，中国共产党与世界政党领导人峰会将以视频连线方式举行，中共中央总书记、国家主席习近平将在北京出席会议并发表主旨讲话。这是中国共产党在成立 100 周年之际举办的重要多边外交活动。围绕“为人民谋幸福：政党的责任”这一主题，中国共产党将同世界各国政党加强治国理政经验交流互鉴，共同应对世界百年变局和世纪疫情带来的挑战，增强为人民谋幸福的理念和能力，促进世界和平与发展，推动构建人类命运共同体。

以史为鉴、开创未来，必须不断推动构建人类命运共同体。坚持推动构建人类命运共同体，是新时代坚持和发展中国特色社会主义的基本方略之一，是中国共产党对“建设一个什么样的世界、如何建设这个世界”这一关乎人类前途命运重大课题的鲜明回答。在 2017 年举行的中国共产党与世界政党高层对话会上，习近平总书记倡议努力建设一个远离恐惧、普遍安全的世界，一个远离贫困、共同繁荣的世界，一个远离封闭、开放包容的世界，一个山清水秀、清洁美丽的世界，强调应该凝聚不同民族、不同信仰、不同文化、不同地域人民的共识，共襄构建人类命运共同体的伟业，引起各方广泛共鸣。来自 120 多个国家近 300 个政党和政治组织的领导人共 600 多名中外代表发出倡议，呼吁树立命运与共的理念，推动构建人类命运共同体。

多国政党政要在祝贺中国共产党百年华诞时指出，人类命运共同体理念为人类发展进步指明了方向，描绘了实现全人类宏伟愿景的路径。“习近平总书记提出的人类命运共同体理念有利于促进世界发展和完善全球治理”“中国提出构建人类命运共同体、新型国际关系，符合人类发展的大方向，拓宽、深化了多边主义内涵和实践”“人类命运共同体理念促进了世界和平与发展”……

人类命运共同体理念得到越来越多人的支持和赞同，并不断从理念转化为行动。

推动构建人类命运共同体，生动诠释了中国共产党为中国人民谋幸福、为人类进步事业而奋斗的大党担当。“让和平的阳光普照大地，让人人享有安宁祥和”“让发展成果惠及世界各国，让人人享有富足安康”“让各种文明和谐共存，让人人享有文化滋养”“让自然生态休养生息，让人人都享有绿水青山”……维护世界和平、促进共同发展是中国共产党推动构建人类命运共同体的宗旨。中国共产党团结带领人民在中华大地上全面建成小康社会，不断增强人民群众的幸福感、获得感、安全感，就是对构建人类命运共同体的贡献。中国携手各方高质量共建“一带一路”，不断增进沿线国家人民的福祉，也是对构建人类命运共同体的贡献。

推动构建人类命运共同体，充分展现出中国共产党应对全球性挑战、改革和完善全球治理体系的大党智慧。新冠肺炎疫情仍在全球肆虐，世界经济复苏不稳定不平衡，加强气候变化应对和全球环境治理成为迫切任务。只有每个民族、每个国家风雨同舟、荣辱与共，才能增强人类应对全球性挑战的能力。只有坚持合作、不搞对抗，坚持开放、不搞封闭，坚持互利共赢、不搞零和博弈，反对霸权主义和强权政治，才能增强全球治理体系的韧性，让各国人民共享美好未来。

事要去做才能成就事业，路要去走才能开辟通途。构建人类命运共同体是一个历史过程，需要付出长期艰苦的努力。中国共产党愿同世界各国政党加强往来，分享治党治国经验，开展文明交流对话，增进彼此战略信任，同世界各国人民一道，不断推动构建人类命运共同体。

《人民日报》(2021年7月6日)

为世界谋大同的使命担当

6月28日晚，庆祝中国共产党成立100周年文艺演出《伟大征程》在国家体育场盛大举行。演出第四篇章“锦绣前程”展开一幅新时代的壮阔图景，其中器乐、童声合唱与舞蹈《命运与共》彰显构建人类命运共同体在全球奏响的心灵和鸣，也体现出中国共产党为人类进步事业而奋斗的天下情怀。

“100年来，中国共产党筚路蓝缕、求索奋进，为中国人民谋幸福，为中华民族谋复兴，为世界谋大同，不仅使中华民族迎来了从站起来、富起来到强起来的伟大飞跃，也为人类文明和进步事业作出了卓越贡献。”习近平主席在博鳌亚洲论坛2021年年会开幕式上发表的视频主旨演讲，深刻阐明中国共产党为世界谋大同的使命担当。在中国共产党百年华诞来临之际，世界多国政党政府领导人和友好人士纷纷表示祝贺，认为中国共产党是“人类建设均衡国际秩序、文明和平共处的重要力量”，人类命运共同体理念“为建设自由、公正、美好的世界带来了希望”。

不断为人类作出新的更大的贡献，始终是中国共产党的伟大志向所在。从“中国应当对于人类有较大的贡献”，到“中国人民不仅要自己过上好日子，还追求天下大同”，中国共产党为世界谋大同的天下情怀因自身和中国的发展壮大而日益深厚，内涵日臻丰富。

为世界谋大同不仅是中国共产党的庄严宣示，也是世界最大发展中国家执政党脚踏实地的行动。从提出和平共处五项原则，到将坚持和平发展道路写入宪法、载入党章；从把对外开放作为中国的一项基本国策，到加入几乎所有政府间国际组织和500多项国际公约；从提出推动建设新型国际关系、构建人类命运共同体，到弘扬和平、发展、公平、正义、民主、自由的全人类共同价值，从携手各方共建“一带一路”到积极参与全球治理体系改革和建设……中国以实际行动为世界和平与发展作出重要贡献。巴基斯坦穆斯林联盟（谢里夫派）主席夏巴兹表示，中国共产党在国际舞台上始终代表着理性的声音和稳定的力量，习近平总书记提出的人类命运共同体理念促进了世界和平与发展。

中国共产党带领中国人民开创中国特色社会主义道路，拓展了发展中国家走向现代化的途径，为推动世界和平发展、构建人类命运共同体创造了重要条件。“我们也要通过推动中国发展给世界创造更多机遇，通过深化自身实践探索人类社会发展规律并同世界各国分享”“我们不‘输入’外国模式，也不‘输出’中国模式，不会要求别国‘复制’中国的做法”……中国共产党不仅同世界共享经济发展红利，而且毫无保留地分享思想理念红利，为各国特别是发展中国家探索符合本国国情的发展道路提供了重要借鉴。俄罗斯金砖国家研究国家委员会执行主任维多利亚·潘诺娃认为，对于广大发展中国家来说，中国特色社会主义道路提供了全新的现代化路径选择，这种制度创新是对人类文明多样性的贡献。

回首百年，中国共产党领导中国人民所进行的伟大奋斗彪炳史册，为人类和平与发展作出的重大贡献有目共睹。面向未来，无论国际风云如何变幻，中国将继续做世界和平的建设者、全球发展的贡献者、国际秩序的维护者，为增进人类共同福祉、构建人类命运共同体作出更大贡献。

《人民日报》（2021 年 7 月 1 日）

为解决人类问题贡献中国智慧和中国方案

中国共产党创造的百年辉煌，不仅改写了中国历史，让中华民族以昂扬的姿态屹立于世界民族之林，也改写了世界历史，成为人类文明共同的财富

北京长安街，从建国门到复兴门，为庆祝中国共产党成立100周年摆放的10组立体花坛引人注目。10组花坛以“不忘初心、牢记使命”为主题，以“小小红船到巍巍巨轮”为设计线索，展开一幅中国共产党带领中华民族走向伟大复兴的生动历史画卷。

为中华民族谋复兴，这是中国共产党百年来不懈奋斗的目标。在中国共产党迎来百年华诞之际，中国前所未有地接近实现中华民族伟大复兴的梦想。“作为世界上最大的执政党，中国共产党是真正的人民的政党，成功塑造了中华民族的现代面貌”“中国共产党是推动中国迈向新高度的最大优势”……长期研究、观察中国的国际人士普遍认为，中国共产党是领导中华民族走向复兴的核心力量。

1921年，中国共产党初登历史舞台之时，泱泱中华被西方列强以坚船利炮打开国门已有八十余载。无论是“四万万人齐下泪，天涯何处是神州”的愤懑，还是“中国积弱，至今极矣”的浩叹，都折射出当时中华民族危机之深重、志士仁人救国心志之迫切。在种种救国方案陷于失败之后，历史和人民选择了中国共产党。100年来，中国共产党团结带领中国人民前赴后继、无惧牺牲、不懈奋斗，真正解决了近代以来迟迟无解的“中国问题”，带领中华民族迎来了从站起来、富起来到强起来的伟大飞跃。事实雄辩地证明，只有在中国共产党的领导下，中华民族才能真正走向伟大复兴。

在世界历史的坐标系中，能够更加深刻地理解中国共产党创造百年辉煌的

重大意义。环顾全球，实现国家富强、民族振兴、人民幸福，这是许许多多政党追求的目标。中国共产党在100年的时间内，团结带领人民创造了一个又一个彪炳史册的人间奇迹，谱写出气吞山河的壮丽史诗，令世界刮目相看。探究其中的原因，世界将目光聚焦中国道路。近日，由蒙古国第二电视频道制作的纪录片《中国的发展之路》在该台首播。这部蒙古国媒体拍摄的第一部介绍中国发展道路的影片，生动展示了中国共产党100年来带领中国人民走过的伟大历程。正如蒙古国前驻华大使苏赫巴特尔所指出的："中国取得的发展成就令人瞩目，主要得益于中国共产党带领中国人民，在正确的时间选择了正确的发展道路。"

中国共产党创造百年辉煌，带领中华民族走向伟大复兴，正在全球范围引发更多思考。哈萨克斯坦人民党主席、议会下院党团主席科努罗夫表示，中国共产党不忘初心、牢记使命，领导中国人民走出一条符合中国国情的发展道路。中国共产党为世界各国政党树立了可资借鉴的光辉典范。苏里南民族民主党主席、前总统鲍特瑟表示，面对时代之变，中国共产党展现出与时俱进、自我革新和选择正确领导集体的强大能力。埃及前外长穆罕默德·法赫米直言："我们要鼓励更多阿拉伯青年'向东看'，向中国看。"

中国共产党梦想起航之时，几乎没有人能预见到这个全新的无产阶级政党将给中华民族和世界带来的改变。如今，中国共产党创造的百年辉煌，不仅改写了中国历史，让中华民族以昂扬的姿态屹立于世界民族之林，也改写了世界历史，成为人类文明共同的财富。未来，中国共产党带领中国人民继续逐梦而行，必将为解决人类问题贡献更多中国智慧和中国方案。

《人民日报》（2021年6月29日）

始终把人民放在心中最高位置

外国政党政要和各界人士称赞中国共产党矢志不渝为中国人民谋幸福，认为这是中国共产党百年奋斗历程最亮丽的底色

在中国共产党即将迎来百年华诞之际，国际社会也在深入观察这个走过百年光辉历程、在最大的社会主义国家执政 70 多年、拥有 9100 多万党员的世界上最大的马克思主义执政党，深入思考“中国共产党为什么能”。越来越多国际人士认识到，坚持一切为了人民、一切依靠人民，始终把人民放在心中最高位置，这是中国共产党取得成功的关键，也是这个百年大党始终保持生机活力的源泉。

“中国共产党的发展历程证明，当把人民利益放在第一位时，一切皆有可能”“坚持人民至上，保持同人民群众的血肉联系，就有了取之不尽、用之不竭的力量”“中国共产党同人民想在一起、干在一起，注重维护最广大人民根本利益，切实解决人民最关心的问题，得到人民的真心拥护、真正认可，因而能够团结带领中国人民推动国家实现大踏步发展”……外国政党政要和各界人士称赞中国共产党矢志不渝为中国人民谋幸福，认为这是中国共产党百年奋斗历程最亮丽的底色。

为什么人的问题，是检验一个政党、一个政权性质的试金石。马克思、恩格斯在《共产党宣言》中指出：“无产阶级的运动是绝大多数人的，为绝大多数人谋利益的独立的运动。”中国共产党自成立之日起，就以无产阶级政党的面貌出现。为人民而生，因人民而兴，始终同人民在一起，为人民利益而奋斗，是中国共产党立党兴党强党的根本出发点和落脚点。习近平总书记指出：“我们党没有自己特殊的利益，党在任何时候都把群众利益放在第一位。”

上世纪三四十年代，美国记者杰克·贝尔登通过对中国社会的深入观察，得出中国共产党将取得政权是因为“完完全全赢得了民心”的结论。新中国成立以来，中国共产党坚持把为人民谋幸福作为根本使命，不断增强人民群众获得感、幸福感、安全感。意大利前总理达莱马评价：“人类历史上，没有哪个国家人民的生活发生如此巨大变化。”英国共产党总书记罗伯特·格里菲斯感慨，这是一个“始终贴近人民的政党”。

中国共产党制定任何一项政策，推进任何一项改革，都要倾听人民呼声，汲取人民智慧。无论是“人民群众对美好生活的向往，就是我们的奋斗目标”，还是“我将无我，不负人民”，都鲜明体现出中国共产党在新时代为了人民、依靠人民的精神境界。英国社会科学院院士马丁·阿尔布劳指出，中国共产党领导中国人民实现成功发展的秘诀之一，就是中国共产党始终坚持全心全意为人民服务。脱贫攻坚战取得全面胜利，疫情防控阻击战取得重大战略成果，无不得益于中国共产党坚持人民至上。新加坡国立大学教授马凯硕认为，14 亿人组成的稳固群众基础正在中国共产党的领导下迎来中华文明的新高峰。

习近平总书记强调：“人民就是江山，共产党打江山、守江山，守的是人民的心，为的是让人民过上好日子。”中国共产党的百年历史，就是一部党与人民心连心、同呼吸、共命运的历史。中国共产党与人民日益紧密的联系，是中国战胜任何风险挑战的信心和底气，是中华民族实现伟大复兴源源不竭的动力。展望未来，中国共产党将始终把人民立场作为根本立场，自觉践行全心全意为人民服务的根本宗旨，紧紧依靠人民创造历史伟业，不断为人类文明进步作出新的更大贡献。

《人民日报》（2021 年 6 月 28 日）

逐梦九天　展大国风范

在中国共产党领导下，中国将继续本着为全人类谋福祉的精神，以开放包容姿态推进国际合作，为探索宇宙奥秘、促进人类和平发展的崇高事业作出新的更大贡献

近日，神舟十二号载人飞船成功发射升空，与天和核心舱实现自主快速交会对接，3 名中国航天员进入天和核心舱。“这是一个伟大的时刻”“展示了中国在太空领域不断增长的信心和能力”“中国空间站将成为国际太空合作的重要平台”……国际社会热情点赞中国在太空探索领域取得的新成就，对与中国开展航天科技合作充满期待。

中国载人航天进入空间站阶段的首次载人飞行任务具有里程碑式意义，不仅在人类攀登科技高峰的征程中再次刷新了中国高度，也把中华民族非凡的创造力再次刻在了人类文明发展的光辉史册上。中国航天事业取得的新成就，将为人类探索太空创造新的机遇。连日来，外国航天机构、专家等纷纷表示，中国的发射任务“承载着人类的历史使命”，“中国航天事业的成功为人类了解周围世界、宇宙乃至人类本身作出了贡献”。

遨游浩瀚，逐梦九天。从“东方红一号”到“神舟”，从“嫦娥”“玉兔”到“天宫”“天问”，遥远星空不仅寄托着中国人民千百年来探索宇宙的美好梦想，也镌刻下中国不畏艰难、追求科技创新的铿锵步伐。1992 年，党中央作出实施载人航天工程“三步走”发展战略；2003 年，中国第一艘载人飞船发射成功；过去半年多，中国实现探测器带回月球样本、火星车成功驶上火星表面、航天员进驻中国空间站。国际社会惊叹，中国正在加速迈向航天强国。

中国载人航天事业的成就，充分展示了伟大的中国道路、中国精神、中国力量，坚定了全国各族人民实现中华民族伟大复兴的中国梦的决心和信心。“自立自强　创新超越”，神舟十二号载人飞船发射瞬间，写在酒泉卫星发射中心的这八个字格外醒目。它昭示着中国载人航天事业的精神内涵，也彰显出中国实现跨越式发展的内在逻辑。没有任何困难和挑战能够阻挡中国载人航天事业实现一次又一次突破，中国建设科技强国、实现高水平科技自立自强的步伐不可阻挡，中国人民迈向现代化的历史进程同样不可阻挡。

中国不仅追求高水平科技自立自强，也始终秉持开放合作、互利共赢理念。外层空间是全世界人民的共同财富，探索宇宙是全人类共同的事业。中国始终按照“和平利用、平等互利、共同发展”原则与有关国家和地区开展国际合作与交流，展现出大国担当与风范。中国载人航天工程自立项实施以来，与俄罗斯、德国、法国、比利时、意大利等国家的航天机构，以及联合国外空司、欧洲航天局等国际航天组织开展了广泛合作与交流。中国正在与法国、意大利、巴基斯坦等国家围绕在空间站开展空间实验进行双边合作交流。中国空间站核心舱和实验舱上均配备标准化的载荷接口，具备开展各类科学实验国际合作的能力，将使中国空间站成为一个造福全人类的太空实验室。俄罗斯专家指出，中国空间站的建设和发展为国际航天合作提供新机遇。

神舟十二号飞行任务实施期间，恰逢中国共产党百年华诞。中国载人航天事业取得的新成就，也为党的百年奋斗征程增添了新的壮丽篇章。在中国共产党领导下，中国将继续本着为全人类谋福祉的精神，以开放包容姿态推进国际合作，为探索宇宙奥秘、促进人类和平发展的崇高事业作出新的更大贡献。

《人民日报》（2021 年 6 月 21 日）

小长假活力彰显大市场魅力

生机勃勃的中国市场必将成为世界的市场、共享的市场、大家的市场

“无论是国内航班的机票，还是游乐园的门票，在‘五一’到来之前，所有的票都快速售罄，这显示出中国经济复苏逐渐提速”“中国的旅游热潮让我们看到了控制住疫情后的生活”“中国近来大规模推进疫苗接种工作，进一步增强了民众出门旅行的信心”……连日来，中国“五一”假期消费市场的繁荣景象引发国际舆论高度关注。中国消费市场持续复苏，展现了中国经济的蓬勃生机与活力，也为世界经济复苏注入信心与希望。

在有效防控新冠肺炎疫情的基础上，今年“五一”假期中国国内出行、购物等一系列数据亮点频现。“五一”假期，全国预计共发送旅客 2.67 亿人次，日均 5347.4 万人次，比去年同期日均增长 122.2%。仅 5 月 1 日当天，全国铁路就发送旅客 1882.6 万人次，较 2019 年同期增长 9.2%，创下单日旅客发送量新高。国家电影局的数据显示，5 月 1 日至 5 日 17 时，全国电影票房达 16.03 亿元，创下“五一”档期总票房新纪录。假期线上消费需求的集中释放，带动了快递业务量的高速增长——5 月 1 日，全国邮政快递业共投递快递包裹 2.6 亿件，同比增长近 30%。

消费是中国经济稳定运行的“压舱石”，也是拉动经济增长的主引擎。今年以来，随着生产生活加速回到正轨，中国消费市场回暖态势明显。今年一季度，全国社会消费品零售总额 105221 亿元，同比增长 33.9%，比 2019 年同期增长 8.5%，比去年四季度增长了 1.86%。英国《金融时报》评论指出，家庭消费今年将在拉动中国经济增长方面发挥更大作用。

当今世界，最稀缺的资源是市场。中国有包括 4 亿多中等收入群体在内

的 14 亿人口所形成的超大规模内需市场。市场资源是中国的巨大优势，也是世界共同发展的机遇。中国国内市场持续释放的消费热情，被国际观察人士称为“令世界鼓舞的信号”。经济合作与发展组织最新公布的数据显示，2020 年中国是全球第一大投资目的地。德国联邦外贸与投资署中国问题专家克里斯蒂娜·奥特认为，中国经济持续增长为德国企业提供了良好商机。“五一”前没有订到中国酒店的外籍网友赖恩日前在网上发帖直言：“中国旅游市场火爆……如果你的公司还没有大规模投资中国，再不来就太晚了！”

假日市场，是中国市场活力的一个缩影。“五一”假期结束后，一系列畅通国内国际双循环、促进中国与各国携手共赢的盛会将接续举行——5 月 7 日至 10 日，首届中国国际消费品博览会将在海口举行，来自 69 个国家和地区、共超 2500 个品牌将参展；5 月 10 日至 12 日，以“中国品牌，世界共享；聚力双循环，引领新消费”为主题的 2021 年中国品牌日活动将在上海举行。相聚中国市场，分享中国机遇，是各方的共同选择。

中国正在加快构建以国内大循环为主体、国内国际双循环相互促进的新发展格局，消费势将发挥更加重要的驱动作用。生机勃勃的中国市场必将成为世界的市场、共享的市场、大家的市场。展望后疫情时代，这也正是促进世界经济复苏的重要机遇。

《人民日报》（2021 年 5 月 6 日）

百年奋斗，推动人权事业发展进步

中国共产党的一百年，是尊重和保障人权伟大实践的一百年，是创造中华民族史上人权发展奇迹的一百年，也是为世界人权事业发展作出巨大贡献的一百年

4月8日，“中国共产党与中国人权事业发展进步”国际研讨会召开。来自20多个国家和国际组织的百余名与会代表积极评价中国共产党成立百年来争取、尊重、保障人权的理论和实践，充分肯定中国共产党创造了中华民族史上人权发展奇迹，也为世界人权事业发展作出了巨大贡献。

中国共产党的百年奋斗史，是一部争取人民解放、保障人民权利、致力于人的全面发展的光辉历史。中国共产党把为中国人民谋幸福、为中华民族谋复兴作为初心和使命，担当起领导中国人民争取和实现人权的重任。中华民族从站起来、富起来到强起来的伟大飞跃，也标志着中国人权事业不断取得历史性进步。《中华人民共和国宪法》《中国共产党章程》皆明文规定“尊重和保障人权”。很多国际观察人士称赞，中国共产党始终代表中国最广大人民的根本利益，全心全意为人民服务，这是中国人权事业不断进步的重要保障。

中国共产党坚持以人民为中心的发展思想，不断增强人民群众获得感幸福感安全感，中国人民不断享有更加充分的人权。新中国成立之初，有西方人妄言中国共产党连老百姓的吃饭问题也解决不了。事实是，中国共产党不仅成功带领中国人民解决了温饱问题，而且完成了消除绝对贫困的艰巨任务。中非民间商会国际联络部主任桑迪·恩杜维马纳表示，中国共产党通过在各领域的一系列改革，极大改变了人民的生存现状。多国政党人士表示，中国共产党从一个胜利走向另一个胜利，根本原因在于始终坚守初心和使命，着力解决人民群

众最关心、直接影响人民群众利益的现实问题。

在中国共产党领导下，中国成功走出了一条符合国情的人权发展道路。新中国成立以来，特别是中共十八大以来，中国不断总结人类社会发展经验，在建设中国特色社会主义的伟大实践中，坚持把人权的普遍性原则与自身实际相结合，奉行以人民为中心的人权理念，始终把生存权、发展权作为首要的基本人权，协调增进全体人民的各项权利，努力促进人的全面发展。国际观察人士指出，保障人权是一种理念，更是一种实践，中国正是在一次次实践中验证了以人民为中心的人权理念的正确性和有效性。

中国始终坚持平等互信、包容互鉴、合作共赢、共同发展的理念，以实际行动推进全球人权治理。中国积极参与国际减贫合作，做国际减贫事业的倡导者、推动者和贡献者；中国珍视各国人民的生命权和健康权，推动构建人类卫生健康共同体；中国坚持扩大开放，积极推动共建“一带一路”，同世界各国共享发展机遇，促进更加包容、更可持续的全球发展，让发展成果惠及更多国家和人民……实实在在的中国行动，有效促进了世界人权事业发展。

中国共产党的一百年，是尊重和保障人权伟大实践的一百年，是创造中华民族史上人权发展奇迹的一百年，也是为世界人权事业发展作出巨大贡献的一百年。展望未来，中国共产党将继续以坚强的决心和坚实的行动，在更高层次、更高水平上推进人权保障事业，为中国人民享有更加充分的人权、实现人的全面发展不懈奋斗，为全球人权事业发展作出新贡献。

《人民日报》（2021 年 4 月 10 日）

循道而行　担当正义

“斯方希望学习借鉴中国共产党治国理政经验，特别是就脱贫攻坚和乡村振兴战略加强交流合作”“布方高度重视发展对华关系，希望学习借鉴中国共产党治国理政经验”……热烈祝贺中国共产党成立100周年，是近期外国领导人在同中国领导人通电话时讲得最多的话，他们盛赞中国共产党百年奋斗，希望借鉴中国经验。来自国际社会的普遍赞誉充分表明，中国共产党的“执政密码”给世界提供了重要启示。

这是彰显“为民”底色的“执政密码”。以人民为中心的发展思想，以人民当家作主为本质和核心的社会主义民主政治，以人民幸福为重要目标的社会主义现代化……中国共产党为人民谋幸福的初心，贯穿在治国理政的方方面面。中国共产党领导全国人民打赢脱贫攻坚战，抗击新冠肺炎疫情斗争取得重大战略成果，无不说明对“人民至上”的坚守。国际观察人士纷纷指出，中国共产党创造奇迹的第一个秘诀，就是以人民为中心，直面问题并调动所有资源、发挥一切力量加以解决。

这是饱含“共赢”情怀的“执政密码”。中国开启全面建设社会主义现代化国家新征程，不断提升开放合作水平，推进高质量共建“一带一路”，将充分发挥超大规模的市场优势和内需潜力，以自身发展推动世界经济复苏，与各国分享更多中国红利。中国近日完成核准区域全面经济伙伴关系协定，成为率先批准该协定的国家；3月31日零时起，500米口径球面射电望远镜（FAST）向全球天文学家征集观测申请，“中国天眼”向世界全面开放，中国将科研成果同世界共享；即将召开的博鳌亚洲论坛2021年年会将“解读中国”“‘一带一路’合作”“共享发展”纳入议题。中国共产党的天下情怀、“共赢”情怀，是中国不断扩大开放、与世界各国携手发展的精神动力。

这是汇聚“团结”力量的“执政密码”。推动构建新型国际关系，推动构建人类命运共同体，这是中国共产党为实现人类社会和平永续发展贡献的中国智慧、中国方案。新冠肺炎疫情发生后，中国开展了新中国成立以来规模最大的紧急人道主义行动，坚定兑现将疫苗作为全球公共产品的承诺，正在向 80 个国家和 3 个国际组织提供疫苗援助，同时向 40 多个国家出口疫苗；面对单边主义抬头、全球治理赤字等挑战，中国始终坚定维护和践行多边主义，推动完善全球治理……国际观察人士评价，中国高度尊重其他国家的选择，中国实行的政策为建设多极化世界贡献了力量。

百年大党，循道而行，担当正义，刚健而日新，一切为了人民，不懈为人类进步事业作贡献。正如习近平总书记所指出：“我们要把自己的事情做好，这本身就是对构建人类命运共同体的贡献。我们也要通过推动中国发展给世界创造更多机遇，通过深化自身实践探索人类社会发展规律并同世界各国分享。”世人完全有理由相信，站在新的历史起点，中国共产党将一如既往与各方携手，为建设持久和平、普遍安全、共同繁荣、开放包容、清洁美丽的世界作出新的更大贡献。

《人民日报》（2021 年 4 月 4 日）

感知中国式民主的生动实践

新冠肺炎疫情等全球性挑战带来的治理考验，进一步在世界范围内引发对民主实质和有效实现形式的思考；中国式民主所展现的蓬勃生命力，日益为国际社会所重视

国际社会聚焦中国五年规划，不仅能够探寻对华合作机遇，而且能够更多了解中国特色社会主义民主政治实践成果。目光投向“十四五”规划和2035年远景目标纲要，循着从规划建议稿起草，到编制规划纲要草案，再到今年全国两会期间代表委员对规划纲要草案进行审查讨论的轨迹，世人可以清晰感知中国式民主的生动实践。

习近平总书记指出：“在中国社会主义制度下，有事好商量，众人的事情由众人商量，找到全社会意愿和要求的最大公约数，是人民民主的真谛。”“十四五”规划和2035年远景目标纲要的制定过程，就充分体现了人民民主的真谛。这个过程，也是对中国共产党始终把人民放在心中最高位置、把人民对美好生活的向往作为奋斗目标，依靠人民创造历史伟业的具体诠释。

集众智，聚合力，体现在坚持将顶层设计和问计于民相统一。规划建议稿起草期间，习近平总书记多次深入地方考察调研听民意，并亲自主持召开7场专题座谈会，听取各领域各阶层人士意见建议。今年全国两会期间，习近平总书记多次与代表委员一同审查讨论规划纲要草案。再往前看，去年8月，规划编制工作开展网上征求意见，收到留言100多万条，有关方面从中整理出1000余条建议；规划建议稿起草组逐条分析各方面意见和建议，做到了能吸收的尽量吸收，对建议稿增写、改写、精简文字共计366处，覆盖各方面意见和建议546条；今年全国两会上，代表委员认真审查讨论规划纲要草案；最

终，在吸收各方面意见和建议基础上对规划纲要草案作出55处修改……一系列数据和事实，都是“全过程民主”的注脚，足以说明这份共含19篇、65章、192节的规划纲要，汇聚了全党全国各族人民的智慧和意愿。

为什么中国式民主行得通、很管用？这个问题日益吸引来自世界的目光。古今中外的大量实践表明，保证和支持人民当家作主，通过依法选举、让人民的代表来参与国家生活和社会生活的管理十分重要，通过选举以外的制度和方式让人民参与国家生活和社会生活的管理也十分重要。人们不难发现，在西方一些国家的民主实践中，人民只有投票的权利而没有广泛参与的权利，只有在投票时被唤醒、投票后就进入休眠期。这种形式主义的民主所导致的国家治理局限性，是显而易见甚至不可避免的。问题的关键在于，必须坚持一切依靠人民、为了人民。事实证明，中国式民主不仅保证和支持了人民当家作主，而且切实将民智民力转化为治理效能，让广大人民群众的获得感、幸福感、安全感更加充实、更有保障、更可持续。国际观察人士纷纷指出，中国式民主克服了西方民主的缺陷，是维护人民根本利益的最广泛、最真实、最管用的民主。

民主是全人类共同珍视的价值目标之一。实现民主的形式是丰富多样的，不能拘泥于刻板的模式，更不能说只有一种放之四海而皆准的评判标准。当前，新冠肺炎疫情等全球性挑战带来的治理考验，进一步在世界范围内引发对民主实质和有效实现形式的思考；中国式民主所展现的蓬勃生命力，日益为国际社会所重视。

《人民日报》（2021年3月29日）

高质量发展创造共赢新机遇
——世界瞩目中国新征程①

踏上全面建设社会主义现代化国家新征程的中国，立足新发展阶段，贯彻新发展理念，构建新发展格局，坚定不移推动高质量发展，一定能为推动世界经济复苏发展作出新贡献

“新的五年规划着眼高质量发展”“中国坚持高质量发展、经济稳定、民生幸福、绿色创新”……这样的关键词句，频频出现在国际媒体近期的报道中。国际社会高度关注中国开启全面建设社会主义现代化国家新征程，持续解读“十四五”规划和2035年远景目标纲要为中国绘就的高质量发展路线图，称赞中国推动高质量发展的决心与行动，认为这将有力提振世界经济复苏发展士气，为全球发展注入新动能。

走高质量发展之路，体现出中国对发展规律认识的深化。在经历改革开放以来几十年的经济持续快速增长后，高质量发展是中国经济社会发展的必然选择。2015年，中共十八届五中全会提出创新、协调、绿色、开放、共享的新发展理念，开启了一场关乎中国发展全局的深刻变革。2017年，中共十九大报告指出，中国经济已由高速增长阶段转向高质量发展阶段。去年，中共十九届五中全会提出，“十四五”时期经济社会发展要以推动高质量发展为主题。今年全国两会期间，中国强调高质量发展是“十四五”乃至更长时期经济社会发展的主题。高质量发展才是真正可持续的发展，在世界经济形势仍然复杂严峻、复苏不稳定不平衡的背景下，拥有14亿人口的中国坚定走高质量发展之路，本身就是对全球发展的积极贡献。

理念是行动的先导。发展理念是否对头，从根本上决定着发展成效乃至成

败。中国的高质量发展是体现新发展理念的发展，是能够很好满足人民日益增长的美好生活需要的发展，是创新成为第一动力、协调成为内生特点、绿色成为普遍形态、开放成为必由之路、共享成为根本目的的发展。“十四五”规划和 2035 年远景目标纲要的字里行间，充分彰显新发展理念的指引，呈现着中国高质量发展的美好愿景，也预示着中国同各国合作共赢的更多新机遇。

“实施更加开放包容、互惠共享的国际科技合作战略，更加主动融入全球创新网络”“推动进出口协同发展”“提高国际双向投资水平”“构建高标准自由贸易区网络”……“十四五”规划和 2035 年远景目标纲要向世界展示出开放合作的风向标。阿根廷国际问题专家贡萨洛・托尔迪尼认为，这体现了中国对可持续发展、科技创新等方面的高度关注，传递出中国立足新发展阶段、推动高质量发展的清晰信号。美国学者罗伯特・库恩指出，创新合作越密切，科技进步就会越大，“中国通过合作助力发展中国家科技进步，有利于全球共同发展”。

为更加开放、更具创新力的中国前景投下信任票，这是国际有识之士的选择。“我深知中国前途远大，深知中国的奋斗就是全人类的奋斗，中国的经验对全人类非常重要。”诺贝尔经济学奖获得者科斯所作判断，代表了国际社会对中国发展的世界意义的积极肯定。世人相信，踏上全面建设社会主义现代化国家新征程的中国，立足新发展阶段，贯彻新发展理念，构建新发展格局，坚定不移推动高质量发展，一定能为推动世界经济复苏发展作出新贡献。

《人民日报》（2021 年 3 月 19 日）

为建设清洁美丽世界贡献力量
——世界瞩目中国新征程②

踏上新征程的中国，将继续坚持绿水青山就是金山银山的理念，坚定不移走生态优先、绿色发展之路，同各国携手努力，共建清洁美丽的世界

“我国力争 2030 年前实现碳达峰，2060 年前实现碳中和”，中国作出这一重大战略决策，着眼于中华民族永续发展和构建人类命运共同体，赢得国际社会普遍称赞。世界瞩目中国“十四五”规划和 2035 年远景目标纲要，进一步看到中国朝着绿色发展、人与自然和谐共生目标奋进的坚定决心，看到中国致力于保护地球家园、实现人类可持续发展的大国担当。

中国在世界上率先提出并坚定秉持人与自然和谐共生的生态文明理念，以抓铁有痕的劲头取得卓著成绩。今年全国两会期间，一位来自青海的代表展示的两张照片——漫步在草丛中的荒漠猫与行走在树丛中的雪豹——引起广泛关注。珍稀物种频频现身，正是中国生态环境保护取得成效的生动体现。“十三五”时期的成绩单明证，中国污染防治力度加大，主要污染物排放总量减少目标超额完成，资源利用效率显著提升，生态环境明显改善。彭博社日前发表的报道，聚焦 10 多年来中国大规模植树造林计划持续普遍落实的行动。法国水资源国际办公室主任让 - 弗朗索瓦·唐泽尔评价，中国生态环境保护取得斐然成就，为人与自然和谐共生贡献了智慧和力量。

“纵观世界发展史，保护生态环境就是保护生产力，改善生态环境就是发展生产力。良好生态环境是最公平的公共产品，是最普惠的民生福祉。”习近平总书记阐释的道理早已深入人心，化为中国行动。绵绵用力、久久为功，随着中国大地上的绿色经济版图迅速扩展，国际社会对中国以科学理念引领生

态文明建设的关注日益增多。“十四五”规划和2035年远景目标纲要为中国绿色发展进一步作出行动规划，就提升生态系统质量和稳定性、持续改善环境质量、加快发展方式绿色转型等作出系统性顶层设计，备受世界瞩目。《美国经济学与社会学杂志》主编克利福德·柯布认为，中国在生态文明建设领域开辟了新路，中国对污染的治理为其他国家提供了样板。

中国推动经济社会发展全面绿色转型，是对全球可持续发展的巨大贡献。“十四五”规划和2035年远景目标纲要明确提出中国将落实2030年应对气候变化国家自主贡献目标。中国把碳达峰、碳中和纳入生态文明建设整体布局，预示着中国将对全球气候治理作出更大贡献。美国盖茨基金会联席主席比尔·盖茨表示，中国将遏制气候变化作为优先事项，并愿在这一问题上与其他国家合作，这是非常好的事情。埃及坦塔大学教授萨威指出，在应对全球气候变化方面中国正以实际行动展现担当，令人敬佩。

生态环境保护功在当代、利在千秋。中国坚持不懈加强生态文明建设，强调“只要是对全人类有益的事情，中国就应该义不容辞地做，并且做好”，实实在在做到知行合一。世人相信，踏上新征程的中国，将继续坚持绿水青山就是金山银山的理念，坚定不移走生态优先、绿色发展之路，同各国携手努力，共建清洁美丽的世界。

《人民日报》（2021年3月22日）

发挥科技创新的关键和中坚作用
——世界瞩目中国新征程③

中国携手各国精诚合作，共同把握科技创新这一关键变量，一定能够不断为推动人类经济社会发展注入正能量

“坚持创新在我国现代化建设全局中的核心地位，把科技自立自强作为国家发展的战略支撑”“全社会研发经费投入年均增长7%以上”“关键核心技术实现重大突破，进入创新型国家前列”……中国“十四五”规划和2035年远景目标纲要对坚持创新驱动发展、全面塑造发展新优势作出一系列战略部署，擘画了中国创新发展蓝图。国际观察人士指出，规划纲要体现出中国对科技创新的高度重视，传递出中国立足新发展阶段、推动高质量发展的清晰信号。

科技创新是人类社会发展的重要引擎，是应对许多全球性挑战的有力武器。正如习近平总书记所阐释：“科学技术从来没有像今天这样深刻影响着国家前途命运，从来没有像今天这样深刻影响着人民幸福安康。”新冠肺炎疫情影响广泛深远，世界经济陷入低迷期，气候变化等全球性挑战值得高度重视。与此同时，新一轮科技革命和产业变革深入发展，以科技创新催生新发展动能面临前所未有的机遇。向科学技术要发展动力，以科技创新解答人类发展难题，这是世界各国共同的追求。中国加快建设科技强国，彰显顺应时代潮流的智慧与担当。

中国坚持把创新作为引领发展的第一动力，脚踏实地推动实现依靠创新驱动的内涵型增长。世界知识产权组织发布的最新报告显示，2020年中国继续领跑全球专利申请量，中国专利申请量同比增长16.1%，以68720件稳居世界第一。国际观察人士赞叹，中国已经越过了“世界工厂”这一阶段，进入了

"专利工厂"阶段，科技创新为高质量发展增添了新动能。放眼"十四五"，中国强调"坚持创新在我国现代化建设全局中的核心地位，把科技自立自强作为国家发展的战略支撑"，国际社会更加看好中国高质量发展的光明前景。

让科技成果造福全人类，在开放合作中为全人类寻求科学突破，这是中国一以贯之的追求；如今规划纲要进一步明确提出，实施更加开放包容、互惠共享的国际科技合作战略，更加主动融入全球创新网络。实践早已明证，开放带来进步，在科技创新领域的开放合作，是促进各国共同发展的重要动力。中国同 50 多个国家和地区开展联合研究，深度参与国际热核聚变实验堆等国际大科学工程，"一带一路"科技创新合作计划支持 8300 多名外国青年科学家来华工作、建设 33 家联合实验室……中国致力于开展全球科技协同创新，日益深度参与全球科技治理，为全球科技开放合作提供广阔舞台，这是推动构建人类命运共同体的题中之义，受到国际社会普遍欢迎。

科学是历史的有力的杠杆，科技创新总能创造令人意想不到的奇迹，关乎人类福祉。踏上新征程的中国，坚持科技为先，发挥科技创新的关键和中坚作用，必将不断提升实现科技跨越的能力。世人相信，中国携手各国精诚合作，共同把握科技创新这一关键变量，一定能够不断为推动人类经济社会发展注入正能量。

《人民日报》（2021 年 3 月 23 日）

全面提高对外开放水平
——世界瞩目中国新征程④

中国开放的大门只会越开越大，中国与世界合作共赢的机遇只会越来越多

对外开放，中国持续迈出稳健步伐，备受世界瞩目。近期，中国完成核准区域全面经济伙伴关系协定（RCEP），成为率先批准协定的国家；举行了两次线上培训班，商务、海关、贸促系统、商协会以及企业代表等积极参加，为协定生效做准备。实行高水平对外开放、开拓合作共赢新局面，这是中国全面建设社会主义现代化国家新征程上的生动景象。

“坚持实施更大范围、更宽领域、更深层次对外开放，依托我国超大规模市场优势，促进国际合作，实现互利共赢，推动共建‘一带一路’行稳致远，推动构建人类命运共同体。”展开“十四五”规划和2035年远景目标纲要，可见中国以高水平对外开放与世界深度互动的美好前景，可见加快构建新发展格局的中国继续致力于促进共同发展的大国担当。

全面提高对外开放水平，中国致力于建设更高水平开放型经济新体制。加快推进制度型开放，提升对外开放平台功能，优化区域开放布局，健全开放安全保障体系，都是中国的努力方向。中国全面提高对外开放水平，推进贸易和投资自由化便利化，持续深化商品和要素流动型开放，稳步拓展规则、规制、管理、标准等制度型开放，将持续向世界释放更多红利。美中贸易全国委员会发布的调查显示，近七成受访美国企业对中国市场未来5年的商业前景感到乐观。中国欧盟商会调查显示，超六成受访欧盟企业认为中国是其前三大投资目的地之一。外国在华企业的选择，充分体现了世界对开放的中国市场充满信心。

全面提高对外开放水平，中国努力推动共建“一带一路”高质量发展。共

建“一带一路”是增进民生福祉、推动共同发展的重要途径，是构建人类命运共同体的重要实践平台。坚持共商共建共享原则，秉持绿色、开放、廉洁理念，深化务实合作，共建“一带一路”实践展现出强大韧性和旺盛活力。将“一带一路”建设成各方共同发展、共同繁荣的康庄大道，既是各方心愿，也是坚定信念。在联合国经社理事会主席阿克拉姆看来，通过对基础设施进行投资，共建“一带一路”将为工业化和经济发展奠定加速增长的基础，利在全球。

全面提高对外开放水平，中国积极参与全球治理体系改革和建设。“十四五”规划和 2035 年远景目标纲要明确提出，中国将继续高举和平、发展、合作、共赢旗帜，坚持独立自主的和平外交政策，推动构建新型国际关系，推动全球治理体系朝着更加公正合理的方向发展。中国致力于维护和完善多边经济治理机制、构建高标准自由贸易区网络、积极营造良好外部环境，这是国际社会普遍欢迎的积极作为，也是中国作为建设性力量为世界和平发展作出的重要贡献。

中国的发展离不开世界，世界的繁荣也需要中国。新征程上，中国开放的大门只会越开越大，中国与世界合作共赢的机遇只会越来越多。与中国携手，一路同行，共创繁荣，这是所有拥抱开放合作的国家必将作出的共同选择。

《人民日报》（2021 年 3 月 24 日）

为促进全体人民共同富裕而努力
——世界瞩目中国新征程⑤

中国从全面脱贫到全面建成小康社会，迈出促进全体人民共同富裕的稳健步伐，给世界以启发和激励

发展为了人民、发展依靠人民、发展成果由人民共享，这是中国推进改革开放和社会主义现代化建设的根本目的。“十四五”规划和2035年远景目标纲要，展现出中国人民美好生活的愿景：“十四五”时期民生福祉达到新水平，全体人民共同富裕迈出坚实步伐；展望2035年，人民生活更加美好，人的全面发展、全体人民共同富裕取得更为明显的实质性进展。一个大国、大党的为民情怀，备受世界瞩目。

治国之道，富民为始。共同富裕，人民期盼。中国共产党始终把为中国人民谋幸福、为中华民族谋复兴作为初心和使命。消除贫困、改善民生、实现共同富裕是社会主义的本质要求，也是中国推动经济社会发展的重要目标。经过长期艰苦奋斗，中国人民生活质量和社会共享水平显著提高。新时代，中国把“共享”作为新发展理念的重要内容之一，就是要在做大发展蛋糕的同时分好蛋糕，让百姓有更多成就感和获得感。

中国打赢脱贫攻坚战，完成消除绝对贫困的艰巨任务，这一彪炳史册的人间奇迹正是中国在增进民生福祉、追求共同富裕的道路上树立的丰碑。“小康不小康，关键看老乡，关键在贫困的老乡能不能脱贫”“决不能落下一个贫困地区、一个贫困群众”……鲜明的态度，坚定的意志，扎实的行动，都是中国坚持共同富裕方向的生动体现。中共十八大以来，现行标准下9899万农村贫困人口全部脱贫，832个贫困县全部摘帽，12.8万个贫困村全部出列，区域性整体贫困得到解决；平均每年1000多万人脱贫，相当于一个中等国家的人口脱贫。这样的成就，被认为“不仅是中华民族5000多年历史上的巨变，也是世界历史上空前伟大的壮举”。

“我们的目标是让增长和发展惠及所有国家和人民，让各国人民特别是发展中国家人民的日子都一天天好起来。”习近平主席指明了各国应该共同努力的方向。多年来，中国始终是全球发展的贡献者，也是全球减贫事业的积极倡导者和有力推动者。中国致力于推动南南合作，推动高质量共建“一带一路”，支持和帮助广大发展中国家特别是最不发达国家消除贫困等举措，在共同发展道路上担当大义。新冠肺炎疫情发生后，全球贫困人口出现多年来首次增长，实现联合国2030年可持续发展议程目标面临挑战。在此背景下，中国从全面脱贫到全面建成小康社会，迈出促进全体人民共同富裕的稳健步伐，给世界以启发和激励。正如联合国秘书长古特雷斯在祝贺中国取得脱贫攻坚全面胜利时所指出，中国取得的非凡成就为整个国际社会带来了希望。

大道之行，天下为公。踏上新征程，中国坚持以人民为中心的发展思想，不断增进民生福祉、促进社会公平正义，必将让中国人民有更多成就感和获得感；中国积极推动全球包容发展，让发展的成果更多更好惠及各国人民，必将为推动构建人类命运共同体贡献重要力量。

《人民日报》（2021年3月26日）

瞩目历史交汇点上的中国

透过两会之窗，各国能够发现中国经济社会发展的经验，增进对“中国之治”的了解，感知与中国进一步携手合作的机遇

“展望今年中国全国两会，‘十四五’规划和2035年远景目标纲要将是一大热点”“观察两会，能够发现中国将如何进一步推动高质量发展”……各方目光已经投向2021年中国“两会时间”。中国共产党成立100周年，“十四五”开局之年，中国未来发展蓝图展开。国际社会普遍相信，踏上全面建设社会主义现代化国家新征程的中国，将为世界注入更多合作共赢的正能量。

透过两会之窗，各国能够发现中国经济社会发展的经验。经过5年持续奋斗，中国“十三五”规划主要目标任务胜利完成，全面建成小康社会取得伟大历史性成就，决战脱贫攻坚取得全面胜利，经济运行总体平稳，经济结构持续优化，生态环境明显改善，对外开放持续扩大，人民生活水平显著提高，经济实力、科技实力、综合国力跃上新的大台阶，中华民族伟大复兴向前迈出了新的一大步。中国共产党领导和中国特色社会主义制度优势充分彰显。国际舆论普遍认为，随着“十四五”规划的实施，中国将更有实力为世界经济复苏作出重要贡献。

透过两会之窗，各国能够增进对“中国之治”的了解。国际观察人士越来越认识到，要想解读非同凡响的中国成功故事，就必须理解中国治国理政的思想之脉。中国疫情防控阻击战取得重大战略成果，更促使世人进一步思考中国共产党为什么“能”。《习近平谈治国理政》出版发行以来，许多国家的知名出版机构分别同中方签署国际合作翻译出版备忘录，共同翻译出版多语种版本，已经充分说明“中国之治”的世界影响力。关注中国全国两会，聚焦中国特色社会主义民主政治的生动实践，也说明世界渴望从“中国之治”中获得启示，进而为解决好当今时代面临的课题找到应对之策。

透过两会之窗，各国能够感知与中国进一步携手合作的机遇。人类正面临多重危机挑战，团结合作才是正确选择。中方明确承诺，开启了全面建设社会主义现代化国家新征程的中国，继续积极参与国际抗疫合作、继续实施互利共赢的开放战略、继续促进可持续发展、继续推进科技创新、继续推动构建新型国际关系，向着构建人类命运共同体不断迈进。“面对复杂的国际环境，中国推动高水平对外开放，将为国际市场带来利好。”这是普遍的国际预期，代表了以合作共赢增进人类福祉的心愿。

2021 年中国全国两会拉开帷幕，从重要历史交汇点上再出发，中国步履稳健。中国立足新发展阶段，贯彻新发展理念，积极构建新发展格局，这也是中国同各国一起携手同行的征程，为了共建持久和平、普遍安全、共同繁荣、开放包容、清洁美丽的世界。

《人民日报》（2021 年 3 月 4 日）

感知社会主义民主政治的生命力

无论是人民代表大会制度的选举民主，还是人民政协制度的协商民主，中国政治制度都是为了最好地实现人民当家作主

一年一度的中国全国两会，是国际社会观察中国特色社会主义民主政治的重要窗口。无论是民意、民智、民力的汇聚，还是党的主张、人民意愿、国家意志的交融，都展现出社会主义民主政治的蓬勃生机。

“民主是什么呢？它必须具备一定的意义，否则它就不能存在。因此全部问题在于确定民主的真正意义。”马克思、恩格斯的论述穿越时空，具有重要启示意义。民主是崇高的人类理想，也是全人类追求的共同价值之一。确保其具备真正意义，是各国面对的重要课题。

人民当家作主是社会主义民主政治的本质和核心，中国将人民民主视为社会主义的生命。中国明确提出，没有民主就没有社会主义，就没有社会主义的现代化，就没有中华民族伟大复兴。习近平总书记强调：“发展社会主义民主政治就是要体现人民意志、保障人民权益、激发人民创造活力，用制度体系保证人民当家作主。”无论是人民代表大会制度的选举民主，还是人民政协制度的协商民主，中国政治制度都是为了最好地实现人民当家作主。

在中国社会主义制度下，有事好商量、众人的事情由众人商量，找到全社会意愿和要求的最大公约数，是人民民主的真谛。从扫描二维码参与各地政协“互联网+”参政议政平台的热烈讨论，到“村民说事”“院坝问事”等基层民主管理方式不断创新，中国人民通过各种途径和形式管理国家和社会事务、管理经济和文化事业，共同建设，共同享有，共同发展，成为国家、社会和自己命运的主人。事实表明，中国式民主在中国行得通、很管用，充满活力，充满效率，充满生命力，国际有识之士也普遍得出这个结论。阿联酋《观点报》网站近日的报道聚焦中国全国两会，积极评价来自不同领域和专业背景的代表、委员提出的合理化建议。“良好的制度推动了中国的发展进步，激发了人民的创造活力，成就了中国的繁荣。”南部非洲中国与非洲研究所研究员克莱顿·哈兹韦对中国式民主的观察颇具代表性。

中国式民主，体现出中国共产党的领导、人民当家作主、依法治国三者的有机统一。中国式民主，将党的领导的保障性、人民当家作主的主体性和依法治国的程序性充分结合起来，是经得起实践检验的。中国抗击新冠肺炎疫情取得的重大战略成果，脱贫攻坚战取得的全面胜利，无不说明了这一点。民主不是装饰品，不是用来做摆设的，而是要用来解决人民要解决的问题的。中国各种形式的民主渠道把“百姓盼的”和“政府干的”紧紧地连在一起，社会主义民主政治的成果看得见、摸得着。曾获邀赴现场观察中国全国两会的美国学者罗伯特·劳伦斯·库恩博士深有感触地指出：“中国共产党领导下的中国政府切实回应民众需求，让民众享受到这种努力带来的成果。”日本庆应大学经济学部教授大西广指出，中国社会主义民主是维护人民根本利益的最广泛、最真实、最管用的民主，克服了西方民主的缺陷，为全世界提供了解决类似问题的范本。

中国为更好地实现人民当家作主而进行的不懈探索，被国际社会誉为对“实质民主”的宝贵追求，具有重要的世界意义。国际有识之士普遍相信，随着中国特色社会主义政治制度的显著优势不断转化为更多治理效能，中国能够为人类政治文明进步不断作出新的重要贡献。

《人民日报》（2021 年 3 月 5 日）

传递信心和希望

坚持实行高水平对外开放、促进外贸外资稳中提质的中国，必将为世界经济发展不断注入新动能

“中国设定 6% 以上的经济增长率，像是‘在疫情笼罩下的一束亮光，照亮世界经济复苏之路’”“这显示了中国的决心和信心，‘中国引擎’将为提振世界经济持续发力”……国际社会普遍从今年的中国政府工作报告中看到了中国经济发展的韧性和底气，认为中国经济的确定性将为世界经济发展带来更多信心和希望。

新冠肺炎疫情仍在全球蔓延，国际形势中不稳定不确定因素增多。推动经济早日走出疫情阴霾，回归发展常态，是世界各国共同的目标和期待。中国是 2020 年全球唯一实现经济正增长的主要经济体。从今年的中国政府工作报告中，国际社会读出了一系列令人鼓舞的积极信息。

中国经济恢复稳健增长势头。在极不平凡的 2020 年，中国疫情防控取得重大战略成果，经济同比增长 2.3%；中国经济走出了一条“V”形曲线，第四季度经济增长 6.5%。尽管今年中国发展仍面临不少风险挑战，经济长期向好的基本面没有改变。中国将经济增长预期目标设定为 6% 以上，同时将赤字率下调至 3.2% 左右，不再安排发行抗疫特别国债等，都被国际舆论认为是经济恢复稳健增长势头的积极信号。

中国经济继续高质量发展。中国政府工作报告指出，今年预期目标设定为 6% 以上，考虑了经济运行恢复情况，有利于引导各方面集中精力推进改革创新、推动高质量发展；报告同时强调“依靠创新推动实体经济高质量发展，培育壮大新动能”“坚持扩大内需这个战略基点，充分挖掘国内市场潜力”“促进

生产生活方式绿色转型”等。国际舆论认为，一个恰当的、适度的增长目标表明中国政府强调增长的质量而不仅是数量，表明“中国将加大力度推进高质量发展”。俄罗斯科学院世界经济与国际关系研究所副所长亚历山大·洛马诺夫认为，这些重要信息进一步说明中国是可靠伙伴，并且是充满希望的伙伴。

中国经济与世界经济的联系更加紧密。中国政府工作报告提出，中国将实施更大范围、更宽领域、更深层次对外开放，更好参与国际经济合作。推动进出口稳定发展、积极有效利用外资、高质量共建“一带一路”、深化多双边和区域经济合作……这些充分表明中国与世界各国实现互利共赢的良好愿望。中国 2020 年吸引外国直接投资逆势增长 4%，成为全球最大外资流入国；今年前两个月，中国外贸以同比增长 32.2% 的成绩实现“开门红”。事实证明，只有走开放合作之路，才能为经济发展提供更多动能。中国必将以高水平的对外开放，促进与各国的共同发展。

中国准确把握新发展阶段，深入贯彻新发展理念，加快构建新发展格局，推动高质量发展，为全面建设社会主义现代化国家开好局起好步。世界有理由相信，坚持实行高水平对外开放、促进外贸外资稳中提质的中国，必将为世界经济发展不断注入新动能。

《人民日报》（2021 年 3 月 9 日）

用制度体系保证人民当家作主

中国民主实践将社会主义民主政治的优势和特点日益充分发挥出来，拓宽了人类追求民主理想的道路，为人类政治文明进步作出了充满中国智慧的重要贡献

十三届全国人大三次会议期间，代表们向大会提出建议 9180 件，目前已经全部办理完毕并答复代表，代表建议所提问题得到解决或计划逐步解决的占建议总数的 71.28%；全国政协十三届三次会议以来，政协委员、政协各参加单位提出提案 5974 件，立案 5044 件，办复率为 99.64%……近日从中国全国两会传出的数据，让世界进一步看到中国特色社会主义民主政治的充沛活力和高效率。

世界上没有完全相同的政治制度模式，一个国家实行什么样的政治制度，走什么样的政治发展道路，必须与这个国家的国情和性质相适应。正如习近平总书记所强调："只有扎根本国土壤、汲取充沛养分的制度，才最可靠、也最管用。"中国特色社会主义政治发展道路，是近代以来中国人民长期奋斗历史逻辑、理论逻辑、实践逻辑的必然结果，是坚持党的本质属性、践行党的根本宗旨的必然要求。新中国成立以来特别是改革开放以来，中国共产党团结带领人民在发展社会主义民主政治方面取得了重大进展，成功开辟和坚持了中国特色社会主义政治发展道路，为实现最广泛的人民民主确立了正确方向。进入新时代，中国特色社会主义政治发展道路越走越宽广，人民当家作主的制度体系越来越健全，社会主义民主制度展现出更加旺盛的生命力。

人民代表大会制度是坚持党的领导、人民当家作主、依法治国有机统一的根本政治制度安排；中国共产党领导的多党合作和政治协商制度作为中国一项

基本政治制度，是中国共产党、中国人民和各民主党派、无党派人士的伟大政治创造，是从中国土壤中生长出来的新型政党制度；民族区域自治制度、基层群众自治制度也是中国的基本政治制度。实践表明，这是最大限度保证人民参与政治生活的制度设计。年复一年，展开代表委员倾听民意、建言献策的履职答卷，均可见体现人民意志、保障人民权益、激发人民创造活力的鲜明特点。国际观察人士认为，中国民众对全国两会寄予厚望的事实，已充分说明中国制度体系得到了民众认可，这是维护人民根本利益的最广泛、最真实、最管用的民主。

人民是否享有民主权利，要看人民是否在选举时有投票的权利，也要看人民在日常政治生活中是否有持续参与的权利；要看人民有没有进行民主选举的权利，也要看人民有没有进行民主决策、民主管理、民主监督的权利。人民通过选举、投票行使权利和人民内部各方面在重大决策之前进行充分协商，尽可能就共同性问题取得一致意见，是中国社会主义民主的两种相互补充、相得益彰的重要形式，共同构成了中国社会主义民主政治的制度特点和优势，给世界以深刻启迪。许多来自国际社会的评价指出，中国经济社会发展取得成功的一个重要原因就是"中国式民主制度的成功"。法国调节学派创始人米歇尔·阿列塔指出，经济和政治行为是否民主，应从其是否有利于人民福祉来判断，"中国不断增进人民福祉，就是民主"。

用制度体系保证人民当家作主，这是中国坚定不移的选择。有目共睹，中国民主实践将社会主义民主政治的优势和特点日益充分发挥出来，拓宽了人类追求民主理想的道路，为人类政治文明进步作出了充满中国智慧的重要贡献。

《人民日报》（2021 年 3 月 10 日）

执大象　天下往

始终重情义、有定力、讲原则、敢担当的中国，必将为世界传递更多温暖和希望，为各国共同发展注入更多信心和力量

3月11日，中国全国两会在圆满完成各项议程后落下帷幕。观察2021年中国“两会时间”，国际社会看到了踏上新征程的中国擘画发展新蓝图，也听到了中国向着全面建设社会主义现代化国家目标前进的足音。进入新发展阶段、贯彻新发展理念、构建新发展格局的中国，进一步展现了民主、进步、文明、开放的形象，表达了愿同各国携手应对全球性挑战，共同走和平发展、合作共赢之路的坚定意志。

中国共产党的领导是中国外交的灵魂。瞩目历史交汇点上的中国，理解中国共产党坚守百年的初心，国际社会更能懂得中国外交的追求与担当。无论国际形势如何变化，中国走和平发展道路的决心不变。中国将坚定捍卫国家主权、民族尊严和自身正当权益，将继续高举和平、发展、合作、共赢的旗帜，坚守和平、发展、公平、正义、民主、自由的全人类共同价值，积极推动建设新型国际关系，同各国携手构建人类命运共同体。实践早已证明并将继续证明，中国的发展壮大是世界和平与发展力量的发展壮大。

中国为应对全球性挑战贡献重要力量。新冠肺炎疫情发生后，中国同国际社会守望相助，开展了新中国成立以来规模最大的紧急人道主义行动。中国率先承诺新冠疫苗研发完成并投入使用后作为全球公共产品，努力提高疫苗在发展中国家的可及性和可负担性，以实际行动为全球抗疫注入信心和力量。国际社会公认，无论是抗击疫情、应对气候变化，还是推动经济复苏等，中国都作出了积极贡献；国际观察人士称赞，“中国在应对一系列全球性挑战方面树立了积极榜样”。

中国为促进共同发展提供重要动力。今年是中国加入世界贸易组织 20 周年。重温这一具有里程碑意义的大事，可以感知中国在对外开放中与世界各国共赢的清晰脉络。外商投资准入负面清单缩减，自贸试验区扩容，高质量共建“一带一路”逆风前行，区域全面经济伙伴关系协定签署，中欧投资协定谈判完成……中国与世界各国互动的画卷，无不说明中国将以更好的营商环境、更高水平的开放，为全球提供更多发展机遇，中国与各国的合作将迎来更广阔前景。

中国为加强全球治理作出重要贡献。今年是中国恢复在联合国合法席位 50 周年。回望过去半个世纪历程，中国坚定维护以联合国为核心的国际体系，坚定维护以国际法为基础的国际秩序，坚定奉行多边主义，始终是世界和平的建设者、全球发展的贡献者、国际秩序的维护者。中国坚定主张让多边主义火炬照亮人类前行之路，真诚携手各国共同建设更加开放包容、公平正义、绿色持续、合作共赢的多边主义和全球治理体系，共同开创人类命运共同体的美好未来。

“执大象，天下往。”国际社会普遍相信，始终重情义、有定力、讲原则、敢担当的中国，必将为世界传递更多温暖和希望，为各国共同发展注入更多信心和力量。

《人民日报》（2021 年 3 月 15 日）

做世界减贫事业的有力推动者

为建设没有贫困、普遍繁荣的人类命运共同体，中国愿继续同各国一起不懈努力

中国打赢脱贫攻坚战，历史性地解决困扰中华民族几千年的绝对贫困问题。作为世界最大发展中国家，中国取得如此非凡成绩，足令世人更加憧憬世界减贫事业的未来。

摆脱贫困一直是困扰全球发展和治理的突出难题。联合国宪章、《世界人权宣言》、《经济、社会及文化权利国际公约》都把消除贫困、实现发展作为基本人权，联合国 2030 年可持续发展议程制定的 17 个可持续发展目标的首要目标也是消除贫困。据世界银行估计，全球仍有 7 亿多人处于极端贫困，而新冠肺炎疫情大流行又给世界减贫事业带来挑战。为实现消除贫困这一人类共同理想，世界格外需要真诚意愿、正确引领、坚定意志、切实行动。

中国一直是世界减贫事业的积极倡导者和有力推动者。中国对世界减贫事业的贡献，体现在中国减贫成绩极大提振了全球减贫的信心，体现在中国减贫经验对世界各国的深远启示，体现在中国积极开展国际减贫合作的实际行动，还体现在中国致力于与各国推动合作共赢、共同发展，努力让各国人民共享发展成果。

中国特色反贫困理论备受世界瞩目，影响深远。近年来，许多国家人士专程来中国参观学习，普遍认为发展中国家的减贫实践应当借鉴吸收中国经验。2018 年 12 月，第七十三届联合国大会通过关于消除农村贫困问题的决议，将“精准扶贫”“合作共赢”等理念与实践写入其中。联合国秘书长古特雷斯指出：“精准扶贫方略是帮助最贫困人口、实现联合国 2030 年可持续发展议程设定的宏伟目标的唯一途径。”

中国积极开展国际减贫合作，履行减贫国际责任，为发展中国家提供力所能及的帮助。中国不仅与联合国等国际组织合作帮助发展中国家减贫，还在“东亚减贫合作倡议”、中非减贫惠民合作计划框架下推进合作项目。湄公河畔，中国扶贫专家帮助一个个村庄告别雨水河水、喝上洁净的自来水，告别泥路土路、走上宽敞的水泥路，告别茅屋草屋、住上漂亮的新房；在非洲马达加斯加、尼日利亚、莫桑比克等国家，中国杂交水稻帮助当地农民实现粮食增产、收入增加的梦想；中国菌草专家20多年间把致富的种子撒向100多个国家和地区，通过科技的力量助力解决人类生存和发展问题……纳米比亚总统根哥布说：“中国向世界表明，减贫是可以做到的！”

中国始终认为，大家一起发展才是真发展，必须让发展机会更加均等、发展成果人人共享。中国携手各国共建“一带一路”，推动共建“一带一路”与联合国2030年可持续发展议程对接，倡导成立亚洲基础设施投资银行并帮助有关国家发展，提出并积极落实中非“十大合作计划”“八大行动”……中国真诚支持和帮助广大发展中国家，特别是最不发达国家消除贫困，彰显了一个大国应有的责任和担当。外国政要感慨：没有其他任何一个国家比中国更有能力为消除贫困和南南合作发挥领导作用。

“一花独放不是春，百花齐放春满园。”为建设没有贫困、普遍繁荣的人类命运共同体，中国愿继续同各国一起不懈努力。

《人民日报》（2021年2月28日）

创造减贫治理的中国样本

中国将继续朝着促进全体人民共同富裕的目标迈进，并将与国际社会一道，继续为共建没有贫困、共同发展的人类命运共同体而不懈努力

2月25日，习近平总书记在全国脱贫攻坚总结表彰大会上发表重要讲话，庄严宣告中国脱贫攻坚战取得了全面胜利，现行标准下9899万农村贫困人口全部脱贫，832个贫困县全部摘帽，12.8万个贫困村全部出列，区域性整体贫困得到解决，完成了消除绝对贫困的艰巨任务，创造了又一个彪炳史册的人间奇迹。中国脱贫攻坚的伟大成就谱写了人类反贫困历史的新篇章，开辟了人类社会发展的新天地。

中国的减贫实践为加速世界减贫进程贡献了重要力量。一部中国史，就是一部中华民族同贫困作斗争的历史。中共十八大以来，党和人民披荆斩棘、栉风沐雨，发扬钉钉子精神，敢于啃硬骨头，攻克了一个又一个贫中之贫、坚中之坚，脱贫攻坚取得了重大历史性成就。改革开放以来，按照现行贫困标准计算，中国7.7亿农村贫困人口摆脱贫困；按照世界银行国际贫困标准计算，中国减贫人口占同期全球减贫人口70%以上。特别是在全球贫困状况依然严峻、一些国家贫富分化加剧的背景下，中国提前10年实现《联合国2030年可持续发展议程》减贫目标，赢得国际社会广泛赞誉。国际劳工组织总干事盖伊·赖德认为，40多年来，中国成功让数亿人摆脱贫困，全世界都认为这是绝无仅有的成就。

中国的减贫经验为各国实现减贫目标提供了有益借鉴。中国立足国情，把握减贫规律，出台一系列超常规政策举措，构建了一整套行之有效的政策体系、工作体系、制度体系，走出了一条中国特色减贫道路，形成了中国特色反贫困理论。中国的减贫历程充分展现了中国共产党坚持人民至上、始终为民造福的初心使命，立足国情探索中国特色减贫道路的成功实践，致力于为人类作出更大贡献、建设更加美好世界的责任担当。老挝人民革命党中央总书记、国家主席本扬先后到访湖南湘西十八洞村、福建宁德下岐村，实地感受精准扶贫的中国实践。他表示："中国同志脱贫攻坚的成功经验十分宝贵，我们要把中国同志的好做法带回老挝去。"

中国的减贫行动为全人类摆脱贫困注入了信心和动力。中国积极开展国际减贫合作，履行减贫国际责任，为发展中国家提供力所能及的帮助，做世界减贫事业的有力推动者。通过援建农村公益设施、分享农业治理经验和开展技术转移等方式，中国帮助其他发展中国家减少贫困、改善民生。中国为 120 多个发展中国家实施千年发展目标提供了帮助。据世界银行研究报告，"一带一路"倡议全面实施将使相关国家 760 万人摆脱极端贫困，3200 万人摆脱中度贫困。联合国秘书长古特雷斯感叹，中国面向非洲等发展中国家，采取合作共赢共同发展的政策，这是中国对世界减贫事业的另一贡献。

习近平总书记指出："纵览古今、环顾全球，没有哪一个国家能在这么短的时间内实现几亿人脱贫，这个成绩属于中国，也属于世界，为推动构建人类命运共同体贡献了中国力量！"站在新起点，踏上新征程，中国将继续朝着促进全体人民共同富裕的目标迈进，并将与国际社会一道，继续为共建没有贫困、共同发展的人类命运共同体而不懈努力。

《人民日报》（2021 年 2 月 27 日）

感知春节“和”文化的力量

在全球共同面临疫情挑战、国际形势更趋复杂的当下，春节蕴含的“和”文化更见弥足珍贵的时代价值

春节，是世界感知中国“和”文化的重要时节。今年，不少国家举办的春节庆祝活动转移到线上，但辞旧迎新的喜庆祥和、和合美满的浓浓暖意丝毫未减，给正在同疫情斗争的世界各国人民带来慰藉和希望。

春节文化早已走出东亚地区，走进更多国家普通民众的生活。日前，法国大型零售商家乐福集团举行迎新春活动，并宣布在全法国 250 家大型超市长期设立中国食品专柜。在拉脱维亚，一场别出心裁的“牛年画牛”绘画手工竞赛吸引网友踊跃参加，活动组织者表示“希望中国年给全世界带来喜庆和健康”。爱尔兰国家广播电视公司近日直播“欢乐春节”全球启动仪式，一位接受采访的当地观众说，这档节目不仅给疫情中的人们带来欢乐和祝福，也增加了人们战胜疫情的信心。

各国人民对春节的亲近感不断上升。这一方面是因为不断发展起来的中国与世界各国的联系日益紧密，另一方面也是因为春节的文化内涵和价值追求，日益激起各国人民更广泛的共鸣。在全球共同面临疫情挑战、国际形势更趋复杂的当下，春节蕴含的“和”文化更见弥足珍贵的时代价值。

以和为贵、协和万邦。“和”文化推崇追求和平的国际观，契合当前各国人民对安全稳定的普遍需求。新冠肺炎疫情全球大流行，推动世界百年未有之大变局加速演进。在这个特殊历史时期，文化滋养和历史智慧，有助于人们辨清民心所向、时代大势。中华民族代代相传的“和”文化，从深层次影响着中国与世界打交道的方式。中国始终坚持走和平发展道路，愿意同各国人民共谋

和平、共护和平、共享和平。

和而不同、和合共生。“和”文化推崇相互包容的社会观，契合当前各国人民对不同文明交流互鉴的普遍需求。地球村时代，借力信息技术搭建的平台，不同文明的“近身接触”时时发生。如今，各国人民更广泛地参与春节庆祝活动，充分表明不同文明完全可以和合共生。只要在相互尊重、求同存异基础上实现和平共处，就能为人类文明发展进步注入动力。

万象更新、天人合一。“和”文化推崇呵护生态的宇宙观，契合当前各国人民对绿色发展的普遍需求。人类需要一场自我革命，加快形成绿色发展方式和生活方式，建设生态文明和美丽地球。树立起顺应自然、尊重自然的观念，有助于推动世界经济“绿色复苏”。

人心和善、和睦相处。“和”文化推崇与人为善的道德观，契合当前各国人民对和谐交往的普遍需求。人们永远不会忘记疫情期间的守望相助、患难见真情。彼此传递“山川异域，风月同天”“岂曰无衣，与子同袍”等暖心话语，展现出各国人民之间的友爱与善意，寄托着“但愿人长久，千里共婵娟”的美好情怀。

共同庆祝春节、感受“和”文化，也是搭建心灵交流的桥梁，激发“和”的正能量。人类命运紧密相连，实现对美好生活的向往离不开“和”力量。只有不断促进各国人民加深彼此了解，增强人类命运共同体意识，人类才能不断汇聚团结合作之力，应对全球挑战，共创美好未来。

《人民日报》（2021 年 2 月 12 日）

“中国答卷”提振世界经济复苏信心

踏上新征程的中国，正在加快构建新发展格局，市场潜力将充分激发，开放的大门将进一步敞开，必将不断创造与世界共享的发展机遇，同各国更好实现互利共赢

“中国凭借突出的表现，巩固了其全球重要经济增长引擎的地位”“2021年中国经济有望继续发挥‘火车头’作用，助力世界经济复苏”……中国近日公布 2020 年经济成绩单——经济总量首次突破 100 万亿元大关，同比增长 2.3%，成为全球唯一实现经济正增长的主要经济体，引发国际社会热议和广泛赞誉。在世界经济论坛“达沃斯议程”对话会即将举行、全球寻求合作抗疫和经济复苏良方之际，中国经济为世界经济注入暖意，提振了世界经济复苏发展的信心。

中国经济成就来之不易、成之惟艰。面对严峻复杂的国际形势、艰巨繁重的国内改革发展稳定任务，特别是新冠肺炎疫情的严重冲击，中国率先控制疫情，率先复工复产，率先实现经济增长由负转正，并且成为全球唯一实现经济正增长的主要经济体，三大攻坚战取得决定性成就，科技创新取得重大进展，改革开放实现重要突破，民生得到有力保障。这是一份让人民满意、世界瞩目、可以载入史册的答卷！国际舆论认为，中国“面对最恶劣环境交出最好答卷”，“在一场严重的大流行病令世界主要经济体陷入衰退的一年中，中国显然出类拔萃”。波士顿咨询全球主席汉斯保罗·博克纳指出：“中国经济的‘V 型’反弹不是意外，更不是靠运气，它凝聚着全体中国人民、中国企业和政府部门艰苦卓绝的奋斗。”

国际社会观察指出，中国经济展现出强大韧性和旺盛活力，关键在于有效

统筹疫情防控和经济社会发展，这也为全球打赢疫情防控阻击战和经济保卫战提供了重要经验。世界瞩目，中国坚持人民至上、生命至上，以坚定果敢的勇气和坚忍不拔的决心，夺取全国抗疫斗争重大战略成果，并在此基础上统筹推进疫情防控和经济社会发展工作，抓紧恢复生产生活秩序。中国经济的韧性和活力，体现在热火朝天的工地上，体现在街头巷尾的烟火气里，体现在车水马龙的繁华灯光下，也体现在活力四射的厂房内。彭博社的报道认为，中国经济“V 型”复苏是成功控制疫情、财政和货币政策带动基础设施投资的结果。国际货币基金组织专家强调：“中国的实践证明，采取有效措施控制疫情能促进经济恢复，对其他国家具有重要的借鉴意义。”

“融入世界经济是历史大方向，中国经济要发展，就要敢于到世界市场的汪洋大海中去游泳”，重温习近平主席在世界经济论坛 2017 年年会开幕式上发表的主旨演讲，更能准确理解中国 2020 年经济成绩单带给世界的启示。疫情发生后，保护主义思潮上升。中国采取一系列扩大开放新举措，维护全球产业链供应链稳定，维护全球开放合作环境，进一步提升了与世界合作共赢的能力。2020 年，中国货物贸易进出口总值同比增长 1.9%，中欧班列开行 12406 列，同比增长 50%……这些数据体现的，正是中国为世界经济复苏注入的动力。联合国开发计划署署长施泰纳感叹，中国不仅谋求自身发展，还打造了未来国际合作和经济发展的新愿景。

展望 2021 年，中国经济有基础也有条件延续稳健复苏态势，必将为世界经济复苏发展作出更大贡献。中国进一步强化创新引领、坚持扩大内需、全面推进改革开放等举措，都令国际社会对中国经济发展充满信心。经济合作与发展组织预测，今年中国对世界经济增长的贡献率将超过 1/3。《日本经济新闻》近日报道指出，由于中国经济快速复苏，市场旺盛需求超出日本企业此前预期，日本制造业企业近来接连上调业绩预期。在法国欧莱雅集团首席执行官让 - 保罗·安巩眼中，中国是全球供应体系中的“创新加速器”和“稳定器”，“新的全球化将以开放合作和数字创新为基础，中国将发挥更大作用”。美中贸易全国委员会会长克雷格·艾伦表示，美中贸易全国委员会几乎所有会员企业都看到中国对世界经济的巨大贡献，都在加大对华投资。

“一花独放不是春，百花齐放春满园。”在开放中创造机遇、在合作中破解难题，才是正确的选择。踏上新征程的中国，正在加快构建新发展格局，市场潜力将充分激发，开放的大门将进一步敞开，必将不断创造与世界共享的发展机遇，同各国更好实现互利共赢。应当坚信，只要各国共同选择和衷共济、团结合作，就一定能携手推动世界经济之船尽快走出疫情阴霾，驶向共同发展繁荣的春天。

《人民日报》（2021 年 1 月 21 日）

为世界经济复苏发展创造更多机遇

阔步行进在全面建设社会主义现代化国家新征程上的中国，必将不断汲取继续前进的磅礴力量，乘势而上铸就新的辉煌伟业，也必将不断为世界经济复苏和全球发展作出新的贡献

中国明确提出确保全面建设社会主义现代化国家开好局、起好步，这也是向世界传递的提振信心的重要积极信号。习近平总书记在省部级主要领导干部学习贯彻党的十九届五中全会精神专题研讨班开班式上发表的重要讲话，令世界看到中国乘势而上开启全面建设社会主义现代化国家新征程、向第二个百年奋斗目标进军的宏大愿景。国际社会普遍认为，随着中国深入贯彻新发展理念，加快构建新发展格局的扎实稳健行动一定能够行稳致远，中国同世界合作共赢的前景必将更加广阔。

当前，世界经济形势仍然复杂严峻，复苏不稳定不平衡。世界银行日前发布最新一期《全球经济展望》报告说，由于新冠肺炎疫情持续蔓延，2021 年上半年世界经济仍将处于低迷状态，预计今年全球经济将增长 4%。作为 2020 年全球唯一实现经济正增长的主要经济体，中国开启全面建设社会主义现代化国家新征程，推动经济持续恢复和高质量发展，能够为世界经济复苏发展注入重要动力。中共十九届五中全会审议通过的《中共中央关于制定国民经济和社会发展第十四个五年规划和二〇三五年远景目标的建议》举世关注，国际社会普遍从中读出中国保持战略定力、集中力量办好自己的事的决心和信心。中国经济高质量发展的经验、中国扩大高水平开放带给世界的机遇，皆为国际社会所高度关注和热切期待。法国共产党全国执行委员会委员莉迪娅·萨马巴克斯感叹，在国际形势不稳定性不确定性明显上升的背景下，中共十九届五中全会

充分体现出中国共产党的远见卓识。墨西哥中国问题专家德拉罗萨坚信：“作为世界经济增长的重要引擎，中国将继续为世界经济复苏作出贡献。”

发展理念是否对头，从根本上决定着发展成效乃至成败。国际社会公认，深入贯彻创新、协调、绿色、开放、共享的新发展理念的中国，发展质量更高了，可持续发展能力更强了。习近平总书记指出：“为人民谋幸福、为民族谋复兴，这既是我们党领导现代化建设的出发点和落脚点，也是新发展理念的‘根’和‘魂’。”在新冠肺炎疫情可能导致1亿人重新陷入极端贫困，国际社会担心经济复苏不平衡导致一些国家贫富差距进一步拉大的背景下，坚持什么样的发展观、如何实现经济稳定平衡复苏，这是世界共同关心的问题。中国坚持以人民为中心的发展思想，坚持发展为了人民、发展依靠人民、发展成果由人民共享，致力于实现共同富裕，不断增强人民群众获得感、幸福感、安全感，对世界经济包容、可持续发展具有重要的启示意义。

加快构建以国内大循环为主体、国内国际双循环相互促进的新发展格局，是“十四五”规划《建议》提出的一项关系中国发展全局的重大战略任务，也是国际社会高度关注的话题。构建新发展格局，必须构建高水平社会主义市场经济体制，实行高水平对外开放，推动改革和开放相互促进，体现的是实现高水平自立自强和高水平对外开放的辩证统一。中国与相关国家签署区域全面经济伙伴关系协定，与欧盟如期完成中欧投资协定谈判，明确表示积极考虑加入全面与进步跨太平洋伙伴关系协定，积极推动高质量共建“一带一路”等，都是坚定不移实行高水平对外开放、促进国际合作和互利共赢的最新明证。

中国进入了一个新发展阶段。阔步行进在全面建设社会主义现代化国家新征程上的中国，必将不断汲取继续前进的磅礴力量，乘势而上铸就新的辉煌伟业，也必将不断为世界经济复苏和全球发展作出新的贡献。

《人民日报》（2021年1月14日）

点赞平凡铸就伟大的中国故事

中国乘势而上开启新的伟大征程，世界必将看到更多平凡铸就伟大的中国故事

“平凡铸就伟大，英雄来自人民。每个人都了不起！”“事实再次证明，中国人民是伟大的人民、英勇的人民，一定能够继续创造令人刮目相看的人间奇迹！”习近平主席发表二〇二一年新年贺词，在全国政协新年茶话会上发表的重要讲话，都充分肯定中国人民在中国共产党坚强领导下，万众一心、顽强拼搏，取得显著奋斗成果所作出的伟大贡献。世界关注的目光纷纷投向平凡铸就伟大的中国故事。

人民是历史的创造者，是真正的英雄，是决定党和国家前途命运的根本力量，是战胜前进道路上一切艰难险阻的力量源泉。2020 年极不平凡。回顾这一年，中国人民所创造的显著奋斗成果充分展现了中国精神、中国力量，赢得了世界尊重。

中国人民守望相助的家国情怀、命运与共的天下情怀，给新冠肺炎疫情阴霾笼罩的世界注入希望之光。从白衣天使到人民子弟兵，从科研人员到社区工作者，从志愿者到工程建设者，从古稀老人到“90 后”、“00 后”青年一代，无数人以生命赴使命、用挚爱护苍生，将涓滴之力汇聚成磅礴伟力，构筑起守护生命的铜墙铁壁。“每扇窗户、每座摩天大楼背后，人们都在合力抗击疫情。”美国《商业内幕》网站的报道，将中国人民在个体层面作出的贡献列为中国抗疫的 11 项强力措施之一。法国前总理拉法兰高度评价“中国人民身上万众一心、经受考验的能力”，联合国秘书长古特雷斯称赞中国人民为全人类作出了贡献。

热爱生活、追求卓越的中国人民，在奋斗圆梦的道路上始终坚毅前行，书写着世界奇迹。国际社会一致称赞，历经 8 年的努力，中国实现现行标准下近 1 亿农村贫困人口全部脱贫，832 个贫困县全部摘帽，彰显中国人民“愚公移山的干劲”，书写了人类减贫史上的伟大篇章。连日来，国际社会高度评价中国人民勇攀科学高峰——俄新社报道将嫦娥五号登月列为“2020 年震动世界的十件大事”之一；英国《每日邮报》报道认为，长征八号首飞成功表明中国航天事业在过去 10 年取得了巨大进步，为实现其 2022 年前后建成空间站的目标打下坚实基础。

探寻中国成功密码的世界目光，不约而同投向中国共产党同广大人民群众的血肉联系。爱德曼“全球信任度晴雨表”的最新数据显示，中国人民对本国政府信任度高达 90%，连续第三年位列世界各主要经济体首位；哈佛大学的调查结果显示，中国民众对中央政府的满意度高达 93.1%。这些数据充分说明，中国人民心向中国共产党，始终紧密团结在中国共产党的周围。

上下同欲者胜。中国共产党的坚强领导坚定了中国人民团结奋进、勇往直前的信心，凝聚起中国人民心往一处想、劲往一处使的强大合力，赋予中国人民不惧风雨、不畏险阻的强大动力。正如埃及前总理伊萨姆·沙拉夫所观察，中国共产党坚持以人民为中心，中国人民充分信任和支持中国共产党的领导。

中国乘势而上开启新的伟大征程，世界必将看到更多平凡铸就伟大的中国故事。征途漫漫，惟有奋斗。中国人民在中国共产党坚强领导下继续奋斗，勇往直前，一定能够创造更加灿烂的辉煌。

《人民日报》（2021 年 1 月 2 日）

携起手来　风雨同舟

站在“两个一百年”奋斗目标的历史交汇点上，开启全面建设社会主义现代化国家新征程的中国，将一如既往做世界和平的建设者、全球发展的贡献者、国际秩序的维护者，继续推动构建人类命运共同体，携手各国共创人类美好未来

“经历了一年来的风雨，我们比任何时候都更加深切体会到人类命运共同体的意义。”习近平主席发表的二〇二一年新年贺词，说出了世界各国人民的心里话。

告别极不平凡的2020年之际，世界各国人民共同祈愿风雨之后见彩虹；更能懂得，在2021年的新征程上，需要大家携起手来，风雨同舟，早日驱散新冠肺炎疫情的阴霾，努力建设更加美好的地球家园。

2020年，人类共同经历了一场惊心动魄的风险挑战，有乌云遮天、狂风骤雨，也有云开日出、美丽彩虹。

面对纷繁复杂的国际国内形势，中国统筹中华民族伟大复兴战略全局和世界百年未有之大变局，集中力量办好自己的事，以人民至上、生命至上诠释了人间大爱，用众志成城、坚忍不拔书写了抗疫史诗，为维护世界和平与发展作出了新贡献。中国答卷，人民满意、世界瞩目、可以载入史册。国际舆论评价：“中国为如此不平凡的一年画上了漂亮的句号”“中国又一次办到了……从在全球经济中的作用看，中国变得比以前更加强大”。

凡是过往，皆为序章。尽管笼罩全球的新冠肺炎疫情阴霾尚未散去，但人类命运共同体理念指导实践的重大价值日益为国际社会所普遍认同，成为推动人类走出当前困境的巨大信心源和动力源。

中国秉持人类命运共同体理念，推进中国特色大国外交，推动并参与国际抗疫合作，为全球抗击新冠肺炎病魔、促进和平与发展作出了积极贡献。推动全球团结抗疫，打造人类卫生健康共同体；在上海合作组织框架内首次提出构建“卫生健康共同体”“安全共同体”“发展共同体”“人文共同体”重大倡议，在亚太经合组织领导人非正式会议上系统阐述构建开放包容、创新增长、互联互通、合作共赢的亚太命运共同体，为新形势下建设更为紧密的中国—东盟命运共同体提出重要倡议……习近平主席在多边舞台深入阐述人类命运共同体的构建路径，推动人类命运共同体建设走深走实。

展望2021年，各国人民对构建人类命运共同体的愿望势将更加强烈。纵然有新冠肺炎疫情肆虐拖累世界经济的脚步，纵然有单边主义、保护主义、霸权主义不时作祟，和平、发展、合作、共赢的时代潮流也不可能改变。全球范围内，团结合作、科学抗疫的呼声高涨，以多边合作应对挑战、以对话协商化解分歧的力量正在不断积蓄，推动实现世界经济强劲、可持续、平衡、包容增长的共识势将进一步凝聚。

大道不孤，天下一家。“我同国际上新老朋友进行了多次通话，出席了多场‘云会议’，谈得最多的就是和衷共济、团结抗疫”“我们通过奋斗，披荆斩棘，走过了万水千山。我们还要继续奋斗，勇往直前，创造更加灿烂的辉煌”……习近平主席的话语，彰显笃志为人民谋幸福、为民族谋复兴、为世界谋大同的坚定信念和宽广胸怀。站在“两个一百年”奋斗目标的历史交汇点上，开启全面建设社会主义现代化国家新征程的中国，将一如既往做世界和平的建设者、全球发展的贡献者、国际秩序的维护者，继续推动构建人类命运共同体，携手各国共创人类美好未来。

《人民日报》（2021年1月1日）

乘风破浪　行稳致远

立足新发展阶段、贯彻新发展理念、构建新发展格局的中国，势将在高质量发展的正确航道上乘风破浪、行稳致远，在自身不断创造新的更大奇迹的同时，携手世界各国谱写共创美好未来新篇章

近日，中央经济工作会议在北京举行。习近平总书记在会上发表重要讲话，总结 2020 年经济工作，分析当前经济形势，部署 2021 年经济工作，为引领中国经济航船乘风破浪、行稳致远擘画路径、指明方向。透过观察中国下一年经济政策总基调的重要窗口，世界更清晰地感知，具有强大韧性和蓬勃活力的中国经济，将为后疫情时代世界经济复苏与增长注入更多信心和动力。

沧海横流，方显英雄本色。今年是新中国历史上极不平凡的一年。面对严峻复杂的国际形势、艰巨繁重的国内改革发展稳定任务特别是新冠肺炎疫情的严重冲击，中国保持战略定力，准确判断形势，精心谋划部署，果断采取行动，付出艰苦努力，交出了一份人民满意、世界瞩目、可以载入史册的答卷。中国率先控制住疫情，率先复工复产，率先实现经济增长由负转正，成为全球唯一实现正增长的主要经济体。国际社会普遍看好中国经济发展前景。美国《华尔街日报》报道说“中国经济复苏范围正在扩大”，全球最大资产管理公司贝莱德评价“中国是全球增长中截然不同的一极”，英国智库牛津经济研究院、美国高盛集团等上调对明年中国经济增长的预期。

中国经济取得来之不易的成绩，秘诀是什么？中央经济工作会议指出，“党中央权威是危难时刻全党全国各族人民迎难而上的根本依靠”“人民至上是作出正确抉择的根本前提”“制度优势是形成共克时艰磅礴力量的根本保障”“科学决策和创造性应对是化危为机的根本方法”“科技自立自强是促进发展大局

的根本支撑”。“五个根本”是中国在统筹国内国际两个大局、统筹疫情防控和经济社会发展的实践中，深化对在严峻挑战下做好经济工作的规律性认识，也是中国经济发展给世界的重要启示。

“察势者智，驭势者赢。”放眼世界，新冠肺炎疫情令世界经济陷入衰退，社会民生遭遇重创，影响超出2008年发生的国际金融危机，世界经济复苏前景存在高度不确定性。聚焦中国，当前和今后一个时期，中国发展仍然处于重要战略机遇期，但面临的机遇和挑战都有新的发展变化。中央经济工作会议深刻分析当前中国与世界经济形势，明确提出明年经济工作的总体要求、主要目标、政策取向和重点任务，强调坚持稳中求进工作总基调，宏观政策要保持连续性、稳定性、可持续性等，对中国经济发展和世界经济复苏都具有重要意义。德国杜伊斯堡市政府中国事务专员约翰内斯·普夫卢格认为，“2021年中国经济有望继续发挥‘火车头’作用，助力世界经济复苏”。

中国经济与世界经济深度交融，中国扩大高水平对外开放牵动世界目光。中央经济工作会议要求，构建新发展格局明年要迈好第一步，见到新气象，并提出产业链供应链安全稳定是构建新发展格局的基础、形成强大国内市场是构建新发展格局的重要支撑，强调“构建新发展格局，必须构建高水平社会主义市场经济体制，实行高水平对外开放，推动改革和开放相互促进”。新发展格局不是封闭的国内循环，而是更加开放的国内国际双循环，不仅是中国自身发展需要，而且将更好造福各国人民。不久前区域全面经济伙伴关系协定正式签署，此次中央经济工作会议明确要积极考虑加入全面与进步跨太平洋伙伴关系协定，都充分表明中国致力于构建开放型世界经济，为世界经济复苏带来更多红利。

明年是“十四五”开局之年，也是中国共产党成立100周年。瞩望中国现代化建设进程中具有特殊重要性的一年，立足新发展阶段、贯彻新发展理念、构建新发展格局的中国，势将在高质量发展的正确航道上乘风破浪、行稳致远，在自身不断创造新的更大奇迹的同时，携手世界各国谱写共创美好未来新篇章。

《人民日报》（2020年12月21日）

为加速全球减贫进程贡献智慧和力量

立己达人，兼济天下。在推动自身减贫进程的同时，中国始终在力所能及范围内向广大发展中国家提供帮助

12 月 14 日，人类减贫经验国际论坛在北京开幕。习近平主席向论坛致贺信，阐明中国党和政府致力消除贫困的历史进程、伟大成就和国际贡献，强调中国愿同世界各国一道，携手推进国际减贫进程，推动构建人类命运共同体。习近平主席的贺信充分展现了中国同世界共同应对疫情挑战、合力推进减贫事业、促进减贫成果在更大范围惠及世界各国人民的坚定决心。

消除贫困是人类共同理想。中国共产党和中国政府始终把让人民过上好日子作为奋斗目标，为此进行了长期艰苦卓绝的努力。改革开放 40 多年来，中国 7 亿多人摆脱贫困，对世界减贫贡献率超过 70%。中共十八大以来，中国党和政府把脱贫攻坚摆在治国理政突出位置，组织实施了人类历史上规模最大、力度最强的脱贫攻坚战。经过 8 年持续奋斗，中国如期完成了新时代脱贫攻坚目标任务，现行标准下农村贫困人口全部脱贫，贫困县全部摘帽，消除了绝对贫困和区域性整体贫困，近 1 亿贫困人口实现脱贫，取得了令全世界刮目相看的重大胜利。世界银行前行长罗伯特·佐利克惊叹："毫无疑问，这是消除贫困的历史上最大的飞跃。仅中国的努力，就极大促进了与世界减贫有关的千年发展目标的实现。"

立己达人，兼济天下。在推动自身减贫进程的同时，中国始终在力所能及范围内向广大发展中国家提供帮助。从设立中国—联合国和平与发展基金和南南合作援助基金，到在"东亚减贫合作倡议"、中非减贫惠民合作计划框架下扎实推进合作项目，再到不断深化共建"一带一路"同联合国 2030 年可持续

发展议程对接……中国以实际行动为推进全球减贫事业作出贡献。根据世界银行报告，“一带一路”倡议全面实施将使760万人摆脱极端贫困，3200万人摆脱中度贫困。今年6月，中国作为创始成员参加联合国“消除贫困联盟”。明年，中方还将举办数字减贫研讨会，发挥数字技术优势，助力亚太地区消除贫困事业。联合国拉丁美洲和加勒比经济委员会执行秘书巴尔塞纳表示，中国至少向166个国家和国际组织提供过援助，帮助其他发展中国家减贫。新冠肺炎疫情发生后，中国积极支持二十国集团“暂缓最贫困国家债务偿付倡议”，为最贫困国家提供支持。

联合国秘书长古特雷斯最近指出，全球在实现2015年各国领导人达成的有关可持续发展目标方面“雄心还不够”，实现到2030年将全球极端贫困率降至3%以下的目标困难重重。当前，疫情仍在全球肆虐，减贫事业面临严峻挑战，联合国报告预测，疫情大流行将使更多人陷入极端贫困。中国脱贫攻坚实践日益引起国际社会关注，越来越多国家学习借鉴中国扶贫理念和经验。在国际劳工组织总干事盖伊·赖德看来，消除贫困并不是一国经济快速增长或是世界发展之后的必然产物，它必须成为一国明确的政策目标。中国的脱贫成就证明了这一点。除了采取促进就业、完善社会保障、改善医疗服务等措施外，只有将脱贫作为重要政策目标，才可能在这一方向上取得进展。英国48家集团俱乐部主席斯蒂芬·佩里认为，“对于所有试图摆脱贫困的国家而言，通过改革开放来消除贫困，是中国提供给世界的一条宝贵经验”。

“中国愿同各国一道，合力建设远离贫困、共同发展的美好世界。”习近平主席今年11月在出席二十国集团领导人第十五次峰会时作出庄严承诺。今日之中国，全面建成小康社会胜利在望，全面建设社会主义现代化国家新征程即将开启。新征程上，中国将巩固拓展脱贫攻坚成果，并将一如既往为加速全球减贫进程、提升人类共同福祉贡献智慧和力量。

《人民日报》（2020年12月16日）

登高望远　脚踏实地

中共十九届五中全会为中国发展擘画了波澜壮阔的新图景，也展现了中国将自身发展同世界发展相统一的大国担当

10月26日至29日，中国共产党第十九届中央委员会第五次全体会议在北京举行，全会审议通过了《中共中央关于制定国民经济和社会发展第十四个五年规划和二〇三五年远景目标的建议》。连日来，国际舆论密切关注这次会议，认为五中全会为中国开启全面建设社会主义现代化国家新征程描绘了宏伟蓝图，增强了外界对中国发展的信心，为中国和世界共同发展注入了更强大的动能。

国民经济和社会发展五年规划，向来是国际社会解读中国共产党治国理政与中国经济社会发展的重要窗口。从1953年开始，中国已经编制实施了13个五年规划（计划），其中改革开放以来编制实施8个，有力推动了经济社会发展、综合国力提升、人民生活改善，创造了世所罕见的经济快速发展奇迹和社会长期稳定奇迹。实践证明，中长期发展规划既能充分发挥市场在资源配置中的决定性作用，又能更好发挥政府作用。中共十九届五中全会举行之际，英国广播公司专门发文解读中国五年规划的历史变迁及其重要性，认为“中国的五年规划确实带来了巨大社会改变”。有外界观察人士指出：“中国实施的五年规划是依据时代需要提出的战略部署，兼顾国内国外面临的机遇与挑战，注重将技术进步纳入发展愿景，富有针对性和活力，体现了中国不断完善和发展的治理体系和治理能力。”

既登高望远，又脚踏实地，一步一个脚印沿着正确的道路往前走，正是中国稳步发展的重要密码。过去5年，中国从容应对错综复杂的国际形势，成功战胜各种风险挑战，坚定朝着既定目标任务前进。中国决胜全面建成小康社会

取得决定性成就，全面深化改革取得重大突破，全面依法治国取得重大进展，全面从严治党取得重大成果。中国国家治理体系和治理能力现代化加快推进，中国共产党领导和中国社会主义制度优势进一步彰显。经过“十三五”时期的发展，中国经济实力、科技实力、综合国力跃上新的大台阶，“十三五”规划目标任务即将完成，全面建成小康社会胜利在望，中华民族伟大复兴向前迈出了新的一大步，社会主义中国以更加雄伟的身姿屹立于世界东方。

在“两个一百年”奋斗目标的历史交汇点上，在国际环境日趋复杂、不稳定性不确定性明显增加的背景下，中国共产党如何统筹中华民族伟大复兴战略全局和世界百年未有之大变局，备受世界瞩目。中共十九届五中全会审议通过《建议》，明确“十四五”时期经济社会发展的基本思路、主要目标以及 2035 年远景目标，突出新发展理念的引领作用，提出一批具有标志性的重大战略，实施富有前瞻性、全局性、基础性、针对性的重大举措，统筹谋划好重要领域的接续改革，充分体现中共中央谋划未来的远见卓识和继往开来的历史担当。美国有线电视新闻网报道指出，新冠肺炎疫情让许多国家为今后几周做规划都很困难，而中国却在为未来 10 多年制定政策。英国路透社报道指出，“十四五”规划具有很强的未来导向，面向更加长远的未来，而不仅仅是未来五年。德国《世界报》报道认为，中国的“十四五”规划将对全球产生重要影响。

中共十九届五中全会为中国发展擘画了波澜壮阔的新图景，也展现了中国将自身发展同世界发展相统一的大国担当。从坚持实施更大范围、更宽领域、更深层次对外开放到推动共建“一带一路”高质量发展，积极参与全球经济治理体系改革，再到高举和平、发展、合作、共赢旗帜，积极营造良好外部环境，推动构建新型国际关系和人类命运共同体……中国向世界发出明确信息：中国乘势而上开启全面建设社会主义现代化国家的新征程，也将成为与世界各国互利共赢、共同繁荣发展的新征程。

中国发展仍然处于重要战略机遇期。只要保持战略定力，集中力量办好自己的事，善于在危机中育先机、于变局中开新局，中国一定能够创造让世界刮目相看的新的更大奇迹，中国发展也一定能够为世界各国和平发展、合作共赢创造更为广阔的空间。

《人民日报》（2020 年 11 月 1 日）

用胜利赢得和平赢得尊重
——铭记伟大胜利、捍卫和平正义①

新时代的中国，敢于斗争、善于斗争，知难而进、坚韧向前，必能为维护世界和平和正义、推动构建人类命运共同体作出更大贡献

“抗美援朝战争伟大胜利，是中国人民站起来后屹立于世界东方的宣言书，是中华民族走向伟大复兴的重要里程碑，对中国和世界都有着重大而深远的意义。”习近平总书记在纪念中国人民志愿军抗美援朝出国作战70周年大会上发表重要讲话，铿锵有力的话语彰显中国意志、中国力量。抗美援朝战争伟大胜利彪炳史册，充分展示了中国人民不畏强暴的钢铁意志，充分展示了中国人民万众一心的顽强品格，充分展示了中国人民维护世界和平的坚定决心，充分展示了人民军队敢打必胜的血性铁骨。伟大胜利明证，中国不仅有捍卫和平的坚定意志，更有捍卫和平的伟大力量。

这是值得永远铭记的一页历史。新中国成立之初，国家百废待兴、百业待举，近代以后饱受列强侵略之害、饱受战火蹂躏之苦的中国人民无比渴望和平安宁；但是，帝国主义侵略者又一次将战争强加在了中国人民头上。应朝鲜党和政府请求，中国党和政府以非凡气魄和胆略作出抗美援朝、保家卫国的历史性决策，英雄的中国人民志愿军雄赳赳、气昂昂，跨过鸭绿江，以正义之师行正义之举。经过艰苦卓绝的战斗，中朝军队打败了武装到牙齿的对手，打破了美军不可战胜的神话，迫使不可一世的侵略者在停战协定上签字。

这是来之不易的伟大胜利。战争，从来都是国力的较量，而抗美援朝战争的交战双方力量极不对称。1950年，美国的工农业总产值是中国的28倍，钢产量是中国的144倍。双方军事装备对比，甚至呈现不少“有”和“无”的对

比——位于辽宁丹东的抗美援朝纪念馆展出中国人民志愿军一个军（员额约5万人）与美军一个师（员额约1.7万—2.5万人）的重型装备对比图，列出这样一组数字：美军各种坦克149辆，装甲车35辆，榴弹炮72门，高射炮64门，联络飞机22架；中国人民志愿军的相应装备数量皆为零。这是用双脚与汽车赛跑，用精气神与钢铁比拼，这是帝国主义侵略者依据其固有算式根本无法推演估量的战斗。中国人民志愿军无惧敌军的飞机、坦克、大炮，无惧严寒和烈焰，以坚不可摧的英雄气概坚守阵地、奋勇冲锋。正如上甘岭所见证，43天时间内，所谓“联合国军”发射了190多万发炮弹，投下5000多枚炸弹，伤亡2.5万余人，损失了274架飞机，却依然没有跨越上甘岭。上甘岭战役的沙盘，后来摆放在美国西点军校的课堂上——这是美方不应回避的历史课，应当记住美国前国务卿基辛格写在《论中国》中的这段话：“朝鲜战争……建立了中国作为一个令人敬畏的对手的军事威信，在以后的几十年中，这一威信始终不坠！”

抗美援朝战争伟大胜利鲜明昭示，中国人民不惹事也不怕事，在任何困难和风险面前，腿肚子不会抖，腰杆子不会弯，中华民族是吓不倒、压不垮的！“以战去战，虽战可也。”中国人民深知，对待侵略者，得用他们听得懂的语言同他们对话，这就是以战止战、以武止戈，用胜利赢得和平、赢得尊重。在抗美援朝战争中，中国人民在爱国主义旗帜感召下，同仇敌忾、同心协力，让世界见证了蕴含在中国人民之中的磅礴力量，让世界知道了“现在中国人民已经组织起来了，是惹不得的。如果惹翻了，是不好办的”！

回望历史，世人更能深刻认识到，中国决不会坐视国家主权、安全、发展利益受损，决不会允许任何人任何势力侵犯和分裂祖国的神圣领土。一旦发生这样的严重情况，中国人民必将予以迎头痛击！凭借不畏强暴、反抗强权的民族风骨，凭借万众一心、勠力同心的民族力量，凭借舍生忘死、向死而生的民族血性，凭借守正创新、奋勇向前的民族智慧，中华民族面对再大的强敌也能无往而不胜。

新时代的中国，敢于斗争、善于斗争，知难而进、坚韧向前，必能为维护世界和平和正义、推动构建人类命运共同体作出更大贡献。

《人民日报》（2020年10月28日）

始终走和平发展道路
——铭记伟大胜利、捍卫和平正义②

中华民族是爱好和平的民族，中国人民是爱好和平的人民。中国坚持的是和平发展、开放发展、合作发展、共同发展，是共商共建共享的全球治理观，是和平、发展、公平、正义、民主、自由的全人类共同价值

“伟大的抗美援朝战争，抵御了帝国主义侵略扩张，捍卫了新中国安全，保卫了中国人民和平生活，稳定了朝鲜半岛局势，维护了亚洲和世界和平。”习近平总书记在纪念中国人民志愿军抗美援朝出国作战70周年大会上发表的重要讲话，深刻揭示了抗美援朝战争抵御侵略、反抗强权的正义本质，系统阐明了这场伟大胜利对维护中国以及世界和平稳定的历史意义，充分彰显了中国正义大国、和平大国的形象。

为了人类和平与正义事业而奋斗的国际主义精神，是伟大抗美援朝精神的重要内容。70年前，英勇的中国人民志愿军高举保卫和平、反抗侵略的正义旗帜，以正义之师行正义之举，不仅拼来了山河无恙、家国安宁，更充分展示了中国人民维护世界和平的坚定决心。经此一战，第二次世界大战结束后亚洲乃至世界的战略格局得到深刻塑造，全世界被压迫民族和人民争取民族独立和人民解放的正义事业受到极大鼓舞，有力推动了世界和平与人类进步事业。

中华民族是爱好和平的民族，中国人民是爱好和平的人民。面对帝国主义侵略者强加于中国人民头上的战争，无数英雄儿女不惜用生命守护和平。血战上甘岭、鏖战长津湖，胸膛堵枪眼、“空中拼刺刀”，忍饥受冻绝不退缩、烈火烧身岿然不动……正是维护和平的坚定信念，铸就了舍生忘死、向死而生的民族血性，鼓舞着无数“最可爱的人”义无反顾跨江击敌，书写了感天动地的英

雄史诗。

“一个民族最深沉的精神追求，一定要在其薪火相传的民族精神中来进行基因测序。”抗美援朝战争所展现的中华民族爱好和平的民族性格，厚植于中华文明的历史传统和文化基因。有着悠久历史的中华文明，培育了“亲仁善邻”的政治理念，留下了“国虽大，好战必亡”的历史箴言，也镌刻着“以和为贵”“和而不同”“化干戈为玉帛”“天下太平”等“和合文化”特质。近代以后，虽然遭受列强的侵略、凌辱、掠夺达百年以上，但中国人民矢志不渝追求和平正义。新中国成立后，中国始终坚持独立自主的和平外交政策，从提出和平共处五项原则，到将坚持和平发展道路写入宪法、载入党章，彰显出思想自信和实践自觉的有机统一。

中国人民无比珍视和平安宁，视之如阳光空气之于生命一般至关重要。中国人民懂得，没有和平，中国和世界都不可能顺利发展；没有发展，中国和世界也不可能有持久和平。中国坚定不移走和平发展道路，从未主动对外发动战争，也从未占领外国一寸领土。中国向世界郑重宣示永远不称霸，不扩张，不谋求势力范围。中国坚信，任何一个国家、任何一支军队，不论多么强大，如果站在世界发展潮流的对立面，恃强凌弱、倒行逆施、侵略扩张，必然会碰得头破血流。

中国隆重纪念抗美援朝战争伟大胜利，彰显了维护世界和平和正义的坚定意志，彰显了顺应和平发展历史潮流的坚定意志。有目共睹，中国坚持的是和平发展、开放发展、合作发展、共同发展，是共商共建共享的全球治理观，是和平、发展、公平、正义、民主、自由的全人类共同价值。各国人民一道推动构建人类命运共同体是时代大势，一定能够迎来和平与发展的美好明天。

《人民日报》（2020 年 10 月 29 日）

正义必胜、和平必胜、人民必胜

——铭记伟大胜利、捍卫和平正义③

中国的蓬勃发展、中华民族的伟大复兴，是合乎逻辑、顺应潮流的正义事业。历史和现实已经并将继续证明，任何人都无权剥夺中国人民追求美好生活的权利，任何力量都不能阻挡中华民族实现伟大梦想的步伐

“铭记伟大胜利，推进伟大事业，必须维护世界和平和正义，推动构建人类命运共同体。”习近平总书记在纪念中国人民志愿军抗美援朝出国作战70周年大会上发表重要讲话，向世界宣示中国继续维护和平正义的坚定决心和信心。抗美援朝战争伟大胜利是正义的胜利、和平的胜利、人民的胜利，充分证明正义的事业是任何人都攻不破的。新时代的中国将始终行和平正义之举，走和平正义大道，不惧任何风雨和挑战。

抗美援朝战争的正义性，是中国人民志愿军重要的力量源泉，是中国赢得抗美援朝战争伟大胜利的根本原因。70年前，美国政府从其全球战略和冷战思维出发，作出武装干涉朝鲜内战的决定，并派遣第七舰队侵入台湾海峡。美军不顾中国政府一再警告，悍然越过三八线，把战火烧到中朝边境。侵朝美军飞机多次轰炸中国东北边境地区，给中国人民生命财产造成严重损失，给中国安全造成严重威胁。危急关头，应朝鲜党和政府请求，中国党和政府以非凡气魄和胆略作出抗美援朝、保家卫国的历史性决策，完全是以正义之师行正义之举，得到了世界上一切爱好和平的国家和人民、友好组织和友好人士的有力支援和支持。

在极不对称、极为艰难的条件下，英勇的中国人民志愿军与朝鲜人民和军队一起，打败了武装到牙齿的对手，造就了“美国陆军史上的最大败绩”，令

对手在祈祷“给我一个明天”的同时，也不得不表达对中国军人的敬意。这就是正义的力量。正义必定战胜强权，和平发展是不可阻挡的历史潮流。

鉴往事，知来者。一个国家、一个民族要振兴，就必须在历史前进的逻辑中前进、在时代发展的潮流中发展。中国的蓬勃发展、中华民族的伟大复兴，是合乎逻辑、顺应潮流的正义事业。历史和现实已经并将继续证明，任何人都无权剥夺中国人民追求美好生活的权利，任何力量都不能阻挡中华民族实现伟大梦想的步伐。

中国坚定站在历史正确的一边，坚信正义必胜、和平必胜、人民必胜。中国人民坚信：当今世界，任何单边主义、保护主义、极端利己主义，都是根本行不通的！任何讹诈、封锁、极限施压的方式，都是根本行不通的！任何我行我素、唯我独尊的行径，任何搞霸权、霸道、霸凌的行径，都是根本行不通的！不仅根本行不通，最终必然是死路一条！

中国始终是世界和平的建设者、全球发展的贡献者、国际秩序的维护者，矢志不渝行和平正义之举。中国诚心诚意同各国携手合作，坚信和平发展、开放发展、合作发展、共同发展之路能够越走越宽广，坚信构建人类命运共同体的努力一定能够迎来人类和平与发展的美好未来。

《人民日报》（2020 年 10 月 31 日）

绿色，中国高质量发展的动人色彩

中国将继续为推动全球生态治理、建设全球生态文明发挥重要作用，为保护人类赖以生存的地球家园贡献自己的力量

“通过大力推进国土绿化，中国的‘颜值’不断提升。中国正以绿意盎然的面貌走向世界。”联合国环境规划署网站不久前刊文指出。“十三五”时期，中国污染防治力度空前加大，生态环境明显改善，不断朝着协同推进人民富裕、国家富强、中国美丽的目标迈进。绿色，是中国高质量发展的动人色彩。天更蓝、山更绿、水更清的中国不断展现在世人面前，日益吸引全球目光。

中国步入绿色发展快车道，得益于生态文明建设理念的指引。继中共十八大把生态文明建设纳入中国特色社会主义事业“五位一体”总体布局后，十九大进一步把“污染防治攻坚战”列为决胜全面建成小康社会的三大攻坚战之一，将“增强绿水青山就是金山银山的意识”等内容写入党章。从世界“治沙样板”到连续3年获得联合国环保最高奖——“地球卫士奖”，再到“联合国人居奖”，中国生态文明建设成就和理念获得国际社会广泛认可。联合国环境规划署执行主任英厄·安诺生认为，世界需要中国所倡导的人与自然和谐共生的环保理念。

种下绿色，就能收获美丽；种下希望，就能收获未来。建设生态文明，中国人民久久为功、滴水穿石的精神在新时代绽放光彩。中国人民用几十年奋斗打造出塞罕坝绿色传奇，被世界尊为捍卫地球的行动经典。2009年至2019年，中国共完成造林面积7130.7万公顷，成为同期全球森林资源增长最多的国家。卫星观测数据发现，全球从2000年至2017年新增的绿地面积中，25%以上来自中国，中国对全球绿化增量的贡献居全球首位。联合国粮农组织发布的

2020年《全球森林资源评估报告》充分肯定中国在森林保护和植树造林方面的全球贡献。《澳大利亚金融评论报》撰文指出，中国的植树项目“是给全世界上的一堂课”。

建设美丽中国的路上，“绿水青山就是金山银山”的理念不断在实践中得到验证。通过实施生态扶贫，中国已带动300多万贫困人口脱贫增收。经过30多年的科学治理，曾经的“死亡之海”库布其沙漠已长出6000多平方公里绿洲，带动沙区超过10万名群众脱贫，彰显治沙与治穷共赢的中国特色荒漠化防治之路的有效性。国际社会认为，中国兼顾经济发展和环境保护的道路是“很了不起的探索”，为共建全球生态文明贡献了中国智慧。

拥有14亿人口的中国大力推进生态文明建设，其影响无疑是世界性的。从推动达成并积极落实气候变化《巴黎协定》到推动二十国集团发表首份气候变化问题主席声明，从倡议共建“绿色丝绸之路”到设立气候变化南南合作基金，从提前完成2020年气候行动目标到积极推进“2020年后全球生物多样性框架”，中国绿色版图的持续拓展，为建设全球生态文明作出了重要贡献。习近平主席不久前在联合国生物多样性峰会上宣布，中国二氧化碳排放力争于2030年前达到峰值，努力争取2060年前实现碳中和。这是共建繁荣、清洁、美丽的世界的大国行动，是对人类文明负责的大国担当。英国《自然》杂志发表社论指出，中国规划出一条更绿色的发展前进之路，值得世界上其他国家借鉴。

“山积而高，泽积而长。”中国将进入新发展阶段，将继续坚定不移贯彻新发展理念，坚持生态优先、绿色发展，为打造青山常在、绿水长流、空气常新的美丽中国而努力。中国将继续为推动全球生态治理、建设全球生态文明发挥重要作用，为保护人类赖以生存的地球家园贡献自己的力量。

《人民日报》（2020年10月26日）

和平发展是不可阻挡的历史潮流

中国矢志不渝捍卫和平与正义，始终站在历史正确的一边，中华民族走向伟大复兴的历史脚步不可阻挡，世界和平与发展的正义事业坚不可摧

70年前的今天，1950年10月25日，中国人民志愿军打响出国作战的第一次战役，以光荣的胜利拉开了伟大的抗美援朝战争的帷幕。

“抗美援朝战争伟大胜利，将永远铭刻在中华民族的史册上！永远铭刻在人类和平、发展、进步的史册上！”10月23日，中共中央总书记、国家主席、中央军委主席习近平在纪念中国人民志愿军抗美援朝出国作战70周年大会上发表重要讲话，全面回顾总结抗美援朝战争的伟大胜利和巨大贡献，深刻阐述抗美援朝精神的历史意义和时代价值，精辟总结抗美援朝战争的历史启示，郑重宣示捍卫国家领土主权和统一、维护地区和世界和平稳定、推动构建人类命运共同体的坚定立场和决心，让世界看到，中国始终是世界和平与正义的坚定维护者，始终是人类发展与进步的坚定推动者。

天地英雄气，千秋尚凛然。70年前，中国人民志愿军高举保卫和平、反抗侵略的正义旗帜，雄赳赳、气昂昂，跨过鸭绿江，同朝鲜人民和军队一道，历经艰苦卓绝的浴血奋战，赢得了抗美援朝战争伟大胜利，谱写了气壮山河的英雄赞歌。伟大的抗美援朝战争，抵御了帝国主义侵略扩张，捍卫了新中国安全，保卫了中国人民和平生活，稳定了朝鲜半岛局势，维护了亚洲和世界和平。抗美援朝战争伟大胜利充分表明：中华民族是爱好和平的民族，中国人民是爱好和平的人民；当帝国主义侵略者将战争强加在头上时，中国人民完全有能力拼来山河无恙、家国安宁，完全有能力捍卫和平与正义。

正义必定战胜强权，和平发展是不可阻挡的历史潮流，这是被抗美援朝战

争再次证明的历史铁律。1950 年，美国的工农业总产值是中国的 28 倍，钢产量是中国的 144 倍，双方军事力量更是相差悬殊。面对强大而凶狠的作战对手，身处恶劣而残酷的战场环境，中国人民志愿军抛头颅、洒热血，以“钢少气多”力克“钢多气少”，谱写了惊天地、泣鬼神的雄壮史诗。以战止战、以武止戈，中国人民用胜利赢得了和平、赢得了尊重。这场战争用铁一般的事实告诉世人，任何一个国家、任何一支军队，不论多么强大，如果站在世界发展潮流的对立面，恃强凌弱、倒行逆施、侵略扩张，必然会碰得头破血流。

和平发展、合作共赢才是人间正道。新冠肺炎疫情全球大流行和世界百年未有之大变局相互影响，但和平与发展的时代主题没有变，各国人民和平发展合作共赢的期待更加强烈。任何单边主义、保护主义、极端利己主义，都是根本行不通的！任何讹诈、封锁、极限施压的方式，都是根本行不通的！任何我行我素、唯我独尊的行径，任何搞霸权、霸道、霸凌的行径，都是根本行不通的！不仅根本行不通，最终必然是死路一条！中国永远不称霸、不扩张，坚决反对霸权主义和强权政治。中国决不会坐视国家主权、安全、发展利益受损，决不会允许任何人任何势力侵犯和分裂祖国的神圣领土。一旦发生这样的严重情况，中国人民必将予以迎头痛击！

今日之中国，铭记伟大胜利，推进伟大事业，维护世界和平和正义，推动构建人类命运共同体。中国始终如一的“和平特质”有目共睹。回顾抗美援朝战争，很多人记忆中都有这样一幅画：鲜花盛开，两名中国儿童快乐地怀抱和平鸽；画面下方是儿童手写体大字“我们热爱和平”。这幅宣传画印在信封、笔记本、明信片上，走进千家万户，寄往中国人民志愿军抗美援朝奋勇作战的地方，承载着中国人民保家卫国、捍卫世界和平的天下情怀。抚今追昔，无数事实证明，中国的发展始终是世界和平力量的增长。正如习近平总书记明确表达的中国之志：“作为负责任大国，中国坚守和平、发展、公平、正义、民主、自由的全人类共同价值，坚持共商共建共享的全球治理观，坚定不移走和平发展、开放发展、合作发展、共同发展道路。”

“世界潮流，浩浩荡荡，顺之则昌，逆之则亡。”中国矢志不渝捍卫和平与正义，始终站在历史正确的一边。中华民族走向伟大复兴的历史脚步不可阻挡，世界和平与发展的正义事业坚不可摧。

《人民日报》（2020 年 10 月 25 日）

持续提升合作共赢驱动力

中国经济逆势上扬的亮眼成绩单，尽展中国志在更高起点上推进改革开放的充足底气，亦显中国发展能够更好惠及世界的必然逻辑

“中国领导人在深圳这个中国改革开放的前沿阵地再次强调改革开放的重要性，并且肯定该政策推动中国经济迅速发展的积极作用”“深圳将更加大胆创新推进改革”“深圳是中国改革开放发展的缩影，中国持续推进改革开放，将为全球经济发展注入正能量”……连日来，国际社会持续关注习近平总书记在深圳经济特区建立40周年庆祝大会上发表的重要讲话，解读中国在更高起点上推进改革开放的世界意义。

习近平总书记指出：“我们坚定不移奉行互利共赢的开放战略，既从世界汲取发展动力，也让中国发展更好惠及世界。”作为一个拥有14亿人口、9亿劳动力、1.2亿市场主体的发展中大国，中国欢迎世界各国更多参与中国改革开放进程，构建共商共建共享共赢新格局。在全球新冠肺炎疫情尚未得到有效控制、世界经济正经历二战以来最严重衰退的形势下，中国在更高起点上推进改革开放，为世界经济复苏增添了强大动力。

中国经济逆势上扬的亮眼成绩单，尽展中国志在更高起点上推进改革开放的充足底气，亦显中国发展能够更好惠及世界的必然逻辑。最新公布的数据显示，中国经济第三季度增速达到4.9%，前三季度经济增长由负转正，国际舆论赞叹“中国经济运行回到正常轨道”，“中国正在抬升全球经济增长数字”。国际货币基金组织总裁格奥尔基耶娃表示，中国经济将成为全球经济的积极推动力。美国《华尔街日报》网站刊文指出，中国消费和经济复苏帮助一些美国公司抵消了其在美国国内销售严重下滑造成的损失，中国成为不少美国公司的

“避风港”。

察势者智，驭势者赢。当前，国际经济联通和交往仍是世界经济发展的客观要求。中国站在历史正确的一边，与时俱进全面深化改革、锐意开拓全面扩大开放。中国以更低的关税水平、更短的负面清单、更便利的市场准入、更透明的市场规则、更有吸引力的营商环境，将世界上最庞大的国内市场和全球市场紧密连接，实现国内市场与全球市场之间规模更大、效率更高、动力更强的良性循环和相互促进，为自身也为世界各国开辟出更加广阔的发展空间和机遇。

中国推动更高水平开放的坚实步伐，赢得国际社会普遍肯定和信任。经合组织数据显示，中国 2013 年以来对外资限制程度迅速下降，下降幅度是各主要经济体中最大的之一。世界银行发布专题报告指出，中国在优化营商环境方面取得了史无前例的成就。美中贸易全国委员会最新发布的 2020 年度会员调查显示，近七成受访美国企业对中国市场未来 5 年的商业前景感到乐观。中国欧盟商会与罗兰贝格咨询公司发布的《中国欧盟商会商业信心调查 2020》显示，中国市场对大多数在华欧盟企业有着强烈吸引力，超六成受访者认为中国仍是其前三大投资目的地之一。欧盟统计局发布的数据显示，今年前 7 个月，欧盟 27 个成员国与中国进出口总额为 3287 亿欧元，同比增长约 2.6%，中国首次成为欧盟第一大贸易伙伴。事实证明，中国持续提升的“引进来”的吸引力和“走出去”的竞争力，都是同世界各国合作共赢的驱动力。

中国进行改革开放，顺应了中国人民要发展、要创新、要美好生活的历史要求，契合了世界各国人民要发展、要合作、要和平生活的时代潮流。中国同世界各国携手构建人类命运共同体，开辟着和平发展、开放发展、合作发展、共同发展之路，这是人类共同创造世界更美好未来的阳光大道。

《人民日报》（2020 年 10 月 21 日）

改革不停顿　开放不止步

中国坚定不移奉行互利共赢的开放战略，既从世界汲取发展动力，也让中国发展更好惠及世界，以实际行动诠释“一花独放不是春，百花齐放春满园”的大国胸怀

“当前，世界经济面临诸多复杂挑战，我们决不能被逆风和回头浪所阻，要站在历史正确的一边，坚定不移全面扩大开放，推动建设开放型世界经济，推动构建人类命运共同体。”10 月 14 日，习近平总书记在深圳经济特区建立 40 周年庆祝大会上发表重要讲话，对新时代经济特区在更高起点上推进改革开放作出重大战略部署，向世界宣示了中国深化改革开放、与世界分享更多发展红利的坚定决心和信心。

深圳用 40 年时间走过了国外一些国际化大都市上百年走完的历程，这是中国人民创造的世界发展史上的一个奇迹。深圳取得的成就也是改革开放以来中国实现历史性变革、取得历史性成就的一个生动展现。改革开放以来，中国打开国门搞建设，实现了从封闭半封闭到全方位开放的历史转变，积极参与经济全球化进程，为推动人类共同发展作出了应有贡献。

深刻洞察和准确把握时代潮流，是中国能够不断从成功走向成功的一个关键原因。新时代，中国继续顺应历史潮流，积极应变，主动求变，与时代同行。当今世界正经历百年未有之大变局，新冠肺炎疫情全球大流行使这个大变局加速演进，中国始终把稳推动经济高质量发展、实现中华民族伟大复兴的大方向，信心坚定不移，行动坚实有力。

世界赞叹，中国从容应对经济全球化遭遇的逆流、世界经济低迷的严峻形势，正以更坚定的信心、更有力的措施把改革开放不断推向深入。今年以来，从构建更加完善的要素市场化配置体制机制，到出台《海南自由贸易港建设总体方案》；从下调部分商品进口关税、积极扩大进口到进一步缩减外商投资准入负面清单；从进一步扩容自贸试验区再到对外发布《深圳建设中国特色社会主义先行示范区综合改革试点实施方案（2020—2025年）》，明确在中央改革顶层设计和战略部署下，赋予深圳在重点领域和关键环节改革上更多自主权……中国全面深化改革、扩大开放的步伐坚定有力，向世界清晰表明，无论国际风云如何变幻，中国将始终牢牢把握自身发展的主动权，不断创造共同发展的新天地。

开放带来进步，合作缔造共赢。中国经济长期向好，市场空间大，发展韧性强，正在形成以国内大循环为主体、国内国际双循环相互促进的新发展格局，不仅为中国经济发展开辟空间，也为世界经济复苏和增长增添动力。中国海关总署最新发布的数据显示，前三季度中国货物贸易进出口总值同比增长0.7%，首次实现年内累计增速由负转正。国际货币基金组织发布最新《世界经济展望报告》，预计今年全球经济将萎缩4.4%，中国是全球唯一实现正增长的主要经济体。新冠肺炎疫情防控常态化下中国国庆中秋长假，超过6亿人次出游、实现旅游收入4600多亿元人民币、铁路单日发送旅客超1500万人次。中国经济的韧性与活力，给世界经济发展注入信心。法国媒体报道指出，“经济复苏牢固的中国一枝独秀”。美国彭博社评论认为，中国国内旅游的活跃度凸显了中国经济复苏的实力。

改革开放已走过千山万水，但仍需跋山涉水。在深化改革、扩大开放的道路上，中国一往无前、风雨无阻。中国坚定不移奉行互利共赢的开放战略，既从世界汲取发展动力，也让中国发展更好惠及世界，以实际行动诠释“一花独放不是春，百花齐放春满园”的大国胸怀。

《人民日报》（2020年10月18日）

用担当和奉献换来山河无恙

在全球疫情仍然蔓延的今天，人们更应清醒认识到，各国需要携手付出更大努力，加快实现性别平等、促进全球妇女事业发展，这也是为了世界各国山河无恙，为了迈向人类命运共同体的美好未来

2020年10月1日，国庆节和中秋节携手而至，神州大地一片喜庆祥和。这一天，习近平主席在联合国大会纪念北京世界妇女大会25周年高级别会议上发表重要讲话，从全球新冠肺炎疫情带来的挑战切入，高度评价广大女性医务人员、疾控人员、科技人员、社区工作者、志愿者等不畏艰险、日夜奋战，坚守在疫情防控第一线，用勤劳和智慧书写着保护生命、拯救生命的壮丽诗篇。

“正是成千上万这样的中国女性，白衣执甲，逆行而上，以勇气和辛劳诠释了医者仁心，用担当和奉献换来了山河无恙。”习近平主席深情讲述的中国故事感天动地——在中国抗击疫情最紧要的时刻，来自中国全国各地驰援湖北的4万多名医护人员中，三分之二是女性……娓娓讲述的故事，唤起人们对中国抗疫历程的深深记忆。中国坚持党中央的集中统一领导，习近平总书记亲自指挥、亲自部署，党政军民学、东西南北中一体行动，坚持以人民为中心，发挥集中力量办大事的制度优势，动员全社会力量、调动各方面资源，迅速形成强大合力，并坚定支持世界卫生组织发挥领导作用，积极推动国际社会团结抗疫。中国力量、中国精神、中国效率，彰显了践行人类命运共同体理念的大国担当。

习近平主席的重要讲话不仅高度评价妇女贡献，而且高度关注由于疫情严重冲击各国生产生活、就业民生，妇女所面临的更大挑战。习近平主席提出4点主张：帮助妇女摆脱疫情影响，让性别平等落到实处，推动妇女走在时代前列，加强全球妇女事业合作。这些主张体现了中国对妇女进步事业的深刻思考和不懈努力，国际社会普遍称赞这是促进妇女事业全面发展所需要的重要力量。

中国是全球妇女事业的积极倡导者和有力推动者。25 年前，189 个国家一致通过了《北京宣言》和《行动纲领》，对保障妇女权利、实现妇女解放和进步产生了深远影响，为各国推动性别平等提供了行动指南，成为国际妇女运动的里程碑。5 年前，习近平主席在全球妇女峰会上宣布支持全球妇女事业的一系列承诺和举措。5 年来，中国向联合国妇女署捐款 1000 万美元，成为捐款最多的发展中国家。中国完成 133 个“妇幼健康工程”，邀请 3 万多名发展中国家妇女来华培训。今年，习近平主席宣布，未来 5 年内中国将再向联合国妇女署提供 1000 万美元捐款，中国将继续设立中国—联合国教科文组织女童和妇女教育奖，支持全球女童和妇女教育事业，中国倡议在 2025 年再次召开全球妇女峰会。

“妇女是人类文明的开创者、社会进步的推动者，在各行各业书写着不平凡的成就。”感悟习近平主席深入阐释的道理，人们更能懂得促进全球妇女事业发展的重要意义。男女平等是中国的基本国策。中国建立了包括 100 多部法律法规在内的全面保障妇女权益法律体系，被世界卫生组织列为妇幼健康高绩效的 10 个国家之一，基本消除义务教育性别差距，全社会就业人员女性占比超过四成，互联网领域创业者中女性更是超过一半。中国妇女事业的发展，也是中国经济社会发展、人权事业发展的重要呈现。北京世界妇女大会秘书长、坦桑尼亚著名妇女活动家格特鲁德·蒙盖拉盛赞习近平主席所作深入阐释、所提重要主张，认为这充分体现了中国政府一贯重视发展妇女事业的立场。阿根廷学者朱莉安娜·冈萨雷斯·豪雷吉指出，中国为促进全球妇女事业发展作出重大贡献，以实际行动践行构建人类命运共同体理念。

感知应对新冠肺炎疫情历程中的“半边天”贡献，感悟“用担当和奉献换来山河无恙”的中国行动，人们更能深刻认识到，建设一个妇女免于被歧视的世界、打造一个包容发展的社会何等重要。在全球疫情仍然蔓延的今天，人们更应清醒认识到，各国需要携手付出更大努力，加快实现性别平等、促进全球妇女事业发展，这也是为了世界各国山河无恙，为了迈向人类命运共同体的美好未来。

《人民日报》（2020 年 10 月 3 日）

团结合作才是人间正道

新冠肺炎疫情阻挡不了中华民族实现伟大复兴的坚定步伐，也阻挡不了世界人民走向文明进步的时代潮流

“中国的抗疫斗争，充分展现了中国精神、中国力量、中国担当。”9月8日，中共中央总书记、国家主席、中央军委主席习近平在全国抗击新冠肺炎疫情表彰大会上发表重要讲话，充分肯定中国抗击新冠肺炎疫情斗争取得的重大战略成果，全面回顾抗疫斗争的不平凡历程，精辟概括伟大抗疫精神，深入阐述抗疫斗争取得的重要启示。中国抗击新冠肺炎疫情斗争取得的重大战略成果鼓舞世界，为全球抗疫合作、推动完善全球治理注入信心。

在这场同严重疫情的殊死较量中，中国人民和中华民族以敢于斗争、敢于胜利的大无畏气概，铸就了生命至上、举国同心、舍生忘死、尊重科学、命运与共的伟大抗疫精神。中国成为疫情发生以来第一个恢复增长的主要经济体，在疫情防控和经济恢复上都走在世界前列，显示了中国的强大修复能力和旺盛生机活力。医学期刊《柳叶刀》的社论指出，中国采取的强有力的公共卫生措施可能是“历史上最雄心勃勃、最灵活和最积极的疾病控制工作”。9月7日，世界卫生组织多名高级官员为中国点赞。世卫组织紧急项目执行主任迈克尔·瑞安在记者会上“向中国的一线卫生工作者和全体人民致以最诚挚的祝贺”；世卫组织总干事高级顾问艾尔沃德呼吁世界借鉴中国抗疫经验，为应对持续的疫情威胁做好充分准备。

大事难事见担当。中国同世界各国携手合作、共克时艰，为全球抗疫贡献了智慧和力量。中国发起了新中国成立以来援助时间最集中、涉及范围最广的紧急人道主义行动，为全球疫情防控注入源源不断的动力，充分展示了讲信

义、重情义、扬正义、守道义的大国形象，生动诠释了为世界谋大同、推动构建人类命运共同体的大国担当。从分享防疫信息、防控和救治经验到开展药物疫苗研发合作，从派遣医疗专家组到提供抗疫援助、提供和出口防疫物资，从支持国际组织发挥应有作用到打造人类卫生健康共同体，从完善全球卫生治理到确保全球产业链供应链开放、稳定、安全……中国以实际行动帮助挽救了全球成千上万人的生命，以实际行动彰显了中国推动构建人类命运共同体的真诚愿望。

中国抗疫斗争伟大实践再次证明，构建人类命运共同体所具有的广泛感召力，是应对人类共同挑战、建设更加繁荣美好世界的人间正道。中国坚定不移秉持人类命运共同体理念，得到国际社会越来越多的赞赏和积极响应。疫情仍在全球肆虐，各国都面临着抗疫情、稳经济、保民生的艰巨任务。中国继续推进疫情防控国际合作，就是以实际行动为构建人类卫生健康共同体作贡献。日前举办的2020年中国国际服务贸易交易会特别设置公共卫生防疫专题展区，中国企业研发的新冠病毒灭活疫苗、核酸快速检测设备，以及中医药企业展示的多种抗疫药品吸引众多参观者。服贸会期间举办的公共卫生论坛发布《北京倡议》，倡议各方秉持开放包容、互学互鉴、互利共赢、平等透明、相互尊重的精神，凝聚世界防疫智慧、共抗全球疾病威胁，加强世界范围的卫生合作，推动全球公共卫生安全。

“新冠肺炎疫情以一种特殊形式告诫世人，人类是荣辱与共的命运共同体，重大危机面前没有任何一个国家可以独善其身，团结合作才是人间正道。”鞭辟入里的辩证思考，深刻启迪世人。大道不孤，大爱无疆。新冠肺炎疫情阻挡不了中华民族实现伟大复兴的坚定步伐，也阻挡不了世界人民走向文明进步的时代潮流。只要国际社会秉持人类命运共同体理念，坚持多边主义、走团结合作之路，世界各国人民就一定能够携手应对各种全球性问题，共建美好地球家园。

《人民日报》（2020年9月12日）

中华民族伟大复兴的历史脚步不可阻挡

实现中华民族伟大复兴的征程前景广阔，伟大抗战精神蕴蓄的不竭动力，也是中国积极推动构建新型国际关系和人类命运共同体，携手各国不断推进世界和平与发展事业的伟大力量

“历史必将证明，中华民族走向伟大复兴的历史脚步是不可阻挡的。”9月3日，在中共中央、国务院、中央军委举行的纪念中国人民抗日战争暨世界反法西斯战争胜利75周年座谈会上，中共中央总书记、国家主席、中央军委主席习近平发表重要讲话强调，伟大抗战精神，是中国人民弥足珍贵的精神财富，将永远激励中国人民克服一切艰难险阻、为实现中华民族伟大复兴而奋斗。铭记历史，中国为世界反法西斯战争取得胜利作出的重要贡献彪炳千秋。

翻开光辉史册，中国人民同反法西斯同盟国以及各国人民并肩战斗的闪光记忆扑面而来：苏联给予中国抗战有力的物资支持，美国“飞虎队”同中国军队冒险开辟驼峰航线，加拿大医生白求恩不远万里来华救死扶伤，德国的拉贝、丹麦的辛德贝格在南京大屠杀中千方百计保护中国难民，英国的林迈可、国际主义战士汉斯·希伯等记者积极报道和宣传中国抗战壮举……历史告诉未来，纵使在前进道路上会面临各种各样的风险挑战，会遇到各种各样的荆棘坎坷，但善良者对和平的向往和坚守不变，世界上爱好和平与正义的力量一定能够凝聚起来，“正义必胜、和平必胜、人民必胜”始终是颠扑不破的历史铁律。

中国人民抗日战争的伟大胜利，是中华民族从近代以来陷入深重危机走向伟大复兴的历史转折点。实现中华民族伟大复兴，必须坚持中国共产党领导，必须坚持走中国特色社会主义道路，必须坚持以人民为中心，必须坚持斗争精神，必须坚定不移走和平发展道路。这是基于中国历史和现实作出的重要判断，

是中华民族实现伟大复兴的重要保障。当前，个别国家的极端反华势力频频挑拨中国共产党与中国人民的关系，大肆抹黑中国制度和中国道路，无端诋毁中国和平发展实践，无非是为了牵制和遏制中国发展，延缓甚至破坏中华民族实现伟大复兴。那些人的种种妄动根本不可能得逞。在纪念中国人民抗日战争暨世界反法西斯战争胜利 75 周年的时间节点，我们提醒他们正视一个重要的基本事实：中国人民在 14 年不屈不挠的浴血奋战中孕育的伟大抗战精神，早已化为激励中国人民克服一切艰难险阻的坚不可摧的力量。

历史明证，中华民族从来不惧逆风逆水。对于企图阻挠中华民族实现伟大复兴的那些势力，我们必然以坚定的决心和坚强的意志正告：任何人任何势力企图歪曲中国共产党的历史、丑化中国共产党的性质和宗旨，中国人民都绝不答应！任何人任何势力企图歪曲和改变中国特色社会主义道路、否定和丑化中国人民建设社会主义的伟大成就，中国人民都绝不答应！任何人任何势力企图把中国共产党和中国人民割裂开来、对立起来，中国人民都绝不答应！任何人任何势力企图通过霸凌手段把他们的意志强加给中国、改变中国的前进方向、阻挠中国人民创造自己美好生活的努力，中国人民都绝不答应！任何人任何势力企图破坏中国人民的和平生活和发展权利、破坏中国人民同其他国家人民的交流合作、破坏人类和平与发展的崇高事业，中国人民都绝不答应！

总结历史，瞩望未来，中国誓言“五个绝不答应”，体现了中国维护世界和平与发展事业的坚定意志。75 年前，先辈们以远见卓识携手建立以联合国为核心的国际体系、以国际法为基础的国际秩序，寄托人类新希望，开启合作新征程。作为世界反法西斯战争的主要战胜国和联合国安理会常任理事国，中国主动肩负维护世界和平和安全、推动人类发展进步的特殊使命。中国始终站在历史正确的一边，坚定维护以联合国为核心的国际体系和以国际法为基础的国际秩序，坚定维护国际公平正义。中国坚信，无论过去、现在还是将来，正义终将战胜邪恶，光明终将战胜黑暗，进步终将战胜反动。

雄关漫道真如铁，而今迈步从头越。实现中华民族伟大复兴的征程前景广阔，伟大抗战精神蕴蓄的不竭动力，也是中国积极推动构建新型国际关系和人类命运共同体，携手各国不断推进世界和平与发展事业的伟大力量。

《人民日报》（2020 年 9 月 5 日）

中国减贫成就具有世界意义

中国实践加快了全球减贫进程，增强了全世界消除绝对贫困、实现联合国2030年可持续发展目标的信心

从全球视野观察，中国减贫成就具有重大的世界意义。特别是随着中国技术、中国智慧、中国方案走向世界，中国帮助不少国家和地区的人民走上了脱贫之路。在卢旺达，一颗颗白嫩的菌草破土而出，点燃了德玛斯、莱昂尼达斯等一群“蘑姑娘”的创业梦，也带来了充满希望的新生活；在马达加斯加，一株株杂交水稻蓬勃生长，让当地居民实现了吃饱饭、更吃好饭的梦想，稻农拉奈弗马纳纳脸上写满骄傲与幸福；在老挝琅勃拉邦市象龙村，在广西扶贫专家和老挝当地政府的合力推动下，全村 174 户人家终于能在自家喝上符合饮用标准的山泉水、用自家的水泼水祈福……中国对全球减贫事业的贡献，看得见、摸得着。

消除贫困，自古以来就是人类梦寐以求的理想，是各国人民追求幸福生活的基本权利。《联合国宪章》《世界人权宣言》《经济、社会及文化权利国际公约》等都把消除贫困、实现发展作为基本人权。但是，全球目前还有超过 7 亿多人口生活在贫困线以下，世界银行警告新冠肺炎疫情可能导致 1 亿人重新陷入极端贫困，摆脱贫困依然是国际社会面临的紧迫挑战。改革开放 40 多年来，中国的人均收入增长超过 25 倍，8.5 亿人摆脱了贫困，对世界减贫贡献率超过 70%，成为全球最早实现联合国千年发展目标中减贫目标的发展中国家。世界银行前行长罗伯特·佐利克赞叹：“毫无疑问，这是消除贫困的历史上最大的飞跃。”

中国减贫成就，是国际公认的保障人类生存权、发展权的亮丽答卷。让老

百姓过上好日子，这是中国共产党人的不变初心，始终是中国发展的最大目标。世界有目共睹，中国建立了世界上最大规模的教育、社保、医疗体系，成为世界上脱贫人口最多的国家，堪称最大的人权工程、最好的人权实践，这也是中国对世界人权事业的重要贡献。中共十八大以来，中国贫困人口从 2012 年年底的 9899 万减少到去年年底的 551 万，连续 7 年每年减贫规模都在 1000 万人以上，相当于欧洲一个中等国家人口规模。土耳其爱国党主席佩林切克表示，中国共产党既是带领中国人民脱贫致富、实现“中国式发展奇迹”的创造者，也是世界和平与未来希望的保障。

“一花独放不是春，百花齐放春满园。”中国一直是全球减贫与发展事业的倡导者、推动者和践行者，积极支持和帮助广大发展中国家特别是最不发达国家消除贫困。中国作为创始成员参加联合国“消除贫困联盟”，通过中国扶贫国际论坛、中非减贫与发展高端对话会、中国—东盟社会发展与减贫论坛等分享减贫经验，设立南南合作援助基金在亚洲、非洲、美洲等地区 30 多个国家实施 200 余个发展合作项目。世界银行研究报告显示，“一带一路”倡议全面实施有望使 760 万人摆脱极端贫困、3200 万人摆脱中度贫困。柬埔寨农村发展部农村经济发展司副司长衡真田指出，中国给柬埔寨人民带来了“劳动致富”的理念——这种思想上的转变是最宝贵的财富。

中国脱贫攻坚取得决定性成就，也预示着新生活、新奋斗的起点。国际公认，中国实践加快了全球减贫进程，增强了全世界消除绝对贫困、实现联合国 2030 年可持续发展目标的信心。让共同发展的阳光照亮全球减贫之路，中国与世界携手前行，这是共建没有贫困的人类命运共同体的伟大征程。

《人民日报》（2020 年 9 月 2 日）

中国新发展格局为世界经济添动力

中国加快形成以国内大循环为主体、国内国际双循环相互促进的新发展格局，体现了中国应对风险挑战的信心和底气，彰显了中国推动世界经济发展的智慧和担当

“为应对明显增强的不稳定性不确定性，中国正式提出了新发展格局”“中国新发展格局预示着企业利好的新希望”“谋划新发展格局，既结合了中国实际，也考虑到经济全球化大势”……一段时间以来，新发展格局成为国际社会解读中国经济的热词，世界普遍看好其中蕴蓄的中国经济新能量。中国加快形成以国内大循环为主体、国内国际双循环相互促进的新发展格局，既有利于激活中国经济高质量发展的强劲内生动力，又将为各国发展带来更多机遇，为世界经济复苏增添新动力。

“明者因时而变，知者随事而制。”面对世界经济深度衰退、国际贸易和投资大幅萎缩、国际金融市场动荡、国际交往受限、经济全球化遭遇逆流、一些国家保护主义和单边主义盛行、地缘政治风险上升等不利局面，中国必须在一个更加不稳定不确定的世界中谋求发展。在世界眼中，中国始终展现出“准确识变、科学应变、主动求变”的魄力和定力，无论面对何种艰难险阻，都能集中力量办好自己的事，以自身“确定性”有效应对外部“不确定性”。中国率先控制住国内疫情，全面推进复工复产复商复市，第二季度经济同比增长3.2%，在疫情防控和经济恢复上都走在世界前列；7 月制造业采购经理指数为51.1%，连续 5 个月位于荣枯线之上。事实证明，中国牢牢把握住了发展主动权，中国经济拥有足够韧性。

观察中国新发展格局，能够清晰听到中国面向世界开放的铿锵足音。内

部可循环是中国经济的优势。中国具有全球最完整、规模最大的工业体系、强大的生产能力、完善的配套能力，拥有 1 亿多市场主体和 1.7 亿多受过高等教育或拥有各类专业技能的人才，拥有包括 4 亿多中等收入群体在内的 14 亿人口所形成的超大规模内需市场，完全具备通过繁荣国内经济、畅通国内大循环为中国经济增添动力的能力。同时也要看到，以国内大循环为主体，绝不是关起门来封闭运行，而是通过发挥内需潜力，使国内市场和国际市场更好联通，更好利用国际国内两个市场、两种资源，实现更加强劲可持续的发展。改革开放 40 多年的实践充分证明，开放带来进步，封闭必然落后。过去中国经济发展是在开放条件下取得的，未来中国经济实现高质量发展也必须在更加开放的条件下进行。中国开放的大门不会关闭，只会越开越大。事实上，即使面对疫情带来的巨大冲击，中国对外开放的节奏和步伐也在不断加快，广交会首次整体搬上“云端”，《海南自由贸易港建设总体方案》正式印发，2020 年版外商投资准入负面清单进一步缩减等一系列举措，展现了中国不断分享发展机遇、以自身发展带动世界经济复苏的巨大潜力。

中国的新发展格局，无疑将给世界提供更多合作机遇、创造更多发展红利。世界银行近日就中国优化营商环境的成功经验发布专题报告，认为中国近年来在“放管服”改革优化营商环境领域取得了巨大成就。伴随着中国经济的蓬勃发展，越来越多外资企业选择到中国发展。中国商务部近期的一项问卷调查显示，99.1% 的外资企业表示将继续在华投资经营。美中贸委会最近对 150 余家企业的调查结果显示，中国近年来进一步扩大开放、优化营商环境的举措为外企在华生产经营创造了便利，美国企业依然看好中国市场。中国欧盟商会主席伍德克表示，欧盟企业对在华发展充满信心，希望成为中国发展故事的一部分。正在筹备的第三届中国国际进口博览会，世界 500 强和行业龙头企业的平均展览面积将比第二届增加 14%。美国《财富》杂志报道指出，今年以来，外国对华投资一直稳步增长，全球投资者比以往更看好中国。外资企业对中国投下信任票，充分展现了对中国发展的信心。

从长远看，经济全球化仍是历史潮流，各国分工合作、互利共赢是长期趋势。中国站在历史正确的一边，加快形成以国内大循环为主体、国内国际双循环相互促进的新发展格局，是坚持深化改革、扩大开放，推动建设开放型世界经济的负责任之举，体现了中国应对风险挑战的信心和底气，彰显了中国推动世界经济发展的智慧和担当。

《人民日报》（2020 年 8 月 7 日）

集中力量办好自己的事

无论外部环境如何变化，中国始终致力于集中力量办好自己的事，这是大国自信，也是大国担当

“我们要站在历史正确的一边，坚持深化改革、扩大开放，加强科技领域开放合作，推动建设开放型世界经济，推动构建人类命运共同体。”7月21日，中共中央总书记、国家主席、中央军委主席习近平在京主持召开企业家座谈会并发表重要讲话时如是强调。在当前保护主义上升、世界经济低迷、全球市场萎缩的外部环境下，中国充分发挥国内超大规模市场优势，不断繁荣国内经济、畅通国内大循环，既能为中国经济增添动力，也有利于带动世界经济复苏。

经过全国上下共同努力，中国疫情防控取得重大战略成果，经济发展呈现稳定转好态势，在疫情防控和经济恢复上都走在世界前列。中国经济二季度同比增长3.2%，成为新冠肺炎疫情发生以来第一个恢复增长的主要经济体，进一步彰显了中国经济发展的韧性与活力。美国《华尔街日报》报道指出，中国二季度经济增长对于疫情肆虐的世界来说是一个“亮点”，这得益于中国政府积极主动采取措施，成功遏制国内疫情；西班牙《世界报》网站报道认为，世界第二大经济体增长势头的恢复超出预期，得益于其采取的一系列措施。事实证明，中国经济经受住了疫情大考，稳中向好、长期向好的基本面没有改变。

当今世界正经历百年未有之大变局，新一轮科技革命和产业变革蓬勃兴起。从长远看，经济全球化仍是历史潮流，各国分工合作、互利共赢是长期趋势。对世界各国人民而言，共享经济全球化和世界经济增长成果是普遍期待。今年6月举行的区域全面经济伙伴关系协定部长级视频会议，与会各方决定致力于年内签署协定；同月举行的第二十二次中国—欧盟领导人会晤，双方领导人一致认为，今年应克服困难，完成中欧投资协定谈判，以显示双方推进中欧关系和维护开放型世界经济的雄心。当前，疫情仍在全球扩散蔓延，疫情对世界经济的冲击仍在演变发展。战胜危机，尤其需要各国推进互联互通，开展创新合作，推动经济全球化朝着更加开放、包容、普惠、平衡、共赢的方向发展。

“大疫当前，百业艰难，但危中有机，唯创新者胜。”引导经济全球化的走向，同样需要创新思路、积极作为。今年上半年，中国高技术制造业增加值同比增长 4.5%，高技术制造业投资和高技术服务业投资分别同比增长 5.8% 和 7.2%。实物商品网上零售额同比增长 14.3%，占社会消费品零售总额的比重比上年同期提高 5.6 个百分点。国家发展改革委等 13 个部门近日公布《关于支持新业态新模式健康发展　激活消费市场带动扩大就业的意见》，其中明确了加快推进产业数字化转型的一系列举措。美国《哈佛商业评论》网站刊文指出，欧美国家要看到，中国在应对国内供应链挑战时，是其数字技术保障了城市正常运转。“全球化趋势不可阻挡，而新的全球化将以开放合作和数字创新为基础，中国将发挥更大作用。”国际人士对中国经济发展新动能的加速壮大给予高度评价。

正如习近平总书记反复强调的，“中国开放的大门不会关闭，只会越开越大”。今年以来，《外商投资法》落地实施，《海南自由贸易港建设总体方案》公布，外商投资准入负面清单再次“瘦身”。座谈会上，习近平总书记强调“要实施好外商投资法，放宽市场准入，推动贸易和投资便利化”，“对在中国注册的企业要一视同仁，完善公平竞争环境”，展现了中国为推动经济全球化、携手建设开放型世界经济的扎实行动。

无论外部环境如何变化，中国始终致力于集中力量办好自己的事，这是大国自信，也是大国担当。中国坚持深化改革、扩大开放，努力实现更加强劲可持续的发展，将不断增强为中国人民谋幸福的能力，也将为世界共同发展繁荣创造更多机遇、作出更大贡献。

《人民日报》（2020 年 7 月 23 日）

感知信心和动力

——世界瞩目中国“两会时间”①

特殊时期，瞩目“两会时间”，读懂中国与世界的联系，人们更能感知发展的机遇、合作的力量

2020 年“两会时间”开启，这是中国决胜全面建成小康社会、决战脱贫攻坚之年，“十三五”规划收官之年召开的两会，还是中国在抗击新冠肺炎疫情取得重大战略成果之后召开的两会。如此特殊的时期，中国全国两会将担起怎样的使命，对世界产生怎样的影响，国际社会格外关注。

“它不仅是例行政治程序，还是中国完全控制新冠病毒传播情况的象征”“作为疫情下洞察中国决策方向的重要窗口，在世界政治酝酿重大变化的背景下，今年中国全国两会值得追踪的热点，不少于以往任何一次”……连日来，国际舆论持续聚焦特殊时期的中国全国两会，瞩望中国奋力夺取疫情防控和实现今年经济社会发展目标双胜利的前景，期待聆听疫情防控常态化条件下中国经济复苏发展的强音。

艰难困苦，玉汝于成。在抗击疫情的伟大斗争中，世界看到了中国共产党领导和中国特色社会主义制度、中国国家治理体系具有的强大生命力和显著优越性，见证了中国精神、中国力量、中国效率在战胜艰难险阻过程中释放的超凡能量。站在“两个一百年”奋斗目标历史交汇点，经受住疫情考验的中国，实现今年经济社会发展目标的决心坚定不移，决胜全面建成小康社会、决战脱贫攻坚的斗志矢志不移。誓把因疫情而失去的时间抢回来，中国人民的共同心愿已经化为全国上下脚踏实地的共同奋斗。美国石英财经网站文章评价：“对于那些目前仍受疫情重创的国家来说，中国就像预示未来的时光机。”世界同

感振奋的同时，更进一步思考“中国为什么行”。瞩目中国“两会时间”，也是期望读懂中国。

“在这次会议上发布的任何增长目标都将受到密切关注。”彭博社对两会制定中国经济社会发展目标的聚焦，折射出中国经济复苏发展的世界分量。中国4月份出口同比增长8.2%，实际使用外资实现正增长，全国规模以上工业增加值同比增长3.9%。充分彰显中国经济韧性和活力的一系列数据和事实，证明中国经济长期向好的基本面没有改变，高质量发展具有坚实的基础。透过近期国际媒体的报道，很多人发现中国城市交通恢复了繁忙、消费正在复苏、外企投资加快落地。国际观察人士得出结论，“中国取得疫情防控战略性成果后，走在了全球经济复苏曲线的前面”，“中国经济超预期复苏给全球经济带来利好消息”。

抗击疫情离不开全球协作，世界经济复苏更需要各国开放合作。决胜全面小康的中国能否继续向世界释放红利？很多国际观察人士满怀信心地预见到足令世界倍感鼓舞的答案。第三届中国国际进口博览会确定将于11月5日至10日在上海举办，目前已经签约的展览面积超过了去年同期水平；美国惠誉评级公司获准进入中国信用评级市场；合格境外机构投资者投资额度限制正式取消……一系列扩大开放的新举措，彰显中国致力开放合作、与世界共享发展机遇的底气和决心，必将为世界经济稳定和复苏注入信心和动力。

沧海横流，方显英雄本色。历经淬炼的中华民族定将从挑战中汲取力量，不断在磨难中成长、从磨难中奋起，不断从胜利走向新的胜利。特殊时期，瞩目“两会时间”，读懂中国与世界的联系，人们更能感知发展的机遇、合作的力量。各国携手奋进，世界才能更美好。

《人民日报》（2020年5月21日）

“中国答卷”贡献智慧和力量
——世界瞩目中国“两会时间”②

“中国答卷”为人类应对风险挑战、谋求长远发展贡献了智慧和力量

中国国家治理体系和治理能力，在抗击突如其来的新冠肺炎疫情过程中经受了一次大考。这份赢得世界赞誉的“中国答卷”，引导观察 2020 年中国全国两会的世界目光进一步聚焦中国国家治理体系和治理能力。这是党的十九届四中全会后首次召开的全国两会，坚持和完善中国特色社会主义制度、推进国家治理体系和治理能力现代化的中国，不仅让世界看到中国的风骨和风貌，更带给世界以重要启示。

疫情是国家治理能力的试金石。中国党和政府带领 14 亿中国人民，以“生命至上”凝聚万众一心，以举国之力对决重大疫情，用一个多月的时间初步遏制了疫情蔓延势头，用两个月左右的时间将本土每日新增病例控制在个位数以内，用 3 个月左右的时间取得了武汉保卫战、湖北保卫战的决定性成果。习近平总书记深刻指出：“我国疫情防控和复工复产之所以能够有力推进，根本原因是党的领导和我国社会主义制度的优势发挥了无可比拟的重要作用。”很多探寻中国成功秘诀的国际人士，就是从这个角度切入观察并指出，在当前如此特殊时期，中国全国两会的召开本身就是高水平国家治理能力的有力证明。

今年中国“两会时间”，有很多备受世界关注的治理议题：完善重大疫情防控体制机制、健全国家公共卫生应急管理体系，为如期圆满完成脱贫攻坚任务、实现全面建成小康社会目标提供制度保证，推动由商品和要素流动型开放向规则等制度型开放转变，审议民法典（草案）……透过全国两会传递的信息，世界能够看到“中国之治”立足当前、放眼长远的力量和愿景。正如哈萨克斯

坦共产人民党中央委员会书记科努罗夫所确信的，“中国共产党不断推动完善国家治理体系和治理能力，将带领中国沿着正确、科学、高效的发展道路向前迈进”。“中国全国两会上，来自各地的代表委员齐聚一堂，为国家发展谋大计，为民众谋福祉。我相信，这将为中国和世界的发展凝聚更多智慧和力量。”法国巴黎第八大学教授皮埃尔·皮卡尔的话，代表了关注中国全国两会的众多国际人士的看法。

当今世界充满不稳定性不确定性，完善治理日益成为国际社会共同思考的重大课题。受新冠肺炎疫情影响，今年世界经济可能衰退3%甚至更多，全球贸易持续大幅下滑。联合国开发计划署警告，今年可能出现自1990年提出人类发展这一概念以来的首次减缓。面对严峻复杂的世界经济和全球发展形势，解决好治理体系和治理能力问题才是治本之策。什么是好的治理？中国用实践给出答案：坚持人民至上，不断造福人民。在今年的中国全国两会上，无论是脱贫攻坚、全面建成小康社会、依法治国等热点话题，还是改革、开放、创新等发展领域的重点议题，都是为了不断增进人民福祉，不断提升人民的获得感、幸福感、安全感。国际观察人士普遍认为，来自中国的治理经验，对于当前急需走出疫情阴霾和发展困境的很多国家而言，重要的借鉴意义不言而喻。

好的治理，离不开好的制度。世界上越来越多人发现，中国全国两会汇聚广泛民意和智慧的有效实践，正是制度优势的突出体现，而制度优势就是中国战胜一个个风险挑战、实现一个个奋斗目标的重要法宝。不断实现高质量发展、高效能治理的中国，坚定选择站在历史正确的一边，坚持多边主义和国际关系民主化，以开放、合作、共赢胸怀谋划发展，坚定不移推动经济全球化朝着开放、包容、普惠、平衡、共赢的方向发展，推动建设开放型世界经济。世人公认，“中国答卷”为人类应对风险挑战、谋求长远发展贡献了智慧和力量。

《人民日报》（2020年5月24日）

书写全球减贫史重要篇章
——世界瞩目中国“两会时间”③

中国全国两会传递出毫不动摇打赢脱贫攻坚战的积极信号，无疑将鼓舞各国推进联合国2030年可持续发展议程的信心

“我们要努力克服新冠肺炎疫情带来的不利影响，付出更加艰辛的努力，坚决夺取脱贫攻坚战全面胜利。”习近平总书记日前看望参加全国政协十三届三次会议的经济界委员并参加联组会时的重要讲话，再次让世界深刻感知中国共产党对人民、对历史的郑重承诺。2020年是中国决胜全面建成小康社会、决战脱贫攻坚之年，中国以必胜的信心和决心，尽锐出战、攻坚克难，以不获全胜决不收兵的坚毅行动，书写着全球减贫史的重要篇章。中华民族千百年来的绝对贫困问题将历史性地画上句号，这是令世界瞩目的伟大成就，将对全球减贫事业产生重要激励作用。

中国的脱贫攻坚行动，承载着让人民过上更加美好的生活的初心。改革开放40多年来，中国共产党带领全国人民接续奋斗、久久为功，8亿多贫困人口实现脱贫，对同期全球减贫贡献率超过70%。特别是党的十八大以来，中国连续7年每年减贫1000万人以上，贫困发生率从10.2%降至0.6%，脱贫攻坚取得决定性成就。世界经济论坛总裁博尔格·布伦德表示，“在人类历史上，我们从未看到有那么多人摆脱了极端贫困”，“这是中国的一个伟大成就”。

瞩目中国“两会时间”，国际舆论纷纷聚焦中国决战脱贫攻坚之志。习近平总书记提醒“防止因疫致贫或返贫”，政府工作报告明确表示“脱贫是全面建成小康社会必须完成的硬任务”，代表委员们表示笃志达到“两不愁三保障”的脱贫基本要求和核心指标，确保高质量脱贫……“中国领导人的坚定立场令人坚信，中国到今年年底有能力实现脱贫目标。”这是国际媒体报道中的普遍看法。

“社会主义道路上一个也不能少，全面小康大家一起走！”这句话让世人能够真正读懂中国脱贫攻坚的壮阔画卷，能够充分理解彰显中国特色社会主义制度优势的中国行动、中国力量。为了实现到 2020 年确保中国现行标准下农村贫困人口实现脱贫、贫困县全部摘帽、解决区域性整体贫困问题，全党全国各族人民心往一处想、劲往一处使，广大干部群众奋力拼搏、实干担当。正如巴基斯坦执政党正义运动党中央新闻书记艾哈迈德·贾瓦德所评价：“中国脱贫攻坚的成功源于中国所具有的制度优势——能够将全社会中不同领域、不同阶层的人广泛动员和团结起来，为国家发展的正确方向而共同努力。”更令世人印象深刻的是，面对突如其来的新冠肺炎疫情，中国一方面把疫情对脱贫攻坚的影响降到最低，另一方面坚定不移完成剩余的脱贫任务。正如《俄罗斯报》报道所观察：“新冠肺炎疫情不会改变中国脱贫攻坚的基本面，中国政府有能力如期全面完成脱贫攻坚的目标任务。”

中国脱贫攻坚成就为世界作出的巨大贡献，国际上有口皆碑。“许多国家都希望了解中国在扶贫方面的经验，并探索如何在自己国内实施。”联合国驻华系统协调员罗世礼认为，中国的减贫实践激励着世界各国。今年脱贫攻坚任务完成后，中国将提前 10 年实现联合国 2030 年可持续发展议程的减贫目标。联合国南南合作办公室主任切迪克认为，中国政府的精准扶贫政策和脱贫攻坚目标，成功地使数亿人摆脱了贫困，为世界特别是为全球发展中国家提供了很好的范例，“中国对全球消除贫困作出了巨大贡献”。中国积极倡导国际减贫交流合作，积极支持和帮助广大发展中国家特别是最不发达国家采取多种举措消除贫困，同联合国、世界银行、国际货币基金组织等国际组织开展广泛扶贫合作。世界银行东亚与太平洋地区副行长维多利亚·克瓦认为，“中国的减贫进展具有全球意义”。

消除贫困是人类的共同使命。中国全国两会传递出毫不动摇打赢脱贫攻坚战的积极信号，无疑将鼓舞各国推进联合国 2030 年可持续发展议程的信心。秉持人类命运共同体理念，携手加快推进全球减贫进程，共建没有贫困共同繁荣的美好世界，当为各国共同的选择。

《人民日报》（2020 年 5 月 27 日）

以开放合作共赢胸怀谋划发展

——世界瞩目中国“两会时间”④

努力在危机中育新机、于变局中开新局的中国，能够在不断全面深化改革开放的征程上，携手全球伙伴，为实现各国共同发展打开新视野、作出新贡献

改革开放是决定当代中国命运的关键一招，是当代中国最鲜明的特色。2020 年的特殊时期，观察中国发展方向、发展动力的世界目光，倍加关注中国全国两会释放的改革开放信号。中国经济正处在转变发展方式、优化经济结构、转换增长动力的攻关期，结构性、体制性、周期性问题相互交织。国际社会普遍称道的是，中国坚定选择用改革开放办法，稳就业、保民生、促消费，拉动市场、稳定增长，不仅自身走出一条有效应对冲击、实现良性循环的新路子，而且坚定不移推动经济全球化朝着开放、包容、普惠、平衡、共赢的方向发展。

受新冠肺炎疫情冲击，世界经济严重衰退，产业链供应链循环受阻，国际贸易投资萎缩，大宗商品市场动荡。如何变压力为动力，把疫情造成的影响降到最低？这是迫切需要解决的问题，需要立足当下、兼顾全局、着眼长远的答案。

今年是中国全面深化改革的一个重要节点，中国既着眼于确保中共十八届三中全会提出的在重要领域和关键环节改革上取得决定性成果，又全力在贯彻中共十九届四中全会部署的改革上开好局。关于加快完善社会主义市场经济体制、推进西部大开发形成新格局等方面工作的一系列文件出台，让世界看到中国在更高起点、更高层次、更高目标上推进经济体制改革及其他各方面体制改革，构建更加系统完备、更加成熟定型的高水平社会主义市场经济体制的积极

作为。中国准确把握国内外形势变化，提出把满足国内需求作为发展的出发点和落脚点，逐步形成以国内大循环为主体、国内国际双循环相互促进的新发展格局。英国路透社评论指出："中国经济体制改革的蓝图徐徐展开，有望在未来持续释放内需潜力，增强中长期经济发展动力。"马来西亚《星报》写道："中国坚持以市场为导向的改革和高水平的开放为原则，通过弥补制度上的薄弱环节，将有助于注入新的增长动力。"

以开放促改革、促发展，是中国发展不断取得新成就的重要法宝。即便在当前国际上保护主义思潮上升的背景下，中国依然坚定选择站在历史正确的一边，改革不停顿，开放不止步。透过今年的《政府工作报告》，世界看到中国将通过促进外贸基本稳定、积极利用外资、高质量共建"一带一路"、推动贸易和投资自由化便利化等举措，推进更高水平对外开放的光明前景。筹办好第三届进博会，积极扩大进口，发展更高水平面向世界的大市场，赋予自贸试验区更大改革开放自主权，大幅缩减外资准入负面清单，营造内外资企业一视同仁、公平竞争的市场环境……这些面向世界的利好信息，都彰显了中国以开放、合作、共赢胸怀谋划发展，推动建设开放型世界经济的决心。

德国软件巨头思爱普首席财务官卢卡·莫齐奇称赞"中国的投资环境一直以来都是友好而积极的"，并期待同中方进一步加强创新合作；澳大利亚国立大学东亚经济研究所所长彼得·德赖斯代尔认为"中国致力于营造开放公平的市场环境，这将有利于提升投资者信心，促进全球经济复苏"；英国伦敦政治经济学院国际事务研究所所长艾瑞克·伯格罗夫十分关注中国基础设施建设新前景，认为这"对世界经济非常重要、非常有益"……来自国外商界学界的这些声音，代表了国际社会对中国经济的信心和期许。

瞩目中国"两会时间"，世人总能从中国改革开放迈出的新步伐中读出成功密码。"中国应对挑战之道始终在于继续改革开放，这一次也不例外。"这是国际观察人士得出的最新结论。国际社会普遍相信，努力在危机中育新机、于变局中开新局的中国，能够在不断全面深化改革开放的征程上，携手全球伙伴，为实现各国共同发展打开新视野、作出新贡献。

《人民日报》（2020 年 6 月 1 日）

瞩目“最具吸引力的地方”

无论是来自世界的宏观分析，还是外国人士的微观感受，中国给世界发展注入的正能量都备受瞩目

新年伊始，中国经济的脉动颇受世界关注。“2020 年中国经济增长将超过预期”“经济学家看好中国增长前景”“亮眼数据凸显中国经济成就”……尽管面对国内外风险挑战明显上升的压力，但中国经济“风景这边独好”仍是国际舆论主流判断。

国际社会普遍看到，中国经济稳中向好、长期向好的基本趋势没有改变。世界银行近日发布的《全球经济展望》报告认为，中国经济在实际可支配收入强劲增长的支撑下仍保持相对韧性，增速依然在全球经济版图中名列前茅。俄罗斯媒体强调，在全球经济增长疲软的背景下，2020 年中国仍将是世界经济增长的火车头。美国媒体分析指出，强劲的调查数据表明中国经济增长势头好于预期，这为该地区其他出口导向型经济体带来了希望。

中国经济稳中有进的底色不变，得益于长期发展打下的坚实基础。2019 年，中国社会消费品零售总额预计将首次突破 40 万亿元人民币，消费对经济增长的贡献率超过 60%，连续 6 年成为经济增长的第一拉动力；制造业采购经理指数重归景气区间，制造业信心持续攀升。2019 年，中国国内生产总值预计接近 100 万亿元人民币，国际舆论普遍注意到，这意味着中国人均国内生产总值迈上了 1 万美元的台阶。体量巨大是中国经济发展的底气，高质量发展展现出中国经济的韧性，外国媒体赞叹“中国经济正在逆风中回暖”。

改革开放深入推进，让中国经济充满新生机、新活力。“中国经济面对挑战，但这些挑战是可以克服的。”正如外界观察到的，中国直面发展不平衡不充分问题，深入贯彻新发展理念，不断把外部压力转化为深化改革、扩大开放的强大动力，使经济结构更加有效、可持续和更具创新。面对保护主义带来的不确定性，中国持续改善营商环境，不断降低关税总水平，彰显与世界分享近14亿人口大市场丰厚红利的决心。“从投资角度来说，中国一直是最具吸引力的地方。”跨国公司负责人的心里话，正是对中国经济投出的信任票。英国48家集团俱乐部主席斯蒂芬·佩里认为，“开放已让中国创造奇迹，还将创造更大奇迹”。

从持续看好到更加倚重，中国经济的世界影响力日益增强。美国皮尤研究中心近期进行的一项民调显示，世界上许多国家的民众都对中国的经济增长持积极看法。英国学者马丁·雅克指出，过去十年全球经济增长的主要源泉一直是中国，中国创造了人类历史上最不同寻常的经济发展故事，未来十年仍将“属于中国”。日本媒体观察到，越来越多该国毕业大学生认为“中国的快速增长颇具吸引力”，并将求职的目光投向中国。无论是来自世界的宏观分析，还是外国人士的微观感受，中国给世界发展注入的正能量都备受瞩目。

2020年，是中国打赢脱贫攻坚战、全面建成小康社会、实现第一个百年奋斗目标的一年，是中国和世界发展史上具有里程碑意义的一年。正可谓“千磨万击还坚劲，任尔东西南北风”，面对外部环境不稳定性和不确定性因素增多的形势，中国经济经受住了考验，磨砺出了更大的底气和韧性。“2020年，中国是世界可依赖的力量。”德国柏林国际政治学者福克斯所言，道出了世界对中国发展抱有的信心和期待。人们相信，顺应经济全球化大潮的中国经济巨轮坚不可摧，将自身发展寓于各国携手共同发展伟大事业的故事，才是当今时代的主流。

《人民日报》（2020年1月13日）

不惧风雨　不畏险阻

律回春渐，新元肇启。拥有近 14 亿人口的中国全面建成小康社会，实现第一个百年奋斗目标，这不仅将是中国发展进程的里程碑，而且将是世界历史进程的里程碑。世界共同见证，中国坚决打赢脱贫攻坚战的步伐势不可挡，书写着人类发展史的瑰丽篇章。迈入 2020 年，中国吹响了冲锋号，嘹亮的声音感动世界。

这是团结、稳定和繁荣的中国，这是文明、开放、包容的中国。昂首行进在新时代征程上，始终保持定力、胸怀天下，张开双臂拥抱世界。开放的信心，来自中国人民在驰而不息的奋斗中取得的辉煌成就、积聚的无穷力量。

历史的脚步映照未来。用汗水浇灌收获、以实干笃定前行的中国，必定能够不断走向新辉煌。庆祝新中国成立 70 周年的盛典令世界难忘，点赞中国日益成为世界范围内的“热现象”。德国《时代周报》记者费利克斯·李在北京南站采访时发现，如今对时速 350 公里的“复兴号”列车感到好奇、忙着拍照留影的，已基本只有外国人，中国乘客对领跑世界的这一高铁体系，已是习以为常。不久前，嫦娥四号任务团队获得英国皇家航空学会颁发的年度团队金奖，嫦娥四号探月任务获得月球村协会颁发的优秀探月任务奖。“展望未来，中国将继续保持强劲的竞争力。中国仍将是一个全球参与者。”美国消费者新闻与商业频道网站近日发表的文章着重强调了中国在世界经济格局中的重要影响力。

中国以自身发展为世界和平、稳定和繁荣不断增添正能量，中国的感召力、影响力、塑造力持续提升。同中国建交国家总数已上升至 180 个，同中国签署共建“一带一路”合作文件的国家和国际组织越来越多，文件总数已升至 199 份。中国的“朋友圈”越来越大，中国携手全球伙伴开拓共同发展之路，造福各国人民。2020 年，是中俄科技创新年、中印人文交流年、中国—东盟数字经济合作年、中国文莱旅游年……中国人民同世界各国人民的交流、互鉴丰富多彩，必将进一步增进友谊、深化合作。

面对世界百年未有之大变局，中国坚持互利共赢，坚守国际公平正义，为构建开放型世界经济提供新动力，成为维护多边主义和国际关系民主化的中流砥柱。一年来，从出台外商投资法、发布新版外商投资准入负面清单、继续降低进口关税、放宽外资银行和保险公司准入条件、增设 6 个自贸试验区，到举办第二届“一带一路”国际合作高峰论坛、第二届中国国际进口博览会，中国对外开放不断迈出新步伐。中国坚定维护以联合国为核心的国际体系，坚定维护以国际法为基础的国际秩序，坚定维护以世界贸易组织为基石的多边贸易体制。拉美社刊文指出，中国的全球影响力不断增强，面对世界逐渐抬头的单边主义和保护主义，中国捍卫和平与包容的国际机制，展示了自己的影响力和领导力。希腊总统帕夫洛普洛斯指出，在当今充满不确定性的世界，中国主张和平、和谐和平衡，“为解决各种全球性问题提供了十分有益的借鉴和方案”。

“历史长河奔腾不息，有风平浪静，也有波涛汹涌。我们不惧风雨，也不畏险阻。中国将坚定不移走和平发展道路，坚定不移维护世界和平、促进共同发展。”习近平主席发表的新年贺词，也是面向世界的宣示。踏上新征程的中国，将继续同世界各国人民携起手来，积极共建“一带一路”，推动构建人类命运共同体，为创造人类美好未来而不懈努力。

《人民日报》（2020 年 1 月 2 日）

贰

让人类命运共同体建设的阳光普照世界

“

让和平的薪火代代相传，让发展的动力源源不断，让文明的光芒熠熠生辉，是各国人民的期待，也是我们这一代政治家应有的担当。中国方案是：构建人类命运共同体，实现共赢共享。

”

维护和平稳定，构建安全共同体

构建安全共同体，契合中华民族5000多年来一直追求和传承的和平、和睦、和谐理念，也契合世界各国求和平、谋稳定的普遍愿望

近期，大批阿富汗松子通过“松子空中走廊”运抵中国，拉开了中阿两国农产品贸易逐步恢复的序幕。截至12月20日，已有1170吨松子搭乘26架松子包机来到中国，为阿富汗民众创收1600多万美元。推动阿富汗特色农产品输华，这是中国助力阿富汗经济重建的实实在在行动，也有助于促进阿富汗和平稳定。

“各成员国应该加强协作，用好‘上海合作组织—阿富汗联络组’等平台，推动阿富汗局势平稳过渡，引导阿富汗搭建广泛包容的政治架构，奉行稳健温和的内外政策，坚决打击一切形式的恐怖主义，同周边国家实现友好相处，真正走上和平、稳定、发展的道路。”习近平主席在今年9月举行的上海合作组织成员国元首理事会第二十一次会议上强调。走安危共担之路，这是中方提出的构建更加紧密的上海合作组织命运共同体的重要内容。

百年变局和世纪疫情交织叠加，国际格局加速演变，世界进入动荡变革期，不稳定性不确定性显著上升。恐怖主义、网络安全、气候变化、生物安全、重大传染疾病等非传统安全挑战日益严峻，与地缘政治和地区热点等传统安全问题相互交织，使国际和地区安全形势日趋复杂多样。实现普遍安全，使人人享有和平安宁，依然任重道远。

“当今世界，安全问题的联动性、跨国性、多样性更加突出。安全问题是事关人类前途命运的重大问题”“实现各国共同安全，是构建人类命运共同体的题中应有之义”……习近平主席深刻把握人类前途命运和世界发展大势，为

推动全球安全治理提供重要思想指引。在 2014 年亚洲相互协作与信任措施会议第四次峰会上，习近平主席提出并阐释共同、综合、合作、可持续的安全观；在 2017 年联合国日内瓦总部的主旨演讲中，习近平主席系统阐述构建人类命运共同体重要理念，强调坚持共建共享，建设一个普遍安全的世界；在 2020 年上海合作组织成员国元首理事会第二十次会议上，习近平主席提出构建安全共同体……一系列中方倡议顺应时代发展，符合各国对加强全球安全合作的期待，为解决当今世界面临的安全挑战贡献重要智慧和方案。

共同、综合、合作、可持续的安全观超越了狭隘的零和安全思维，旗帜鲜明地倡导命运与共，捍卫普遍安全，为全球安全治理指明新的路径。共同，就是要尊重和保障每一个国家安全。综合，就是要统筹维护传统领域和非传统领域安全。合作，就是要通过对话合作促进各国和本地区安全。可持续，就是要发展和安全并重以实现持久安全。“中国倡导的安全观为应对当今纷繁复杂的国际局势提供重要指引”“中国的安全观提倡在考虑各方利益的基础上解决冲突”“中国的安全主张与安全观，正发挥着积极作用”……这一安全观在国际社会日益深入人心。

在经济全球化时代，各国安全相互关联、彼此影响。没有一个国家能凭一己之力谋求自身绝对安全，也没有一个国家可以从别国的动荡中收获稳定。全球新冠肺炎疫情延宕起伏再次印证了这一点。维护并践行真正的多边主义，是有效应对各类传统和非传统安全挑战的正确方向，是真正实现持久和平与共同安全的必由之路。从向 120 多个国家和国际组织提供超过 20 亿剂新冠疫苗，到助力阿富汗经济重建、在中东问题上坚持主持公道，再到提出同非洲国家共同实施和平安全工程等，中国始终秉持人类命运共同体理念，以切实行动促进维护共同安全。

构建安全共同体，契合中华民族 5000 多年来一直追求和传承的和平、和睦、和谐理念，也契合世界各国求和平、谋稳定的普遍愿望。面对全人类的共同挑战，中国将继续与全世界爱好和平的国家一道，坚定弘扬全人类共同价值，坚定维护并践行真正的多边主义，推动建设持久和平、普遍安全的世界。

《人民日报》（2021 年 12 月 30 日）

携手开创亚太经济合作新篇章

越是困难时刻，越要坚定信心，越要沉着勇毅。中国将始终同亚太各成员一道，积极推动构建亚太命运共同体，携手开创亚太经济合作新篇章

11 月 12 日晚，习近平主席在北京以视频方式出席亚太经合组织第二十八次领导人非正式会议并发表重要讲话。习近平主席围绕到 2040 年建成开放、活力、强韧、和平的亚太共同体目标，进一步提出构建亚太命运共同体的四项重点工作，为亚太地区战胜疫情、推动经济重振指明了方向，得到亚太各国和国际社会的积极响应。

新冠肺炎疫情形势依然严峻，世界经济在脆弱中艰难复苏。早日走出疫情阴影、实现经济稳定复苏，是亚太地区面临的最紧迫任务。习近平主席强调："要科学应对疫情，深化国际合作，促进疫苗研发、生产、公平分配，确保疫苗在发展中国家的可及性和可负担性，弥合'免疫鸿沟'。"中国迄今已对外提供超过 17 亿剂疫苗，包括向 110 多个国家提供无偿捐赠，全年将完成对外提供 20 亿剂疫苗的目标；中国已明确未来 3 年内提供 30 亿美元，支持发展中国家抗疫和恢复经济社会发展；中国将继续向"应对疫情和经济复苏"子基金提供支持，助力各成员恢复和发展经济。这些实实在在的举措展现了中国尽责担当的大国形象，为全球筑牢抗疫防线贡献了中国力量，有力推动了亚太地区抗疫合作。

习近平主席深刻把握地区发展大势和时代进步潮流，旗帜鲜明地指出开放是亚太合作的生命线。"要坚持开放的地区主义，以 2040 年愿景为指引，推进区域经济一体化，早日建成高水平亚太自由贸易区""要践行真正的多边主义，坚持对话而不对抗、包容而不排他、融合而不脱钩，坚定维护以世界贸易

组织为核心的多边贸易体制”……中方有关开放发展的主张，展现出推进区域经济一体化的真诚愿望和坚定决心。构建开放型亚太经济，中国不仅是积极的倡导者，更是坚定的行动派。中国支持落实亚太经合组织《强化结构性改革议程》和《服务业竞争力路线图》，批准《区域全面经济伙伴关系协定》，申请加入《全面与进步跨太平洋伙伴关系协定》和《数字经济伙伴关系协定》，为推动亚太地区扩大开放、合作共赢贡献重要力量。

创新是引领世界发展的重要动力。面对传统增长引擎对经济的拉动作用减弱，新的经济增长点尚未完全形成的现实，只有敢于创新、勇于变革，才能突破世界经济发展瓶颈。要坚持创新驱动大方向，点燃数字经济新引擎，让数字技术的成果惠及更多亚太地区人民。要全面平衡落实亚太经合组织《互联网和数字经济路线图》，为创新和生产力发展构建开放、公平、公正、非歧视的环境。要加强数字基础设施建设，加快数字转型，努力弥合“数字鸿沟”，推动数字经济全面发展。中国主张、中国方案为亚太地区加速科技创新和制度创新，推动科技成果转化，培育经济发展新动能指明了路径与方向。

实现包容可持续发展，是让发展成果更多更公平惠及各国人民的必由之路。今年 9 月，习近平主席在第七十六届联合国大会一般性辩论上提出全球发展倡议。在亚太经合组织领导人非正式会议上，习近平主席进一步阐述全球发展倡议的深刻内涵，指出这一倡议旨在推动全球发展迈向平衡协调包容新阶段，对推动亚太地区可持续发展具有重要意义。中方积极推动绿色转型，引领亚太可持续发展。习近平主席重申，中国将力争 2030 年前实现碳达峰、2060 年前实现碳中和，支持发展中国家发展绿色低碳能源。中国应对气候变化的决心和行动，将进一步凝聚亚太地区可持续发展合作的共识，促进地区实现绿色转型，推动构建地球生命共同体。

越是困难时刻，越要坚定信心，越要沉着勇毅。站在历史正确一边，站在人类进步一边，中国将始终同亚太各成员一道，积极推动构建亚太命运共同体，携手开创亚太经济合作新篇章。

《人民日报》（2021 年 11 月 14 日）

坚定朝着构建亚太命运共同体目标迈进

今年是中国加入亚太经合组织30周年。30年来，中国经济发展一直同亚太区域合作进程相融相伴，中国理念与行动对地区开放合作的促进作用不断上升。11月11日，习近平主席应邀在北京以视频方式向亚太经合组织工商领导人峰会发表主旨演讲，强调亚太地区应该勇担时代责任，发挥引领作用，坚定朝着构建亚太命运共同体目标迈进，为地区各方共渡难关、携手走向美好未来描绘了清晰路径，注入了重要信心和动力。

当前，新冠肺炎疫情仍在全球蔓延，世界经济复苏艰难曲折。克服困难、引领复苏，亚太地区应该有所作为，也能够有所作为。亚太地区一直是世界经济的重要增长极，并率先在本次危机中呈现复苏势头。去年，亚太经合组织各成员通过了亚太经合组织2040年愿景，提出了建成开放、活力、强韧、和平的亚太共同体目标，为亚太经济合作指明了方向。习近平主席此次在主旨演讲中提出全力抗击疫情、坚持开放合作、推进绿色转型、积极推进创新，明确了当前亚太合作的重点，有助于各成员加强团结合作，合力克服疫情影响，增强经济发展动能，为世界经济复苏增添助力。

回顾历史，亚太经合组织推动贸易投资自由化便利化和经济技术合作两个轮子一起转，倡导开放的地区主义，为提升区域经济一体化水平发挥了重要作用。几十年来，亚太地区经受住了两次金融危机的考验，10多亿人摆脱贫困，成为世界经济增长中最强劲、最活跃的一个板块。过往的成功经验为开创未来提供了重要启示。当前，百年变局和世纪疫情交织，亚太区域合作要在历史关口选准前行方向，就必须继续坚持在历史前进的逻辑中前进、在时代发展的潮流中发展。各方要敞开胸怀，把握大势，积极主动扩大开放，推进贸易和投资自由化便利化，维护产业链供应链稳定顺畅，促进资源要素有序流动，推动经济复苏，实现联动发展。要坚持向前看、朝前走，反对歧视性、排他性做法。以意识形态划线、搞地缘政治小圈子，终究是没有前途的。亚太地区不能也不应该回到冷战时期的对立和割裂状态。各方要坚持共谋发展这个公约数，发扬伙伴精神，协商处理分歧，探索解决共同挑战。

中国始终是推动亚太区域合作的坚定行动者，并持续以自身发展为地区各方带来发展机遇。2014 年，在北京举行的亚太经合组织第二十二次领导人非正式会议明确了亚太合作的方向与目标，作出了启动亚太自贸区进程的重大决定，勾画了建设亚太互联互通网络的新蓝图，成为亚太区域合作的重要里程碑。中国率先批准《区域全面经济伙伴关系协定》，积极推动加入《全面与进步跨太平洋伙伴关系协定》，让各方看到了中国支持自由贸易的坚定决心。刚刚闭幕的第四届中国国际进口博览会，按一年计累计意向成交金额达到 707.2 亿美元，包括亚太地区企业在内的全球企业进一步感受到了中国开放发展带来的巨大机遇。未来，中国将坚定不移推进改革开放，为亚太经济发展提供助力；将推进全面绿色转型，为亚太及全球生态文明建设作出贡献；将致力于促进合作共赢，为亚太经济发展添砖加瓦。

新西兰有一句毛利谚语：“当你面向太阳，阴影终将消散。”亚太经济合作从来不是零和博弈、你输我赢的政治游戏，而是相互成就、互利共赢的发展平台。只要地区各方坚持同舟共济、守望相助，就一定能携手推进抗疫合作和经济复苏，共创共享亚太繁荣美好的未来。

《人民日报》（2021 年 11 月 12 日）

历史大势必将浩荡前行
——让开放的春风温暖世界①

中国将继续秉持人类优先理念，坚定不移维护真正的多边主义，坚定不移同世界共享市场机遇，坚定不移推动高水平开放，坚定不移维护世界共同利益，携手各方共建开放型世界经济

“中国愿同各国一道，共建开放型世界经济，让开放的春风温暖世界！”习近平主席在第四届中国国际进口博览会开幕式上发表主旨演讲，鉴往知来，深刻总结中国加入世界贸易组织 20 年来的经验启示，展现新时代中国扩大高水平开放、同世界分享发展机遇、推动经济全球化发展的坚定决心，汇聚起团结合作、共克时艰的强大正能量。

关键时刻见担当。当前，世界百年变局和世纪疫情交织，单边主义、保护主义抬头，经济全球化遭遇逆流。10 年来，“世界开放指数”不断下滑，拉响了全球开放共识弱化的警报。在人类历史的关键十字路口，习近平主席从纷繁复杂的局势中把握规律、认清大势，引领各国共建开放型世界经济，共同推动经济全球化向前发展，在开放中扩大共同利益，在合作中实现机遇共享，创造人类更加美好的未来。

经济全球化是社会生产力发展的客观要求和科技进步的必然结果，是不可逆转的历史潮流。习近平主席在首届进博会开幕式上发表主旨演讲时深刻指出：“说其是历史大势，就是其发展是不依人的意志为转移的。人类可以认识、顺应、运用历史规律，但无法阻止历史规律发生作用。”在第二届进博会开幕式上，习近平主席以大江大河为喻说明历史大势必将浩荡前行：“长江、尼罗河、亚马孙河、多瑙河昼夜不息、奔腾向前，尽管会出现一些回头浪，尽管会

遇到很多险滩暗礁，但大江大河奔腾向前的势头是谁也阻挡不了的。”举办进博会，正是中国支持经济全球化的实际行动。

中国加入世界贸易组织20年激活了中国发展也激活了世界经济的成功故事，充分说明融入世界经济是历史大方向。当前，个别国家把国内治理问题归咎于经济全球化，人为设置壁垒，甚至利用疫情搞“去全球化”、搞封闭脱钩，不仅违背经济规律和历史潮流，也不符合各国人民普遍愿望。面对逆全球化思潮，习近平主席在进博会上的声音更显坚毅有力：“在经济全球化深入发展的今天，弱肉强食、赢者通吃是一条越走越窄的死胡同，包容普惠、互利共赢才是越走越宽的人间正道。”“我们要坚持合作共赢理念，信任而不是猜忌，携手而不是挥拳，协商而不是谩骂，以各国共同利益为重，推动经济全球化朝着更加开放、包容、普惠、平衡、共赢的方向发展。”

经济全球化是推动世界经济增长的引擎，各国应把握经济全球化发展大势，积极推动开放合作，实现共同发展。正如习近平主席所指出的：“回顾历史，开放合作是增强国际经贸活力的重要动力。立足当今，开放合作是推动世界经济稳定复苏的现实要求。放眼未来，开放合作是促进人类社会不断进步的时代要求。”中国倡导各国共建开放型世界经济，共同把全球市场的蛋糕做大，把全球共享的机制做实，把全球合作的方式做活，就是为了让经济全球化的正面效应更多释放出来，让不同国家、不同阶层、不同人群共享经济全球化的好处。

中国是经济全球化的受益者，也是贡献者。在本届进博会上，习近平主席作出中国扩大高水平开放的决心不会变，同世界分享发展机遇的决心不会变，推动经济全球化朝着更加开放、包容、普惠、平衡、共赢方向发展的决心不会变的坚定承诺，为各国顺应历史规律树立了榜样。“中国展现了与世界分享发展机遇的大国风范。”国际人士深受鼓舞，相信不断扩大对外开放、支持经济全球化的中国一定能为世界经济复苏贡献更大力量。

一个国家、一个民族要振兴，就必须在历史前进的逻辑中前进、在时代发展的潮流中发展。中国将继续秉持人类优先理念，坚定不移维护真正的多边主义，坚定不移同世界共享市场机遇，坚定不移推动高水平开放，坚定不移维护世界共同利益，携手各方共建开放型世界经济。

《人民日报》(2021年11月7日)

为世界经济增长扩大空间

——让开放的春风温暖世界②

以“新时代，共享未来”为主题的进博会，已成为全球共享的国际公共产品，是让中国市场成为世界的市场、共享的市场、大家的市场这一承诺的生动写照

开放是当代中国的鲜明标识。中国不断扩大开放，不仅发展了自己，也造福了世界。2018 年首届中国国际进口博览会举行时，正值中国改革开放 40 周年。今年，第四届进博会又恰逢中国加入世界贸易组织 20 周年。以“新时代，共享未来”为主题的进博会，已成为全球共享的国际公共产品，是让中国市场成为世界的市场、共享的市场、大家的市场这一承诺的生动写照。

“中国扩大高水平开放的决心不会变，同世界分享发展机遇的决心不会变，推动经济全球化朝着更加开放、包容、普惠、平衡、共赢方向发展的决心不会变。”习近平主席在第四届中国国际进口博览会开幕式上发表主旨演讲，宣布中国扩大开放的新举措，指明中国推动全球开放合作的努力方向。与会人士普遍感受到中国扩大高水平开放的决心，更加坚定了同中国扩大合作、实现共赢的信心。

进博会在中国波澜壮阔的对外开放大潮中应势而生，已经成为中国推动新一轮高水平对外开放的重要平台。习近平主席连续 4 年出席进博会开幕式并发表主旨演讲，在前三届进博会上宣布的开放举措稳步推进、落地生根、结出硕果，彰显言必信、行必果的大国担当。本届进博会上，习近平主席宣布中国将进一步缩减外资准入负面清单，有序扩大电信、医疗等服务业领域开放；将修订扩大《鼓励外商投资产业目录》；将在自由贸易试验区和海南自由贸易港做好高水平开放压力测试，出台自由贸易试验区跨境服务贸易负面清单；将深度参与绿色低碳、数字经济等国际合作。国际人士认为，中国对外开放新举措将为全球贸易发展创造新机遇，提振世界经济复苏信心。

2001 年 11 月 10 日，世界贸易组织第四届部长级会议在卡塔尔首都多哈以全体协商一致的方式，审议并通过中国加入世贸组织的决定。这是中国深度参与经济全球化的里程碑，标志着中国对外开放进入新阶段。20 年来，中国全面履行入世承诺，关税总水平由 15.3% 降至 7.4%，低于 9.8% 的入世承诺；中国中央政府清理法律法规 2300 多件，地方政府清理 19 万多件，激发了市场和社会活力。联合国贸易和发展会议秘书长蕾韦卡·格林斯潘指出，加入世贸组织为中国经济发展带来巨大红利，中国履行入世承诺也有力推动了世界经济发展。

遥想当年，中国对经济全球化也有过疑虑，对加入世界贸易组织也有过忐忑。但入世 20 年来中国的发展进步充分证明，这是正确的战略抉择。世界经济的大海，你要还是不要，都在那儿，是回避不了的。20 年来，中国经济总量从世界第六位上升到第二位，货物贸易从世界第六位上升到第一位，服务贸易从世界第十一位上升到第二位，利用外资稳居发展中国家首位，对外直接投资从世界第二十六位上升到第一位。今天，发展起来的中国拥有 14 亿多人口、4 亿以上中等收入群体，每年进口商品和服务约 2.5 万亿美元，市场规模巨大。进博会、服贸会、消博会等新的经贸平台的搭建，显示更加注重扩大进口、促进贸易平衡发展的中国，正以其广阔的内需市场为世界经济增长扩大空间。

开放带来进步，封闭必然落后。3 年前，习近平主席在首届进博会开幕式上强调，过去 40 年中国经济发展是在开放条件下取得的，未来中国经济实现高质量发展也必须在更加开放的条件下进行，传递出“中国开放的大门只会越开越大”的时代强音。今年是“十四五”开局之年，中国全面建设社会主义现代化国家新征程已经开启。立足新发展阶段、贯彻新发展理念、构建新发展格局，着力推动高质量发展，中国必将以更大力度推进更高水平开放，畅通国内国际双循环，在复杂变局下重塑国际竞争与合作新优势，为世界经济复苏作出更大贡献。

“扩大开放符合全人类共同利益”“世界共同繁荣，离不开共同开放”，本届进博会期间发布的《世界开放报告 2021》如是指出。中国将继续坚定不移全面扩大开放，建设更高水平开放型经济新体制，以自身开放推动世界共同开放，与世界各国共享中国机遇，共建人类命运共同体。

《人民日报》（2021 年 11 月 8 日）

推进合作共赢的共同开放
——让开放的春风温暖世界③

历史和现实告诉我们，开放合作是历史潮流，互利共赢是人心所向。中国将继续敞开大门欢迎各国分享中国发展机遇

从历史的长镜头来看，中国发展是属于全人类进步的伟大事业。透过连续举办四届的中国国际进口博览会，世界日益深刻地认识到这一点。

作为世界上第一个以进口为主题的国家级展会，进博会是中国扩大开放的生动写照，也是世界感知中国市场、分享中国发展机遇的重要窗口。从“中国将始终是各国拓展商机的活力大市场”，到“中国将张开双臂，为各国提供更多市场机遇、投资机遇、增长机遇，实现共同发展”，从“让中国市场成为世界的市场、共享的市场、大家的市场”，到“中国扩大高水平开放的决心不会变，同世界分享发展机遇的决心不会变，推动经济全球化朝着更加开放、包容、普惠、平衡、共赢方向发展的决心不会变”，习近平主席每一次在进博会开幕式上发表的主旨演讲，都展示出中国与各国开放合作、互利共赢的诚意和决心。

受新冠肺炎疫情持续影响，世界经济复苏的不确定性加剧。中国以超大规模的市场优势和稳健增长的良好表现，成为世界经济增长的稳定动力源。中国有 14 亿多人口和 4 亿以上中等收入群体，是全球最具潜力的大市场，是各国企业拓展商机的重要舞台。过去 5 年，中国进口商品接近 10 万亿美元；今年前 10 个月，中国外贸进出口总值同比增长 22.2%，继续保持平稳增长势头。世界贸易组织总干事恩戈齐・奥孔乔—伊维拉指出，中国是稳定全球价值链、推动经济复苏的重要因素。

秉持开放、合作、团结、共赢的理念，中国坚定不移扩大开放，与国际社会共享发展机遇。本届进博会上，习近平主席宣布中国将进一步缩减外资准入负面清单等一系列对外开放新举措，令国际社会倍感振奋。习近平主席还宣布，中国将更加注重扩大进口，促进贸易平衡发展。中国将增设进口贸易促进创新示范区，优化跨境电商零售进口商品清单，推进边民互市贸易进口商品落地加工，增加自周边国家进口。中国将推进内外贸一体化，加快建设国际消费中心城市，发展“丝路电商”，构建现代物流体系，提升跨境物流能力。国际人士纷纷表示，中国开放的步伐越来越大、越来越坚定，期待同中方进一步深化互利合作。

近年来，中国持续打造市场化、法治化、国际化的营商环境，为各国企业在华投资兴业提供有力保障。中国美国商会《2021 中国商务环境调查报告》显示，61% 的受访外资企业将中国作为首选投资目的地，81% 的企业认为 2021 年本行业的中国市场将实现正增长。中国欧盟商会调查显示，六成受访欧洲企业计划在 2021 年扩大在华业务，中国市场已成为许多欧盟跨国企业全球业务的重要支柱。中国德国商会的调查显示，72% 的受访企业计划进一步增加在中国市场的投资。中国市场的磁力效应正随着中国扩大高水平开放而不断增强。

经济全球化时代，各经济体一荣俱荣、一损俱损。中国拥抱开放合作，致力于携手各国共同打造经济增长新机遇。中国连续举办广交会、进博会、服贸会、消博会等国际盛会，积极与各国深化务实合作、开拓互利共赢新局面。中国签署区域全面经济伙伴关系协定，如期完成中欧投资协定谈判，积极推进加入《全面与进步跨太平洋伙伴关系协定》《数字经济伙伴关系协定》等务实举措，有利于各国分享中国市场红利，有利于促进贸易投资自由化便利化，有利于推动各国共同走开放合作、共享机遇的阳光大道。

历史和现实告诉我们，开放合作是历史潮流，互利共赢是人心所向。中国推进高水平对外开放的决心坚定不移，对外开放的大门只会越开越大。中国将继续敞开大门欢迎各国分享中国发展机遇，共同推动世界经济复苏、共创人类美好未来。

《人民日报》（2021 年 11 月 9 日）

坚定不移维护世界共同利益

——让开放的春风温暖世界④

“孤举者难起，众行者易趋。”中国愿同各国一道，共建开放型世界经济，共同完善全球经济治理，不断做大共同利益的蛋糕

连日来，第四届中国国际进口博览会聚四海宾朋，汇合作良机，引全球聚焦。在单边主义、保护主义抬头，经济全球化遭遇逆流的当下，进博会对国际经贸合作的促进作用更加凸显。透过进博会带动的开放合作热潮，国际社会更加清晰地看到，中国正以勇毅行动坚定不移维护真正的多边主义、维护世界共同利益，不断为完善全球经济治理、共建开放型世界经济注入动力。

小智治事，大智治制。世界百年变局和世纪疫情交织，各国要平稳走出这段动荡变革期，就需要以建设性姿态改革完善全球经济治理体系，更好趋利避害，推动经济全球化行稳致远。以世界贸易组织为核心的多边贸易体制，是国际贸易的基石。然而，近年来多边贸易体制遭受侵蚀，多哈回合谈判停滞不前，争端解决机制上诉机构停摆，世贸组织难以发挥正常功能。对世贸组织进行改革提上议事日程，但对于改革的目标、如何推动改革，各方并未形成共识。

站在十字路口，唯有明晰方向、合作前行，才能携手抵达未来。在第四届中国国际进口博览会开幕式上的主旨演讲中，习近平主席阐明中国主张：“中国支持世界贸易组织改革朝着正确方向发展，支持多边贸易体制包容性发展，支持发展中成员合法权益。”中国始终强调，世贸组织改革应维护多边贸易体制的核心价值，应保障发展中成员的发展利益，应遵循协商一致的决策机制。中国认为，世贸组织改革应维护多边贸易体制的主渠道地位，应优先处理危及世贸组织生存的关键问题，应解决贸易规则的公平问题并回应时代需要，保证

发展中成员的特殊与差别待遇，应尊重成员各自的发展模式。中国主张为维护发展多边贸易体制带来思想引领力和政治推动力，受到国际社会广泛重视和充分肯定。

世界经济发展面临的难题，没有哪一个国家能独自解决。各国要坚持共商共建共享的全球治理观，共同完善全球经济治理，而不应任由单边主义、保护主义破坏国际秩序和国际规则。习近平主席宣布，中国将以积极开放态度参与数字经济、贸易和环境、产业补贴、国有企业等议题谈判，维护多边贸易体制国际规则制定的主渠道地位，维护全球产业链、供应链稳定。世界贸易组织总干事伊维拉近日表示，世贸组织高度重视中方的重要影响和引领作用，愿同中方加强沟通协调。

人类命运休戚与共，各国应该坚持人类优先理念，维护世界共同利益，而不应把一己之利凌驾于共同利益之上。过去一年来，中欧投资协定谈判业已完成，区域全面经济伙伴关系协定国内核准率先完成，中国在推进双边、多边、区域合作方面"言必信、行必果"的形象更加深入人心。着眼于维护世界共同利益，中国将积极参与联合国、世界贸易组织、二十国集团、亚太经合组织、上海合作组织等机制合作，推动加强贸易和投资、数字经济、绿色低碳等领域议题探讨。助力国际社会共同抗疫，中国将支持疫苗等关键医疗物资在全球范围内公平分配和贸易畅通；助力各国尽快找到经济增长动力，中国将推动高质量共建"一带一路"，使更多国家和人民获得发展机遇和实惠；助力国际社会克服当前发展面临的迫切挑战，中国将积极参与应对气候变化、维护全球粮食安全和能源安全，在南南合作框架内继续向其他发展中国家提供更多援助。

不管遇到什么风险、什么灾难、什么逆流，人类社会总是要前进的，而且一定能够继续前进。"孤举者难起，众行者易趋。"新冠肺炎疫情阴霾未散，世界经济复苏前路坎坷，各国人民更需要同舟共济、共克时艰。中国愿同各国一道，共建开放型世界经济，共同完善全球经济治理，不断做大共同利益的蛋糕。

《人民日报》（2021 年 11 月 10 日）

强化行动，合力保护地球家园

气候变化是当前突出的全球性挑战，事关国际社会共同利益，也关系地球未来。习近平主席近日向《联合国气候变化框架公约》第二十六次缔约方大会世界领导人峰会发表书面致辞，提出维护多边共识、聚焦务实行动、加速绿色转型三点建议，为应对气候变化、推动世界经济复苏的时代课题贡献了中国方案。

此次联合国气候变化大会是《巴黎协定》进入实施阶段后召开的首次缔约方大会。《巴黎协定》对2020年后全球应对气候变化行动作出了统一安排，各缔约方承诺以“自主贡献”的方式参与全球应对气候变化行动，将全球平均气温较工业化前水平升高幅度控制在2摄氏度之内，并为把升温幅度控制在1.5摄氏度之内而努力，但协定实施细则迄今仍未敲定。与此同时，全球气候治理的紧迫性日益突出。联合国秘书长古特雷斯强调，过去10年内，近40亿人遭受了与气候有关的灾害……严峻的选择摆在人类面前：“要么我们阻止灾难，要么灾难阻止我们”。

中国高度重视应对气候变化，积极引领全球气候治理进程。2015年11月，习近平主席出席气候变化巴黎大会并发表重要讲话，为达成《巴黎协定》作出历史性贡献。今年4月，习近平主席应邀出席领导人气候峰会并发表重要讲话，首次全面系统阐释“人与自然生命共同体”理念的丰富内涵和核心要义，具有十分重要的现实意义和深远历史意义。在日前举行的二十国集团领导人第十六次峰会上，习近平主席进一步阐述中国应对气候变化问题的重要主张，指明了《联合国气候变化框架公约》第二十六次缔约方大会取得成功的关键，有力推动了国际社会合力应对气候变化的努力。

应对气候变化等全球性挑战，多边主义是良方。《巴黎协定》由近200个缔约方共同签署，凝聚着人类集体智慧，与《联合国气候变化框架公约》一起，是多边共识在全球气候治理领域的重要体现，是国际社会合作应对气候变化的基本法律遵循。2016 年 9 月，习近平主席亲自交存中国批准《巴黎协定》的法律文书，推动《巴黎协定》快速生效，展示了中国应对气候变化的雄心和决心。作为负责任国家，中国始终从全人类的共同利益出发，积极参与全球气候治理，积极开展国际合作，推进形成公平合理、合作共赢的全球气候治理体系，与国际社会共同促进全球绿色低碳转型与发展路径创新。

加强全球气候治理，需要雄心，更需要行动。中国一直是信守承诺的行动派。去年 9 月以来，习近平主席先后宣布了中国碳达峰、碳中和目标愿景，提出了一系列国家自主贡献目标及具体政策举措，获得国际社会一致赞誉。此次联合国气候变化大会前夕，中国正式提交《中国落实国家自主贡献成效和新目标新举措》和《中国本世纪中叶长期温室气体低排放发展战略》。这是中国履行《巴黎协定》的具体举措，体现了中国应对气候变化的责任担当和最新贡献。

加强全球气候治理，必须坚持公平、共同但有区别的责任和各自能力原则。正如习近平主席所强调："发达国家不仅自己要做得更多，还要为发展中国家做得更好提供支持。"发达国家对温室气体排放负有历史责任，要在减排问题上作出表率，充分照顾发展中国家的特殊困难和关切，切实落实气候融资承诺，并在技术、能力建设等方面为发展中国家提供支持。应对气候变化政策举措应全面均衡，要统筹环境保护和经济发展，兼顾应对气候变化和保障民生，主要经济体应该就此加强合作。

中国以理念和实践引领全球气候治理新格局，逐步站到了全球气候治理舞台的中央。未来，中国将继续坚持"以实则治"，与国际社会一道强化应对气候变化行动，合力保护人类共同的地球家园，推动构建人与自然生命共同体。

《人民日报》（2021 年 11 月 5 日）

团结起来，共同驱散疫情阴霾

习近平主席提出的全球疫苗合作行动倡议契合《全球健康峰会罗马宣言》精神，呼应二十国集团领导人罗马峰会主题，国际人士称赞“非常重要而及时”

10 月 30 日，习近平主席在北京以视频方式出席在罗马举行的二十国集团领导人第十六次峰会第一阶段会议并发表重要讲话。习近平主席的重要讲话高举人类命运共同体旗帜，既立足当下，为全球团结抗疫、复苏经济等指明了方向，又着眼长远，为全球可持续发展、增进人类共同福祉贡献了中国方案。

二十国集团是国际经济合作主要论坛。新冠肺炎疫情发生以来，二十国集团领导人先后举行应对新冠肺炎特别峰会、利雅得峰会、全球健康峰会，就推动全球团结抗疫、助力世界经济恢复达成许多重要共识。当前，新冠肺炎疫情持续反复，世界经济复苏脆弱，气候变化挑战突出，地区热点问题频发，世界站在历史的十字路口。罗马峰会以线上线下方式举行，聚焦“人、地球与繁荣”主题，表达了国际社会团结战胜疫情、重振世界经济的决心，彰显了二十国集团引领全球经济治理变革的使命。

习近平主席在讲话中呼吁二十国集团负起应有责任，为了人类未来、人民福祉，坚持开放包容、合作共赢，践行真正的多边主义，推动构建人类命运共同体，并提出“团结合作，携手抗疫”“加强协调，促进复苏”“普惠包容，共同发展”“创新驱动，挖掘动力”“和谐共生，绿色永续”5 点建议，充分展现大国责任担当。现场聆听习近平主席重要讲话的世界贸易组织总干事伊维拉表示深受鼓舞。

早日战胜疫情、恢复经济增长是国际社会的首要任务。然而，疫苗分配不平等严重拖累全球新冠疫苗接种战略，严重影响全球抗疫进程。多国领导人和国际组织负责人在罗马峰会上发表讲话，呼吁国际社会在应对新冠肺炎疫情和公平分配新冠疫苗等方面加强合作，向最不发达国家提供新冠疫苗，推动全球疫苗的公平分配。这充分表明，走真正的多边主义道路、合力应对共同挑战是人心所向、大势所趋。

为进一步凝聚各方共识、动员资源、推动合作，习近平主席提出全球疫苗合作行动倡议。这是中方继去年5月提出新冠疫苗应该成为全球公共产品后的又一重大倡议。无论是支持疫苗企业同发展中国家联合研发生产、加大向发展中国家提供疫苗力度、支持世界贸易组织就疫苗知识产权豁免早日作出决定并鼓励疫苗企业向发展中国家转让技术，还是保障疫苗及原辅料贸易畅通、以世界卫生组织疫苗紧急使用清单为依据推进疫苗互认、为全球疫苗合作特别是发展中国家获取疫苗提供金融支持，都体现出中国秉持人类卫生健康共同体理念，坚持公平公正、协同合作，推动实现疫苗在发展中国家的可及性和可负担性的真诚愿望。该倡议契合《全球健康峰会罗马宣言》精神，呼应本次峰会主题，国际人士称赞“非常重要而及时”。

“承诺一千，不如落实一件。我们应该让二十国集团成为行动队，而不是清谈馆。”习近平主席在二十国集团领导人杭州峰会上的重要讲话，至今仍具有深刻现实意义。国际社会普遍希望二十国集团采取切实行动，携手战胜疫情。中国已向100多个国家和国际组织提供超过16亿剂疫苗，今年全年将对外提供超过20亿剂；中国正同16个国家开展疫苗联合生产，初步形成7亿剂的年产能；中国倡议并成功举办新冠疫苗国际合作论坛，与会各国达成全年超过15亿剂的合作意向……推动国际抗疫合作的中国行动，为国际社会勠力战疫、共克时艰贡献了重要力量。

早日驱散疫情阴霾，携手共建更加美好的未来，这是国际社会的共同期待。走构建人类命运共同体的人间正道，践行真正的多边主义，以团结取代分歧，以理性消除偏见，国际社会将凝聚起战胜疫情的最大合力。

《人民日报》（2021年11月2日）

标本兼治，推动世界经济稳定复苏

中国将继续与各国并肩同行，坚持真正的多边主义，发扬伙伴精神，为促进世界经济强劲、可持续、平衡、包容增长作出更大贡献

二十国集团是国际经济合作主要论坛，肩负着稳定世界经济、拓展增长空间的重要使命。习近平主席近日出席二十国集团领导人第十六次峰会并发表重要讲话，系统提出重振世界经济的可行举措、完善全球经济治理的长远之策，为全球实现包容可持续发展凝聚广泛共识，注入强劲动力，充分彰显大国领袖的远见卓识和责任担当。

新冠肺炎疫情给世界经济和全球经济治理格局带来复杂深刻影响。当前，通胀攀升、大宗商品价格上涨、产业链供应链不畅等因素交织叠加，各经济体复苏前景持续分化，世界经济复苏势头有所减弱，下行风险和不确定性明显上升。国际货币基金组织最新一期《世界经济展望报告》下调对今年全球经济增长的预期，认为未来下行风险占据主导地位。由于疫情吞噬过去 10 年全球减贫成果，南北“发展鸿沟”持续扩大，人们担忧世界经济复苏的不平衡将进一步加剧全球不平等。

推动世界经济稳定复苏，必须对症下药、标本兼治。二十国集团峰会机制诞生于 2008 年国际金融危机最紧要的关头，各成员同舟共济、勠力同心，是推动世界经济走出衰退深渊、走上复苏增长轨道的关键。面对疫情影响，二十国集团应再次拿出勇气，展示战略视野，引领世界经济复苏。习近平主席强调，应该加强宏观经济政策协调，保持政策的连续性、稳定性、可持续性。主要经济体应该采取负责任的宏观经济政策，防止自身举措导致通胀攀升、汇率波动、债务高企，避免对发展中国家的负面外溢影响，维护国际经济金融体系稳健运行。中方主张回应国际社会关切，为携手走出当下世界经济困境指明方向。

一个更加公平、公正、合理的全球经济治理体系，是世界经济重回增长轨道并实现中长期稳定发展的有力保障。习近平主席明确指出要在采取措施应对疫情冲击的同时，进一步完善全球经济体系和规则，弥补日益突出的治理赤字。要维护以世界贸易组织为核心的多边贸易体制，为世界贸易组织改革提供政治指引，保障发展中国家的正当权益和发展空间。要落实好国际货币基金组织份额检查、特别提款权增发、国际开发协会增资等进程，不断扩大发展中国家资源和话语权。习近平主席宣布中方倡议举办产业链供应链韧性与稳定国际论坛，宣布中国愿将特别提款权转借给受疫情影响严重的低收入国家，再次体现了中国与各国特别是广大发展中国家风雨同舟、共克时艰的一贯立场，将为发展中国家集中资源抗击疫情和恢复经济提供有力支持。

创新是推动经济社会发展、应对人类共同挑战的决定性因素。中方倡导二十国集团合力挖掘创新增长潜力，在充分参与、广泛共识基础上制定规则，为创新驱动发展营造良好生态。中方提出二十国集团要共担数字时代的责任，加快新型数字基础设施建设，促进数字技术同实体经济深度融合，帮助发展中国家消除“数字鸿沟”。习近平主席在会上宣布，中方已决定申请加入《数字经济伙伴关系协定》。这展现了中国积极参与数字经济国际合作及相关规则制定的建设性姿态，也反映出中方致力于扩大开放、对接国际高水平规则标准的坚定决心。

推动世界经济复苏发展，中国是积极的行动派。中国全面落实二十国集团“暂缓最贫困国家债务偿付倡议”，是二十国集团成员中落实缓债金额最大的国家。在近日举行的世贸组织第八次对华贸易政策审议中，65 个世贸组织成员代表对中国作出积极评价。基础设施建设在带动经济增长上发挥着重要作用，中国积极推动高质量共建“一带一路”，取得丰硕成果，促进全球贸易增长，增进有关国家人民福祉。中国以行践言，赢得广泛赞誉。

第四届中国国际进口博览会即将拉开大幕，进一步扩容的展区面积、参展企业的热切期待，昭示着中国将继续以自己的新发展为世界提供新机遇，为世界经济发展注入新动能。展望未来，中国将继续与各国并肩同行，坚持真正的多边主义，发扬伙伴精神，为促进世界经济强劲、可持续、平衡、包容增长作出更大贡献。

《人民日报》（2021 年 11 月 3 日）

包容普惠，构建全球发展命运共同体

将增进人民福祉、实现人的全面发展作为出发点和落脚点，提升全球发展的公平性、有效性和包容性，不让任何一个国家掉队

“中方近期发起全球发展倡议，呼吁国际社会加快落实联合国 2030 年可持续发展议程，推动实现更加强劲、绿色、健康的全球发展。二十国集团在这方面要凝聚共识，加强行动。”习近平主席近日出席二十国集团领导人第十六次峰会并发表重要讲话，进一步阐述全球发展倡议的重要意义和深刻内涵，为国际社会聚焦发展、团结发展、共同发展提供了行动指南，注入了强大动力。

发展是解决一切问题的总钥匙，也是各国民心所向。新冠肺炎疫情发生以来，国际社会多年积累的发展成果遭受严重侵蚀，发展中国家面临前所未有的冲击和考验。中国始终高度重视发展议题，积极开展国际发展合作，大力推动全球发展事业。今年 9 月，习近平主席在第七十六届联合国大会一般性辩论上发表讲话时提出全球发展倡议，迅速引起国际社会广泛关注。“太平洋岛国欢迎习近平主席提出的全球发展倡议，愿意支持和加入这一重要倡议”“卡塔尔支持习近平主席提出的全球发展倡议”“希腊重视并赞同习近平主席提出的全球发展倡议”……国际社会纷纷积极响应和支持。

推动共同发展，是二十国集团作为国际经济合作主要论坛的重要使命。罗马峰会上，习近平主席再次呼吁，二十国集团应该将发展置于宏观政策协调的突出位置，落实好 2030 年可持续发展行动计划，落实支持非洲和最不发达国家实现工业化倡议，促进现有发展合作机制协同增效。发达经济体要履行官方发展援助承诺，为发展中国家提供更多资源。中方主张与二十国集团领导人杭州峰会成果一脉相承，展现了中国重视共同发展、推动实现共同发展的坚定决心。

推动共同发展，需要坚持发展优先，贯彻以人民为中心理念。为了人民而发展，发展才有意义；依靠人民而发展，发展才有动力。罗马峰会上，习近平主席进一步阐述全球发展倡议以人民为中心的核心理念，强调要将增进人民福祉、实现人的全面发展作为出发点和落脚点，提升全球发展的公平性、有效性和包容性，不让任何一个国家掉队。在全球发展的关键时刻，中国主动分享以人民为中心的发展思想，有助于增进各国人民的福祉，凝聚强大发展合力，破解诸多发展问题。

推动共同发展，需要坚持行动导向，推进务实合作。长期以来，中国坚持以实际行动推动全球共同发展，致力于做全球发展的贡献者。中国积极开展南南合作，向 166 个国家和国际组织提供发展援助，为 120 多个发展中国家落实联合国千年发展目标提供有力支持。针对当前全球发展面临的突出挑战，习近平主席强调要加大发展投入，重视发展中国家需求，在减贫、粮食安全、工业化、互联互通等重点领域加强合作。今年 9 月，中方成功举办国际粮食减损大会。未来，中国将继续通过二十国集团等平台，为全球发展贡献更多中国智慧和方案。

推动共同发展，需要坚持互利共赢，构筑伙伴关系。在经济全球化深入发展的今天，弱肉强食、赢者通吃是一条越走越窄的死胡同，包容普惠、互利共赢才是越走越宽的人间正道。习近平主席强调，要支持联合国发挥统筹协调作用，深化全球发展伙伴关系，构建全球发展命运共同体。中方提出的全球发展倡议将同联合国 2030 年可持续发展议程深入对接，共同推进全球发展事业。联合国秘书长古特雷斯表示，习近平主席提出的全球发展倡议对促进全球平等和平衡可持续发展具有重要积极意义，联合国完全支持，愿同中方就此加强合作。

追求幸福生活是各国人民的共同愿望，实现共同发展是人类进步的重要基础。中国将继续站在历史正确的一边，站在人类进步的一边，与各国一道走和平发展、开放发展、合作发展、共同发展的道路，推动构建全球发展命运共同体，共建更加美好的未来。

《人民日报》（2021 年 11 月 4 日）

多样性是世界发展的活力和动力之源

以宽广胸怀理解不同文明对价值内涵的认识，尊重不同国家人民对价值实现路径的探索，把全人类共同价值具体地、现实地体现到实现本国人民利益的实践中去

“世界是丰富多彩的，多样性是人类文明的魅力所在，更是世界发展的活力和动力之源。”在中华人民共和国恢复联合国合法席位50周年纪念会议上，习近平主席深刻阐述弘扬全人类共同价值的要义。

民主、自由是全人类共同价值的重要组成部分，是各国人民的共同追求，不是少数国家的“专利”。然而，长期以来，一些国家总是毫无根据地认为自己掌握着对民主、自由的定义权，动辄对他国颐指气使，在国际体系中搞分裂和对抗，甚至打着“民主”“自由”的旗号对外发动战争。历史一再表明，文明没有高下、优劣之分，只有特色、地域之别，只有在交流中才能融合，在融合中才能进步。对民主、自由的追求亦是如此。

实现民主有多种方式，不可能千篇一律。正如马克思所指出的：“人们自己创造自己的历史，但是他们并不是随心所欲地创造，并不是在他们自己选定的条件下创造，而是在直接碰到的、既定的、从过去承继下来的条件下创造。”各国历史、文化、制度、发展水平不尽相同，必然会以不同的方式路径来实现民主。一个国家走的道路行不行，关键要看是否符合本国国情，是否顺应时代发展潮流，能否带来经济发展、社会进步、民生改善、社会稳定，能否得到人民支持和拥护，能否为人类进步事业作出贡献。

民主不是装饰品，不是用来做摆设的，而是要用来解决人民需要解决的问题的。一个国家民主不民主，关键在于是不是真正做到了人民当家作主。有资格评判一个国家是不是民主的，是这个国家的人民，而不是外部少数人。用单一的标尺衡量世界丰富多彩的政治制度，用单调的眼光审视人类五彩缤纷的政治文明，本身就是不民主的。

民主是中国共产党和中国人民始终不渝坚持的重要理念。长期以来，中国共产党始终坚持发展中国特色社会主义民主。党的十八大以来，我们深化对民主政治发展规律的认识，提出全过程人民民主的重大理念。中国全过程人民民主不仅有完整的制度程序，而且有完整的参与实践。中国全过程人民民主实现了过程民主和成果民主、程序民主和实质民主、直接民主和间接民主、人民民主和国家意志相统一，是全链条、全方位、全覆盖的民主，是最广泛、最真实、最管用的社会主义民主。中国提出并推进全过程人民民主，对人类文明发展进步作出了贡献。

人民当家作主的实现主要体现在民主、自由、平等等权利的获得和实现上。中国共产党不断推进全过程人民民主建设，把人民当家作主具体地、现实地体现到党治国理政的政策措施上来，具体地、现实地体现到党和国家机关各个方面各个层级工作上来，具体地、现实地体现到实现人民对美好生活向往的工作上来。全面建成小康社会，经济、社会、文化、环境权利更加公平可及，各类主体在经济、政治、社会和文化等领域的平等参与和平等发展更加切实和顺畅便捷，充分体现出中国特色社会主义民主制度的优越性。

一个和平发展的世界应该承载不同形态的文明，必须兼容走向现代化的多样道路。本着对人类前途命运高度负责的态度，中国积极推动各方以宽广胸怀理解不同文明对价值内涵的认识，尊重不同国家人民对价值实现路径的探索，把全人类共同价值具体地、现实地体现到实现本国人民利益的实践中去。这是携手构建人类命运共同体、共同建设更加美好世界的应有之义。

《人民日报》（2021年10月30日）

共谋人与自然和谐共生之道

应对气候变化，中国是积极的倡导者，更是坚定的行动派。中国将继续以雄心和行动与世界各国并肩同行、携手合作，为推动人类可持续发展、共建人与自然生命共同体而不懈努力

“应对气候变化是全人类的共同事业，面对全球气候治理前所未有的困难，国际社会要以前所未有的雄心和行动，勇于担当，勠力同心，积极应对气候变化，共谋人与自然和谐共生之道。”10月27日，国务院新闻办公室发表《中国应对气候变化的政策与行动》白皮书，全面介绍中国应对气候变化、推动全球气候治理的政策理念、实践经验和重要贡献，为全球应对气候变化、推动构建人类命运共同体贡献中国智慧、中国力量。

应对气候变化，事关中华民族永续发展，关乎人类前途命运。中国高度重视应对气候变化，把应对气候变化作为推进生态文明建设、实现高质量发展的重要抓手，基于中国实现可持续发展的内在要求和推动构建人类命运共同体的责任担当，形成应对气候变化新理念，以中国智慧为全球气候治理贡献力量。从出席气候变化巴黎大会到亲自交存中国批准《巴黎协定》的法律文书，从在第七十五届联合国大会一般性辩论上宣布中国将提高国家自主贡献力度到气候雄心峰会上宣布一系列新目标，从出席第七十六届联合国大会到出席《生物多样性公约》第十五次缔约方大会领导人峰会并发表主旨讲话，习近平主席多次在重要会议和活动中阐释中国全球气候治理主张，为全球气候治理指引方向，引发国际社会强烈共鸣。

应对气候变化，中国是积极的倡导者，更是坚定的行动派。中国实施积极应对气候变化国家战略，不断提高应对气候变化力度，坚定走绿色低碳发展道路，加大温室气体排放控制力度，充分发挥市场机制作用，增强适应气候变化能力，持续提升应对气候变化支撑水平。党的十八大以来，在习近平生态文明思想指引下，中国贯彻新发展理念，坚定不移走绿色、低碳、可持续发展道路，将应对气候变化摆在国家治理更加突出的位置，以最大努力提高应对气候变化力度，推动经济社会发展全面绿色转型，建设人与自然和谐共生的现代化。

2020 年，中国碳排放强度比 2015 年下降 18.8%，非化石能源占能源消费总量比重提高到 15.9%，创造了塞罕坝、库布其等一个个“荒漠变绿洲”的传奇……天更蓝、山更绿、水更清，一幅美丽中国的壮阔图卷徐徐铺展开来。全球森林资源增长最多和人工造林面积最大的国家、全球能耗强度降低最快的国家之一、新能源汽车生产和销售规模连续 6 年位居全球第一……这一系列“最大”“第一”的背后，是中国推动经济社会绿色低碳转型发展不断取得的新成效。作为世界上最大的发展中国家，这些成就本身就是中国为全球应对气候变化所作出的重要贡献。

应对气候变化，人类是一荣俱荣、一损俱损的命运共同体。中国高度重视应对气候变化国际合作，积极参与全球气候治理，始终是全球生态文明建设的重要参与者、贡献者、引领者。从推动达成和加快落实《巴黎协定》，到作出实现“双碳”目标的庄严承诺；从宣布大力支持发展中国家能源绿色低碳发展，到着手构建碳达峰、碳中和“1+N”政策体系，中国积极应对气候变化的信念始终如一、行动坚定不移。正如联合国前秘书长潘基文所评价的：“中国为联合国事业作出的最重要贡献之一当数展现出应对气候变化的强烈决心。”

把一个清洁美丽的世界留给子孙后代，需要国际社会共同努力。无论国际形势如何变化，中国将继续以雄心和行动与世界各国并肩同行、携手合作，积极应对气候变化，为推动人类可持续发展、共建人与自然生命共同体而不懈努力。

《人民日报》（2021 年 10 月 29 日）

汇聚起构建人与自然生命共同体的磅礴力量

中国始终致力于促进国际社会深化伙伴关系，提升合作水平，在应对气候变化的征程中取长补短、互学互鉴、互利共赢

地球是人类赖以生存的唯一家园，加大应对气候变化力度，推动可持续发展，关系人类前途和未来。国务院新闻办公室近日发表的《中国应对气候变化的政策与行动》白皮书指出，在气候变化挑战面前，人类命运与共，单边主义没有出路，只有坚持多边主义，讲团结、促合作，才能互利共赢，福泽各国人民。面对应对气候变化的复杂形势和诸多挑战，中国坚持多边主义，以中国理念和实践引领全球气候治理，充分彰显了中国为推动构建人与自然生命共同体作出更大努力和贡献的大国担当。

习近平主席深刻指出："国际上的事应该由大家共同商量着办，世界前途命运应该由各国共同掌握，不能把一个或几个国家制定的规则强加于人，也不能由个别国家的单边主义给整个世界'带节奏'。"面对全球气候治理前所未有的困难，中国始终主张通过制度和规则来协调规范各国关系，反对恃强凌弱，规则一旦确定，就要有效遵循，不能合则用、不合则弃，这是共同应对气候变化的有效途径，也是国际社会的基本共识。

为凝聚多边主义共识，合力应对气候变化，中国积极推动共建公平合理、合作共赢的全球气候治理体系。中国呼吁国际社会紧急行动起来，全面加强团结合作。从引导和推动《巴黎协定》等重要成果文件的达成，到推动发起建立"基础四国"部长级会议和气候行动部长级会议等多边磋商机制，从积极协调"立场相近发展中国家"等应对气候变化谈判立场，到积极参加二十国集团等

框架下气候议题磋商谈判，中国坚持真正的多边主义，推动多边进程持续向前。

当今世界，人类正处在一个挑战层出不穷、风险日益增多的时代。应对气候变化等非传统安全威胁，需要国际社会同舟共济。中国始终致力于促进国际社会深化伙伴关系，提升合作水平，在应对气候变化的征程中取长补短、互学互鉴、互利共赢。中国坚持把绿色作为发展底色，携手各方共建绿色丝绸之路。中国与28个国家共同发起“一带一路”绿色发展伙伴关系倡议，成立“一带一路”能源合作伙伴关系，采取绿色基建、绿色能源、绿色交通、绿色金融等一系列举措，不断壮大全球环境治理合力。一项项方案、一次次行动，中国一直为建设一个清洁美丽的世界不懈努力、砥砺前行，中国作为全球生态文明建设重要参与者、贡献者、引领者的地位和作用进一步彰显。正如国际社会所评价的，“应对气候变化挑战，中国方案和中国作用不可忽视”，“在应对气候变化的国际合作方面，中国走在世界前列”。

众力并，则万钧不足举也。应对气候变化，守护地球家园，是全人类的共同事业，是推动构建人类命运共同体的人间正道。中国将继续坚定不移坚持多边主义，加强国际合作，与各方一道推动《联合国气候变化框架公约》及其《巴黎协定》的全面平衡有效持续实施，汇聚起构建人与自然生命共同体的磅礴力量。

《人民日报》（2021年10月30日）

构建公平合理、合作共赢的全球气候治理体系

气候变化带给人类的挑战是现实的、严峻的、长远的，有效应对需要全球广泛参与、共同行动。国务院新闻办公室近日发表的《中国应对气候变化的政策与行动》白皮书指出，中国站在对人类文明负责的高度，积极倡导国际社会坚持共同但有区别的责任原则，坚持言出必行，努力推动共建公平合理、合作共赢的全球气候治理体系，为应对气候变化贡献中国智慧、中国力量。

习近平主席深刻指出："共同但有区别的责任原则是全球气候治理的基石。"坚持共同但有区别的责任原则，关乎全球应对气候变化的未来。发达国家和发展中国家在造成气候变化上的历史责任不同，发展需求和能力也存在差异，用统一尺度来限制是不适当的，也是不公平的。国际社会要充分肯定发展中国家应对气候变化所作贡献，充分重视发展中国家的特殊困难和关切。发达国家应该展现更大雄心和行动，同时切实帮助发展中国家提高应对气候变化的能力和韧性，为发展中国家提供资金、技术、能力建设等方面支持。

作为负责任的大国，中国实施一系列应对气候变化战略、措施和行动，积极参与全球气候治理。中国推动发起建立了"基础四国"部长级会议和气候行动部长级会议等多边磋商机制，积极协调"立场相近发展中国家"等应对气候变化谈判立场，为维护发展中国家团结、捍卫发展中国家共同利益发挥了重要作用。中国秉持"授人以渔"理念，尽己所能帮助发展中国家提高应对气候变化能力。2011 年以来，中国累计安排约 12 亿元开展应对气候变化南南合作，与 35 个国家签署 40 份合作文件，为近 120 个发展中国家培训了约 2000 名应对气候变化领域的官员和技术人员。从非洲的气候遥感卫星到东南亚的低碳示范区，再到小岛国的节能灯，中国应对气候变化南南合作成果看得见、摸得

着、有实效。

回望人类应对气候变化挑战的历程，各国能否将政策承诺转化为具体行动，是全球气候治理能否取得实效的关键。《巴黎协定》代表了全球绿色低碳转型的大方向，是保护地球家园需要采取的最低限度行动。各方共同推动《巴黎协定》实施，要持之以恒，不要朝令夕改；要重信守诺，不要言而无信。要积极推动各国落实已经提出的国家自主贡献目标，将目标转化为落实的政策、措施和具体行动，避免把提出目标变成空喊口号。

中国是推动达成《巴黎协定》的重要贡献者，也是落实《巴黎协定》的积极践行者。中方宣布碳达峰、碳中和目标，并提出一系列提高国家自主贡献力度的具体举措，以最大努力提高应对气候变化力度，以大国担当为全球应对气候变化作出积极贡献。从碳达峰到碳中和，欧盟将用 71 年，美国用 43 年，日本用 37 年，而中国给自己设定的时间只有 30 年。这意味着作为世界上最大的发展中国家，中国将完成全球最高碳排放强度降幅，用全球历史上最短的时间实现从碳达峰到碳中和。当前，中国正积极行动，采取有效措施，落实好碳达峰、碳中和战略部署。法国宪法委员会主席法比尤斯赞赏中国为落实《巴黎协定》作出的重大贡献，表示“习近平主席宣布的中国行动，为世界重新燃起了真正希望”。

在构建人与自然生命共同体的道路上，中国愿与世界各国心往一处想、劲往一处使，同舟共济、守望相助，助力《巴黎协定》行稳致远，为全球应对气候变化作出更大贡献。

《人民日报》（2021 年 10 月 31 日）

坚定维护国际公平正义

中国将继续秉持人类命运共同体理念，弘扬全人类共同价值，倡导国际上的事大家商量着办，推动国际秩序和国际体系朝着更加公正合理的方向发展

百年变局和世纪疫情相互交织，各国人民对公平正义的呼声更加强烈。10月25日，习近平主席在中华人民共和国恢复联合国合法席位50周年纪念会议上发表重要讲话时指出："公平正义是我们的共同理想。"在同巴基斯坦总理伊姆兰·汗、巴布亚新几内亚总理马拉佩、赤道几内亚总统奥比昂通电话时，习近平主席再次强调促进、捍卫国际公平正义，维护发展中国家共同利益。中国顺应时代潮流，坚持同各国携手促进国际公平正义，体现一个负责任大国天下为公的胸怀。

维护公平正义是国际关系中的道义基础。"公平""正义"不仅是中国提出的全人类共同价值的重要内容，也是中国处理国家间关系的重要遵循。中共十九大报告明确指出，中国将推动建设相互尊重、公平正义、合作共赢的新型国际关系。"公平正义"被用来界定新型国际关系，丰富了新型国际关系的内涵，是中国特色大国外交为人类作出新的更大贡献的重要体现。

维护公平正义，必须践行真正的多边主义。现行国际体系和国际秩序的核心理念是多边主义。大小国家相互尊重、一律平等是联合国宪章首要原则。世界各国应该维护以联合国为核心的国际体系、以国际法为基础的国际秩序、以联合国宪章宗旨和原则为基础的国际关系基本准则。个别国家以多边之名行单边之实，试图以所谓"实力地位"推行霸权、霸道、霸凌，打着所谓"规则"旗号破坏国际秩序、制造对抗和分裂，严重背离国际公平正义要求。中国坚定捍卫真正的多边主义，始终强调解决国际上的事情，应该以联合国宪章宗旨和原则为遵循，坚持对话而不对抗、包容而不排他。关键时刻的中国担当，得到国际社会广泛认同与支持。

维护公平正义，必须坚持共商共建共享。国际规则只能由联合国 193 个会员国共同制定，不能由个别国家和国家集团来决定。国际规则应该由联合国 193 个会员国共同遵守，没有也不应该有例外。伴随新兴市场国家和发展中国家群体性崛起，国际力量对比发生历史性变化。中国始终秉持共商共建共享原则，积极推动各国权利平等、机会平等、规则平等，使全球治理体系符合变化了的世界政治经济格局，满足应对全球性挑战的现实需要，顺应和平发展合作共赢的历史趋势。无论发展走到哪一步，中国永远是发展中国家大家庭的一员，将坚定不移致力于提高发展中国家在国际治理体系中的代表性和发言权。

维护公平正义，必须实现普惠包容发展。在人类追求幸福的道路上，一个国家、一个民族都不能少。当前，各国经济复苏表现分化，南北发展差距面临扩大甚至固化风险，导致公平问题日益突出。面对急迫挑战，各国要增强人民发展能力，形成人人参与、人人享有的发展环境，创造发展成果更多更公平惠及每一个国家每一个人的发展局面。中国推进高质量共建“一带一路”，为沿线各国经济发展增添重要动力。中国努力推动国际社会关注发展中国家特殊需求，通过缓债、发展援助等方式支持发展中国家尤其是困难特别大的脆弱国家。习近平主席提出全球发展倡议，坚持发展优先，坚持以人民为中心等核心理念，从解决发展中国家面临的最紧迫问题入手，提出八个重点领域合作，将有力推动全球发展迈向平衡协调包容新阶段。

“人民渴望富足安康，渴望公平正义。”践行真正的多边主义，维护国际公平正义，人类社会才能迎来更加美好的明天。中国将继续秉持人类命运共同体理念，弘扬全人类共同价值，倡导国际上的事大家商量着办，推动国际秩序和国际体系朝着更加公正合理的方向发展。

《人民日报》（2021 年 10 月 28 日）

团结合作才能让希望照亮未来

一批批中国政府援助的新冠疫苗运抵发展中国家，中国疫苗企业向发展中国家进行技术转让，开展合作生产……中国以实际行动点亮战胜疫情挑战的希望之光

“中国积极提供疫苗援助、派遣医疗专家、分享抗疫经验，为全球抗击疫情发挥了至关重要的作用”“中国在向世界各国供应疫苗、推动疫苗公平分配方面发挥了重要作用”……近日，一批批中国政府援助的新冠疫苗运抵坦桑尼亚、布隆迪、伊拉克、老挝、柬埔寨等发展中国家，受到各国政府和人民的欢迎和称赞，给国际社会团结抗疫注入了信心和力量。

面对世纪疫情带来的挑战，人类唯有同舟共济才能共克时艰，唯有团结合作才能让希望照亮未来。疫情发生以来，中国始终尽责担当，对全球抗疫的贡献有目共睹。中国率先同各方分享疫情信息、交流抗疫经验，开展新中国成立以来规模最大的全球紧急人道主义救援行动，率先向各国大批量提供抗疫物资，率先对外派遣医疗专家组，率先承诺将本国新冠疫苗作为全球公共产品，并向广大发展中国家大规模提供疫苗，开展全球最大规模的疫苗合作。中国秉持人类卫生健康共同体理念，积极推动国际抗疫合作，以实际行动点亮战胜疫情挑战的希望之光。

疫苗是战胜疫情的利器，疫苗分配不平等不仅加剧全球健康不平等，也严重阻碍全球抗疫进程。弥合“免疫鸿沟”，让疫苗为各国人民筑起坚实的防疫之盾，既是全球战胜疫情的需要，也是国际道义之所在。目前，低收入国家获得的疫苗总量不到全球疫苗总量的 0.5%，非洲地区完全接种疫苗的人口不到 5%。优先向低收入国家，特别是非洲国家提供疫苗，是落实世界卫生组织和联合国提出的全球新冠疫苗接种战略的关键。

中国积极落实将中国疫苗作为全球公共产品的郑重承诺，为实现疫苗在发展中国家的可及性和可负担性作出重要贡献。截至目前，中国已向 100 多个国家和国际组织提供 14 亿多剂疫苗，将努力全年对外提供 20 亿剂疫苗。中国疫苗是许多发展中国家第一批获得的疫苗，也是此后很长一段时间内所能获得的唯一疫苗。中国对外提供的疫苗总量中，超过九成流向亚非拉国家，有效提升了公共卫生体系薄弱的国家应对疫情的能力。中国疫苗援助率先进入阿富汗、叙利亚等战乱地区，让这些国家的人民在困境中看到了希望。中国以实际行动推动全球抗疫合作不断深化，为构建人类卫生健康共同体贡献了中国力量。

疫情是对全球卫生治理体系的检验，也是对多边主义的检验。中国始终维护并践行真正的多边主义，为全球团结抗疫注入强大正能量。中国全面落实二十国集团“暂缓最贫困国家债务偿付倡议”，是二十国集团成员中落实缓债金额最大的国家。中国已为受疫情影响的发展中国家抗疫及恢复经济社会发展提供了 20 亿美元援助，未来 3 年内将再提供 30 亿美元国际援助。在向“新冠疫苗实施计划”捐赠 1 亿美元基础上，年内中国将再向发展中国家无偿捐赠 1 亿剂疫苗。中国支持本国疫苗企业向发展中国家进行技术转让，开展合作生产，有效提升相关国家和地区战胜疫情、应对未来公共卫生挑战的能力。国际人士指出，中国为全球抗疫所作的贡献，凸显中国在国际舞台上不可或缺的作用。

中国积极推动抗疫国际合作，没有地缘战略意图，没有经济利益盘算，也不附加任何政治条件。全球疫情远未结束，中国将坚持全人类共同价值和天下大同情怀，继续携手各国推动构建人类卫生健康共同体，为全球抗击疫情、重建疫后更加美好的世界作出新贡献。

《人民日报》（2021 年 10 月 18 日）

凝聚共识，以可持续交通促进可持续发展

交通是中国现代化的开路先锋，是中外互利合作的重要纽带。与世界相交，与时代相通，将自身发展与世界各国发展有机结合，全球共同发展的道路会越走越宽广

“中国将继续高举真正的多边主义旗帜，坚持与世界相交，与时代相通，在实现自身发展的同时，为全球发展作出更大贡献。”10 月 14 日晚，习近平主席以视频方式出席第二届联合国全球可持续交通大会开幕式并发表主旨讲话，就推进全球交通合作阐述重要主张、宣布务实合作举措，为书写基础设施联通、贸易投资畅通、文明交融沟通的新篇章，推动落实联合国 2030 年可持续发展议程注入重要动力。

交通是经济的脉络和文明的纽带。交通推动经济融通、人文交流，使世界成了紧密相连的“地球村”。可持续交通是可持续发展的重要内容，与联合国 2030 年可持续发展议程的多项目标直接相关，对应对气候变化、消除贫困、减少环境污染、促进包容性增长具有重要意义。当前，百年变局和世纪疫情叠加，给世界经济发展和民生改善带来严重挑战。第二届联合国全球可持续交通大会以“可持续的交通，可持续的发展”为主题，聚焦实现可持续交通目标的机遇、挑战和解决方案，有助于进一步凝聚全球共识，以可持续交通促进可持续发展。

习近平主席在讲话中指出，坚持开放联动，推进互联互通；坚持共同发展，促进公平普惠；坚持创新驱动，增强发展动能；坚持生态优先，实现绿色低碳；坚持多边主义，完善全球治理。这些重要主张为新形势下推进全球交通合作指明方向。“各国只有开放包容、互联互通，才能相互助力、互利共赢”“各国一

起发展才是真发展，大家共同富裕才是真富裕”“要践行共商共建共享的全球治理观，集众智、汇众力，动员全球资源，应对全球挑战，促进全球发展”……这些重要主张与习近平主席不久前提出的全球发展倡议一脉相承，充分展现构建全球发展命运共同体的大国担当。习近平主席宣布，中方将建立中国国际可持续交通创新和知识中心，这是中国为全球交通发展贡献力量的重要举措。

交通是中国现代化的开路先锋。经过几代人的不懈努力，中国正在从交通大国向交通强国迈进。中国坚持交通先行，建成全球最大的高速铁路网、高速公路网、世界级港口群，航空航海通达全球，综合交通网突破 600 万公里；中国坚持创新引领，高铁、大飞机等交通装备技术领跑全球，新能源汽车占全球总量一半以上，港珠澳大桥、北京大兴国际机场等超大型交通工程建成投运；中国坚持交通天下，已经成为全球海运连接度最高、货物贸易额最大的经济体。新冠肺炎疫情期间，中欧班列、远洋货轮昼夜穿梭，为保障全球产业链供应链稳定作出重要贡献。15 日发行的《交通可持续发展》特种邮票以手绘方式呈现中国可持续交通发展的理念和成就，生动展示了中国交通发展的世界价值。

交通是中外互利合作的重要纽带。中国积极深化与各国在交通领域合作，积极推进全球互联互通，积极参与全球交通治理，加入近 120 项交通运输领域多边条约。以共建“一带一路”为合作平台，中国与 19 个国家签署 22 项国际道路运输便利化协定。在有关国家积极参与和共同努力下，“六廊六路多国多港”的互联互通架构基本形成。中欧班列累计开行超过 4 万列、通达欧洲 23 个国家的 170 多个城市。在世界很多国家，中国企业参与修建的交通基础设施等受到普遍欢迎，充分说明交通合作能够有效增进人民福祉，能够助力世界和平发展。

与世界相交，与时代相通，将自身发展与世界各国发展有机结合，全球共同发展的道路会越走越宽广。在互联互通、互利共赢的人间正道上，中国将继续携手各国，推动落实联合国 2030 年可持续发展议程，为构建人类命运共同体作出更大贡献。

《人民日报》（2021 年 10 月 16 日）

携手同行，开启人类高质量发展新征程

秉持生态文明理念，构建人与自然和谐共生、经济与环境协同共进、世界各国共同发展的地球家园，中国方案、中国行动为共建地球生命共同体描绘了美好蓝图，注入了中国力量

“国际社会要加强合作，心往一处想、劲往一处使，共建地球生命共同体。”10月12日，习近平主席以视频方式出席在昆明举行的《生物多样性公约》第十五次缔约方大会领导人峰会并发表主旨讲话，强调秉持生态文明理念，共同构建地球生命共同体，为开启人类高质量发展新征程提供中国方案、注入中国力量。

地球是人类共同生活和守护的家园，生物多样性使地球充满生机，也是人类生存和发展的基础。保护生物多样性有助于维护地球家园，促进人类可持续发展。当前，全球物种灭绝速度不断加快，生物多样性丧失和生态系统退化对人类生存和发展构成重大风险。昆明大会以“生态文明：共建地球生命共同体”为主题，推动制定“2020年后全球生物多样性框架”，为未来全球生物多样性保护设定目标、明确路径，具有重要意义。

习近平主席站在对人类文明负责、为子孙后代负责的高度，强调构建人与自然和谐共生、经济与环境协同共进、世界各国共同发展的地球家园，为共建地球生命共同体描绘了美好蓝图。与会人士普遍认为，习近平主席的主旨讲话充分展示了中国秉持人类命运共同体理念、为全球环境治理及生物多样性保护贡献力量的坚定决心。

自然是生命之母，人与自然是生命共同体，人类必须敬畏自然、尊重自然、顺应自然、保护自然。习近平主席强调，以生态文明建设为引领，协调

人与自然关系。中华文明历来崇尚天人合一、道法自然，追求人与自然和谐共生。中共十八大以来，中国大力推进生态文明顶层设计和制度体系建设，将生态文明理念和生态文明建设写入宪法，纳入中国特色社会主义事业“五位一体”总体布局，取得显著成效。联合国环境规划署执行主任英格·安德森称赞，中国推进生态文明建设的实践，为指导全球生物多样性保护发挥了榜样作用。

绿水青山就是金山银山。良好生态环境既是自然财富，也是经济财富，关系经济社会发展潜力和后劲。习近平主席强调，以绿色转型为驱动，助力全球可持续发展；以人民福祉为中心，促进社会公平正义。建立绿色低碳循环经济体系，把生态优势转化为发展优势，使绿水青山产生巨大效益；加强绿色国际合作，共享绿色发展成果；心系民众对美好生活的向往，实现保护环境、发展经济、创造就业、消除贫困等多面共赢，增强各国人民的获得感、幸福感、安全感。中国抓住绿色转型带来的巨大发展机遇，持续推进产业结构和能源结构调整。中国主张、中国行动为促进经济发展与环境保护协调共进提供了宝贵经验。澳大利亚前总理陆克文称赞，中国采取的举措不仅造福本国民众，还将激励更多国家共同建设美好世界。

新冠肺炎疫情给全球发展蒙上阴影，推进联合国 2030 年可持续发展议程面临更大挑战。面对恢复经济和保护环境的双重任务，发展中国家更需要帮助和支持。习近平主席强调，以国际法为基础，维护公平合理的国际治理体系。要践行真正的多边主义，有效遵守和实施国际规则，不能合则用、不合则弃；设立新的环境保护目标应该兼顾雄心和务实平衡，使全球环境治理体系更加公平合理。习近平主席宣布，中国将率先出资 15 亿元人民币，成立昆明生物多样性基金，支持发展中国家生物多样性保护事业。中国主张彰显坚定践行多边主义，努力推动构建公平合理、合作共赢的全球环境治理体系的大国担当。国际人士称赞，中国在保护生物多样性方面展现的领导力和行动力是扭转当前全球生态系统质量下降趋势的关键。

建设绿色家园是各国人民的共同梦想，共建地球生命共同体关乎人类文明永续发展。中国始终是全球生态文明建设的重要参与者、贡献者和引领者。作为最早签署和批准《生物多样性公约》的缔约方之一和本次大会的东道国，中国将与各国携手同行，推动达成全面平衡、有力度、可执行的共识和行动框架，推动全球生物多样性治理迈上新台阶，为实现人与自然和谐共生的美好愿景、共同构建地球生命共同体贡献力量。

《人民日报》（2021 年 10 月 13 日）

坚持绿色发展，构建人与自然生命共同体

10月11日，《生物多样性公约》缔约方大会第十五次会议将在云南昆明拉开帷幕。大会以“生态文明：共建地球生命共同体”为主题，这是联合国环境公约缔约方大会首次将“生态文明”作为大会主题，彰显了习近平生态文明思想鲜明的世界意义，体现了中国与国际社会一道，共谋全球生态文明建设、共促人与自然和谐共生的信心和决心。

生态兴则文明兴，这是从人类文明发展史中得出的重要经验。站在对人类文明负责的高度，中国主张尊重自然、顺应自然、保护自然，探索人与自然和谐共生之路。中国坚持用生态文明理念指导发展，把生态文明建设放在突出地位，融入中国经济社会发展各方面和全过程，努力建设人与自然和谐共生的现代化。联合国环境规划署通过推广中国生态文明理念的决定草案，发布《绿水青山就是金山银山：中国生态文明战略与行动》报告，老挝自然资源与环境部将“绿水青山就是金山银山”作为座右铭等，体现出中国的生态文明理念日益受到世界重视。《联合国气候变化框架公约》第二十六次缔约方大会气候行动高级别倡导者奈杰尔·托平表示，“生态文明”理念是一份如诗般美丽、独特的中国礼物。

建设生态文明，中国是重要的贡献者。从将生态文明建设纳入“五位一体”总体布局，到把生态文明建设写入宪法，近年来，中国以前所未有的决心和力度推动生态文明建设，生态环境保护发生历史性、转折性、全局性变化。过去10年，中国森林资源增长面积超过7000万公顷，居全球首位；长时间、大规模治理沙化、荒漠化，实现从“沙进人退”到“绿进沙退”；90%的陆地生态系统类型和85%的重点野生动物种群得到有效保护……一长串绿色发展“成绩单”，见证中国在生态文明建设道路上的奋进步伐。美国国家人文科学院院

士小约翰·柯布指出，中国的生态文明建设，意味着中国关心的不仅是全中国人民的福祉，更是整个人类的可持续发展。

建设生态文明，中国是坚决的行动派。“中国将力争 2030 年前实现碳达峰、2060 年前实现碳中和，这需要付出艰苦努力，但我们会全力以赴。”在第七十六届联合国大会一般性辩论上发表重要讲话时，习近平主席重申一年前提出的“双碳”目标，彰显出中国坚持生态优先、咬定绿色发展不动摇的决心。强调把碳达峰、碳中和纳入生态文明建设整体布局，“十四五”时期严控煤炭消费增长；正式接受《〈蒙特利尔议定书〉基加利修正案》，加强非二氧化碳温室气体管控；启动全国碳市场上线交易……今年以来，从顶层设计到具体措施，中国以实实在在的行动践行绿色发展承诺，给世界以重要激励与启迪。塞尔维亚总理阿娜·布尔纳比奇表示，中国在协调经济快速发展与环境保护之间取得的经验非常重要。

建设生态文明，中国是坚定的引领者。截至 2020 年底，中国与 100 多个国家开展生态环境国际合作与交流，与 60 多个国家、国际及地区组织签署约 150 项生态环境保护合作文件。从设立气候变化南南合作基金，到启动中非环境合作中心，再到强调将生态文明领域合作作为共建“一带一路”重点内容，中国行动受到国际社会广泛赞誉。联合国环境规划署执行主任英厄·安诺生认为，一个强有力的、中国深度参与其中的多边体系，是扭转全球生物多样性保护形势的关键。不久前，中国宣布将大力支持发展中国家能源绿色低碳发展，不再新建境外煤电项目。国际社会普遍认为，中方的决定“为实现更宏伟的气候目标打开了大门”，体现了中国在应对气候变化问题上的领导力，彰显了中国负责任大国的格局与担当。

生态文明建设关乎人类未来，建设绿色家园是人类共同梦想。中国将继续携手各国共筑生态文明之基，同走绿色发展之路，持续汇聚构建人与自然生命共同体的强大力量。

《人民日报》（2021 年 10 月 11 日）

把握机遇，携手构建网络空间命运共同体

中国积极推动互联网领域开放合作，努力创造更多利益契合点、合作增长点、共赢新亮点，为更多国家和人民搭乘信息时代的快车、共享互联网发展成果打开了便利之门

9月28日，2021年世界互联网大会乌镇峰会落下帷幕。9月26日，习近平主席向峰会致贺信，强调中国愿同世界各国一道，共同担起为人类谋进步的历史责任，激发数字经济活力，增强数字政府效能，优化数字社会环境，构建数字合作格局，筑牢数字安全屏障，让数字文明造福各国人民，推动构建人类命运共同体。习近平主席的贺信，充分展现中国同世界各国携手迈向数字文明新时代、共同构建网络空间命运共同体的真诚愿望和大国担当。

当今世界，互联网不断拓展新边疆，数字技术正以新理念、新业态、新模式全面融入人类经济、政治、文化、社会、生态文明建设各领域和全过程，给人类生产生活带来广泛而深刻的影响。特别是在新冠肺炎疫情防控期间，数字经济蓬勃发展，网络空间空前活跃。网络空间中人类前途命运从来没有像今天这样紧密相连。

中国举办世界互联网大会，就是希望搭建全球互联网共享共治的一个平台，共同推动互联网健康发展。今年的大会以“迈向数字文明新时代——携手构建网络空间命运共同体”为主题，并首次举行“携手构建网络空间命运共同体精品案例”发布展示活动，吸引了来自96个国家和地区的2000多位嘉宾以线下和线上形式参会。“携手构建网络空间命运共同体”“让数字文明造福各国人民”获得与会各方高度认可和热烈响应。与会人士不仅看到中国已成为“全球数字化领导者”，也称赞“中国深化技术合作以完善数字治理”，认为“中

国将在全球互联网治理中扮演更加令人瞩目的角色”。

维护网络空间和平与安全，促进开放与合作，符合国际社会的共同利益，也是国际社会的共同责任。2015年，习近平主席在第二届世界互联网大会开幕式上发表主旨演讲，率先提出推进全球互联网治理体系变革应坚持的“四项原则”和构建网络空间命运共同体的“五点主张”，引发国际社会强烈共鸣。国际电信联盟副秘书长马尔科姆·约翰逊指出：“协同合作变得比以往更加重要，应携手共建网络空间命运共同体。”从推动制定《二十国集团数字经济发展与合作倡议》，共同发起《“一带一路”数字经济国际合作倡议》，提出《全球数据安全倡议》，发布《携手构建网络空间命运共同体行动倡议》，到积极参与数字领域国际规则和标准制定，推动联合国在网络空间国际治理中发挥主渠道作用……中国积极推动网络空间互联互通、共享共治，构建网络空间命运共同体理念日益深入人心，正逐渐成为全球共识。

中国不仅积极倡导构建网络空间命运共同体，也扎实推动世界各国共同搭乘互联网和数字经济发展的快车。“我们要为数字经济营造有利发展环境，加强数据安全合作，加强数字基础设施建设，为各国科技企业创造公平竞争环境”“我们要全面落实亚太经合组织互联网和数字经济路线图，促进新技术传播和运用，加强数字基础设施建设，消除数字鸿沟”……近年来，习近平主席在多边会议上发表讲话时多次强调发展数字经济。中国—东盟信息港建设全面提速、中阿网上丝绸之路经济合作试验区启动建设、为“一带一路”沿线国家和地区提供高质量的信息产品和技术服务……中国积极推动互联网领域开放合作，努力创造更多利益契合点、合作增长点、共赢新亮点，为更多国家和人民搭乘信息时代的快车、共享互联网发展成果打开了便利之门。

网络空间是人类共同的活动空间，其前途命运应由世界各国共同掌握。把握时代机遇，推动全球数字化发展，构建可持续的数字世界，共同构建网络空间命运共同体，将助力开创人类发展更加美好的未来。

《人民日报》（2021年9月29日）

深化合作，构建全球发展命运共同体

中国提出的全球发展倡议，是中国助力重振联合国全球发展伙伴关系的重要宣示，是人类命运共同体理念在发展领域的生动体现

“我们必须复苏经济，推动实现更加强劲、绿色、健康的全球发展。”习近平主席日前出席第七十六届联合国大会一般性辩论并发表重要讲话，郑重提出全球发展倡议，呼吁国际社会加快落实联合国 2030 年可持续发展议程，共同推动全球发展迈向平衡协调包容新阶段，共同构建全球发展命运共同体。习近平主席这一重大倡议反映了国际社会特别是广大发展中国家的共同期待，为因应世界变局擘画了蓝图，为全球共同发展指明了方向。

发展是实现人民幸福的关键。当前，世界经济复苏步履维艰，南北“发展鸿沟”不断加大。特别是疫情严重冲击全球减贫成果，新兴市场国家经济增长放缓，落实联合国 2030 年可持续发展议程面临严峻挑战。与此同时，新工业革命浪潮方兴未艾，数字经济、绿色发展和疫情催生的新业态、新模式，为发展中国家实现跨越式发展带来新机遇。

习近平主席提出的全球发展倡议，核心要义是坚持发展优先，坚持以人民为中心，坚持普惠包容，坚持创新驱动，坚持人与自然和谐共生，坚持行动导向，推动多边发展合作协同增效，重点推进减贫、粮食安全、抗疫和疫苗、发展筹资、气候变化和绿色发展、工业化、数字经济、互联互通等领域合作。中国主张蕴含了中国全面建成小康社会的成功经验，呼应了各国人民追求更美好生活的强烈愿望，把发展议程放在国际合作的更重要位置，强调加强主要经济体政策协调，着力解决国家间和各国内部发展不平衡、不充分问题，打造开放、公平、公正、非歧视的科技发展环境，携手实现跨越发展，体现出构建全球发

展命运共同体的真正担当。美国库恩基金会主席罗伯特·库恩称赞，该倡议将为全球发展注入重要正能量。

和平与发展是当今时代的重大主题。面对重重挑战，必须攥紧发展这把钥匙。2015 年 9 月，在联合国发展峰会上，习近平主席阐述的以公平、开放、全面、创新为核心的发展理念，为促进全球发展提供了新的方案。2016 年 9 月，在中方推动下，二十国集团领导人杭州峰会首次把发展置于二十国集团议程的突出位置，共同承诺积极落实联合国 2030 年可持续发展议程，并制订行动计划。中国提出共建“一带一路”倡议，就是为了同沿线各国分享中国发展机遇，实现共同繁荣。此次中国提出的全球发展倡议，是中国助力重振联合国全球发展伙伴关系的重要宣示，是人类命运共同体理念在发展领域的生动体现。

作为世界上最大的发展中国家，中国始终把自身发展置于人类发展的坐标系中，始终致力于做全球发展的贡献者。中国坚持不懈推动自身发展，不仅增进了 14 亿多中国民众的福祉，也有力促进了全球发展事业。世界银行预计，今年中国对全球经济增长的贡献率将超过 1/4。中国提前 10 年实现联合国 2030 年可持续发展议程减贫目标，对全球减贫贡献率超过 70%。中国向 166 个国家和国际组织提供发展援助，为 120 多个发展中国家落实联合国千年发展目标提供支持。中国已宣布未来 3 年内再提供 30 亿美元国际援助，用于支持发展中国家抗疫和恢复经济社会发展。事实充分证明，中国是构建全球发展命运共同体的积极行动派。

大家一起发展才是真发展，可持续发展才是好发展。中国将继续以自身发展为世界带来更多新的发展机遇，与各国一道走和平发展、开放发展、合作发展、共同发展的道路，不断为构建全球发展命运共同体贡献力量。

《人民日报》（2021 年 9 月 25 日）

加强抗疫合作，构建卫生健康共同体

中国通过援助、出口、合作生产等多种方式帮助广大发展中国家获得疫苗，以实际行动破解疫苗“产能赤字”“分配赤字”，彰显了“慷慨无私的国际合作精神”

“我们必须战胜疫情，赢得这场事关人类前途命运的重大斗争。”9月21日，习近平主席出席第七十六届联合国大会一般性辩论并发表重要讲话，分享中国科学抗疫经验，重申要把疫苗作为全球公共产品，呼吁国际社会团结抗疫、共克时艰。习近平主席的重要讲话为团结抗疫指明方向，为全球抗疫注入信心，对推动构建人类卫生健康共同体具有重要意义。

一年多来，团结抗疫始终是主流。尽管有个别国家大搞甩锅推责和政治操弄，奉行“疫苗民族主义”，严重破坏全球抗疫合作大局，但在重大灾难面前，各国人民展现出的勇气、决心、关爱，照亮了至暗时刻。口罩、防护服、护目镜、呼吸机、检测试剂盒、新冠疫苗……一次次紧急运输，一次次全球接力，传递的不仅是守望相助的温情，更是战胜疫情的信心。当前，疫情仍在全球肆虐，面对不断变异的病毒和持续的抗疫压力，国际社会唯有团结合作，才能最终战而胜之。

“一部世界文明史也是同瘟疫斗争的历史，人类总是在不断战胜挑战中实现更大发展和进步。”习近平主席从世界文明发展的视角阐释当前抗疫斗争的意义，坚定了全球抗疫的信心。习近平主席为各方共同战胜疫情提供中国方案：坚持人民至上、生命至上，呵护每个人的生命、价值、尊严；弘扬科学精神、秉持科学态度、遵循科学规律，统筹常态化精准防控和应急处置，统筹疫情防控和经济社会发展；加强国际联防联控，最大限度降低疫情跨境传播风险。这一方案基于中国成功抗疫经验，兼顾疫情防控和经济社会发展，着眼全球联防联控，为推动构建人类卫生健康共同体作出积极贡献。

疫苗是战胜疫情的利器。习近平主席在讲话中再次强调，要把疫苗作为全球公共产品，确保发展中国家的可及性和可负担性，当务之急是要在全球范围内公平合理分配疫苗。中国已向 100 多个国家和国际组织提供 12 亿剂新冠疫苗和原液，将努力全年对外提供 20 亿剂疫苗，并在向“新冠疫苗实施计划”捐赠 1 亿美元基础上，年内再向发展中国家无偿捐赠 1 亿剂疫苗。中国通过援助、出口、合作生产等多种方式帮助广大发展中国家获得疫苗，以实际行动破解疫苗“产能赤字”“分配赤字”，彰显了“慷慨无私的国际合作精神”，展现了大国担当。

构建人类卫生健康共同体，不仅是战胜疫情的正确道路，也是守护人类健康美好未来的正确蓝图。自 2020 年 3 月提出“打造人类卫生健康共同体”重大倡议以来，习近平主席多次深刻阐述构建人类卫生健康共同体理念，为全球团结抗疫指引方向，为加强全球公共卫生治理明确思路。无论是坚决打好疫情防控全球阻击战、有效开展国际联防联控，还是积极支持国际组织发挥作用、加强国际宏观经济政策协调，中方始终为全人类谋幸福、谋发展，始终强调守望相助、风雨同舟，始终强调团结抗疫，为全球抗疫凝聚起强大合力。巴基斯坦执政党正义运动党首席召集人尼亚齐深有感触地说，构建人类卫生健康共同体是中国向世界发出的团结抗疫强音，“符合全世界人民的共同利益”。

全球抗疫实践充分证明，构建人类卫生健康共同体符合历史发展潮流，是应对共同挑战、建设更加美好世界的人间正道。中国将继续与各国携手抗击疫情，共同促进全球公共卫生事业的发展。

《人民日报》（2021 年 9 月 24 日）

以信心、勇气、担当回答时代课题

在构建人类命运共同体的伟大进程中，中国将同世界上一切进步力量携手前进，始终做世界和平的建设者、全球发展的贡献者、国际秩序的维护者、公共产品的提供者

百年变局与世纪疫情交织叠加，世界又站在历史的十字路口。怎样团结战胜疫情？如何尽快复苏世界经济？国与国尤其大国之间能否和睦相处？联合国应该如何发挥核心作用？这是关乎人类未来发展方向的时代课题。

9月21日，习近平主席在北京以视频方式出席第七十六届联合国大会一般性辩论并发表题为《坚定信心　共克时艰　共建更加美好的世界》的重要讲话。在疫情深刻改变人类社会、世界进入新的动荡变革期的关键时刻，习近平主席提出一系列重要主张和倡议，为国际团结抗疫注入信心，为全球共同发展指引方向，为因应世界变局擘画蓝图，充分彰显大国领袖的深邃卓见和天下情怀。

“每一个负责任的政治家都必须以信心、勇气、担当，回答时代课题，作出历史抉择。”习近平主席在讲话中开宗明义指出：“我们必须战胜疫情，赢得这场事关人类前途命运的重大斗争”“我们必须复苏经济，推动实现更加强劲、绿色、健康的全球发展”“我们必须加强团结，践行相互尊重、合作共赢的国际关系理念”“我们必须完善全球治理，践行真正的多边主义”。习近平主席提出的重要主张，回应各国人民对和平发展的殷切期盼、对公平正义的强烈呼声、对合作共赢的坚定追求，引发广泛共鸣。多国政要在本届联合国大会一般性辩论上发言呼吁团结合作，为世界创造一个美好的未来。

共建更加美好的世界，必须战胜全球挑战，实现共同发展。疫情仍在全球

肆虐，打赢疫情防控阻击战是当前最为紧迫的任务。习近平主席强调，要坚持人民至上、生命至上，呵护每个人的生命、价值、尊严。要弘扬科学精神、秉持科学态度、遵循科学规律，统筹常态化精准防控和应急处置。要加强国际联防联控，最大限度降低疫情跨境传播风险。习近平主席的讲话掷地有声，充分表明中国同各国共克时艰、携手战胜疫情的坚定意志，弘扬了中国秉持的构建人类卫生健康共同体理念。疫情严重冲击全球减贫成果，给全球可持续发展造成严峻挑战。习近平主席郑重提出全球发展倡议，强调坚持发展优先、坚持以人民为中心、坚持普惠包容、坚持创新驱动、坚持人与自然和谐共生、坚持行动导向，倡导构建全球发展命运共同体，为各国聚焦发展、团结发展、共同发展提供了行动指南、注入了思想动力。

共建更加美好的世界，必须坚持团结合作，完善全球治理。个别国家抱持冷战和零和博弈陈旧思维，企图以意识形态划线，打造地缘争夺的“小圈子”，导致国际社会面临的信任赤字、治理赤字扩大。习近平主席在讲话中指出了国与国之间特别是大国和睦相处的人间正道，重申了构建相互尊重、公平正义、合作共赢的新型国际关系的重要意义，为充满不确定性的国际关系注入了更多稳定性。“世界只有一个体系，就是以联合国为核心的国际体系。只有一个秩序，就是以国际法为基础的国际秩序。只有一套规则，就是以联合国宪章宗旨和原则为基础的国际关系基本准则”“联合国应该高举真正的多边主义旗帜，成为各国共同维护普遍安全、共同分享发展成果、共同掌握世界命运的核心平台”……习近平主席的论述讲出了绝大多数国家的共同心声，是中国对坚持真正多边主义的庄严承诺，展现了推动全球治理体系朝着更加公正合理方向发展的大国担当。

维护并践行多边主义，推动构建人类命运共同体，让和平的薪火代代相传，让发展的动力源源不断，让文明的光芒熠熠生辉。在构建人类命运共同体的伟大进程中，中国将同世界上一切进步力量携手前进，始终做世界和平的建设者、全球发展的贡献者、国际秩序的维护者、公共产品的提供者。

《人民日报》（2021 年 9 月 23 日）

让人类命运共同体建设的阳光普照世界

世界正处在新的十字路口，国际社会比以往任何时候都更加需要联手应对挑战，实现共同发展

9月21日，习近平主席将以视频方式出席第七十六届联合国大会一般性辩论并发表重要讲话。世界正处在新的十字路口，国际社会比以往任何时候都更加需要联手应对挑战，实现共同发展。继去年出席联合国成立75周年系列高级别会议后，习近平主席再次在联合国这一最具普遍性、代表性和权威性的多边舞台上发出中国声音，对于促进全球团结抗疫、推动世界经济复苏、完善全球治理具有特殊重大意义。

“这场疫情启示我们，我们生活在一个互联互通、休戚与共的地球村里。各国紧密相连，人类命运与共。”去年9月，习近平主席在第七十五届联合国大会一般性辩论上发表重要讲话，深刻阐述构建人类命运共同体的重要意义和现实路径。百年变局和世纪疫情交织叠加，人们愈益认识到中国方案的重大意义，构建人类命运共同体理念得到越来越多的支持和赞同。

联合国秘书长古特雷斯近日向联合国大会提交《我们的共同议程》报告，强调世界需要有效的多边主义，呼吁各国“重新拥抱全世界大团结，找到为共同利益共同努力的新途径”，打造人类更安全、更绿色的未来。在新冠肺炎疫情起伏不定、世界经济复苏艰难曲折、国际秩序演变深刻复杂的当下，报告有关加强全球团结合作、开创美好未来的倡议，反映出各国人民努力把我们生于斯、长于斯的这个星球建成一个和睦大家庭，把世界各国人民对美好生活的向往变成现实的迫切愿望。这种愿望和追求，是构建人类命运共同体的应有之义。

构建人类命运共同体，必须加强全球抗疫合作，这是当前最为紧迫的任务。

全球累计新冠肺炎确诊病例超过 2.2 亿例，死亡病例超过 460 万例。面对世纪疫情，必须开展全球合作。中国秉持人民至上、生命至上理念，不仅自身抗疫取得重大战略成果，而且积极倡导并践行人类卫生健康共同体理念，开展新中国成立以来最大规模的全球人道主义行动，尽最大努力帮助世界各国特别是广大发展中国家战胜疫情。截至今年 6 月，中国向 150 多个国家和 13 个国际组织提供抗疫物资援助；迄今已向 100 多个国家和国际组织提供将近 12 亿剂新冠疫苗和原液，今年全年将努力向全球提供 20 亿剂疫苗……中国为全球公共卫生事业尽责，用实际行动展现了负责任大国的担当。

构建人类命运共同体，必须促进全球共同发展，这是增进民生福祉的关键。受疫情影响，世界经济一度陷入深度衰退，如今虽正走出困境，但各国经济复苏表现分化，南北发展差距面临扩大甚至固化风险。中国倡导加强宏观经济政策协调，共同推动世界经济强劲、可持续、平衡、包容增长；中国有效统筹疫情防控和经济社会发展，经济迅速恢复增长并不断巩固，为世界经济复苏发展注入强大动力；中国持续扩大开放，为世界各国提供重要发展机遇；中国推动高质量共建“一带一路”，为人类走向共同繁荣作出积极贡献。

构建人类命运共同体，必须不断完善全球治理，这是共同发展进步的保障。世界进入动荡变革期，不稳定性不确定性显著上升。人类社会向何处去，取决于当前的行动。各国必须从人类共同利益出发，以负责任态度作出明智选择，维护并践行真正的多边主义，不断完善全球治理。中国秉持共商共建共享的全球治理观，强调国际上的事由大家共同商量着办，世界前途命运由各国共同掌握，强调坚守和平、发展、公平、正义、民主、自由的全人类共同价值，为各国共同走和平共处、互利共赢之路指明方向。

让人人享有安宁祥和，让发展成果惠及各国，让各种文明和谐共存，这是人类普遍的愿望。今年是中国共产党成立 100 周年，也是中国恢复联合国合法席位 50 周年。中国将以此为新的起点，携手各国为世界和平安宁、全球发展繁荣、文明交流互鉴作出新贡献，让人类命运共同体建设的阳光普照世界。

《人民日报》（2021 年 9 月 21 日）

让金砖机制焕发新的生机活力

中国方案不仅为世界经济复苏提供了行动指南，也为疫后实现更强劲、绿色、健康的全球发展指明了方向，提振了各国特别是新兴市场和发展中国家摆脱疫情影响、加快落实2030年可持续发展议程的信心

9月9日，习近平主席在北京以视频方式出席金砖国家领导人第十三次会晤并发表重要讲话。在金砖国家合作15周年的重要年份，中方高举人类命运共同体旗帜，为加强金砖合作擘画蓝图，为推动全球抗疫合作领航引路，为促进全球经济复苏指引方向。

15年来，金砖国家已成为国际舞台上一支不可忽视的力量。当前，新冠肺炎疫情仍在全球肆虐，世界经济复苏艰难曲折，国际秩序演变深刻复杂。在此关键时刻，金砖国家深化战略伙伴关系，在应对全球性挑战、加强全球治理、推动世界经济复苏和全球共同发展方面发挥积极作用，具有全球意义。

“面对挑战，金砖国家要展现担当，为世界和平与发展作出积极贡献，推动构建人类命运共同体。”习近平主席分别从推动践行真正的多边主义、推动全球团结抗疫、推动开放创新增长、推动共同发展等方面，指明金砖国家为世界作出积极贡献的努力方向。习近平主席还就推动金砖务实合作朝着更高质量方向前进提出5点倡议：坚持同舟共济，加强公共卫生合作；坚持公平可及，加强疫苗国际合作；坚持互利共赢，加强经济合作；坚持公平正义，加强政治安全合作；坚持互学互鉴，加强人文交流合作。中方倡议进一步丰富了新形势下金砖国家合作的内涵，受到各方普遍欢迎。俄罗斯学者称赞，中国的建设性立场在很大程度上提升了金砖机制的国际声望与影响力，有助于促进世界稳定发展。

中国引领抗疫合作，始终与各国休戚与共，展现了大国担当。中国向有需

要的国家提供疫苗和相应技术支持，为促进疫苗公平分配、加强全球抗疫合作作出积极贡献。截至目前，中方已向 100 多个国家和国际组织提供超过 10 亿剂疫苗和原液，将努力全年对外提供 20 亿剂疫苗。习近平主席宣布，在向“新冠疫苗实施计划”捐赠 1 亿美元基础上，年内中国将再向发展中国家无偿捐赠 1 亿剂疫苗。掷地有声的讲话，充分体现中国与各方携手战胜疫情挑战的坚定决心，充分展现大国领袖心系天下安危、关注各国民生福祉的博大胸怀。其他金砖国家领导人高度赞赏中方为金砖国家和全球抗疫作出的重大贡献。

中国把握时代脉搏，为维护多边主义、完善全球治理贡献关键力量。疫情加速国际格局演变，个别国家以多边之名行单边之实、以民主和人权为幌子干涉他国内政，损害了各国共同利益。习近平主席强调，金砖国家要推动践行真正的多边主义，恪守联合国宪章宗旨和原则，维护以联合国为核心的国际体系和以国际法为基础的国际秩序。《新德里宣言》重申金砖国家支持多边主义，致力于推动构建人类命运共同体。国际舆论认为，中国发出“追求一个多极世界”的信号，为充满不稳定不确定性的世界赋予正能量，增加稳定性。

中国坚持互利共赢，为复苏世界经济、促进共同发展作出重要贡献。习近平主席站在全球共同发展的高度提出中国方案，强调要推动开放创新增长，助力世界经济平稳复苏，维护以世界贸易组织为基石的多边贸易体制，让科技发展的最新成果惠及所有国家，推动经济全球化朝着更加开放、包容、普惠、平衡、共赢的方向发展。要推动共同发展，坚持以人民为中心的发展思想，全面落实 2030 年可持续发展议程。要根据共同但有区别的责任原则，积极应对气候变化，促进绿色低碳转型，共建清洁美丽世界。中国方案不仅为世界经济复苏提供了行动指南，也为疫后实现更强劲、绿色、健康的全球发展指明了方向，提振了各国特别是新兴市场和发展中国家摆脱疫情影响、加快落实 2030 年可持续发展议程的信心。

浩渺行无极，扬帆但信风。明年，中国将接任金砖国家主席国，主办金砖国家领导人第十四次会晤。中国将同金砖伙伴一道，全面深化各领域合作，为全球早日战胜疫情、实现经济复苏发展、维护世界和平稳定贡献力量，让金砖机制焕发出新的生机和活力。

《人民日报》（2021 年 9 月 11 日）

为应对共同挑战贡献金砖力量

金砖国家是推进全球团结抗疫、守护人类生命健康的重要力量，是维护真正多边主义、捍卫国际公平正义的重要力量，是助力世界经济复苏、促进全球共同发展的重要力量。中国将继续为提升金砖合作贡献智慧和力量，为充满不确定性的世界注入更多稳定性和正能量

9月9日，国家主席习近平将在北京以视频方式出席金砖国家领导人第十三次会晤。今年是金砖国家概念提出20周年，也是金砖国家外长会晤机制建立15周年。在世纪疫情和百年变局交织的背景下，金砖国家秉持开放包容合作共赢的金砖精神，继续深化金砖伙伴关系，共同擦亮金砖这块“金字招牌”，为促进全球团结扛起金砖责任，为破解治理赤字提供金砖智慧，为应对共同挑战贡献金砖力量，具有特殊重要意义。

金砖国家是推进全球团结抗疫、守护人类生命健康的重要力量。中俄守望相助、同舟共济，在疫情防控、诊疗方案、检测试剂、疫苗和药物研发生产等方面开展广泛合作，并合力抗击“政治病毒”。中国持续通过物资援助、采购协助、信息分享、疫苗合作等方式，坚定支持巴西抗击疫情。中国积极为南非提供抗疫物资，并同南非各界多次举行抗疫经验交流。为助力印度抗疫，中国向印度出口大量呼吸机、制氧机、医药材及药品。中国成立金砖国家疫苗研发中国中心，为消除疫苗鸿沟提供助力。中国还同印度共同主办2021金砖国家传统医药研讨会，倡议各国进一步发挥传统医药在疫情防控中的独特优势和作用。事实表明，金砖国家积极推进抗疫合作，不仅为守护金砖国家人民生命健康发挥重要作用，也为加强全球抗疫合作起到了带动作用。

金砖国家是维护真正多边主义、捍卫国际公平正义的重要力量。多边主义

构成现行国际体系的重要基石。面对多边和单边、公道和霸道之争，金砖国家作为新兴市场和发展中国家的代表，坚定捍卫联合国宪章宗旨和原则，维护以联合国为核心的国际体系和以国际法为基础的国际秩序，具有更加突出的现实意义，也符合国际社会，特别是广大发展中国家对金砖国家的期待。今年6月，《金砖国家关于加强和改革多边体系的联合声明》重申对多边主义承诺，强调在互利合作基础上构建人类命运共同体，反映了时代发展大势和各国普遍诉求，让国际社会进一步看到了金砖合作的重要意义。

金砖国家是助力世界经济复苏、促进全球共同发展的重要力量。世界经济艰难复苏，发展不平衡日益凸显，金砖国家也面临更加复杂的发展环境。金砖国家需要加强宏观经济政策协调，落实好《金砖国家经济伙伴战略2025》，努力提升贸易投资自由化便利化水平，推动加快实现联合国2030年可持续发展目标。着眼于后疫情时代的长远发展，金砖国家尤需利用好疫情催生的新业态新模式，加强科技创新合作。在金砖国家领导人第十二次会晤上，习近平主席宣布中方将在福建省厦门市建立金砖国家新工业革命伙伴关系创新基地。该基地已正式揭牌，将促进金砖国家务实推进数字化、工业化、创新等领域合作，共同实现更高质量、更具韧性的发展。今年以来，金砖国家女性创新大赛成功举行，金砖国家航天机构签署遥感卫星数据共享合作协定，金砖国家新开发银行迎来3个新成员国，金砖国家务实合作的步伐正在不断迈进，合作领域不断拓展，合作机制的影响力不断提升。

回望4年前，金砖国家领导人厦门会晤开启了金砖合作第二个“金色十年”。4年来，中国以坚实行动助力完善金砖国家合作机制，巩固经贸财金、政治安全、人文交流“三轮驱动”架构，推动金砖合作在疫情逆境中展现砥砺前行的奋进精神。“我们都在同一艘船上。风高浪急之时，我们更要把准方向，掌握好节奏，团结合作，乘风破浪，行稳致远，驶向更加美好的明天。”展望未来，中国将继续为提升金砖合作贡献智慧和力量，为充满不确定性的世界注入更多稳定性和正能量。

《人民日报》（2021年9月9日）

不断书写合作共赢的精彩华章

透过服贸会，各方进一步看到中国与世界共享机遇的真诚意愿、共同发展的务实行动、共克时艰的勇毅担当

9月7日，2021年中国国际服务贸易交易会（服贸会）落下帷幕。6天时间里，来自153个国家和地区的1.2万余家企业相聚北京、相会云端，共商合作、共促发展，达成丰硕成果。与会人士普遍认为，习近平主席在本届服贸会全球服务贸易峰会上发表的致辞展现出中国继续扩大开放、谋求合作共赢的坚定决心，在全球疫情形势依然严峻复杂的情况下，中国成功举办本届服贸会，为全球服务贸易发展和世界经济复苏注入了重要动力。

本届服贸会特色鲜明、富有成效。无论是参与国家数量、企业数量，还是线上线下参展企业国际化率、综合展整体国际化率，本届服贸会都有明显提升。这充分说明中国不断扩大开放、服务贸易不断发展，在全球的影响力和吸引力不断增加。数字经济是世界经济发展的重要方向，是后疫情时代全球贸易发展的新潮流。本届服贸会聚焦数字化，全面展示数字领域新技术、新模式、新业态、新成果，有助于推动全球数字经济和数字贸易朝着更快、更好的方向发展。

透过本届服贸会，各方进一步看到中国与世界共享服务贸易发展机遇的真诚意愿。在各国急需增强信心、凝聚共识、加强沟通、深化合作之际，中国成功举办本届服贸会，以实际行动支持全球抗疫合作，促进共同发展。“我们愿同各方一道，坚持开放合作、互利共赢，共享服务贸易发展机遇，共促世界经济复苏和增长。”习近平主席的致辞振奋人心。与会人士指出，习近平主席的致辞“让我们看到了中国为破解当前世界经济、国际贸易和投资面临的问题所作出的努力”。

透过本届服贸会，各方进一步看到中国始终以开放胸怀谋划共同发展的务实行动。中国立足新发展阶段，贯彻新发展理念，构建新发展格局，推动高质量发展。服务贸易是国际贸易的重要组成部分和国际经贸合作的重要领域，在构建新发展格局中具有重要作用。习近平主席宣布，中国将提高开放水平，在全国推进实施跨境服务贸易负面清单，探索建设国家服务贸易创新发展示范区；将扩大合作空间，加大对共建“一带一路”国家服务业发展的支持，同世界共享中国技术发展成果；将加强服务领域规则建设，支持北京等地开展国际高水平自由贸易协定规则对接先行先试，打造数字贸易示范区；将继续支持中小企业创新发展，深化新三板改革，设立北京证券交易所，打造服务创新型中小企业主阵地。这些新举措吸引全球关注，各界人士认为，新举措将进一步促进中国经济转型，有利于各国从中国发展中受益。

透过本届服贸会，各方进一步看到中国携手各国共克时艰的勇毅担当。百年变局与世纪疫情交织叠加，单边主义、保护主义甚嚣尘上，全球发展赤字、治理赤字更为凸显。中国与各国携手抗疫、共克时艰，坚持用和平、发展、合作、共赢的“金钥匙”破解问题。中国不仅有效控制国内疫情，还不断为全球团结抗疫提供助力，不仅着力推动本国经济高质量发展，还努力为世界经济复苏和增长贡献力量。

凡益之道，与时偕行。中国已经开启全面建设社会主义现代化国家新征程。新征程上，中国扩大开放的步伐坚定不移，谋求与各国共同发展的决心坚定不移，将携手各国不断书写合作共赢的精彩华章。

《人民日报》（2021年9月8日）

“幸福草”彰显大情怀

20年来，中国持续同广大发展中国家开展菌草技术合作，正是中国坚定支持全球减贫与可持续发展事业的生动写照

“中国愿同有关各方一道，继续为落实联合国2030年可持续发展议程贡献中国智慧、中国方案，使菌草技术成为造福广大发展中国家人民的‘幸福草’！”9月2日，习近平主席向菌草援外20周年暨助力可持续发展国际合作论坛致贺信，高度评价菌草这一中国特有技术在国际发展合作中发挥的巨大作用。20年来，中国菌草技术走向全球，为促进当地发展和人民福祉发挥了重要作用。透过这株“幸福草”，世界看到中国推动国际减贫合作、促进共同发展振兴、助力全球可持续发展的真诚意愿和有力行动。

菌草技术兼具经济价值、社会价值、环境价值，中国政府长期以来高度重视将这一技术服务于人类发展事业。习近平主席在福建工作期间，亲自推动中国首个援外菌草技术示范基地在巴布亚新几内亚建成落地，掀开了菌草技术国际合作的序幕。2018年11月，习近平主席对这个太平洋岛国进行国事访问期间，又见证了中国援巴新菌草、旱稻技术等一揽子项目协议的正式签署。今天，菌草技术已推广至全球100多个国家，受到发展中国家普遍欢迎。第七十三届联大主席埃斯皮诺萨指出，菌草技术项目为实现多个联合国可持续发展目标作出重要贡献，包括消除贫困、清洁能源、性别平等和保护生态多样性等。

“小小一株草，情接万里长。”20年来，中国持续同广大发展中国家开展菌草技术合作，正是中国坚定支持全球减贫与可持续发展事业的生动写照。这一成功范例再一次表明，来自中国的发展合作项目，聚焦发展和民生改善，把增进各国民生福祉作为发展合作的出发点；注重授人以渔、自主发展，充分考

虑其他发展中国家的资源禀赋、发展水平和发展诉求；坚持善始善终、讲求实效，促进项目管理本地化，提升项目持续影响。有感于菌草技术合作给当地发展带来的帮助，中非共和国总统图瓦德拉指出，习近平主席高度重视中国以及全球减贫事业，“人民一直是各领域务实合作的受益者，实践证明了国际合作的重要意义”。

“大家一起发展才是真发展，可持续发展才是好发展。”党的十八大以来，习近平主席提出构建人类命运共同体、共建“一带一路”等新理念新倡议，倡导正确义利观和真实亲诚、亲诚惠容的理念，在一系列重大国际场合宣布务实合作举措，为破解全球发展难题、推动落实联合国 2030 年可持续发展议程提出中国方案、贡献中国智慧、注入中国力量。当前，百年变局和世纪疫情交织，如期实现可持续发展目标任重道远。关键时刻更显中国的责任担当。面对疫情，中国实施新中国成立以来规模最大的全球人道主义行动，践行中国疫苗作为全球公共产品的承诺，为建立全球免疫屏障作出重大贡献。中国经济率先恢复增长，为维护全球产业链供应链安全顺畅运转发挥突出作用，为世界经济复苏带来更多正向溢出效应。中国同各方加强健康丝绸之路、绿色丝绸之路、数字丝绸之路建设，推动高质量共建“一带一路”，向国际社会传递发展的信心和力量。

新冠肺炎疫情仍在全球蔓延，全球发展不平衡不充分的现象仍然突出。各国必须携起手来，以更为担当的精神、更加务实的举措，为全球发展注入新的动力。中国将继续推动国际抗疫合作，继续加强国际发展合作，继续承担国际责任义务，以实际行动为更多发展中国家实现可持续发展提供力所能及的帮助，共同推动构建人类命运共同体。

《人民日报》（2021 年 9 月 4 日）

秉持开放理念　做大共赢“蛋糕”

服贸会见证合作共赢的时代潮流，搭建创新发展的交流平台，彰显中国扩大开放的坚定决心

9月2日，2021年中国国际服务贸易交易会（服贸会）将在北京开幕。习近平主席将以视频方式在全球服务贸易峰会上致辞。今年的服贸会聚焦“数字开启未来，服务促进发展”主题，搭建广阔合作平台，共谋服务贸易发展，将为各方提供市场机遇与发展红利，为世界经济复苏注入更多信心和动力。

服务业开放合作正日益成为推动发展的重要力量。中国国际服务贸易交易会立足中国、面向世界，汇聚全球智慧、推动广泛合作，吸引各国企业和机构积极参展参会。一年前，习近平主席在2020年服贸会全球服务贸易峰会上发表致辞，就服务业开放合作提出3点倡议，强调要共同营造开放包容的合作环境、共同激活创新引领的合作动能、共同开创互利共赢的合作局面，充分展现中国推动服务贸易发展、让各国人民共同享有服务贸易增长成果的胸怀和担当。

服贸会见证合作共赢的时代潮流。作为全球服务贸易领域最大规模的综合性展会，服贸会已成功举办7届，“朋友圈”越来越大。每年的服贸会上，新老朋友济济一堂，共话合作共赢。今年的服贸会规模进一步拓展，目前已有来自153个国家和地区的万余家企业注册参展参会，国际参与度显著提升。中国是全球服务贸易大国，今年上半年服务业增加值达到了29.6万亿元。全球参展方对服贸会的巨大热情，折射出各方对中国经济光明前景的认可和对中国市场广阔机遇的看重。巴西商业领袖组织中国区首席执行官小若泽·里卡多·卢斯表示，各国企业可以通过服贸会平台，搭乘中国快速发展的便车，捕捉服务

贸易新商机，共同促进全球服务贸易发展。

服贸会搭建创新发展的交流平台。近年来，新一轮科技革命和产业变革孕育兴起，带动了数字技术强势崛起，促进了产业深度融合，引领了服务经济蓬勃发展。过去一年多来，在新冠肺炎疫情防控的大背景下，远程医疗、在线教育、共享平台、协同办公、跨境电商等服务广泛应用，对促进各国经济稳定、推动国际抗疫合作发挥了重要作用。服贸会今年首次设置数字服务专区，消费者将感受到各类“创新服务”产品和新技术，特别是以数字经济为核心的新服务。服贸会还将首次设立健康卫生服务专题展，展示一系列抗疫最新科研成果，将为全球抗疫合作再添动力。

服贸会彰显中国扩大开放的坚定决心。习近平主席强调：“经济全球化背景下，各国经济彼此依存，利益交融前所未有，以诚相待、普惠共享是根本之计。”中国搭建中国国际服务贸易交易会、中国国际进口博览会等各类平台，推动开展政策和经验交流，建立和培育政府间、国际组织、商协会及企业间多样化伙伴关系，就是为了让更多务实合作成果惠及各国和各国人民。“中国搭建平台，云集中外客商，大家共话、共商、共谋、共赢，促进生产要素跨境流动，有助于全球分享中国对外开放红利”“中国开放的脚步让世界看到战胜疫情和经济复苏的曙光”……外国政要和专家学者等纷纷表示。

“突如其来的新冠肺炎疫情，在一段时间内阻隔了我们的相聚，但阻挡不了服务贸易发展的脚步，阻断不了我们携手共进、合作共赢的信心和行动！”习近平主席去年在服贸会全球服务贸易峰会上的致辞令人振奋。再次相约服贸会，各方将继续秉持开放合作理念，加强服务贸易发展对接，创新合作方式，深化合作领域，积极寻求发展利益最大公约数，不断做大共赢“蛋糕”，共促世界经济复苏和发展。

《人民日报》（2021 年 9 月 2 日）

合作的阳光终将驱散疫情的阴霾

中国以实际行动为推动全球疫苗公平可及迈出新步伐，为加强发展中国家团结合作注入新动力，为人类早日战胜疫情作出新贡献

8月5日，习近平主席向新冠疫苗合作国际论坛首次会议发表书面致辞，就进一步推进国际抗疫合作阐述重要主张，宣布中国今年全年将努力向全球提供20亿剂疫苗，并决定向“新冠疫苗实施计划”捐赠1亿美元，用于向发展中国家分配疫苗。这是中国积极落实将疫苗作为全球公共产品承诺的重大举措，表明了中国继续支持全球抗疫合作、推动构建人类卫生健康共同体的坚定决心。

倡议设立新冠疫苗合作国际论坛，由疫苗生产研发国家、企业、利益攸关方一道探讨推进全球疫苗公平合理分配，这是习近平主席今年5月在全球健康峰会上宣布的中国支持全球团结抗疫的五项举措之一。20多个国家的副总理、外交部长、卫生部长或高级代表，联合国等国际组织负责人，中外29家疫苗企业代表等参加论坛首次会议，充分表明各方对中国倡议的支持。与会外方代表高度评价中国在国际抗疫合作特别是疫苗合作中发挥的领导作用，感谢中国履行将疫苗作为全球公共产品的承诺、向世界特别是发展中国家提供疫苗、为促进疫苗在发展中国家可及性和可负担性作出突出贡献。

中国以实际行动破解“分配赤字”，为推动全球疫苗公平可及迈出新步伐。疫苗是人类战胜疫情的重要武器。中方去年5月率先宣布，中国新冠疫苗研发完成并投入使用后，将作为全球公共产品，为实现疫苗在发展中国家的可及性和可负担性作出中国贡献。中国言必信、行必果，已经并正在向100多个国家捐助疫苗，同时向60多个国家出口疫苗，总量已超过7.7亿剂，居全球首位。

今年 6 月，中方还同 28 国共同发起“一带一路”疫苗合作伙伴关系倡议，倡导加强疫苗援助、出口、联合生产等合作。中国行动是对人类命运共同体理念的生动诠释，展现出负责任大国的担当。

中国以实际行动破解“产能赤字”，为加强发展中国家团结合作注入新动力。疫情是对各国治理能力的一场大考，也是对全球卫生治理体系的一次集中检验。要赢得这场事关人类前途命运的抗疫斗争，唯有团结合作，特别是要帮助公共卫生体系薄弱的发展中国家提高疫情应对能力。作为发展中国家大家庭的一员，中国既授人以鱼又授人以渔，着力提升发展中国家疫苗产能，增强发展中国家应对公共卫生挑战的能力。在中国的帮助下，阿联酋、埃及、印度尼西亚、巴西已分别成为所在地区首个拥有新冠疫苗生产能力的国家，马来西亚、土耳其、巴基斯坦、墨西哥等国启动合作生产，产能已超过 2 亿剂，书写了发展中国家团结自强的新篇章。

中国以实际行动维护国际公平正义，为人类早日战胜疫情作出新贡献。世界仍处在新冠肺炎疫情大流行中，所有人的生命安全和身体健康都需要尽最大努力保护。中国推进疫苗国际合作，从不谋求任何地缘政治目标，从不盘算获取任何经济利益，从不附加任何政治条件。中国唯一的目标，就是让疫苗成为全球公共产品，真正成为世界人民的疫苗。联合国经济和社会理事会主席、巴基斯坦常驻联合国代表穆尼尔·阿克拉姆由衷称赞：与某些国家弥漫的“疫苗民族主义”不同，中国始终“彰显了一种慷慨无私的国际合作精神”。

大道不孤，德必有邻。中国庄严承诺、积极行动，充分彰显既对本国人民生命安全和身体健康负责，也对全球公共卫生事业尽责的大国担当。国际社会抗疫合作实践证明，构建人类卫生健康共同体，是各国人民的共同愿望，符合历史发展潮流，是应对人类共同挑战、建设更加美好世界的人间正道。合作的阳光终将驱散疫情的阴霾。中国将继续推动抗疫国际合作，与各方一道，汇聚起共同抗疫的磅礴力量！

《人民日报》（2021 年 8 月 7 日）

共创共享繁荣美好的未来

中国始终不渝扎根亚太、建设亚太、造福亚太，与各方携手构建亚太命运共同体，将为亚太带来更大发展机遇，将为世界和平繁荣注入更多正能量

7月16日晚，习近平主席应邀在北京以视频方式出席亚太经合组织领导人非正式会议并发表题为《团结合作抗疫　引领经济复苏》的重要讲话。习近平主席的重要讲话顺应了亚太区域发展趋势，饱含着大国领袖心系天下的高尚情怀，展现出中国与亚太和世界同舟共济、共克时艰的真诚愿望，凸显了中国作为亚太区域合作建设者和贡献者的大国担当，对于推动构建亚太命运共同体具有重要意义。

当前，新冠肺炎疫情起伏反复，病毒频繁变异，疫情防控形势依然严峻，世界经济脆弱复苏。国际社会迫切期待更多信心、希望与合作。在这一关键时刻，习近平主席出席亚太经合组织领导人非正式会议并发表重要讲话，提出加强抗疫国际合作、深化区域经济一体化、坚持包容可持续发展、把握科技创新机遇四点主张，推动各方凝聚共识、开展合作，为全球应对疫情开出了新药方，为世界经济复苏提供了新思路，为深化亚太合作注入了新动力。

早日战胜疫情、恢复经济增长，是亚太各成员当前最重要的任务。疫苗是战胜疫情和恢复经济的有力武器。习近平主席强调："我们必须团结合作、共克时艰，共同守护人类健康美好未来。"中方率先提出将新冠疫苗作为全球公共产品，并一贯主张深化疫苗国际合作，确保疫苗在发展中国家的可及性和可负担性。中国言出必行，已向发展中国家提供5亿多剂疫苗，未来3年内还将再提供30亿美元国际援助，向亚太经合组织捐资成立"应对疫情和经济复苏"子基金等，再次证明中国是全球抗疫最可靠、最值得信赖的中流砥柱。

亚太是世界经济增长的重要引擎，如何推动经济转型升级、实现经济持久复苏是亚太各方面临的重大课题。习近平主席准确把握亚太和世界经济症结所在，提出推动经济复苏的中国方案。“要拆墙而不要筑墙，要开放而不要隔绝，要融合而不要脱钩”“要坚持以人为本，让良好生态环境成为全球经济社会可持续发展的重要支撑”“合作共赢是唯一正道，封闭排他、对立分裂只会走进死胡同”……中方有关开放发展、可持续发展、创新发展的主张，充分展现中国同亚太和世界实现更高水平互利共赢的真诚愿望。中方宣布举办数字能力建设研讨会，推进数字技术助力旅游复苏等合作倡议，必将为亚太经济复苏提供新的动力。

中国始终不渝扎根亚太、建设亚太、造福亚太，与各方携手构建亚太命运共同体。在亚太经合组织第二十七次领导人非正式会议上，习近平主席提出共同构建开放包容、创新增长、互联互通、合作共赢的亚太命运共同体，全面深入阐述了亚太命运共同体理念的丰富内涵，为亚太区域未来发展指明了方向。会议通过《2040 年亚太经合组织布特拉加亚愿景》，明确了建成开放、活力、强韧、和平的亚太共同体目标。此次会议发表的领导人声明再次重申建成亚太共同体目标，充分表明构建亚太命运共同体有利于地区繁荣发展，有利于增进亚太人民福祉，符合各方期待。

中国已经开启全面建设社会主义现代化国家新征程，将为亚太带来更大发展机遇，将为世界和平繁荣注入更多正能量。中国将继续秉持人类命运共同体理念，携手各方推进抗疫合作和经济复苏，共创共享繁荣美好的未来。

《人民日报》（2021 年 7 月 18 日）

坚持走中国特色社会主义人权发展道路
——推动形成更加公正、合理、包容的全球人权治理①

100 年来，中国共产党矢志践行初心使命，创造了尊重和保障人权的伟大奇迹，谱写了人权文明的新篇章

联合国人权理事会第四十七届会议正在瑞士日内瓦举行。在本届会议上，中国政府为保障人民经济、社会和文化权利所做努力得到多方赞赏；90 多个国家发出正义呼声，支持和呼应中方立场。在中国共产党迎来百年华诞之际，越来越多国家认为，中国共产党坚持将人权的普遍性原则与本国实际相结合，成功地走出了一条中国特色社会主义人权发展道路，丰富发展了人权文明多样性。

端起历史的望远镜，更能看清中国人权事业的发展进步。1840 年鸦片战争以后，中国逐步成为半殖民地半封建社会，国家蒙辱、人民蒙难、文明蒙尘，中华民族遭受了前所未有的劫难。据估算，当时中国有 80% 的人长期处于饥饿、半饥饿状态，几乎每年都有几万乃至几十万人因饥饿而死。正是在这山河破碎、生灵涂炭的危急关头，中国共产党登上了历史舞台，毅然担负起了救国救民的崇高使命。从此，中国人民的命运开始发生根本性转变，一条属于广大人民的人权保障之路开始铺就。

为中国人民谋幸福，为中华民族谋复兴，这是中国共产党人的初心和使命，也是中国共产党人权思想之本。100 年来，中国共产党矢志践行初心使命，创造了尊重和保障人权的伟大奇迹，谱写了人权文明的新篇章。中国居民平均预期寿命从 1949 年的 35 岁提高到 2019 年的 77.3 岁。2020 年，全国居民人均

可支配收入、人均消费支出分别是1956年的328倍和241倍。中国建成了世界上最大的社会保障体系，且覆盖面不断扩大，保障水平不断提高。中国在减贫事业上取得的巨大成就，不仅改写了中国人权事业发展史，也创造了世界人权保障新奇迹。

“中国人民实现中华民族伟大复兴中国梦的过程，本质上就是实现社会公平正义和不断推动人权事业发展的进程。”中国人权事业不断取得新成就，让人们对习近平主席这一深刻论断的认识不断加深。今天，中国人民的获得感、幸福感、安全感不断增强，人民群众的切身感受是丈量中国人权事业前进步伐的重要标尺。哈佛大学肯尼迪政府学院的研究报告指出，中国共产党领导的中国政府在中国人民中享有的支持率和满意度超过93%。美国盖洛普咨询公司公布的“法律与秩序”指数显示，中国是全球最安全的国家之一。

中国共产党百年来尊重和保障人权的实践充分证明，在中国实现尊重人权、保障人权、发展人权，没有现成的条条框框可以照搬，必须从本国实际出发，走自己的路。坚持中国共产党领导、社会主义制度与尊重和保障人权相统一，坚持以发展促进人权保障，坚持以人民为中心的人权理念，坚持以促进人的全面发展为目的，坚持以构建人类命运共同体为使命，中国共产党成功走出了一条符合国情的人权发展道路。今天，“人民至上”“生存权、发展权是首要的基本人权”等人权理念，正在全球引发广泛共鸣。英国学者马丁·雅克指出，“最基本的人权是良好的经济状况”。巴西国际政治问题专家若泽·卡瓦略表示，中国共产党坚持以人为本的发展理念，不断提高人民生活水平，这是为维护人权作出的实实在在贡献。

人权是历史的发展的具体的。人权事业没有最好，只有更好；人权保障只有进行时，没有完成时。中国将坚定不移走中国特色社会主义人权发展道路，继续为推动中国和世界人权事业发展进步而不懈努力。

《人民日报》（2021年7月12日）

把保障人的生命安全和健康放在第一位
——推动形成更加公正、合理、包容的全球人权治理②

疫情防控，人类同处一个战场。为守护人类共同的健康安全，中国坚定不移推进抗疫国际合作，携手各方推动构建人类卫生健康共同体

新冠肺炎疫情肆虐全球，坚持生命至上、促进团结抗疫是维护各国人民生命健康权的应有之义。日前，中国代表在联合国人权理事会第四十七届会议就新冠肺炎疫情应对问题与人权高专互动对话时，代表63个国家作共同发言，呼吁促进全球新冠疫苗公平分配，提高疫苗在发展中国家包括最不发达国家的可及性、可负担性和生产量，拯救生命，尽快战胜疫情。中方主张道出了国际社会特别是广大发展中国家的共同心声，充分彰显捍卫各国人民生命健康权的大国担当。

生命健康权是基本人权，是人类有尊严地生活的基本保证。突如其来的疫情给各国人民生命健康权造成严重威胁，如何维护人民生命健康权考验各国保障人权的理念和实践的成色。一年多来，全球疫情防控的实践表明，只有把保障人的生命安全和健康放在第一位，才能真正有效地维护人民生命健康权。

疫情发生以来，中国始终坚持以人民为中心的生命健康权保障理念，尽最大努力将感染率和病亡率控制在最低水平，平等无差别救治患者、拯救生命。从在武汉这座人口超过千万的城市按下“暂停键”，火速开展新中国成立以来规模最大的医疗支援行动，到慎终如始、不惜一切代价救治每一位患者，再到如今全国累计报告接种新冠疫苗超过13.8亿剂次，中国抗疫行动深刻诠释了人民至上、生命至上的崇高理念。“如果我感染了（新冠病毒），我希望在中国治疗。”世界卫生组织总干事高级顾问艾尔沃德的话，是对中国全力维护人民生命健康权的充分肯定。

疫情防控，人类同处一个战场。为守护人类共同的健康安全，中国坚定不移推进抗疫国际合作，携手各方推动构建人类卫生健康共同体。中国第一时间向国际社会通报疫情信息，毫无保留同各方分享防控和救治经验；截至今年4月，中国已向34个国家派出37支医疗专家组，已经或正在向151个国家和14个国际组织提供抗疫援助；截至6月中旬，中国为全球供应2900多亿只口罩、35亿多件防护服、45亿多份检测试剂盒；目前，中国已向国际社会提供5亿剂新冠疫苗和原液……中国提供的医疗设备、疫苗和专业技术，挽救了很多人的生命，被誉为“性命攸关时刻的雪中送炭”。

中国在疫情防控中全力维护人民生命健康权，是中国共产党以人民为中心的人权理念的生动体现。中国共产党始终坚持卫生事业的公益属性，不断提升生命健康权保障水平。党的十八大以来，以习近平同志为核心的党中央强调“把保障人民健康放在优先发展的战略位置”“没有全民健康，就没有全面小康”，作出实施健康中国建设的重大决策。2019年，中国居民平均预期寿命提高到77.3岁，主要健康指标总体上优于中高收入国家平均水平。日前，中国获得世卫组织颁发的国家消除疟疾认证，成为中国卫生事业发展史上又一座里程碑。世卫组织表示，中国的成功来之不易，是经过几十年有针对性的持续行动才取得的，是一项了不起的壮举。

人类与新冠肺炎疫情的较量仍在继续，每个人的生命价值和尊严都应得到悉心守护。中国将继续同各国携手并肩，坚定不移推进抗疫国际合作，共同推动构建人类卫生健康共同体，共同守护人类健康美好未来。

《人民日报》（2021年7月13日）

把生存权、发展权作为首要的基本人权

——推动形成更加公正、合理、包容的全球人权治理③

中国在致力于自身发展的同时，也不断以实际行动促进全球共同发展，让发展成果惠及更多国家和民众，是对世界人权事业发展作出的重要贡献

7月12日，联合国人权理事会第四十七届会议通过中国提交的“发展对享有所有人权的贡献”决议，重申发展对享有所有人权具有重要贡献，发展的目标是增进所有人的福祉，各国应满足人民对美好生活的向往。多国代表发言赞赏中国提交这一重要决议草案，感谢中国发挥的领导作用，强调发展对于各国尤其是发展中国家至关重要，没有发展，就无法实现对人权的享有，无法克服新冠肺炎疫情带来的挑战。各国应加强国际合作，坚持以人民为中心，促进可持续发展，消除贫困和不平等，切实保障人民各项人权。

这是联合国人权理事会第三次通过中国提交的“发展对享有所有人权的贡献”决议。2017年6月，联合国人权理事会以压倒性多数通过有关决议，首次将“发展促进人权”理念引入国际人权体系。2019年7月，联合国人权理事会再次通过有关决议。中国高举发展旗帜，充分反映了发展中国家的普遍诉求和共同心声，获得广泛支持。

发展是人类社会永恒的主题，为实现各项人权创造了条件。联合国《发展权利宣言》确认发展权利是一项不可剥夺的人权。受新冠肺炎疫情影响，全球贫困和不平等问题突出，成为保障人权的重大障碍。在严峻的全球性挑战面前，提升生存权、发展权保障水平，坚持在发展中保障和改善民生，以发展促人权，是各国迫切的现实需要。在此背景下，中国再次推动联合国人权理事会

通过“发展对享有所有人权的贡献”决议，有利于凝聚各方共识，共同促进可持续发展，促进人权的普遍享有。

作为世界上最大的发展中国家，中国深知发展是解决中国所有问题的总钥匙，也是推动中国人权事业进步的发力点。中国共产党坚持从国情出发，创造性地提出“生存权、发展权是首要的基本人权”的人权观，推动中国人权事业不断发展进步。经过长期不懈奋斗，中国人民实现了从翻身解放到解决温饱、从基本小康到全面小康，并正在向共同富裕目标迈进。中国切实保障人民的生存权，大幅提升经济、社会、文化、环境权利保障水平，协调推进公民权利和政治权利保障，全面保障特定群体权利。中国共产党带领 14 亿多中国人民追求幸福生活的过程，正是推动中国人权事业发展的伟大实践。曾 50 多次访问中国的西班牙学者维克多·科尔迪索指出，全中国人民都在享受着国家发展带来的巨大红利，这在全球范围内是了不起的人权成就。

立己达人，兼济天下。中国在致力于自身发展的同时，也不断以实际行动促进全球共同发展。中国开展对外援助 70 多年来，共向 166 个国家和国际组织提供援助，派遣 60 多万名援助人员。中国积极向 69 个国家提供医疗援助，先后为 120 多个发展中国家落实联合国千年发展目标提供帮助。中国积极参与国际减贫合作，正在帮助许多发展中国家人民摆脱贫困。中国携手各方共建“一带一路”，促进了沿线国家的发展，有望使相关国家 760 万人摆脱极端贫困、3200 万人摆脱中度贫困。中国始终致力于世界和平与进步事业，让发展成果惠及更多国家和民众，是对世界人权事业发展作出的重要贡献。

当前，中国共产党正团结带领中国人民为实现第二个百年奋斗目标和中华民族伟大复兴的中国梦而努力。随着中国不断发展，中国人民的各项权利必将得到更高水平的保障，中国人民将更加享有尊严、自由和幸福。世界将因中国而更加繁荣发展，中国必将为推动世界人权事业发展作出更大贡献。

《人民日报》（2021 年 7 月 14 日）

共同谱写世界人权事业的新篇章
——推动形成更加公正、合理、包容的全球人权治理④

中国坚持以合作促发展，以发展促人权，积极参与国际人权事务，成为加强全球人权治理的重要力量

7 月 14 日，联合国人权理事会第四十七届会议在瑞士日内瓦闭幕。本届会议期间，中方就促进全球疫苗公平分配、保障弱势群体权利、重视减贫工作等国际社会共同关心的人权领域问题提出主张；中方积极与各方分享人权经验，中国提交的“发展对享有所有人权的贡献”决议再次获得通过；中方积极倡导促进国际人权合作，维护国际公平正义。许多国家支持和呼应中方立场，积极评价中国推动世界人权事业发展的有力担当。

只有维持一个和平稳定的整体环境，人权事业才能得以发展。中国率先提出并始终践行和平共处五项原则，高举和平、发展、合作、共赢的旗帜，坚定维护以联合国为核心的国际体系和以国际法为基础的国际秩序，坚持共商共建共享的全球治理观和共同、综合、合作、可持续的新安全观，是人类社会和平发展的重要力量。面对当今世界百年未有之大变局，中国致力于携手各方构建人类命运共同体。这一理念奉行人民至上，关心关爱人的发展，更加强调包容、合作、开放、共赢精神，契合世界各国人民求和平、谋发展、促合作、同进步的诉求，符合人类社会发展进步要求，为推动世界人权事业发展贡献了中国智慧，提供了中国方案。

只有不断提高经济社会发展水平，加强人权保障才有依托。在致力于实现自身发展的同时，中国不断拓展同各国的互利共赢合作，推动实现共同发展。

共建“一带一路”倡议是推动构建人类命运共同体的重要实践平台，正凝聚起强大的合作力量，为增进沿线各国人民福祉带来重要机遇。“一带一路”已成为实现全人类共同发展的人权之路。中国设立的南南合作援助基金已在50多个国家实施了100余个发展合作项目，中国—联合国和平与发展基金正为全球落实联合国2030年可持续发展议程注入强大动力。联合国开发计划署前署长克拉克指出：“中国与其合作伙伴能够共享和平与繁荣，这就是命运共同体。”

在中国共产党领导下，中国积极参与国际人权事务，成为加强全球人权治理的重要力量。中国先后批准或加入了26项国际人权文书，其中包括6项联合国核心人权条约。自1971年中国恢复在联合国合法席位后，中国积极参与国际人权机制，积极参与制定国际人权规范。尤其值得指出的是，中国积极推动国际人权机构改革朝着更加公正合理包容方向发展。在设立联合国人权理事会过程中，中国主张会员国公平地域分配，提升发展中国家在人权理事会中的代表性，主张扭转将人权问题政治化的现状，不搞双重标准，减少和避免对抗，促进合作。在同各方加强国际人权合作的过程中，中国始终强调恪守联合国宪章宗旨和原则，强调践行真正的多边主义。中国坚决反对个别国家以“人权”之名干涉他国内政，以实际行动捍卫国际关系基本准则，推动国际人权治理行稳致远。

成立100年来，中国共产党在中国大地上留下了为人民谋幸福、为民族谋复兴的丰碑，在世界文明史上书写了为人类谋和平发展、构建人类命运共同体的光辉篇章。瞩望未来，中国将继续坚定维护世界和平，坚持以合作促发展，以发展促人权，与世界各国一道，共同谱写世界人权事业的新篇章。

《人民日报》（2021年7月16日）

人类需要更加健康安全公平的世界

时间已经证明并将继续证明，人类需要建设一个更加健康安全公平的世界，共同推动构建人类卫生健康共同体至关重要，共同守护人类健康美好未来至关重要

当前的全球战疫，史无前例。正如习近平主席曾以古罗马警句“我们是同一片大海的海浪”所喻，人类须臾不能忽视“团结合作”要义。日前举行的第七十四届世界卫生大会的主题是“结束这次大流行、预防下次大流行：共同建设一个更健康、更安全和更公平的世界”，与会方普遍明确表示，要继续加强团结合作，加强世卫组织的作用，积极完善全球卫生治理体系。

疫情起伏反复，病毒频繁变异。“我们可能对新冠肺炎感到厌烦，但病毒不会厌烦我们，它会对身体较弱的人们下手，还会对其他弱点下手，如不平等、分裂、否认、一厢情愿和顽固无知……”事实已经说明，这样的警告并非夸大其词。世界卫生组织日前公布的数据统计，过去一年内，全球新冠肺炎确诊病例增加了 40 倍，新冠肺炎死亡病例增加了 11 倍；2021 年至今，全球的确诊病例和死亡病例已经超过 2020 年全年总数。世卫组织强调，目前最紧迫的问题之一是疫苗分配不公对结束疫情大流行和全球经济复苏构成威胁。联合国秘书长古特雷斯在世卫大会上发表视频致辞表示，新冠肺炎疫情带来“海啸一般的苦难”。这一切再次提醒世人，早日战胜疫情、恢复经济增长，是国际社会的首要任务。

中国坚持人民至上、生命至上，坚持科学施策、统筹系统应对，为各国抗击疫情提供了重要借鉴。中国坚持同舟共济，倡导团结合作，坚持公平合理，弥合“免疫鸿沟”，坚持标本兼治，完善治理体系，为国际抗疫合作贡献了智

慧和力量。国际抗疫合作的实践证明，构建人类卫生健康共同体符合历史发展潮流，是人类应对共同挑战的正道，赢得越来越广泛的理解和支持。法国总统马克龙在本届世界卫生大会上表示：“这场大流行本质上是全球性的。国际合作是唯一的解决之道。”南非总统拉马福萨指出，此次疫情让世界各国充分意识到相互依存的重要性，坚持多边主义才能建立一个更健康、更安全和更公平的世界。

国际社会普遍对中国持续为全球抗疫和世界经济复苏注入正能量表示赞赏。面对当前最紧迫的“免疫鸿沟”问题，中国在产能有限、自身需求巨大的情况下履行承诺，向 80 多个有急需的发展中国家提供疫苗援助，向 43 个国家出口疫苗，目前中国已向全球供应 3 亿剂疫苗，是世界上对外提供疫苗最多的国家。“塞内加尔获得的首批新冠疫苗就来自中国”“幸运的是，塞拉利昂收到中国慷慨捐赠的疫苗”“埃及已经与中国开展建设性合作，将中国的新冠疫苗生产技术转移到埃及”……多国代表在本届世界卫生大会上感谢中国通过捐赠疫苗、派遣专家、转让技术等方式援助本国抗击新冠肺炎疫情，充分表明中国行动为全球抗疫注入了信心和力量。

抗击新冠肺炎疫情，必须开展全球行动、全球应对、全球合作。时间已经证明并将继续证明，人类需要建设一个更加健康安全公平的世界，共同推动构建人类卫生健康共同体至关重要，共同守护人类健康美好未来至关重要。

《人民日报》（2021 年 6 月 3 日）

共同守护人类健康美好未来

中国将继续同国际社会深化抗疫合作，为合力战胜疫情、促进世界经济复苏发展、构建人类命运共同体作出新的更大贡献

5月21日，习近平主席在全球健康峰会上发表题为《携手共建人类卫生健康共同体》的重要讲话，站在为人类谋健康、为世界谋发展的高度提出推进国际抗疫合作的主张，宣布支持全球抗疫合作的举措，对提振多边主义、推动国际抗疫合作、引领全球卫生治理体系变革具有重大意义。

新冠肺炎疫情是百年来最严重的全球传染病大流行，考验人类应对重大突发公共卫生事件的能力和水平。2020年3月以来，习近平主席先后出席二十国集团领导人应对新冠肺炎特别峰会等十余场多边峰会，深刻阐述人类卫生健康共同体理念，宣布一系列重大倡议和举措。中国开展了大规模的全球人道主义行动，用实际行动践行人类卫生健康共同体理念。中国理念和中国行动，彰显了团结合作、共克时艰的坚定意志和强大力量。

当前，疫情起伏反复，病毒频繁变异，形势依然复杂严峻。习近平主席在全球健康峰会上郑重提出“坚持人民至上、生命至上”“坚持科学施策，统筹系统应对”“坚持同舟共济，倡导团结合作”“坚持公平合理，弥合‘免疫鸿沟’”“坚持标本兼治，完善治理体系”5点意见，得到各方广泛认同。其中，以人民为中心、科学施策、统筹疫情防控和经济复苏等被写入峰会宣言。

扛起责任，这是中方一贯立场。“必须把人民生命安全和身体健康放在突出位置，以极大的政治担当和勇气，以非常之举应对非常之事”“二十国集团成员应该在全球抗疫合作中扛起责任”“二十国集团成员要采取负责任的宏观经济政策，加强相互协调，维护全球产业链供应链安全顺畅运转”“疫苗研发和生产大国要负起责任”……习近平主席阐述的主张切中当前全球抗疫关键，展天下情怀，见大国担当。

行动是最好的语言。中方已向全球供应3亿剂疫苗，是世界上对外提供疫苗最多的国家；已为受疫情影响的发展中国家抗疫以及恢复经济社会发展提供了20亿美元援助；中非建立了41个对口医院合作机制，中国援建的非洲疾控中心总部大楼项目已于去年年底正式开工……中国宣布的举措，均在抓紧落实。在全球健康峰会上，习近平主席宣布中国继续支持全球团结抗疫的新举措——在未来3年内再提供30亿美元国际援助，用于支持发展中国家抗疫和恢复经济社会发展；将尽己所能对外提供更多疫苗；支持本国疫苗企业向发展中国家进行技术转让，开展合作生产；中国已宣布支持新冠肺炎疫苗知识产权豁免，也支持世界贸易组织等国际机构早日就此作出决定；倡议设立疫苗合作国际论坛，由疫苗生产研发国家、企业、利益攸关方一道探讨如何推进全球疫苗公平合理分配。国际社会普遍称赞，中国作为负责任大国，在关键时刻发挥了重要建设性作用。

携手并肩，坚定不移推进抗疫国际合作，共同推动构建人类卫生健康共同体，共同守护人类健康美好未来，这是应对疫情挑战的人间正道。中国将继续同国际社会深化抗疫合作，为合力战胜疫情、促进世界经济复苏发展、构建人类命运共同体作出新的更大贡献。

《人民日报》（2021年5月23日）

凝聚团结合作抗击疫情的力量

加强团结合作、构建人类卫生健康共同体才是人间正道，才是人类战胜疫情的希望所在

2020年5月18日，习近平主席在第七十三届世界卫生大会视频会议开幕式上发表致辞，宣布中国为推进全球抗疫合作的五大举措，呼吁各国携起手来，共同构建人类卫生健康共同体，对提振全球抗疫信心、推进国际抗疫合作产生重要积极影响。一年来，中国坚定秉持人类命运共同体理念，积极落实有关倡议，坚定携手各国抗击疫情。实践充分证明，加强团结合作、构建人类卫生健康共同体才是人间正道，才是人类战胜疫情的希望所在。

世人记得，第七十三届世界卫生大会召开于人类抗击疫情的关键时刻。彼时，个别西方大国将疫情政治化、对他国污名化，无理指责世界卫生组织，破坏全球团结抗疫大局。习近平主席应邀发表致辞，提出全力搞好疫情防控、发挥世卫组织领导作用、加大对非洲国家支持、加强全球公共卫生治理、恢复经济社会发展、加强国际合作的建议。中国在大会上分享疫情防控经验，凝聚国际合力，指明合作方向，充分展现应势而为、勇于担当的大国作用。一年来，人类命运与共观念更加深入人心，构建人类卫生健康共同体成为众多国家的自觉行动。埃及病毒学专家马格迪·巴德兰表示，中国提出的构建人类卫生健康共同体理念在抗击新冠肺炎疫情中彰显出珍贵价值。

中国言必信、行必果，为全球团结抗疫注入强大信心。中方最早作出并积极践行将疫苗作为全球公共产品的承诺，积极同二十国集团成员一道落实“暂缓最贫困国家债务偿付倡议”，中国援建的非洲疾控中心总部项目开工……中国行动有效助力全球抗疫，赢得各方积极评价。中方正在以不同方式向100

多个国家和国际组织提供急需的疫苗，并同埃及、阿联酋等 10 多个发展中国家开展技术转让和合作生产。中国国药集团疫苗近日获得世卫组织紧急使用审批后，正积极推进向“新冠肺炎疫苗实施计划”供苗事宜。据阿联酋媒体报道，中国国药集团与当地企业合作生产的疫苗被命名为“生命之苗”。英国《自然》杂志网站日前发文指出，“对许多国家来说，中国疫苗是唯一可及的疫苗”。

疫情仍在全球蔓延，团结合作抗疫仍是紧要任务。当前，全球累计新冠肺炎确诊病例已超 1.6 亿例，死亡病例超 336 万例，个别国家甚至陷入了与疫情的“拉锯战”。美国《洛杉矶时报》不久前发表评论指出，人类战胜疫情需要“像作战一样努力”。不容乐观的形势面前，个别国家奉行“疫苗民族主义”，大量囤积疫苗，对国际抗疫合作构成严重威胁。世卫组织总干事谭德塞日前再次强调，全球合作是结束新冠肺炎疫情的唯一选择。

“人类是命运共同体，团结合作是战胜疫情最有力的武器。”在第七十四届世界卫生大会即将到来之际，各方理当遵循倡导凝聚团结抗疫合力的主张，为共同佑护各国人民生命和健康而积极行动。中国将一如既往，同各方真诚携手，风雨同舟，不断为构建人类卫生健康共同体作出新贡献。

《人民日报》（2021 年 5 月 18 日）

为全球环境治理凝聚信心与力量

中国作为全球生态文明建设的参与者、贡献者、引领者的积极作为，是为人类共同的美好未来而谋，是值得共同欢迎的大国胸怀和历史担当

这是在重大历史关头，对推动全球生态文明建设具有重要意义的讲话。

4 月 22 日，习近平主席在领导人气候峰会上首次全面系统阐释“人与自然生命共同体”理念的丰富内涵和核心要义：坚持人与自然和谐共生，坚持绿色发展，坚持系统治理，坚持以人为本，坚持多边主义，坚持共同但有区别的责任原则。“六个坚持”主张，是对人类经济社会实践经验的提炼升华，对人类经济社会实践具有重要指导意义。

坚持人与自然和谐共生，关乎人类生存发展。近年来，气候变化、生物多样性丧失、荒漠化加剧、极端气候事件频发，究其原因，可见人与自然深层次矛盾日渐积蓄。敬畏自然、尊重自然、顺应自然、保护自然，共同构建人与自然生命共同体，是维护地球生态系统平衡的必由之路。

坚持绿色发展，关乎全球经济社会可持续发展。生态环境问题归根结底是发展方式和生活方式问题。历史和现实一再表明，环境保护与经济发展不能对立起来，保护生态环境就是保护生产力，改善生态环境就是发展生产力。中国在习近平生态文明思想指引下，全面贯彻新发展理念，在绿色低碳可持续发展方面迈出坚实步伐。国际社会公认，中国以坚持不懈的努力诠释了绿色发展的价值，为世界树立了榜样。

坚持系统治理，关乎自然生态各要素的有效保护和利用。习近平主席深刻指出，人的命脉在田，田的命脉在水，水的命脉在山，山的命脉在土，土的命脉在林和草，这个生命共同体是人类生存发展的物质基础。保护好、利用好人

类生存发展的物质基础，必须深刻把握生态系统的内在规律，统筹考虑自然生态各要素，从而达到增强生态系统循环能力、维护生态平衡的目标。国际人士称赞，中国运用系统观念精心谋划生态文明建设，走出了一条鼓舞人心的可行之路。

坚持以人为本，关乎各国人民福祉。追求美好生活，离不开对保护环境和发展经济辩证关系的准确把握。蓝天、碧水、净土、青山，皆是人民获得感、幸福感、安全感之源。中国积极致力于推动经济社会发展全面绿色转型，中国人民对美好生活的向往从“盼温饱”转变到“盼环保”，从“求生存”转变到“求生态”的景象温暖人心。国际人士称赞，这个绿色转型的过程本身，就是朝着不断促进社会公平正义的方向迈进。

坚持多边主义，关乎对全球目标和原则的坚守。全球环境风险挑战面前，各国是同舟共济的命运共同体，单边主义不得人心，携手合作方为正道。讲团结、促合作，坚定支持多边主义是中国一以贯之的立场，无论是深度参与气候治理国际合作，还是积极引领全球气候治理新进程，中国为推动构建公平合理、合作共赢的全球环境治理体系发挥了越来越重要的建设性作用，得到国际社会一致认可。

坚持共同但有区别的责任原则，关乎全球应对气候变化的未来。任何治理都必须基于原则，共同但有区别的责任原则就是全球气候治理的基石。毫无疑问，国际社会应该充分肯定发展中国家应对气候变化所作贡献，照顾其特殊困难和关切，发达国家应该展现更大雄心和行动，同时切实帮助发展中国家加速绿色低碳转型。

积极倡导共同构建人与自然生命共同体，积极促进各方形成国际共识，中国主张为处于关键节点的全球环境治理凝聚了信心与力量。中国作为全球生态文明建设的参与者、贡献者、引领者的积极作为，是为人类共同的美好未来而谋，是值得共同欢迎的大国胸怀和历史担当。

《人民日报》（2021 年 4 月 24 日）

为共建清洁美丽世界而积极行动

作为全球生态文明建设的参与者、贡献者、引领者，中国有雄心更有行动，为打造全球环境治理新格局不断贡献中国智慧、中国力量

“面对全球环境治理前所未有的困难，国际社会要以前所未有的雄心和行动，勇于担当，勠力同心，共同构建人与自然生命共同体。”4 月 22 日，国家主席习近平在北京以视频方式出席领导人气候峰会并发表重要讲话。习近平主席站在全球生态文明建设的高度深入阐述应对气候变化挑战之策，倡导共同构建人与自然生命共同体，呼应了国际社会成员的共同心声。

地球是人类共同的家园，气候变化是各国面临的共同挑战。特别是在百年变局和世纪疫情交织叠加、国际格局加速演变的情势下，有效推进全球气候治理成为决定人类未来的重大课题。各国必须作出正确抉择，采取正确行动。

作为全球生态文明建设的参与者、贡献者、引领者，中国有雄心更有行动，为打造全球环境治理新格局不断贡献中国智慧、中国力量。习近平主席在领导人气候峰会上明确提出“坚持人与自然和谐共生”“坚持绿色发展”“坚持系统治理”“坚持以人为本”“坚持多边主义”“坚持共同但有区别的责任原则”。“六个坚持”，是原则，是方向，更是人类为保护地球家园而应有的坚守。

中国的雄心和行动，源自中国建设生态文明和美丽地球的真诚意愿。就在去年，习近平主席正式宣布中国将力争 2030 年前实现碳达峰、2060 年前实现碳中和。这是中国基于推动构建人类命运共同体的责任担当和实现可持续发展的内在要求作出的重大战略决策。作为世界上最大的发展中国家，中国将完成全球最高碳排放强度降幅，用全球历史上最短的时间实现从碳达峰到碳中和，真正展现了《巴黎协定》所要求的“反映尽可能大的力度”。国际人士普

遍称赞，在减排问题上“中国是国际社会学习的榜样”。

中国的雄心和行动，源自中国坚持绿色发展的坚定信念。近年来，中国坚持贯彻绿水青山就是金山银山理念，不断加快推进生态文明顶层设计和制度体系建设，将生态文明理念和生态文明建设写入宪法，纳入中国特色社会主义总体布局。中国以习近平生态文明思想为指导，贯彻新发展理念，实施可持续发展战略，在推动高质量发展中促进经济社会发展全面绿色转型。

中国的雄心和行动，源自中国坚决推动生态文明建设的实干精神。为“擦亮”蓝天，“保卫”碧水，中国始终是坚定的行动派和实干家。中国坚定践行多边主义，深度参与气候治理国际合作，努力推动构建公平合理、合作共赢的全球环境治理体系。从应对气候变化南南合作到将生态文明领域合作作为共建“一带一路”重点内容，合作成果看得见、摸得着、有实效。国际人士称赞，“中国治理污染力度之大、改善环境质量速度之快，前所未有”“共建绿色‘一带一路’，为各国人民带来福祉”……

天不言而四时行，地不语而百物生。今年是《巴黎协定》全面实施之年，国际社会合作应对气候变化、加快推进全球气候治理呈现了积极势头。各方理当继往开来、并肩前行，共同应对好全球气候环境挑战，为共建清洁美丽世界而积极行动，为子孙后代造福。

《人民日报》（2021 年 4 月 23 日）

开辟大家携手前进的阳光大道

共建“一带一路”征程上坚实有力的足音，正是各国合作共赢的强音，承载着共同发展繁荣、共创美好未来的希望

“共建‘一带一路’追求的是发展，崇尚的是共赢，传递的是希望。”4 月 20 日，习近平主席在博鳌亚洲论坛 2021 年年会开幕式上以视频方式发表主旨演讲，为高质量共建“一带一路”指明方向，擘画出沿线各国建设更紧密的卫生合作伙伴关系、互联互通伙伴关系、绿色发展伙伴关系、开放包容伙伴关系的美好前景。

建设更紧密的卫生合作伙伴关系，有利于护佑各国人民生命安全和身体健康。面对新冠肺炎疫情，携手打造健康丝绸之路，符合各国人民利益。国际人士在本届论坛年会上呼吁动员一切可以动员的力量，为人类健康和可持续发展制定综合规划。携手打造健康丝绸之路的行动，正是响应各国人民的呼声，为共同抵制“疫苗民族主义”、彻底战胜疫情、构建人类卫生健康共同体作出实质性贡献。

建设更紧密的互联互通伙伴关系，有利于开辟区域经贸融合发展的光明前景。博鳌亚洲论坛发布的《亚洲经济前景及一体化进程》报告指出，面临百年未有之大变局叠加全球疫情的新形势，“一带一路”相关国家加强了政策沟通和规则对接，使得“一带一路”合作朝着制度化方向发展。各国通过加强基础设施“硬联通”以及规则标准“软联通”，畅通贸易和投资合作渠道，打造更多经贸合作新引擎，将为后疫情时代各国经济复苏提供坚实保障。

建设更紧密的绿色发展伙伴关系，有利于共谋全球生态文明建设。中国一贯强调，把绿色作为底色，推动绿色基础设施建设、绿色投资、绿色金融，保

护好我们赖以生存的共同家园。近年来，中国与联合国环境规划署签署关于建设绿色“一带一路”的谅解备忘录，成立“一带一路”绿色发展国际联盟，启动“一带一路”绿色供应链平台，发布“一带一路”绿色投资原则……中国推动共建绿色“一带一路”的行动，为全球实现低碳转型和绿色复苏注入了重要动力。

建设更紧密的开放包容伙伴关系，有利于推动全球长远可持续发展。联合国日前发布的报告显示，新冠肺炎疫情预计将使全球损失 1.14 亿个工作岗位，约 1.2 亿人陷入极端贫困。“一带一路”建设给沿线国家人民带来的是稀缺的抗疫物资，是有保障的工作，是更有希望的明天。中国提出把“一带一路”建成“减贫之路”、“增长之路”，为人类走向共同繁荣作出积极贡献，彰显道义力量和大国担当。

令人印象深刻的是，在博鳌亚洲论坛 2018 年年会开幕式上，习近平主席明确指出，共建“一带一路”倡议源于中国，但机会和成果属于世界，中国不打地缘博弈小算盘，不搞封闭排他小圈子，不做凌驾于人的强买强卖；在今年的年会开幕式上，习近平主席强调，“一带一路”是大家携手前进的阳光大道，不是某一方的私家小路。所有感兴趣的国家都可以加入进来，共同参与、共同合作、共同受益。

高质量共建“一带一路”，践行共商共建共享原则，弘扬开放、绿色、廉洁理念，努力实现高标准、惠民生、可持续目标……共建“一带一路”征程上坚实有力的足音，正是各国合作共赢的强音，承载着共同发展繁荣、共创美好未来的希望。

《人民日报》（2021 年 4 月 22 日）

从人类共同利益出发

中国始终高举和平、发展、合作、共赢旗帜，始终做世界和平的建设者、全球发展的贡献者、国际秩序的维护者

4 月 20 日上午，博鳌亚洲论坛 2021 年年会开幕式在海南博鳌举行，中国国家主席习近平以视频方式发表题为《同舟共济克时艰，命运与共创未来》的主旨演讲。习近平主席倡议亚洲和世界各国要回应时代呼唤，携手共克疫情，加强全球治理，朝着构建人类命运共同体方向不断迈进，并深入阐述高质量共建“一带一路”的中国主张，为人类走出当前危机、促进亚洲和世界发展繁荣指明了方向。

“我们所处的是一个充满挑战的时代，也是一个充满希望的时代。”百年变局和世纪疫情交织叠加，世界进入动荡变革期，不稳定性不确定性显著上升。全球性挑战需要全球性应对，维护多边主义、加强沟通协作的呼声更加强烈。但与此同时，单边主义、保护主义抬头，对世界多极化、经济全球化构成威胁。“人类社会应该向何处去？我们应该为子孙后代创造一个什么样的未来？”这是考验人类智慧的重大命题。

构建人类命运共同体，这是中国给出的答案。习近平主席强调：要平等协商，开创共赢共享的未来；要开放创新，开创发展繁荣的未来；要同舟共济，开创健康安全的未来；要坚守正义，开创互尊互鉴的未来。

国际舆论普遍评价，中方主张具有引导人们冲破迷雾、辨明方向的重要意义。针对单边主义逆动，中方主张秉持共商共建共享原则，坚持真正的多边主义，推动全球治理体系朝着更加公正合理的方向发展；针对保护主义暗流，中方强调在经济全球化时代，开放融通是不可阻挡的历史趋势，人为“筑墙”、“脱

钩”违背经济规律和市场规则，损人不利己；针对“疫苗民族主义”，中方提出要加强疫苗研发、生产、分配国际合作，提高疫苗在发展中国家的可及性和可负担性，让各国人民真正用得上、用得起；针对鼓噪“新冷战”和意识形态对抗的冲动，中方指出要弘扬和平、发展、公平、正义、民主、自由的全人类共同价值，倡导不同文明交流互鉴，促进人类文明发展。中方主张引起国际共鸣，与会外国政要对中国理念和行动给予高度评价。老挝国家主席通伦指出：“只要我们坚持走全球化发展道路，坚持开放包容和互利共赢的原则，加强彼此信任和相互支持，就一定能创造一个更加美好的世界，打造更加紧密的命运共同体。”

共建“一带一路”，就是践行人类命运共同体理念。世界经济复苏不稳定不平衡，各方对高质量共建“一带一路”更加充满期待。习近平主席在主旨演讲中提出，将建设更紧密的卫生合作伙伴关系，更紧密的互联互通伙伴关系，更紧密的绿色发展伙伴关系，更紧密的开放包容伙伴关系，为人类走向共同繁荣作出积极贡献。哈萨克斯坦首任总统纳扎尔巴耶夫颇有感慨地指出，共建“一带一路”不断在弘扬先进合作理念和推进全球化事业中彰显其生机与价值。

面向未来，各国当从人类共同利益出发，以负责任态度作出明智选择。中国始终高举和平、发展、合作、共赢旗帜，始终做世界和平的建设者、全球发展的贡献者、国际秩序的维护者。中方愿与各方一道，齐心协力、把准航向，引领人类社会发展的巨轮穿越惊涛骇浪、闯过逆流险滩，驶向更加美好的未来。

《人民日报》（2021年4月21日）

开启全球数字治理新篇章

面对数据安全这一各国共同挑战，《中阿数据安全合作倡议》体现了开放、包容的合作精神，必将带动国际社会更多成员加入这一合作进程中，形成全球数字治理合力

3月29日，中国外交部同阿拉伯国家联盟秘书处召开中阿数据安全视频会议，宣布共同发表《中阿数据安全合作倡议》，阿拉伯国家成为全球范围内首个与中国共同发表数据安全倡议的地区。中阿双方高度评价，认为这彰显了中阿在数字治理领域的高度共识，有利于推进数据安全领域国际规则制定，标志着发展中国家在携手推进全球数字治理方面迈出了重要一步。

习近平主席指出："为世界经济发展增添新动能，迫切需要我们加快数字经济发展，推动全球互联网治理体系向着更加公正合理的方向迈进。"2020年9月，中方发起了《全球数据安全倡议》，为全球数字治理规则制定贡献了中国方案，得到国际社会广泛积极评价。在该倡议基础上，阿拉伯国家集体同中国发表《中阿数据安全合作倡议》，充分证明这一中国方案顺应了时代潮流，契合了国际社会需要，是得道多助的又一例证。

数字治理是全球治理的新领域，数据安全风险是各国面临的共同挑战，化解这一风险需要各国建立互信、深化合作。然而一段时间以来，某些国家奉行单边主义和霸权主义，将数据安全问题政治化，严重干扰全球数字合作与发展的努力。中国和阿拉伯国家由于历史原因曾长期是国际规则的被动接受者，双方都认识到要努力做全球治理的重要参与者、国际规则的主动制定者。《中阿数据安全合作倡议》的发表，有利于推动在多边主义基础上共建和平、安全、开放、合作的网络空间，树立了发展中国家参与全球治理的范例，为世界各国

在全球数字治理领域寻求最大公约数贡献了智慧和力量。

近年来，中阿双方数字领域合作不断深化，取得丰硕成果。早在 2017 年，中国就与埃及、沙特阿拉伯、阿联酋等国共同发起《“一带一路”数字经济国际合作倡议》。2020 年 7 月，中阿合作论坛部长会又决定加强双方在互联网和数字经济发展领域的合作与互鉴。新冠肺炎疫情发生后，中国电商积极与阿方分享平台建设、物流管理等方面技术和经验，为助力阿拉伯国家复工复产作出了积极贡献。据统计，中国电商平台在海湾六国互联网用户覆盖率已达 80%。《中阿数据安全合作倡议》的发表，有助于深化中阿关系，推动双方蓬勃发展的数字合作取得更大成果。

凡益之道，与时偕行。历史已经并将继续证明，多边主义必将战胜单边主义，互利合作必将取代零和博弈。面对数据安全这一各国共同挑战，《中阿数据安全合作倡议》体现了开放、包容的合作精神，必将带动国际社会更多成员加入这一合作进程中，形成全球数字治理合力，开启全球数字治理新篇章，为共同构建网络空间命运共同体作出更大贡献。

《人民日报》（2021 年 3 月 30 日）

为人类共创美好未来提供思想引领

只要人类选择同舟共济、团结合作，就一定能战胜疫情，在同灾难的斗争中成长进步、浴火重生，就一定能走出危机，共创更加美好的未来

1月25日，习近平主席在世界经济论坛“达沃斯议程”对话会上发表题为《让多边主义的火炬照亮人类前行之路》的特别致辞，倡导国际社会共同解决好时代面临的四大课题，阐述各国共同维护和践行多边主义之道，并就中国继续与世界携手前行提出具体行动方案。这一特别致辞站在全人类高度，为合力打造更加美好的后疫情时代提供了重要思想引领，引发国际社会广泛共鸣。

世界经济论坛被誉为“世界经济风向标”，“达沃斯议程”对话会是2021年首场全球性重要会议。人们清晰记得4年前，在各方对经济全球化前景感到迷茫之际，习近平主席在世界经济论坛2017年年会开幕式上发表主旨演讲，倡导各方深化对经济全球化规律的认识，阐明推动经济全球化继续发展的正确方向。而今又逢关键时刻，人类急需思想之光指引。新冠肺炎疫情肆虐全球，世界经济陷入深度衰退，全球治理面临严峻考验。世界经济论坛创始人兼执行主席施瓦布认为，2021年可能是人类历史的一个“分水岭”，当前正是需要人们“反思、重新想象和重新构造我们的世界，以创造一个更健康、更公平和更繁荣的未来”的时刻。

历史是勇敢者创造的，是人们在直接碰到的、既定的、从过去承继下来的条件下创造的。“我们今天所作的每一个抉择、采取的每一项行动，都将决定世界的未来。”习近平主席深入阐述如何解决好时代面临的四大课题，展现出为人类担当尽责的天下胸怀——加强宏观经济政策协调，共同推动世界经济强劲、可持续、平衡、包容增长；摒弃意识形态偏见，共同走和平共处、互利共赢之路；克服发达国家和发展中国家发展鸿沟，共同推动各国发展繁荣；携手应对全球性挑战，共同缔造人类美好未来。中国方案着眼世界经济长期健康稳定发展、人类文明发展进步、各国共享发展机遇和成果，呼吁开展全球行动、全球应对、全球合作，切中时弊，对症下药。

“世界上的问题错综复杂，解决问题的出路是维护和践行多边主义，推动构建人类命运共同体。”习近平主席的这一重要论断，反映了当前国际社会的普遍共识。历史规律表明，“没有哪一次巨大的历史灾难不是以历史的进步为补偿的”。全球性危机让人们更加深刻地认识到，人类命运高度互联，共同走多边主义道路才是正确选择。人们将 2021 年视为“决定多边主义成败的一年”“摆脱保护主义的关键之年”，中国发出维护和践行多边主义的时代强音，无疑具有重大意义。

当今世界，究竟需要什么样的多边主义，这是当下全球关注的焦点。国际社会必须明确什么是该坚持的，什么是不能搞的。中国主张十分明确：要坚持开放包容，不搞封闭排他；要坚持以国际法则为基础，不搞唯我独尊；要坚持协商合作，不搞冲突对抗；要坚持与时俱进，不搞故步自封。多边主义的要义是国际上的事由大家共同商量着办，世界前途命运由各国共同掌握。21 世纪的多边主义要守正出新、面向未来，既要坚持多边主义的核心价值和基本原则，也要立足世界格局变化，着眼应对全球性挑战需要，在广泛协商、凝聚共识基础上改革和完善全球治理体系。这一系统性中国方案，符合国际社会对公平正义的普遍追求，有助于在新的历史条件下进一步释放多边主义的生命力。

当今世界，迫切需要正向带动力量——抗击疫情能够“战而胜之”，推动发展能够“起而行之”。人们普遍感到，中国正在带给世界这样的力量。中国有效统筹疫情防控和经济社会发展，成为 2020 年全球唯一实现经济正增长的主要经济体。中国是世界经济复苏发展的重要引擎，也是世界和平发展的重要推动力量，国际社会对中国行动的期待更加强烈。站在新的历史方位，中国与世界团结合作、互利共赢的脚步不会停息。着眼于同各国一道共建持久和平、普遍安全、共同繁荣、开放包容、清洁美丽的世界，中国将继续积极参与国际抗疫合作、实施互利共赢的开放战略、促进可持续发展、推进科技创新、推动构建新型国际关系。正如习近平主席所宣示："我们认为，只要是对全人类有益的事情，中国就应该义不容辞地做，并且做好"。

寒冬阻挡不了春天的脚步，黑夜遮蔽不住黎明的曙光。只要人类选择同舟共济、团结合作，就一定能战胜疫情，在同灾难的斗争中成长进步、浴火重生，就一定能走出危机，共创更加美好的未来。

《人民日报》（2021 年 1 月 27 日）

当以正确抉择和行动解决好时代课题

人类只有一个地球，人类也只有一个共同的未来。同舟共济、团结合作，才能解决好这个时代面临的课题；维护和践行多边主义，推动构建人类命运共同体，才是解决问题的真正出路

秉纲而目自张，执本而末自从。国际形势纷繁复杂，尤其考验秉纲执本能力。什么是时代大势，如何解决好这个时代面临的课题？找准这些问题的答案，才有希望推动2021年的世界开好局、起好步。毕竟，这是在疫情还远未结束、世界经济陷入深度衰退、社会民生遭遇重创背景下开启的一年，国际社会必须顶住单边主义、保护主义、霸权主义逆流，促进和平与发展，任务极其艰巨。

关键考验面前，必须作出正确抉择、采取正确行动。习近平主席在世界经济论坛“达沃斯议程”对话会上发表特别致辞，深刻洞察时代大势，深入阐述要解决好这个时代面临的四大课题，为各国携手走出当前困境、开创更美好的未来明确了方向和出路，得到国际社会广泛认同。

“加强宏观经济政策协调，共同推动世界经济强劲、可持续、平衡、包容增长”，解决好这个课题，才能助力各国重振经济、改善民生。人类正在遭受第二次世界大战结束以来最严重的经济衰退，各大经济板块历史上首次同时遭受重创，全球产业链供应链运行受阻，贸易和投资活动持续低迷。联合国首席经济学家艾略特·哈里斯近日发出警告：“这场前所未有的危机的深度和严重性预示着复苏将缓慢而痛苦。”面对历史性挑战，全球需要拿出共克时艰的政治决断。2021年，各国仍普遍面临统筹疫情防控和经济发展的艰巨任务。在此过程中，必须加强政策协调，推出一系列立足当下、着眼长远、标本兼治的经济政策，下决心推动世界经济动力转换、方式转变、结构调整，使世界经济走上长期健康稳定发展的轨道。

“摒弃意识形态偏见，共同走和平共处、互利共赢之路”，解决好这个课题，才能加强团结合作、促进和平发展。疫情袭来，一些人热衷于自掘意识形态偏见陷阱，拉“小圈子”、搞“新冷战”的图谋明显抬头。联合国秘书长古特雷斯坦承，人们担心世界出现大分裂的可能。“世界上没有两片完全相同的树叶，也没有完全相同的历史文化和社会制度。”习近平主席明确指出，差异并不可怕，可怕的是傲慢、偏见、仇视，可怕的是想把人类文明分为三六九等，可怕的是把自己的历史文化和社会制度强加给他人。中国倡导平等、互鉴、对话、包容的文明观，强调坚守和平、发展、公平、正义、民主、自由的全人类共同价值，有利于在全球性挑战面前凝聚全球共识、汇聚全球合力，有利于各国在相互尊重、求同存异基础上实现和平共处，促进各国交流互鉴，为人类文明发展进步注入动力。

“克服发达国家和发展中国家发展鸿沟，共同推动各国发展繁荣”，解决好这个课题，才能破解全球发展赤字问题、促进可持续发展。疫情之下，各国经济复苏表现分化，南北发展差距面临扩大甚至固化风险。联合国最新发布的报告显示，疫情使全球 1.31 亿人陷入贫困。国际社会对发展鸿沟存在普遍忧虑，“达沃斯议程”对话会的一大初衷，就是动员全球“在 2021 年尽早共同努力，建设一个更加包容、团结和可持续的未来”。对发展中国家投以更多关注，不仅是道义之必须、共同利益之所在，而且是落实联合国 2030 年可持续发展议程的应有之义。发展中国家发展起来了，整个世界繁荣稳定就会有更加坚实的基础，发达国家也将从中受益。帮助发展中国家发展，既要着眼长远、落实承诺，为发展中国家发展提供必要支持，也要保障发展中国家正当发展权益，促进权利平等、机会平等、规则平等，让各国人民共享发展机遇和成果。

“携手应对全球性挑战，共同缔造人类美好未来”，解决好这个课题，才能更好保障各国持久安全、促进发展繁荣。疫情之鉴映照出各国命运相连、安危与共的现实。只要还有一个国家没有战胜新冠病毒，人类就难以真正打赢新冠肺炎疫情防控全球阻击战。人类还面临环境恶化和气候变化等种种全球性问题，都不是任何一国单打独斗所能解决的，必须开展全球行动、全球应对、全球合作。“问题不会停留在国家边界，所以我们必须共同努力”“每个人都有自己的角色需要扮演”……2021 年达沃斯平台上呼唤全球合作的声音此起彼伏，正是当前国际社会普遍共识的真实反映。

人类只有一个地球，人类也只有一个共同的未来。同舟共济、团结合作，才能解决好这个时代面临的课题；维护和践行多边主义，推动构建人类命运共同体，才是解决问题的真正出路。各方都应该致力于以今天的正确抉择、正确行动，为人类走向共同的美好未来作贡献。

《人民日报》（2021年1月28日）

共同擎起多边主义火炬

中国始终是多边主义的坚定支持者，世界也日益从中国理念和行动中看到维护和践行多边主义、构建人类命运共同体的重大意义

世界进入动荡变革期，全球性挑战层出不穷，国际社会更加需要维护和践行多边主义。然而，随着单边主义、保护主义和霸凌行径抬头，多边主义面临被曲解与滥用之忧。什么是真正的多边主义？世界需要什么样的多边主义？这是急需厘清的重大问题。

习近平主席在世界经济论坛“达沃斯议程”对话会上发表特别致辞，准确把握时代脉搏，倡导“让多边主义火炬照亮人类前行之路”——要坚持开放包容，不搞封闭排他；要坚持以国际法则为基础，不搞唯我独尊；要坚持协商合作，不搞冲突对抗；要坚持与时俱进，不搞故步自封。关键时刻，中国主张道出了国际社会的共同心声，为维护和践行多边主义廓清迷雾、指明方向。德国总理默克尔表示，她和中国领导人在支持多边主义方面的想法是一致的。

维护和践行多边主义，必须坚持开放包容。多边主义的要义是国际上的事由大家共同商量着办，世界前途命运由各国共同掌握。要义明确了，对多边主义的认识也就清楚了，维护和践行多边主义的路径和方向才能更清晰。抱持意识形态偏见，在国际上搞“小圈子”“新冷战”，排斥、威胁、恐吓他人，动不动搞脱钩、断供、制裁，这绝不是多边主义。秉持人类命运共同体理念，坚守和平、发展、公平、正义、民主、自由的全人类共同价值，摆脱意识形态偏见，最大程度增强合作机制、理念、政策的开放性和包容性，共同维护世界和平稳定，这才是真正践行多边主义。

维护和践行多边主义，必须坚持以国际法则为基础。在20世纪前半叶人类两度身历惨不堪言的战祸之后，联合国应运而生，联合国宪章成为公认的国与国关系的基本准则。按照各国共同达成的规则和共识来治理，而不是由一个或几个国家来发号施令，这是国际社会的共同愿望。正是在以联合国为核心的国际体系、以国际法为基础的国际秩序基础上，依靠多边机构的有效运行，全球治理取得巨大进步。事实证明，按照国际法则办事是保障各国合法权益、避免弱肉强食的有效途径。任何恃强凌弱，妄图靠胳膊粗、拳头大说了算的行径，无论包装得多么冠冕堂皇，都是对国际法则的破坏，都是对多边主义的背弃。

维护和践行多边主义，必须坚持协商合作。“历史和现实一再告诉我们，当今世界，如果走对立对抗的歧路，无论是搞冷战、热战，还是贸易战、科技战，最终将损害各国利益、牺牲人民福祉。”冷战思维、零和博弈的旧理念，以邻为壑、自私自利的狭隘政策，垄断发展优势的片面做法，必须丢进历史的垃圾堆中。要提倡公平公正基础上的竞争，开展你追我赶、共同提高的田径赛，而不是搞相互攻击、你死我活的角斗赛。信任是国际关系中最好的黏合剂，破解信任赤字才能实现协商合作。国家间要坚持互尊互谅，通过战略沟通增进政治互信，要恪守互利共赢的合作观，保障各国平等发展权利，促进共同发展繁荣。

维护和践行多边主义，必须坚持与时俱进。世界正经历百年未有之大变局，既是大发展的时代，也是大变革的时代。防控新冠肺炎疫情、推动世界经济复苏是当务之急，应对气候变化是紧迫任务，落实联合国2030年可持续发展议程是中长期行动目标……世界迫切需要能跟上时代甚至引领时代的理念来指导实践，多边主义也要守正创新、面向未来。既要坚持多边主义的核心价值和基本原则，也要立足世界格局变化，着眼应对全球性挑战需要，在广泛协商、凝聚共识基础上改革和完善全球治理体系。只有这样，多边主义才能真正为推动世界和平发展、增进各国人民福祉服务。

中国始终是多边主义的坚定支持者，世界也日益从中国理念和行动中看到维护和践行多边主义、构建人类命运共同体的重大意义。联合国秘书长古特雷斯说：“中国已成为多边主义的重要支柱，而我们践行多边主义的目的，就是要建立人类命运共同体。”

应当坚信，各国人民携起手来，让多边主义火炬照亮人类前行之路，向着构建人类命运共同体不断迈进，前景一定是光明而广阔的。

《人民日报》（2021 年 1 月 29 日）

做好对全人类有益的事情，义不容辞

中国倡导共建持久和平、普遍安全、共同繁荣、开放包容、清洁美丽的世界，言出必行，矢志不渝

1月29日，世界经济论坛“达沃斯议程”对话会落下帷幕。在全球70多个国家和地区的1500多位政商界和社会组织领导人参加的为期5天的线上对话中，中国话题备受关注。从支持、呼应习近平主席在对话会上发表特别致辞时提出的中国主张，到肯定中国经济发展成就及对世界经济的拉动作用，再到称赞中国在抗击新冠肺炎疫情、应对气候变化等领域的担当作为，充分彰显了中国理念和行动的世界意义。

“我们认为，只要是对全人类有益的事情，中国就应该义不容辞地做，并且做好。”在对话会上，习近平主席郑重承诺中国将继续积极参与国际抗疫合作，继续实施互利共赢的开放战略，继续促进可持续发展，继续推进科技创新，继续推动构建新型国际关系。这是进入新发展阶段、开启了全面建设社会主义现代化国家新征程的中国，用实际行动维护和践行多边主义的真诚愿望，展现了中国愿同各国一道构建人类命运共同体的大国担当。世界经济论坛官方发表的新闻稿指出，习近平主席的致辞是全球合作的一次“历史性机遇”。

抗击疫情是国际社会面临的最紧迫任务。世所共见，在全球抗疫行动中，中国展现了非凡的中国精神、中国力量、中国担当。向150多个国家和13个国际组织提供抗疫援助，为有需要的国家派出36个医疗专家组，加入“新冠肺炎疫苗实施计划”，承诺努力让疫苗成为各国人民用得上、用得起的公共产品……中国同世界各国携手合作、共克时艰，为全球抗疫贡献重要智慧和力量。近一段时间以来，从亚马孙雨林到安纳托利亚高原，从东南亚到外高加索，许

多国家采购中国疫苗。国际人士纷纷表示："中国承诺将继续推进疫情防控国际合作，对各国共同应对疫情严峻挑战意义重大""我们需要一个来自中国的方案，以重建和治愈世界"。

全球性挑战面前，尤其需要更好的全球治理。国际观察人士纷纷指出，全球多边合作机制正处于极脆弱状态，2021 年人类面对的一大挑战就是修补全球治理的结构性缺陷。国与国如何相处，人与自然如何相处，人类如何谋求长远可持续发展等，都是改革和完善全球治理体系要思考的重要问题，都是需要国际社会共同作出正确抉择、采取正确行动的事情。

中国坚定实施对外开放基本国策，持续向世界传递正能量。"世界经济的大海，你要还是不要，都在那儿，是回避不了的。"中国的态度一以贯之——充分利用一切机遇，合作应对一切挑战，引导好经济全球化走向；推动经济全球化朝着更加开放、包容、普惠、平衡、共赢的方向发展。国际社会期待并相信，更加积极参与全球经济治理的中国，将能通过着力推动规则、规制、管理、标准等制度型开放，持续打造市场化、法治化、国际化营商环境，并将以更加开放的思维和举措推进国际科技交流合作，同各国携手打造开放、公平、公正、非歧视的科技发展环境。正如外界评论的那样，"中国主动开放、逆势开放，是对经济全球化、对多边主义的最好支持，也为世界经济注入了强大信心"。

中国坚定奉行独立自主的和平外交政策，努力以对话弥合分歧、以谈判化解争端，在相互尊重、平等互利基础上，积极发展同各国友好合作关系。作为发展中国家的坚定一员，中国不断深化南南合作，为发展中国家消除贫困、缓解债务压力、实现经济增长作出贡献。中国坚决全面落实联合国 2030 年可持续发展议程，加强生态文明建设——中国宣布力争于 2030 年前二氧化碳排放达到峰值、2060 年前实现碳中和，这是需要付出极其艰巨的努力才能实现的目标，这也是为人类谋福祉的大义。国际社会盛赞，中国主张和行动正在引领世界走向"更积极的、更有希望的道路"。

时代呼唤应势而为、勇于担当者。把握关键之年，做好对全人类有益的事情，这样的担当弥足珍贵。中国坚定站在历史正确的一边，坚定维护和践行多边主义，力促全球团结合作。世界共同见证，中国倡导共建持久和平、普遍安全、共同繁荣、开放包容、清洁美丽的世界，言出必行，矢志不渝。

《人民日报》（2021 年 1 月 30 日）

重温《共同构建人类命运共同体》

世纪疫情与百年变局交织，世界经济陷入严重衰退，世界进入动荡变革期，人类社会面临的挑战层出不穷……世人更加认识到，生活在一个互联互通、休戚与共的地球村里，必须站在全人类高度，推动构建人类命运共同体

2017 年 1 月 18 日，习近平主席在联合国日内瓦总部发表题为《共同构建人类命运共同体》的主旨演讲。那是一元复始、万象更新的时节，又是世界充满不确定性、人们对未来既寄予期待又感到困惑的时刻。国际社会普遍称赞，这篇重要演讲描绘出人类命运共同体的美好未来，用思想之光照亮了人类前行之路。

2021 年刚刚起步，世界正被新冠肺炎疫情阴霾所笼罩。世纪疫情与百年变局交织，世界经济陷入严重衰退，世界进入动荡变革期，人类社会面临的挑战层出不穷……世人更加认识到，生活在一个互联互通、休戚与共的地球村里，必须站在全人类高度，推动构建人类命运共同体。当此之时，重温习近平主席 4 年前的日内瓦演讲，回首最近 100 多年的历史，思考“世界怎么了、我们怎么办”，人们更能理解什么才是全人类的共同愿望。

让和平的薪火代代相传，让发展的动力源源不断，让文明的光芒熠熠生辉，这是各国人民的期待，需要政治家的担当。习近平主席明确提出“中国方案”——构建人类命运共同体，实现共赢共享。习近平主席从伙伴关系、安全格局、经济发展、文明交流、生态建设等方面提出具体主张：“坚持对话协商，建设一个持久和平的世界”“坚持共建共享，建设一个普遍安全的世界”“坚持合作共赢，建设一个共同繁荣的世界”“坚持交流互鉴，建设一个开放包容的世界”“坚持绿色低碳，建设一个清洁美丽的世界”。这是一幅蓝图，为人类社会进步与发展指明了道路。

大道之行，天下为公。人类命运共同体汇聚着世界各国人民对和平、发展、繁荣向往的最大公约数。国际社会普遍认为，中国倡导并推动构建人类命运共同体，“展现出主动积极、与时俱进的大国风范”。2017 年 2 月，“构建人类命运共同体”理念首次被写入联合国决议，随后又陆续被写入联合国安理会、联合国人权理事会等通过的多份联合国决议。在国家层面，中国正与越来越多的友好伙伴构建起双边命运共同体。在地区范围，各方已就打造周边、亚太、中国—东盟、中非、中阿、中拉命运共同体达成共识。在全球领域，中方倡议构建网络空间、核安全、海洋等命运共同体和人类卫生健康共同体，得到国际社会积极呼应。

大道至简，实干为要。中国坚定秉持人类命运共同体理念，始终知行合一。从坚定维护多边主义到合力应对气候变化，从高质量共建“一带一路”到引领全球减贫合作，中国以实际行动推动人类命运共同体理念落地生根、开花结果。《中共中央关于制定国民经济和社会发展第十四个五年规划和二〇三五年远景目标的建议》提出，高举和平、发展、合作、共赢旗帜，坚持独立自主的和平外交政策，推进各领域各层级对外交往，推动构建新型国际关系和人类命运共同体。中国国务院新闻办公室近日发布《新时代的中国国际发展合作》白皮书表示，中国将继续以人类命运共同体理念为指引，以正确义利观为价值导向，在力所能及的范围内积极开展国际发展合作，为全球发展注入中国力量。

在携手抗击疫情的斗争中，中国秉持人类命运共同体理念，既对本国人民生命安全和身体健康负责，也对全球公共卫生事业尽责。习近平主席同各国领导人深入交流、沟通，提出并积极推动构建人类卫生健康共同体，呼吁和衷共济、团结抗疫。国际社会普遍认为，中国理念和行动成为特殊时期推动世界走出至暗时刻的重要力量，构建人类命运共同体是应对人类共同挑战、建设更加繁荣美好世界的人间正道。

大道不孤，天下一家。“构建人类命运共同体是一个美好的目标，也是一个需要一代又一代人接力跑才能实现的目标。”各方理当顺应人民呼声，顺应和平、发展、合作、共赢的时代潮流，锲而不舍、驰而不息地携手努力，共同推进构建人类命运共同体的伟大进程。

《人民日报》（2021 年 1 月 18 日）

关键时刻更要引导好经济全球化走向

2017年1月17日，习近平主席在世界经济论坛年会开幕式上发表题为《共担时代责任　共促全球发展》的主旨演讲，洞察经济全球化面临的深层次问题，指明了经济全球化的发展方向，表明了中国推动经济全球化的坚定立场。4年前，这篇主旨演讲被赞誉为“冬日里的阳光”；4年来，这篇演讲一直被国际社会所铭记，持续启迪人类关于经济全球化的深入思考。

“历史地看，经济全球化是社会生产力发展的客观要求和科技进步的必然结果，不是哪些人、哪些国家人为造出来的”“经济全球化为世界经济增长提供了强劲动力，促进了商品和资本流动、科技和文明进步、各国人民交往”“经济全球化确实带来了新问题，但我们不能就此把经济全球化一棍子打死，而是要适应和引导好经济全球化”……这是看待经济全球化的正确方式，也是继续推动开放合作，使经济全球化继续为增进人类福祉服务的重要基础。

越是困难时刻越需要思想之光的指引，越是危机面前越能彰显真理穿透时空的力量。悟懂习近平主席关于经济全球化的重要论述，能够看到世界经济复苏发展的希望和路径。新冠肺炎疫情发生以来，国际交流和人员往来严重受阻，全球贸易和投资大幅下降，世界经济受到供给侧、需求侧的冲击。一些人抛出全球产业链和供应链“掉链子”、“经济全球化已经终结”的论调，逆全球化思潮涌动。但正如国际货币基金组织前首席经济学家肯尼思·罗戈夫所指出，拒绝开放的“副产品”不仅是增长放缓，而且会导致所有国家国民收入大幅下降。

疫情给经济全球化造成阻力，但各国走向开放、走向合作的大势没有改变。新一轮科技革命和产业变革加速演进，不断释放新的推动经济全球化发展的动力。美国《哈佛商业评论》认为，电子商务、视频会议和机器人等领域正在发生技术变革，这些转变可能促进经济全球化。世界经济论坛发布报告指出，疫情防控期间全球贸易正在经历技术变革，贸易技术可能推动知识密集型产品和服务跨境流动，技术进步可以帮助缩小发达国家与发展中国家、小型与大型企业间的差距，甚至提供跨越式赶超机会。这些表明，经济全球化正面临新的发展机遇，推动经济全球化朝着正确方向发展，能够助力破解发展难题。

“人类历史告诉我们，有问题不可怕，可怕的是不敢直面问题，找不到解决问题的思路。面对经济全球化带来的机遇和挑战，正确的选择是，充分利用一切机遇，合作应对一切挑战，引导好经济全球化走向。”疫情仍在扩散蔓延，世界经济复苏不稳定不平衡，当务之急是携手抗击疫情，畅通世界经济运行脉络，引导好经济全球化走向，为世界经济复苏发展提供动力。4 年前习近平主席为世界经济开出的“药方”，当前也十分“对症”：坚持创新驱动，打造富有活力的增长模式；坚持协同联动，打造开放共赢的合作模式；坚持与时俱进，打造公正合理的治理模式；坚持公平包容，打造平衡普惠的发展模式。显然，这是把准了痛点难点焦点，抓住关键的“对症下药”。

中国是经济全球化的受益者，更是贡献者。中国坚定不移扩大高水平开放，以实际行动推动建设开放型世界经济。4 年来，中国自贸试验区增加至 21 个；连续举办 3 届中国国际进口博览会，中国市场正成为世界的市场、共享的市场、大家的市场；中国加快构建新发展格局，既为中国经济发展开辟空间，也为世界经济复苏和增长增添动力。中国举办两届“一带一路”国际合作高峰论坛，携手各国高质量共建“一带一路”；中国积极推动签署区域全面经济伙伴关系协定，中欧投资协定谈判如期完成，增强了国际社会对经济全球化和自由贸易的信心。中国坚定选择同世界各国互利共赢、共同发展，用丰硕的实践成果雄辩地证明何为“积力之所举，则无不胜也；众智之所为，则无不成也”。

历史是勇敢者创造的，关键时刻更需要把准正确方向。人们应当坚信，只要各国牢固树立人类命运共同体意识，携手努力、共同担当，同舟共济、共渡难关，就一定能够推动经济全球化朝着更加开放、包容、普惠、平衡、共赢的方向发展，就一定能够让世界更美好、让人民更幸福。

《人民日报》（2021 年 1 月 17 日）

携手守护全人类共同价值

新时代中国积极推动构建人类命运共同体，体现了守护全人类共同价值的道义自觉

“和平、发展、公平、正义、民主、自由，是全人类的共同价值，也是联合国的崇高目标。目标远未完成，我们仍须努力”“让我们团结起来，坚守和平、发展、公平、正义、民主、自由的全人类共同价值，推动构建新型国际关系，推动构建人类命运共同体，共同创造世界更加美好的未来”……习近平主席着眼各国人民共同尊严与福祉、人类文明发展进步，倡导各方守护全人类共同价值，让世界感受到了中国特色大国外交深厚的人民情怀与道义担当。

悠悠岁月见证，科学技术的发展进步，经济活动的逐步拓展，让各国人民之间的交流融通不断加强。马克思、恩格斯曾指出：“各民族的原始封闭状态由于日益完善的生产方式、交往以及因交往而自然形成的不同民族之间的分工消灭得越是彻底，历史也就越是成为世界历史。”21 世纪的今天，人类已经进入互联互通的新时代，各国利益休戚相关、命运紧密相连，各国人民更加懂得和平合作、平等相待、开放包容、共赢共享的重大意义。新冠肺炎疫情发生后，各国人民守望相助，展现出人类在重大灾难面前的勇气、决心、关爱，照亮了至暗时刻。这也充分证明，随着人类心灵距离不断被拉近，各国人民对和平、发展、公平、正义、民主、自由等价值目标的渴望与追求更具共通性。

携手守护全人类共同价值是人类文明发展的必然选择。20 世纪上半叶，两次世界大战导致生灵涂炭，人类文明遭受巨大浩劫。在反思历史教训的基础上，联合国应运而生，《联合国宪章》开篇即阐明捍卫全人类共同价值的远大目标——“欲免后世再遭今代人类两度身历惨不堪言之战祸，重申基本人权，

人格尊严与价值，以及男女与大小各国平等权利之信念，创造适当环境，俾克维持正义，尊重由条约与国际法其他渊源而起之义务，久而弗懈，促成大自由中之社会进步及较善之民生”。《联合国宪章》所确立的主权平等、不干涉内政、和平解决国际争端等国际关系基本准则，集中反映了国际社会谋求持久和平、维护公平正义的崇高理想。

联合国成立70多年来，世界和平与发展的力量极大增强，国际上的事大家商量着办，同舟共济已经成为国际社会广泛共识。但国际关系实践中也一再出现违背《联合国宪章》宗旨和原则、损害全人类共同价值的做法。更有甚者，西方一些国家长期抱持“文明优越论”，屡屡将“价值观”作为处理同他国关系的武器，热衷于挥舞“价值观”大棒，对别国内政横加干涉。必须警惕，这是影响当今世界和平发展的主要风险之一。

大道之行，天下为公。中华民族历来讲求天下一家，主张民胞物与、协和万邦、天下大同。新时代中国积极推动构建人类命运共同体，体现了守护全人类共同价值的道义自觉。中国理念与方案超越了以所谓“价值观外交”谋私利的错误做法，呼应了各国追求平等合作的共同心愿，指明了促进人类文明发展进步的正确方向。站在人类命运共同体的高度，和平、发展、公平、正义、民主、自由应是各国人民共同珍视的价值目标，在追求这些价值目标的道路上，各个国家和民族都是平等的，也是自主的。国际社会广泛认同和支持人类命运共同体理念，普遍认为这是反映了世界上绝大多数国家共同诉求的重要理念。

世界百年未有之大变局加速演进，但和平与发展的时代主题没有变，合作共赢、共同发展的历史大势没有变。应当相信，只要各国能够摒弃意识形态偏见，尊重文明多样性，坚守和平、发展、公平、正义、民主、自由的全人类共同价值，人类就能够真正携起手来，共同创造世界更加美好的未来。

《人民日报》（2021年1月15日）

应对气候变化需要雄心和决心

无论国际风云如何变幻，各国都应秉持人类命运共同体理念，团结一心，提振雄心，增强信心，努力为全球应对气候变化作出更大贡献

12 月 12 日，习近平主席在气候雄心峰会上通过视频发表重要讲话，倡议开创合作共赢的气候治理新局面，形成各尽所能的气候治理新体系，坚持绿色复苏的气候治理新思路，并宣布中国国家自主贡献一系列新举措。在全球气候变化挑战增多、气候治理进入关键阶段之际，中国倡议为全球气候治理明确了方向、增强了信心、注入了动力。

气候变化关乎人民福祉和人类未来，应对气候变化需要雄心和决心。5 年前，各国领导人以最大的政治决心和智慧推动达成应对气候变化《巴黎协定》，为 2020 年后的全球合作应对气候变化明确了方向。《巴黎协定》指出，应把全球平均气温较工业化前水平升高幅度控制在 2 摄氏度之内，并为把升温幅度控制在 1.5 摄氏度之内而努力。世界气象组织本月初发布的报告显示，今年前 10 个月，全球平均气温比工业化前水平高出约 1.2 摄氏度；2011 年至 2020 年将成为有记录以来最热的 10 年，其中最热的 6 年都出现在 2015 年及其后。应对气候变化刻不容缓。联合国秘书长古特雷斯在气候雄心峰会上呼吁全球进入“气候紧急状态”。

习近平主席指出：“在气候变化挑战面前，人类命运与共，单边主义没有出路。我们只有坚持多边主义，讲团结、促合作，才能互利共赢，福泽各国人民。”《巴黎协定》的达成是多边主义的胜利，落实《巴黎协定》更离不开多边合作。各国应该遵循共同但有区别的责任原则，根据国情和能力，最大程度强化行动。发达国家要切实加大向发展中国家提供资金、技术、能力建设支持。

中国率先签署《巴黎协定》，倡议二十国集团发表首份气候变化问题主席声明，与各方一道推动完成《巴黎协定》实施细则谈判，设立中国气候变化南南合作基金以帮助广大发展中国家应对气候变化等举措，都充分表明中国对气候多边进程的坚定支持。

应对气候变化《巴黎协定》代表了全球绿色低碳转型的大方向，是保护地球家园需要采取的最低限度行动，各国必须迈出决定性步伐。习近平主席今年9月宣布，中国将提高国家自主贡献力度，采取更加有力的政策和措施，二氧化碳排放力争于2030年前达到峰值，努力争取2060年前实现碳中和。联合国秘书处气候变化团队顾问格雷罗·加西亚认为，中国的承诺是《巴黎协定》签署以来国际市场接收到的最强有力信号。英国《金融时报》网站报道指出，世界领导人称赞中国在《巴黎协定》实施的危急关头提出的减少碳排放承诺。在气候雄心峰会上，习近平主席进一步宣布：到2030年，中国单位国内生产总值二氧化碳排放将比2005年下降65%以上，非化石能源占一次能源消费比重将达到25%左右，森林蓄积量将比2005年增加60亿立方米，风电、太阳能发电总装机容量将达到12亿千瓦以上。中国进一步提高国家自主贡献，令世界备受鼓舞。法国总统马克龙在发言时特别提到法中两国近年来在推动落实《巴黎协定》方面的“出色合作”。

言必信，行必果。中国是负责任的发展中大国，一直积极参与全球气候治理。中国大力推进生态文明建设，积极贯彻创新、协调、绿色、开放、共享的新发展理念，致力于在推动高质量发展中促进经济社会发展全面绿色转型。中国已提前和超额完成2020年气候行动目标；中国非化石能源占能源消费总量比重已上升到15.3%，可再生能源装机占全球的30%，新能源汽车保有量占全球一半以上；2000年至2017年全球新增绿地面积中，1/4以上都来自中国，英国《自然》杂志今年发表文章肯定中国植树造林对减少温室气体排放的贡献。

地球是人类共同的、唯一的家园，开启全球应对气候变化新征程是人类共同使命。纵然“道阻且长”，但应坚信“行则将至”。无论国际风云如何变幻，各国都应秉持人类命运共同体理念，团结一心，提振雄心，增强信心，努力为全球应对气候变化作出更大贡献。

《人民日报》（2020年12月14日）

数字赋能　共创未来

秉持发展共同推进、安全共同维护、治理共同参与、成果共同分享的理念，把网络空间建设成为造福全人类的发展共同体、安全共同体、责任共同体、利益共同体，顺应时代潮流，合乎民心民意

世界互联网大会·互联网发展论坛11月23日在浙江乌镇开幕。习近平主席向论坛致贺信，强调中国愿同世界各国一道，把握信息革命历史机遇，培育创新发展新动能，开创数字合作新局面，打造网络安全新格局，构建网络空间命运共同体，携手创造人类更加美好的未来。习近平主席的贺信，展现了中国同世界各国携手发展互联网和数字经济的真诚愿望，为各国充分释放数字经济潜力、共同推进全球互联网治理注入动力，指明路径。

在全球共抗新冠肺炎疫情、探索世界经济复苏之路的关键时刻，如何在网络空间加强团结协作、维护公平正义、共享数字红利，成为摆在各国面前的重大课题。疫情发生以来，远程医疗、在线教育、共享平台、协同办公等得到广泛应用，互联网对促进各国经济复苏、保障社会运行、推动国际抗疫合作发挥了重要作用。放眼未来，主动应变、化危为机，进一步加强全球互联网治理，放大数字经济的正面效应，能够为共同抗击疫情、发展世界经济、应对全球挑战、造福各国人民提供新机遇。

在当前背景下，携手构建网络空间命运共同体愈显重要和紧迫。网络空间是人类共同的活动空间，网络空间前途命运应由世界各国共同掌握。秉持发展共同推进、安全共同维护、治理共同参与、成果共同分享的理念，把网络空间建设成为造福全人类的发展共同体、安全共同体、责任共同体、利益共同体，

顺应时代潮流，合乎民心民意。

2015 年，习近平主席在第二届世界互联网大会上提出推进全球互联网治理体系变革的“四项原则”和构建网络空间命运共同体的“五点主张”，为全球互联网治理贡献了中国智慧。近 5 年来，从推动通过《二十国集团数字经济发展与合作倡议》到发布《网络空间国际合作战略》，从发布《携手构建网络空间命运共同体》概念文件到发布《携手构建网络空间命运共同体行动倡议》，中国积极推动网络空间互联互通、共享共治，构建网络空间命运共同体理念逐渐深入人心。

完善全球互联网治理体系，维护网络空间秩序，必须坚持同舟共济、互信互利的理念，摈弃零和博弈、赢者通吃的旧观念，坚持安全和发展并重，尊重网络主权，促进公平正义。中国发起《全球数据安全倡议》，提出全球数字治理应遵循秉持多边主义、兼顾安全发展、坚守公平正义三原则以及八项具体主张，进一步为同各国探讨并制定全球数字治理规则作出中国贡献，受到国际社会广泛关注和欢迎。俄罗斯外长拉夫罗夫明确表示，中方提出的倡议有利于推进数据安全领域国际准则的制定，也有利于拓展俄中在国际信息安全领域的合作。

中国是互联网和数字技术的受益者，也在以实际行动助推各国共同开拓互联网发展空间，共享数字经济发展红利。近期，在上海合作组织成员国元首理事会第二十次会议、金砖国家领导人第十二次会晤、亚太经合组织第二十七次领导人非正式会议、二十国集团领导人第十五次峰会上，中方都强调了发展数字经济的重要性。最近发布的《中国互联网发展报告 2020》显示，中国 2019 年数字经济规模达到 35.8 万亿元，占国内生产总值比重达到 36.2%，中国数字经济总量规模和增长速度位居世界前列。中国连续 7 年举办世界互联网大会，搭建起全球互联网共享共治的平台。130 家知名企业和机构积极参与今年世界互联网大会“互联网之光”博览会，充分展示人工智能、云计算、大数据、区块链、5G 等领域的数字新技术、新产品、新应用、新成果，15 项世界互联网领先科技成果在乌镇发布，以“数字赋能共创未来”的现实场景，展示出构建网络空间命运共同体的行动力。

“凡益之道，与时偕行。”数字经济是全球未来的发展方向。各国应主动把握时代机遇，以科技创新和数字化变革催生新的发展动能，共同实现更高质量、更具韧性的发展，推动构建网络空间命运共同体，让互联网发展成果更好造福世界各国人民。

《人民日报》（2020年11月26日）

为共创共享美好幸福生活而努力

人类发展进步的脚步不可阻挡，后疫情时代的世界必将如凤凰涅槃、焕发新生。朝着构建人类命运共同体目标不断迈进，就一定能共创共享更加美好幸福的生活

“国际上的问题林林总总，归结起来就是要解决好治理体系和治理能力的问题。”当前，世界正经历百年未有之大变局，新冠肺炎疫情全球大流行使这个大变局加速变化。如何改革和完善全球治理，减少治理赤字、信任赤字、发展赤字、和平赤字，应对世界之变、时代之变和历史之变，是事关人类发展进步的大课题。

习近平主席近日接连出席金砖国家领导人第十二次会晤、亚太经合组织第二十七次领导人非正式会议、二十国集团领导人第十五次峰会三场重大多边外交活动，提出一系列重大理念主张。世界能够进一步清晰感知，中国为世界经济发掘动力、为国际经济合作开拓空间、为各国人民创造福祉的大国担当和天下情怀。

世纪疫情和百年变局交织，世界经济陷入严重衰退，完善全球经济治理是当务之急。习近平主席在二十国集团峰会上着重阐述了中国对全球经济治理的原则主张。习近平主席在共商共建共享的全球治理观基础上，进一步提出坚持多边主义、坚持开放包容、坚持互利合作、坚持与时俱进的主张，进一步明确了完善全球经济治理的指导思想。中方主张，要不断完善规则机制，坚定维护以规则为基础、透明、非歧视、开放、包容的多边贸易体制，增强世界贸易组织有效性和权威性，促进自由贸易，维护公平竞争，保障发展中国家的发展权

益和空间；要更加重视数字经济，秉持以人为中心、基于事实的政策导向，鼓励创新，建立互信，打造开放、公平、公正、非歧视的营商环境，支持联合国就此发挥领导作用。习近平主席此次关于全球经济治理的重要论述，对当前及未来一个时期全球经济治理的变革具有重要引领作用，有助于推动实现世界经济强劲、可持续、平衡、包容增长。

改革和完善全球治理，必须努力解决全球经济治理结构不平衡问题，提高新兴市场国家和发展中国家的代表性和发言权。金砖国家是具有全球影响的新兴市场国家和发展中国家合作机制，是国际事务中一支积极、建设性力量。习近平主席在金砖国家领导人会晤上明确指出，金砖国家要高举多边主义旗帜，维护以联合国为核心的国际体系，反对单边制裁和“长臂管辖”。要超越意识形态，尊重彼此根据自身国情选择的社会制度、经济模式和发展道路。要推动构建更加平等均衡的全球发展伙伴关系，坚持把民生放在优先位置。这些主张充分反映了广大发展中国家追求国际公平正义、实现可持续发展的共同诉求。中方提出一系列务实合作倡议，大力推动经贸财金、政治安全、人文交流“三轮驱动”合作，有利于提振新兴市场国家和发展中国家共同应对风险挑战的信心，拓展携手共同发展的空间。

在亚太经合组织第二十七次领导人非正式会议上，习近平主席全面阐述构建开放包容、创新增长、互联互通、合作共赢的亚太命运共同体的理念主张和深刻内涵，强调亚太经济合作从来不是零和博弈、你输我赢的政治游戏，而是相互成就、互利共赢的发展平台。各方只有秉持共商共建共享理念，在对话协商基础上妥善处理矛盾和分歧，在互利互惠基础上推进务实合作，不断深化互信、包容、合作、共赢的亚太伙伴关系，不断提升区域合作水平，才能做大亚太合作蛋糕，有力维护亚太合作正确方向，让亚太经合组织真正行稳致远。在中国积极支持推动下，今年亚太经合组织领导人非正式会议顺利通过了具有战略视野和高度雄心水平的2020年后合作愿景，确立了2040年建成亚太共同体的宏伟目标。

志不求易者成，事不避难者进。习近平主席在三场多边会议上深入阐述改革和完善全球治理、推动国际秩序朝更加公正合理方向发展的中国主张，向世界表明中国将始终坚持做世界和平的建设者、全球发展的贡献者、国际秩序的维护者的坚定决心。人类发展进步的脚步不可阻挡，后疫情时代的世界必将如凤凰涅槃、焕发新生。朝着构建人类命运共同体目标不断迈进，就一定能共创共享更加美好幸福的生活。

《人民日报》（2020 年 11 月 25 日）

为重塑后疫情时代的世界指明方向

中方愿同所有国家在相互尊重、平等互利基础上和平共处、共同发展，以对话弥合分歧，以谈判化解争端，为世界和平与发展作出共同努力

11月17日至22日，习近平主席接连出席金砖国家领导人第十二次会晤、亚太经合组织第二十七次领导人非正式会议、二十国集团领导人第十五次峰会三场重大多边外交活动，并发表一系列重要讲话。在世纪疫情和百年变局交织、全球经济陷入严重衰退、世界进入动荡变革期的大背景下，习近平主席在全球多边舞台上发出时代强音，提出中国方案。国际社会普遍认为，习近平主席系列讲话及中方提出的各项倡议，为全球摆脱当前危机提供了思路，为重塑后疫情时代的世界指明了方向。

团结合作抗击疫情，依然是全球面对的紧迫任务。习近平主席全面系统阐述中国对国际抗疫合作的理念和主张。中方呼吁各方秉持以人民为中心的发展理念，坚持人民至上、生命至上；强调团结合作是战胜疫情最有力的武器，各国要以团结取代分歧，以理性消除偏见，尽快凝聚起携手抗疫的最大合力；倡导各方积极支持世界卫生组织发挥关键领导作用，加强国际联防联控和远程医疗，分享数字技术抗疫和恢复经济的经验，建立健康码国际互认机制，共同构筑全球抗疫防火墙。

中方主张和倡议为国际抗疫合作提供了动力，为全人类抗疫斗争增添了信心，再次充分展现了习近平主席为人类谋健康、为世界谋稳定的宽广胸怀，充分体现了中国愿同各国共克时艰、携手战胜疫情的坚定意志，得到各方高度评价和积极呼应。二十国集团轮值主席国沙特阿拉伯国王萨勒曼指出，当前世界比以往任何时候都更需要国际合作。德国总理默克尔表示，新冠肺炎疫情这样的全球挑战只有通过全球共同努力才能克服，呼吁各国支持“新冠肺炎疫苗实施计划”并加强世界卫生组织的作用。

如何统筹疫情防控和经济发展，如何平衡处理抗疫情、稳经济、保民生三大任务，如何推进全球减贫目标，是各国面临的共同课题。习近平主席结合中国统筹疫情防控和经济社会发展、率先实现复工复产和恢复经济增长的成功实践，提出了推动世界经济复苏的一揽子中国方案。

坚定不移构建开放型世界经济，维护以世界贸易组织为基石的多边贸易体制；主动把握时代机遇，以科技创新和数字化变革催生新的发展动能，共同实现更高质量、更具韧性的发展；将落实《联合国2030年可持续发展议程》置于国际发展合作的核心，将消除贫困作为首要目标；落实好应对气候变化《巴黎协定》，恪守“共同但有区别的责任”原则，为发展中国家特别是小岛屿国家提供更多帮助……中国方案强调坚持开放发展、创新发展、包容发展、绿色发展，充分展示了中国为世界经济发掘动力、为国际经济合作开拓空间、为各国人民创造福祉的大国担当。透视中国方案，世人能清晰感知中国实现高质量发展之势，更能悟见滚滚向前的时代潮流。

面对严峻挑战，拥有14亿人口的中国，始终保持战略定力，集中力量办好自己的事。中国疫情防控阻击战取得重大战略成果，统筹疫情防控和经济社会发展取得积极成效，前三季度经济同比增长0.7%，全年实现正增长已成定局，极大提振了世界战胜疫情、恢复经济发展的信心。中国进入新发展阶段，贯彻新发展理念，构建新发展格局，将更加积极地融入全球市场，更加主动地深化对外合作，为世界经济复苏发展创造更多机遇和空间。俄罗斯莫斯科国际关系学院教授谢尔盖·卢贾宁评价指出，在亚太地区乃至全世界，中国发挥着日益重要的作用。

风高浪急之时，更加考验人类智慧、意志和能力。习近平主席强调，中方愿同所有国家在相互尊重、平等互利基础上和平共处、共同发展，以对话弥合分歧，以谈判化解争端，为世界和平与发展作出共同努力。只要各方把准方向、掌握好节奏、团结合作、乘风破浪、行稳致远，就一定能让合作的阳光驱散疫情的阴霾，让我们所处的航船驶向更加美好的明天。

《人民日报》（2020年11月24日）

彰显担当　凝聚合力

中国以鲜明的主张和切实的行动证明，中国将始终坚持做世界和平的建设者、全球发展的贡献者、国际秩序的维护者

11 月 21 日，国家主席习近平在北京以视频方式出席二十国集团领导人第十五次峰会第一阶段会议并发表重要讲话，强调二十国集团应该遵循共商共建共享原则，坚持多边主义、开放包容、互利合作、与时俱进，在后疫情时代国际秩序和全球治理方面发挥更大引领作用。中国愿同各国相互尊重、平等互利、和平共处、共同发展，共同推动构建人类命运共同体。国际舆论评价，习近平主席提出的一系列重要倡议契合当前国际社会关切，具有重大现实意义，展现了中国作为负责任大国的担当。

二十国集团是在危机应对中应运而生的合作平台。2008 年国际金融危机发生后，二十国集团各成员秉持同舟共济的伙伴精神，把正在滑向悬崖的世界经济拉回到稳定和复苏轨道。今年，新冠肺炎疫情全球大流行使得超过百万人失去生命，世界经济陷入衰退，社会民生遭遇重创，影响超出 2008 年国际金融危机。疫情发生后，二十国集团迅速行动起来，领导人特别峰会提出，加强防控合作，推动药物和疫苗研发，维护经济金融稳定，确保产业链、供应链畅通，缓解发展中国家债务负担。二十国集团在全球战疫中再次发挥了不可替代的重要作用。

人类命运与共，同舟共济的伙伴精神在关键考验面前更见弥足珍贵。当前，国际格局加速演变，单边主义、保护主义上升，全球产业链、供应链受到冲击。在全球范围内，抗疫情、稳经济、保民生之路依然任重道远，治理赤字、信任赤字、发展赤字、和平赤字仍在扩大。后疫情时代的国际秩序和全球治理何去

何从，二十国集团将发挥怎样的作用，如何切实从危机应对机制向长效治理机制转型，从侧重短期政策向短中长期政策并重转型，国际社会倍加关注。

习近平主席指出，二十国集团合作应对疫情带来的挑战应在以下几个方面进一步发力：构筑全球抗疫防火墙、畅通世界经济运行脉络、发挥数字经济的推动作用、实现更加包容的发展。习近平主席从构建人类命运共同体高度，把握世界大势和时代潮流，为二十国集团在后疫情时代国际秩序和全球治理方面发挥更大引领作用指明方向：加强以联合国为核心的国际体系，完善经济全球化的治理架构，推动数字经济健康发展，提高应对全球性挑战的能力。习近平主席强调："我们应该遵循共商共建共享原则，坚持多边主义，坚持开放包容，坚持互利合作，坚持与时俱进。"国际社会普遍认为，习近平主席提出的一系列重要倡议和主张，为当前各国进一步防控疫情、稳定和恢复经济提供中国智慧、中国方案，有助于各方凝聚合力，共同应对挑战。

知行合一，策之以道。中国积极支持并参与新冠肺炎疫苗国际合作，已经加入"新冠肺炎疫苗实施计划"，并将履行承诺向其他发展中国家提供帮助和支持，努力让疫苗成为各国人民用得上、用得起的公共产品；中方提出建立基于核酸检测结果、以国际通行二维码为形式的健康码国际互认机制；中方呼吁为数字经济营造有利发展环境，加强数据安全合作，加强数字基础设施建设，为各国科技企业创造公平竞争环境；中方克服困难，全面落实二十国集团缓债倡议，并支持延长缓债倡议期限的决定；中方倡议在2025年再次召开全球妇女峰会，支持联合国明年举办世界粮食峰会，倡议适时召开国际粮食减损大会……中国以鲜明的主张和切实的行动证明，中国将始终坚持做世界和平的建设者、全球发展的贡献者、国际秩序的维护者。

全球蔓延的疫情是对全球治理的重大考验，二十国集团应当继续担起使命，在推动全球团结抗疫和世界经济复苏方面作出重要贡献。合作的阳光终将驱散疫情的阴霾。展望后疫情时代，人类命运共同体理念必将更加深入人心。各方携手努力，建设持久和平、普遍安全、共同繁荣、开放包容、清洁美丽的世界，这是各国人民期望的美好未来。

《人民日报》（2020年11月23日）

携手创造亚太命运共同体美好未来

国家主席习近平20日晚在北京以视频方式出席亚太经合组织第二十七次领导人非正式会议并发表重要讲话强调，我们要以开启亚太经合组织2020年后的合作愿景为新起点，开启亚太合作新阶段，共同构建开放包容、创新增长、互联互通、合作共赢的亚太命运共同体。

当前，世界和亚太正在经历深刻变革，新冠肺炎疫情加速了这一趋势。亚太合作未来的路怎么走，关乎地区发展，关乎人民福祉，关乎世界未来。铿锵有力的中国声音彰显推动合作共赢的真诚愿望和决心，为亚太地区携手共同发展注入信心和动力。

大时代需要大格局，大格局需要大智慧。习近平主席深刻阐述构建亚太命运共同体理念内涵，为推动亚太经合组织行稳致远、实现亚太地区共同繁荣指明了方向。继续推进区域经济一体化，早日建成亚太自由贸易区；主动把握时代机遇，以创新打造竞争新优势；继续推进落实亚太经合组织互联互通蓝图，实现亚太地区无缝联接……中国方案始终着眼长远，致力于为亚太经济发展注入持久动能。中方强调，亚太经济合作从来不是零和博弈、你输我赢的政治游戏，而是相互成就、互利共赢的发展平台，各方要深化互信、包容、合作、共赢的亚太伙伴关系，秉持共商共建共享理念，这不仅对于战胜疫情至关重要，而且是不断做大亚太合作蛋糕、实现共同繁荣的重要保障。

习近平主席出席2014年亚太经合组织工商领导人峰会开幕式并发表主旨演讲时强调：“我们有责任为本地区人民创造和实现亚太梦想。这个梦想，就是坚持亚太大家庭精神和命运共同体意识，顺应和平、发展、合作、共赢的时代潮流，共同致力于亚太繁荣进步；就是继续引领世界发展大势，为人类福祉作出更大贡献；就是让经济更有活力，贸易更加自由，投资更加便利，道路更加通畅，人与人交往更加密切；就是让人民过上更加安宁富足的生活，让孩子们成长得更好、工作得更好、生活得更好。”中方将继续支持亚太经合组织发展，始终不渝扎根亚太、建设亚太、造福亚太，与各方携手构建亚太命运共同体。

构建亚太命运共同体，中国行动坚定不移。习近平主席宣布中方“积极考虑加入全面与进步跨太平洋伙伴关系协定”，这在有关各方正式签署区域全面经济伙伴关系协定后，进一步提振了全球开放合作的信心。中方还将通过举办包容性贸易和投资研讨会，开展智慧城市案例研究，举办数字减贫研讨会，积极稳妥推进货物“绿色通道”建设等，为破解发展难题贡献中国智慧。中国与地区国家高质量共建“一带一路”，将为亚太互联互通建设搭建更广阔平台，为亚太和世界经济注入更强劲动力。国际社会普遍预期，明年中国将开启全面建设社会主义现代化国家新征程，一定能够与亚太各方实现更大互利共赢。

“浩渺行无极，扬帆但信风。”亚太经合组织是亚太和全球经济合作的先行者、引领者、开拓者，亚太梦想之路通往人类命运共同体的美好明天。本次会议通过的《2040 年亚太经合组织布特拉加亚愿景》承载着实现亚太人民和子孙后代共同繁荣的愿望，只要各方共同朝着开放包容、创新增长、互联互通、合作共赢的方向切实努力，就一定能够共创共享亚太和平繁荣美好未来。

《人民日报》（2020 年 11 月 22 日）

共创共享亚太和世界更加美好的未来

新发展格局绝不是封闭的国内单循环，而是开放的、相互促进的国内国际双循环。中国构建新发展格局，带来的将是更多的合作机遇、更大的合作空间

“让我们携起手来，风雨同舟、守望相助，坚持开放合作，畅通内外循环，共创共享亚太和世界更加美好的未来！”11 月 19 日，习近平主席在北京以视频方式出席亚太经合组织工商领导人对话会并发表题为《构建新发展格局　实现互利共赢》的主旨演讲，强调世界是不可分割的命运共同体，要全面深化抗疫国际合作，推动世界经济复苏，深入阐述中国积极构建新发展格局的世界意义，释放中国坚持对外开放、继续同各国实现互利共赢的积极信息。

中共十九届五中全会审议通过关于制定第十四个五年规划的建议，提出全面建成小康社会奋斗目标将如期实现，明年中国将开启全面建设社会主义现代化国家新征程。连日来，国际社会高度关注中国发展宏伟蓝图，持续热议中国新发展阶段经济社会发展的光明前景，热切期待进一步与中国深化互利合作。

习近平主席积极回应国际社会期待和关切，主动宣介中共十九届五中全会精神，从三个方面阐释中国在新发展阶段发展经济的重要着力点：我们将扭住扩大内需战略基点，畅通国民经济循环；我们将大力推动科技创新，打造经济发展新动能；我们将持续深化改革，充分激发市场活力。国际社会高度关注习近平主席的深入阐释，高度肯定中国作出的战略抉择不仅将为中国经济发展不断提供重要动能、持续推动高质量发展，而且能使中国继续成为世界经济发

展的稳定器和动力源。

当今世界，经济全球化潮流不可逆转，任何国家都无法关起门来搞建设，中国也早已同世界经济和国际体系深度融合。放眼新发展格局，中国与世界的关系只会更加紧密——中国市场潜力将充分激发，为世界各国创造更多需求；中国开放的大门将进一步敞开，同世界各国共享发展机遇；中国的对外合作将不断深化，同世界各国实现互利共赢。中国向世界郑重表明，构建新发展格局，是立足中国自身发展阶段和发展条件，充分考虑经济全球化和外部环境变化所作出的战略抉择。新发展格局绝不是封闭的国内单循环，而是开放的、相互促进的国内国际双循环。中国构建新发展格局，带来的将是更多的合作机遇、更大的合作空间。

事实证明，中国经济发展稳中向好、长期向好的基本面没有变。中国经济保持平稳运行，对世界经济复苏增长的拉动作用正进一步显现。今年前三季度，中国同东盟、欧盟及美国、日本、韩国等国进出口贸易额克服疫情影响逆势上扬；中国企业对“一带一路”沿线国家非金融类直接投资达 130.2 亿美元，同比增长 29.7%。今年 9 月举办的中国国际服务贸易交易会吸引 148 个国家和地区的 2.2 万家企业和机构线上线下参展参会。不久前成功举办的第三届中国国际进口博览会成绩亮眼，累计意向成交 726.2 亿美元，比上届增长 2.1%。中国人均国内生产总值已经突破 1 万美元，有超过 4 亿中等收入人口，许多国际机构预计今年中国商品零售市场规模将达到 6 万亿美元。中国是全球最具潜力的大市场，未来 10 年预计累计商品进口额有望超过 22 万亿美元。中国市场潜力不断激发，将为各国提供更广阔的市场机会，为世界经济稳定发展提供更强劲动力。

2019 年，习近平主席提出构建开放包容、创新增长、互联互通、合作共赢的亚太命运共同体。这一主张准确把握亚太发展大势，明确了人类命运共同体理念在亚太地区落地生根的具体路径。今年，在各方共同参与下，亚太经合组织制定出 2020 年后的宏伟愿景，为未来一个时期亚太经济合作提供了重要指引。亚太各国深化命运共同体意识，把愿景一步步转变为现实，将成为引领世界经济强劲、可持续、平衡、包容增长的重要力量。

风雨同舟、守望相助，可以闯过难关险隘；坚持开放合作、畅通内外循环，可以创造共同繁荣。亚太地区发展和区域经济合作深化，有其深刻的历史必然性，符合亚太各国人民愿望，也必将继续展现出强大生命力。亚太的开放合作不仅激荡着太平洋，也活跃了世界经济的海洋。亚太经合组织各成员理当携手努力，共创共享亚太和世界更加美好的未来。

《人民日报》（2020 年 11 月 20 日）

汇聚金砖合力　共创美好世界

金砖国家只要继续坚决秉持开放包容、合作共赢的金砖精神，不断深化伙伴关系与各领域务实合作，定能为克服全球性挑战、完善全球治理贡献更多金砖力量，让金砖航船驶向更加美好的明天

金砖国家领导人第十二次会晤17日以视频方式举行，中国国家主席习近平出席并发表重要讲话，强调金砖五国要坚持多边主义、团结协作、开放创新、民生优先、绿色低碳，守望相助共克疫情，携手同心推进合作。世纪疫情和百年变局交织，国际格局深刻演变。在这样一个重要时刻，金砖国家共商抗疫合作大计，共绘金砖发展蓝图，具有特殊重要意义。国际社会认为，习近平主席的重要讲话立足当下、前瞻未来，为疫情影响下的世界注入了强大信心和动力。

无论是放在世界发展和国际格局演变的历史进程中来看，还是放在五国各自和共同发展的历史进程中来看，金砖合作都彰显成色十足的鲜明特点。金砖国家的发展壮大，折射出新兴市场国家和发展中国家群体性崛起，带动了国际格局调整的速度、广度、深度，正在从根本上改变世界政治经济版图。当前，新冠肺炎疫情大流行使百年未有之大变局加速演进，人类站在新的十字路口。世界经济陷入深度衰退，单边主义、保护主义、霸凌行径愈演愈烈，治理赤字、信任赤字、发展赤字、和平赤字有增无减。金砖国家领导人第十二次会晤聚焦“深化金砖伙伴关系，促进全球稳定、共同安全和创新增长”，共商抗疫合作大计，共绘金砖发展蓝图，展现团结和担当，能够为世界带来急需的稳定性和确定性。

“我们要坚持多边主义，维护世界和平稳定”“我们要坚持团结协作，合力克服疫情挑战”“我们要坚持开放创新，促进世界经济复苏”“我们要坚持民生优先，推进全球可持续发展”“我们要坚持绿色低碳，促进人与自然和谐共生”，习近平主席从战略高度，观大势、谋大局，强调要为人民福祉着想，秉持人类命运共同体理念，用实际行动为建设美好世界作出应有贡献。

人类社会发展史，就是一部不断战胜各种挑战和困难的历史。百年来最严重的传染病大流行威胁全球公共卫生安全、拖累世界经济，个别国家大搞单边霸凌、“退群毁约”，将疫情政治化、污名化，利用疫情搞“去全球化”，鼓吹“经济脱钩”、“平行体系”，威胁全球治理、干扰全球合作抗疫大局，这些都是当今世界迫切需要解决的问题。“面对多边和单边、公道和霸道之争，金砖国家要坚定维护国际公平正义，高举多边主义旗帜”“我们要推动以团结取代分歧，以理性消除偏见，扫除‘政治病毒’，凝聚起各国携手抗疫的最大合力”“我们要坚定不移构建开放型世界经济，维护以世界贸易组织为核心的多边贸易体制，反对滥用国家安全之名行保护主义之实”……中国主张胸怀天下、立己达人。英国皇家国际问题研究所主席吉姆·奥尼尔认为，习近平主席关于金砖国家要坚定维护国际公平正义、高举多边主义旗帜的重要主张，在当前的国际形势下尤其重要，对金砖国家持续保持发展壮大势头至关重要。

作为金砖合作机制重要成员，中国以实际行动履行大国责任。中方愿积极考虑向有需要的国家提供疫苗；为推动金砖国家疫苗研发中心建设，中方已经设立疫苗研发中国中心；中方将建立金砖国家新工业革命伙伴关系创新基地，开展政策协调、人才培养、项目开发等领域合作；中国愿承担与自身发展水平相称的国际责任，继续为应对气候变化付出艰苦努力；中国将更加积极地融入全球市场，更加主动地深化对外合作，为世界经济复苏发展创造更多机遇和空间……中国携手金砖伙伴不断书写合作新篇章，为建设美好世界而切实行动，赢得广泛赞誉。俄罗斯总统普京表示，中国向全世界展示新冠病毒是可以被战胜的，是其他国家可以效仿的榜样。法国席勒研究所研究员克里斯蒂娜·比埃特认为，中国是金砖合作机制的积极参与者，为全球抗疫斗争作出了重要贡献。

金砖国家是知行合一的行动队。金砖国家只要继续坚决秉持开放包容、合作共赢的金砖精神，不断深化伙伴关系与各领域务实合作，定能为克服全球性挑战、完善全球治理贡献更多金砖力量，让金砖航船驶向更加美好的明天。

《人民日报》（2020年11月19日）

携手迈向共同繁荣的未来

相通则共进，相闭则各退。唯有共同开放、共担责任，才能推动世界共同发展

经济全球化遭遇逆流，保护主义、单边主义上升，世界经济低迷，国际贸易和投资大幅萎缩。在事关全球发展的关键时刻，开放还是封闭，“拉手”还是“松手”，“拆墙”还是“筑墙”，考验智慧，检验担当。

“中国将秉持开放、合作、团结、共赢的信念，坚定不移全面扩大开放，将更有效率地实现内外市场联通、要素资源共享，让中国市场成为世界的市场、共享的市场、大家的市场，为国际社会注入更多正能量。”习近平主席在第三届中国国际进口博览会开幕式上发表主旨演讲，展现中国携手各国在开放中创造机遇、在合作中破解难题的诚意和决心，彰显负责任的大国担当。

相通则共进，相闭则各退。唯有共同开放、共担责任，才能推动世界共同发展。推动共同开放，大国要率先示范，主要经济体要以身作则，发展中国家要积极作为。这是为各国人民谋福祉、为人类共同未来负责任的态度。建设开放新高地，促进外贸创新发展，持续优化营商环境，深化双边、多边、区域合作，中国持续不断向世界传导共同发展的动力，赢得国际赞誉。智利总统皮涅拉指出：“在习近平主席领导下，中国致力于促进世界各国相互理解、积极合作。”

胸怀天下、立己达人。中国在开放中稳健前行。今年，尽管受到新冠肺炎疫情影响，中国扩大开放的步伐仍在加快。全国外商投资准入负面清单由 40 条减到 33 条，自由贸易试验区由 18 个增至 21 个，海南自由贸易港建设总体方案、深圳进一步扩大改革开放的实施方案发布实施，商签高标准自由贸易协定、培育进口贸易促进创新示范区、保护知识产权、高质量共建“一带一路”等举措都取得了积极进展。中国开放的大门越开越大，在实现自身发展的同时，也为世界提供更多发展机遇。

71 年来，中国共产党领导人民创造了世所罕见的经济快速发展奇迹和社会长期稳定奇迹。如今，站在“两个一百年”历史交汇点上，中国发展仍然处于重要战略机遇期，完全有信心、有底气、有能力谱写“两大奇迹”新篇章。日前举行的中共十九届五中全会审议通过了《中共中央关于制定国民经济和社会发展第十四个五年规划和二〇三五年远景目标的建议》，提出坚持实施更大范围、更宽领域、更深层次对外开放，依托中国大市场优势，促进国际合作，实现互利共赢。“建设更高水平开放型经济新体制”“推动共建‘一带一路’高质量发展”“积极参与全球经济治理体系改革”……阔步行进在全面建设社会主义现代化国家新征程上的中国，真诚期望与各国手牵手、肩并肩，共同走互利共赢、共同发展之路。

透过进博会这一窗口，人们尤其能够体会到“共同开放的故事”是如此美好。作为开放合作的重要平台，进博会今年规模更大、“朋友圈”更广。“进博会无疑将为各国发展开拓新空间，分享中国经济复苏及增长带来的发展机遇”“中国市场的进一步开放，将为西班牙企业提供更多机遇”……来自外国政要、企业界的赞誉，代表了各国人民期待共享中国开放红利的强烈意愿。

共同开放，共担责任，共同发展，这是各国人民期待的美好前景。推进合作共赢的共同开放、推进合作共担的共同开放、推进合作共治的共同开放，这是各国携手迈向共同繁荣未来的人间正道。

《人民日报》（2020 年 11 月 8 日）

开放合作的诚意与担当

中国用实际行动和成果告诉世界，坚持正确方向，依靠万众一心的团结合作之力，就能够战胜一切艰难险阻。中国愿同各国一道，坚定信心、增强勇气、共克时艰，共同走出一条在开放中创造机遇、在合作中破解难题的共赢大道

“各国走向开放、走向合作的大势没有改变。我们要携起手来，共同应对风险挑战，共同加强合作沟通，共同扩大对外开放。”11 月 4 日晚，习近平主席在第三届中国国际进口博览会开幕式上发表主旨演讲，为建设开放型世界经济、促进各国共同发展指明方向。

在新冠肺炎疫情大流行使世界经济不稳定不确定因素增多的重要时刻，人类格外需要站在命运与共的高度辨析方向。“我们要致力于推进合作共赢的共同开放”“我们要致力于推进合作共担的共同开放”“我们要致力于推进合作共治的共同开放”——紧紧围绕“共同开放”主旨，深入阐释 3 个“致力于”，习近平主席倡导各国坚持团结合作，共克时艰。这是站立时代潮头、洞察世界大势、对人类未来发展高度负责的深邃思考。中国主张呼应了各国人民的心声，很多国家领导人积极响应。西班牙首相桑切斯表示，面对前所未有的挑战，各国应当在基于规则秩序和稳固的多边主义框架下加强对话与合作。巴布亚新几内亚总理马拉佩强调，单边主义、保护主义不是应对挑战的答案，当前我们比以往更加需要维护多边主义，加强国际合作，共同度过全球面临的困难时期。

肯取势者可为人先，能谋势者必有所成。世界经济面临二战以来最严重的衰退，化解风险挑战、共促世界经济复苏，迫切需要察势、谋势、驭势的智慧。这次疫情告诫我们，各国是休戚与共的命运共同体，重大危机面前没有谁能够独善其身，团结合作是应对挑战的必然选择。“我们要坚持合作共赢理念，信

任而不是猜忌，携手而不是挥拳，协商而不是谩骂，以各国共同利益为重，推动经济全球化朝着更加开放、包容、普惠、平衡、共赢的方向发展”“各国应该同舟共济、各尽其责，而不应该唯我独尊、损人不利己”“不应该任由单边主义、保护主义破坏国际秩序和国际规则，而要以建设性姿态改革全球经济治理体系，更好趋利避害”……弘扬正气、闪耀真理之光的金句振聋发聩，承载着坚定不移的“共同开放”信念。国际社会普遍认为，中国主张切中当前世界经济社会发展亟须解决的重大问题，蕴含着对实现各国共同发展、增进人类共同福祉的不懈追求。塞尔维亚总统武契奇评价，中国提出的倡议理念，正体现了习近平主席常讲的，中国人历来主张“世界大同，天下一家”。

在历史前进的逻辑中前进、在时代发展的潮流中发展，中国始终以自身开放促进世界各国的相互开放、共同开放。日前举行的中共十九届五中全会，明确提出实行高水平对外开放，开拓合作共赢新局面。中国言出必行！中国克服疫情挑战如期举办第三届进博会就是力证；中国在往届进博会上宣布的开放承诺全面落实的基础上，进一步提出建设开放新高地，促进外贸创新发展，持续优化营商环境，深化双边、多边、区域合作等四大举措，更是力证。中国持续扩大开放的大国担当，得到国际社会广泛赞誉。联合国贸易和发展会议秘书长基图伊认为，“中国在全球进口中所占比重持续增加，在未来全球经济走势充满不确定性的情况下，中国已成为世界经济的稳定之源”。

“从历史上看，不管遇到什么风险、什么灾难、什么逆流，人类社会总是要前进的，而且一定能够继续前进。”中国用实际行动和成果告诉世界，坚持正确方向，依靠万众一心的团结合作之力，就能够战胜一切艰难险阻。当前，不论是适应疫情防控常态化还是推动后疫情时代经济复苏，都迫切需要各方拿出开放合作的诚意与担当。中国愿同各国一道，坚定信心、增强勇气、共克时艰，共同走出一条在开放中创造机遇、在合作中破解难题的共赢大道。

《人民日报》（2020 年 11 月 6 日）

改革完善全球治理必须坚持正确方向

时代进步的大趋势不可阻挡，只有团结起来，坚守和平、发展、公平、正义、民主、自由的全人类共同价值，推动构建新型国际关系，推动构建人类命运共同体，才能共同创造世界更加美好的未来

当今世界正经历百年未有之大变局，新冠肺炎疫情全球大流行使这个大变局加速变化。保护主义威胁世界经济发展，单边主义破坏现行国际秩序，霸凌行径挑战国际关系准则，世界和平发展面临现实威胁和挑战。疫情检验着全球治理体系，同时也暴露了全球治理体系中不适应、不匹配的问题。改革和完善全球治理，是国际社会必须解答的一道时代课题。

习近平主席出席联合国成立 75 周年系列高级别会议，本着对人类前途命运高度负责的态度，总结疫情带来的启示，深刻阐明改革和完善全球治理的中国主张：坚持走多边主义道路，维护以联合国为核心的国际体系；秉持共商共建共享原则，推动各国权利平等、机会平等、规则平等，使全球治理体系符合变化了的世界政治经济，满足应对全球性挑战的现实需要，顺应和平发展合作共赢的历史趋势；国家之间有分歧是正常的，应该通过对话协商妥善化解；国家之间可以有竞争，但必须是积极和良性的，要守住道德底线和国际规范；大国更应该有大的样子，要提供更多全球公共产品，承担大国责任，展现大国担当。

“世界上只有一个体系，就是以联合国为核心的国际体系；只有一套规则，就是以联合国宪章为基础的国际关系基本准则。”习近平主席在北京以视频方式会见联合国秘书长古特雷斯时强调。联合国宪章的宗旨和原则不能变，多边主义的旗帜不能变，这是总结 75 年全球治理经验得出的结论，也是未来全球治理体系变革的基调。中方呼吁联合国要主持公道、厉行法治、促进合作、聚焦行动，在联合国旗帜下实现更大团结和进步。这些主张集中体现了国际社会对联合国发挥更大作用的殷切期待。国际舆论称赞，中国主张是应对全球性挑战、改革和完善全球治理的良方，中国行动为各国维护联合国宪章树立了典范。

世界多极化、经济全球化、国际关系民主化的大方向没有改变。在联合国成立 75 周年之际，许多国家领导人和国际机构负责人表示坚定维护多边主义和基于规则的国际秩序，坚持团结合作，以适应 21 世纪需要。在改革和完善全球治理问题上，各方普遍认为应当通过加强国际协调来应对日益增多的全球性挑战和威胁，应当充分照顾发展中国家关切，反映新兴市场国家和发展中国家群体性崛起的国际政治现实。越来越多人认识到，提高发展中国家在联合国的代表性和发言权，有利于使联合国更加平衡地反映大多数国家利益和意愿。国际社会的共同呼声表明，改革和完善全球治理应体现由各国共同维护普遍安全，共同分享发展成果，共同掌握世界命运。单边主义没有出路，多边主义才是破解全球治理赤字的正确选择。

国际关系不能退回到丛林法则的时代，各国应当本着建设性态度完善和加强既有的全球治理体系，而不是搞唯我独尊、退群毁约，更不应制造分裂，隔离脱钩。“各国关系和利益只能以制度和规则加以协调，不能谁的拳头大就听谁的”“任何国家都没有包揽国际事务、主宰他国命运、垄断发展优势的权力，更不能在世界上我行我素，搞霸权、霸凌、霸道”“大国更应该带头做国际法治的倡导者和维护者，遵信守诺，不搞例外主义，不搞双重标准，也不能歪曲国际法，以法治之名侵害他国正当权益、破坏国际和平稳定”……当此事关人类前途命运的历史关头，来自中国的郑重宣示振聋发聩，讲出了绝大多数国家的共同心声，指出了全球治理体系变革的正确方向，凝聚了新共识。英国学者马丁·雅克指出，中国已成为新型全球治理模式的主要推动者。巴西全球南方研究所所长亚历山大·菲格雷多表示，在推动构建人类命运共同体的实践中，中国作用比以往任何时候都重要。

“明者因时而变，知者随事而制。”世界将向何处去，关键看各国今天的抉择。改革和完善全球治理，破解全球治理赤字，必须坚持正确方向。时代进步的大趋势不可阻挡，只有团结起来，坚守和平、发展、公平、正义、民主、自由的全人类共同价值，推动构建新型国际关系，推动构建人类命运共同体，才能共同创造世界更加美好的未来。

《人民日报》（2020 年 10 月 8 日）

共建繁荣、清洁、美丽的世界

宇宙只有一个地球，人类共有一个家园，人与自然是命运共同体。中国主张站在对人类文明负责的高度，尊重自然、顺应自然、保护自然，探索人与自然和谐共生之路，促进经济发展与生态保护协调统一，共建繁荣、清洁、美丽的世界

守护地球家园，是人类共同责任。新冠肺炎疫情全球蔓延，冲击世界经济，再次提醒人们必须深刻反思人与自然的关系，必须以时不我待的紧迫感推动绿色、包容、可持续发展。“人类需要一场自我革命，加快形成绿色发展方式和生活方式，建设生态文明和美丽地球。”习近平主席在出席联合国成立 75 周年系列高级别会议期间就共谋全球生态文明建设作出精辟阐述和重要宣示，为全球生态文明建设树立新标杆。

人类不能再忽视大自然一次又一次的警告，沿着只讲索取不讲投入、只讲发展不讲保护、只讲利用不讲修复的老路走下去。联合国日前发布有关生物多样性的报告指出，世界尚未达到 10 年前设定的保护自然的目标，环境持续恶化正在增加疾病从动物传播给人类的风险。世界气象组织秘书长塔拉斯指出，温室气体浓度已达到了 300 万年来的最高水平，并在持续上升；2016 年至 2020 年已注定成为有记录以来最热的 5 年；新冠肺炎疫情使人们生活的许多方面都受到干扰，但气候变化仍有增无减。联合国秘书长古特雷斯强调，地球升温在继续，必须把从疫情中恢复的过程变成建设更美好未来的机会。

生态兴则文明兴。中国主张站在对人类文明负责的高度，尊重自然、顺应自然、保护自然，探索人与自然和谐共生之路，促进经济发展与生态保护协调

统一，共建繁荣、清洁、美丽的世界。国际社会评价，这是针对气候变暖、生态环境恶化等全球性挑战的标本兼治之策。中国提倡增强建设美丽世界动力、凝聚全球环境治理合力、培育疫后经济高质量复苏活力、提升应对环境挑战行动力。国际社会评价，这些倡议堪为建设全球生态文明的目标、路径、原则。中国呼吁各国树立创新、协调、绿色、开放、共享的新发展理念，抓住新一轮科技革命和产业变革的历史性机遇，推动疫情后世界经济“绿色复苏”，汇聚起可持续发展的强大合力。国际社会评价，这是重要的思想指引，体现了中国致力于绿色发展，构建人类命运共同体的大国担当。

“像保护眼睛一样保护生态环境，像对待生命一样对待生态环境，推动形成绿色发展方式和生活方式”，这是中国坚定的选择，承载着对共建万物和谐的美丽家园的诚挚向往。应当看到，推动形成绿色发展方式和生活方式，是发展观的一场深刻革命。绿水青山就是金山银山的理念以辩证思维看待保护和发展的关系，在中国深入人心并有力指导实践。中国着力统筹山水林田湖草系统治理，优化国土空间开发格局，坚决打好蓝天、碧水、净土保卫战，抓好生态环境保护。塞罕坝“三代共传承，荒漠变林海”，库布其绿进沙退、点沙成金变身“生态经济示范区”……一张蓝图绘到底，一茬接着一茬干，荒山变绿坡、沙海变林场、废矿变湿地的转型案例在中国大地上不断涌现，激人奋进，成为世界眼中的奇迹。国际舆论普遍称赞中国是全球生态文明建设的重要参与者、贡献者和引领者。美国国家人文科学院院士小约翰·柯布指出，中国的生态文明建设，意味着中国关心的不仅是全中国人民的福祉，更是整个人类的可持续发展，“中国是我们的希望”。

作为世界上最大发展中国家，中国愿承担与中国发展水平相称的国际责任，为全球环境治理贡献力量。在提前两年完成 2020 年气候行动目标的基础上，中国宣布将提高国家自主贡献力度，采取更加有力的政策和措施，二氧化碳排放力争于 2030 年前达到峰值，努力争取 2060 年前实现碳中和。中国的郑重承诺，既表明了中国全力推进新发展理念的坚定意志，也彰显了中国愿为全球应对气候变化作出新贡献的明确态度。美国前财政部长亨利·保尔森第一时间发表评论指出，这必将对全球气候治理产生变革性影响。东盟副秘书长康富表示，中国为其他国家树立了榜样。

宇宙只有一个地球，人类共有一个家园，人与自然是命运共同体。面对全球环境风险挑战，各国理当同心协力，抓紧行动，共同保护地球家园，为共建繁荣、清洁、美丽的世界贡献力量。

《人民日报》(2020 年 10 月 7 日)

坚定不移维护和引领经济全球化

客观认识并准确把握经济全球化发展大势是当务之急。各国需要应势而为、勇于担当，携手推动建设一个开放、包容、普惠、平衡、共赢的经济全球化，造福于各国人民

“这场疫情启示我们，经济全球化是客观现实和历史潮流。面对经济全球化大势，像鸵鸟一样把头埋在沙里假装视而不见，或像堂吉诃德一样挥舞长矛加以抵制，都违背了历史规律。”习近平主席出席联合国成立 75 周年系列高级别会议时铿锵有力的论述，深刻阐明经济全球化的“形”与“势”，与世界分享中国行之有效的发展理念，为促进世界经济复苏提供新方案，展现了风雨无阻稳步前进的气魄担当。

受新冠肺炎疫情影响，世界经济面临二战以来最严重的衰退。同时，逆全球化思潮抬头，保护主义盛行，使本已艰难的世界经济雪上加霜，对各国发展构成严峻挑战。客观认识并准确把握经济全球化发展大势是当务之急。

早在 2017 年 1 月，习近平主席就在瑞士达沃斯发表被誉为“冬日暖阳”的重要演讲，指出“要适应和引导好经济全球化，消解经济全球化的负面影响，让它更好惠及每个国家、每个民族”。今年出席联合国成立 75 周年系列高级别会议期间，习近平主席再次强调：“我们不能回避经济全球化带来的挑战，必须直面贫富差距、发展鸿沟等重大问题。”中国主张处理好政府和市场、公平和效率、增长和分配、技术和就业的关系，使发展既平衡又充分，发展成果公平惠及不同国家不同阶层不同人群。中国主张秉持开放包容理念，坚定不移构建开放型世界经济，维护以世界贸易组织为基石的多边贸易体制，旗帜鲜明反对单边主义、保护主义，维护全球产业链供应链稳定畅通。中国方案着眼世界

现实，面向人类未来，既强调有效规避经济全球化带来的风险，又致力于以开放合作推动世界经济复苏发展。

世界又一次站在重要的十字路口，疫情蔓延带来挑战，个别国家鼓吹保护主义、野蛮“脱钩”的行径带来风险。但若全面辩证地看，可以发现正是开放合作支撑起来的经济全球化现实，为团结全球力量共同抗击疫情创造了条件，也必然是疫后世界经济复苏的基石。大量国际观察人士疾呼当前需要“重新挂钩”而不是“脱钩”，经济全球化是任何人都无法使其倒流的浪潮。英国《经济学人》杂志发表题为“新冠肺炎疫情杀死全球化了吗”的文章，强调“一个割裂的世界会让解决全球问题更加困难”。美国外交学会会长理查德·哈斯认为，大规模“去全球化”比疾病本身糟糕得多。牛津大学教授伊恩·戈尔丁发表文章强调，全球化是历史上最具进步意义的力量，给全球化树立高墙挡不住问题，只会妨碍合作。

知者行之始，行者知之成。正如习近平主席所强调：“近来，经济全球化遭遇倒流逆风，越是这样我们越是要高举构建人类命运共同体旗帜，坚定不移维护和引领经济全球化。”中国迅速有效控制住疫情，加快复工复产，依靠自身完整的产业体系和强大生产能力，努力确保全球产业链供应链稳定；中国积极扩大进口，以广阔的国内市场为世界经济复苏发展提供有力支撑；中国不断缩减外商投资准入负面清单，持续优化营商环境，让各国企业看到渡过难关的难得机遇；中国稳步推进高质量共建“一带一路”，让新型经济全球化成果惠及更多国家及其人民……国际社会普遍认为，中国在重大历史关头的正确抉择，昭示着后疫情时代经济复苏发展的希望。

“弄潮儿向涛头立，手把红旗旗不湿。”经济全球化是历史潮流，尽管会出现一些回头浪，但奔腾向前的势头是谁也阻挡不了的。各国需要应势而为、勇于担当，携手推动建设一个开放、包容、普惠、平衡、共赢的经济全球化，造福于各国人民。

《人民日报》（2020年10月6日）

命运与共　团结合作

只有牢固树立人类命运共同体意识，才能实现联合国的各项发展目标，推动人类文明发展进步

新冠肺炎疫情是百年来全球发生的最严重的传染病大流行，全球累计确诊病例已超过 3500 万、死亡病例超过 103 万。疫情给世界带来前所未有的冲击，给未来增添了许多新的不确定因素。面对疫情，需要共同的勇气、共同的面对和共同的努力，因为人类命运与共，世界需要团结合作。这是事关人类前途命运的历史关头，辨析前进方向，是各国需要认真思考也必须作出正确抉择的问题。

“这场疫情启示我们，我们生活在一个互联互通、休戚与共的地球村里。各国紧密相连，人类命运与共。”联合国成立 75 周年之际，习近平主席在联合国这一最重要多边舞台积极倡导构建人类命运共同体，推动世界各国共同应对全球性挑战、努力开创美好未来。中国恢宏的世界胸怀，坚定的大国担当，赢得各方称赞。

道路决定命运，在“世界将向何处去”问题上尤其不能迷失。中国提出忠告，单边主义没有出路，必须坚持共商共建共享，由各国共同维护普遍安全，共同分享发展成果，共同掌握世界命运。中国一再呼吁，摒弃意识形态争论，跨越文明冲突陷阱，相互尊重各国自主选择的发展道路和模式，让世界多样性成为人类社会进步的不竭动力、人类文明多姿多彩的天然形态。“任何国家都没有包揽国际事务、主宰他国命运、垄断发展优势的权力，更不能在世界上我行我素，搞霸权、霸凌、霸道”“靠冷战思维，以意识形态划线，搞零和游戏，既解决不了本国问题，更应对不了人类面临的共同挑战”“任何国家都不能从

别国的困难中谋取利益，从他国的动荡中收获稳定。如果以邻为壑、隔岸观火，别国的威胁迟早会变成自己的挑战”……一系列态度鲜明的论述，明确了构建人类命运共同体必须坚决抵制和反对什么，坚定了各国共同走团结合作的人间正道的信心。

“以天下为己任”，世界需要这样的宽广视野、开放胸襟和积极担当，不断做大共同利益的蛋糕，共享和平与发展成果。5 年前，习近平主席在第七十届联合国大会一般性辩论上就构建人类命运共同体提出“五位一体”的总体路径；3 年前，在联合国日内瓦总部演讲中进一步提出建设“五个世界”的总体布局；在今年的联大会议上，习近平主席结合国际社会对疫情的反思，提出了重要的“四点启示”。联合国秘书长古特雷斯由衷表示，感谢中国一贯给予多边主义和联合国坚定支持，相信中国完全有能力实现自身发展并为世界作出更大贡献。

正如习近平主席所强调：“要超越国家、民族、文化、意识形态界限，站在全人类高度，推动构建人类命运共同体，共同建设好我们赖以生存的地球家园。”中国坚信，无论是抗击新冠肺炎疫情，还是保护生物多样性、促进可持续发展，加快实现性别平等、促进全球妇女事业发展，只有牢固树立人类命运共同体意识，才能实现联合国的各项发展目标，推动人类文明发展进步。中国以实际行动推动构建人类卫生健康共同体、地球生命共同体、网络空间命运共同体、海洋命运共同体等伟大实践，着眼为全人类开创和平发展合作共赢的美好未来，具有强大吸引力和感召力。法国巴黎第八大学地缘政治研究院主任弗里德里克·杜泽指出，中国支持联合国发挥核心作用的一系列重大举措，是推动构建人类命运共同体的生动例证，必将惠及更多国家和人民。

大道至简，实干为要。和平与发展的时代主题没有变，和平、发展、合作、共赢的时代潮流不可逆转。手握历史的接力棒，各国理当作出无愧于人民、无愧于历史的抉择。只有顺应时代潮流，积极推动构建人类命运共同体，才能真正把世界各国人民对美好生活的向往变成现实，共同创造世界更加美好的未来。

《人民日报》（2020 年 10 月 5 日）

和平与发展的世界潮流不会逆转

中国始终站在历史正确的一边，无论前方有怎样的艰难险阻，中华民族伟大复兴的脚步决不会停止，多边主义的人间正道决不会中断，和平发展的世界潮流决不会逆转

2020年的“联合国时间”不寻常，世界迫切期待照亮前路的思想之光、推动前进的行动之力。

习近平主席连续出席联合国成立75周年纪念峰会、第七十五届联合国大会一般性辩论、联合国生物多样性峰会和纪念北京世界妇女大会25周年高级别会议等重要会议，发表了一系列重要讲话。习近平主席站立时代潮头，洞察世界大势，从维护人类共同和长远利益的高度，全面系统回答了后疫情时代人类将面对什么样的世界、中国将为世界发挥什么样的作用、我们需要什么样的国际秩序等重大问题，旗帜鲜明表达了中国将坚定奉行多边主义，坚定维护联合国权威，坚定走和平发展、合作共赢道路，坚定推动构建人类命运共同体等原则立场。

在世界反法西斯战争胜利75周年、联合国成立75周年的重要时间节点，面对新冠肺炎疫情全球大流行叠加世界百年未有之大变局的复杂形势，习近平主席向世界提出中国方案，阐明中国立场，为和平与发展指明前进方向，在全球引起广泛共鸣。联合国秘书长古特雷斯表示，中国在维护世界和平、促进共同发展方面发挥着重要作用。联合国希望同中国继续加强合作，期待中国发挥领导作用。埃及前总理沙拉夫表示，中国以实际行动践行和维护多边主义，展现出负责任大国的担当。

面对新形势新挑战，习近平主席就联合国如何更好发挥作用提出四点建

议，强调后疫情时代联合国应主持公道、厉行法治、促进合作、聚焦行动。结合国际社会对疫情的反思，习近平主席提出重要的“四点启示”。树立人类命运共同体意识、正确看待经济全球化、推动绿色低碳转型、推动全球治理体系改革和完善……针对事关人类发展的根本性问题，中国答案全面系统，构建人类命运共同体思想的理论体系进一步完善。就共建万物和谐的美丽家园，习近平主席提出增强建设美丽世界动力、凝聚全球环境治理合力、培育疫后经济高质量复苏活力、提升应对环境挑战行动力等四条建议。针对当前全球妇女事业面临的挑战，习近平主席提出帮助妇女摆脱疫情影响、让性别平等落到实处、推动妇女走在时代前列、加强全球妇女事业合作等四大主张，并倡议在2025年再次召开全球妇女峰会。国际社会普遍认为，习近平主席阐述的重要主张，将对当前及今后的国际格局演进产生积极和深远的影响。

人类已经进入互联互通的新时代，各国利益休戚相关、命运紧密相连，亟须各国采取负责任、有担当的行动。推动全球抗疫合作，中国再次承诺疫苗研发完成并投入使用后将作为全球公共产品，优先向发展中国家提供；应对气候变化威胁，中国宣布将提高国家自主贡献力度，采取更加有力的政策和措施，二氧化碳排放力争于2030年前达到峰值，努力争取2060年前实现碳中和；支持联合国在国际事务中发挥核心作用，中国将向联合国新冠肺炎疫情全球人道主义应对计划再提供支持，设立第三期中国—联合国粮农组织南南合作信托基金，中国—联合国和平与发展基金将在2025年到期后延期5年，设立联合国全球地理信息知识与创新中心和可持续发展大数据国际研究中心，未来5年内将再向联合国妇女署提供1000万美元捐款……中国为全球抗疫合作注入了新动力，为全球治理体系改革凝聚了新共识，为促进全球经济复苏提供了新方案，为全球生态文明建设树立了新标杆，为全球妇女事业增添了新助力。

“世界正站在一个新的历史起点上。让我们重申对多边主义的坚定承诺，推动构建人类命运共同体，在联合国旗帜下实现更大团结和进步！”这是中国的庄严承诺，也是各国应有的对人类和历史负责的态度。中国始终站在历史正确的一边，无论前方有怎样的艰难险阻，中华民族伟大复兴的脚步决不会停止，多边主义的人间正道决不会中断，和平发展的世界潮流决不会逆转。

《人民日报》（2020年10月4日）

共建万物和谐的美丽家园

作为全球生物多样性保护的重要参与者、贡献者、引领者，中国诚心诚意与国际社会携手同行，加强生物多样性保护、推进全球环境治理。共建万物和谐的美丽世界关乎人类福祉，各国理当持续坚韧努力

“新冠肺炎疫情告诉我们，人与自然是命运共同体。我们要同心协力，抓紧行动，在发展中保护，在保护中发展，共建万物和谐的美丽家园。”9月30日，习近平主席在联合国生物多样性峰会上发表重要讲话，站在对人类文明负责的高度，着眼后疫情时代，就保护生物多样性阐明中方立场，分享中国生物多样性治理和生态文明建设经验，彰显推动全球环境治理、守护地球家园的大国担当。

生物多样性关系人类福祉，是人类赖以生存和发展的重要基础。当前，全球物种灭绝速度不断加快，生物多样性丧失和生态系统退化对人类生存和发展构成重大风险。保护自然生物多样性和生态平衡，实现人类和自然和谐共生，是人类必须协力行动的要务。举行历史上首次联合国生物多样性峰会，探讨保护生物多样性、促进可持续发展的重大课题，具有现实而深远的意义。

习近平主席针对当前挑战提出四点建议：坚持生态文明，增强建设美丽世界动力；坚持多边主义，凝聚全球环境治理合力；保持绿色发展，培育疫后经济高质量复苏活力；增强责任心，提升应对环境挑战行动力。“探索人与自然和谐共生之路”“提升全球环境治理水平”“以自然之道，养万物之生，从保护自然中寻找发展机遇，实现生态环境保护和经济高质量发展双赢”“坚持共同但有区别的责任原则，坚持公平公正惠益分享，照顾发展中国家资金、技术、能力建设方面的关切”……习近平主席揭示人与自然和谐共生的现代化之路，国际社会普遍认为这正是人类可持续发展的必由之路。巴西中国问题研究中心

主任罗尼·林斯表示，习近平主席提出的建议对人类社会实现绿色发展和建设生态文明具有启发性和重要意义。

加强生物多样性保护，是中国生态文明建设的重要内容，也是推动高质量发展的重要抓手。近年来，从党的十八大将生态文明建设纳入中国特色社会主义事业“五位一体”总体布局，到将“树立尊重自然、顺应自然、保护自然的生态文明理念，增强绿水青山就是金山银山的意识”写入党章，再到将生态文明写入宪法，中国始终保持加强生态文明建设的战略定力，探索出以生态优先、绿色发展为导向的高质量发展新路子。习近平主席在讲话中与世界分享中国经验——用生态文明理念指导发展，采取有力政策行动，积极参与全球环境治理。过去10年，中国森林资源增长面积超过7000万公顷，居全球首位；中国长时间、大规模治理沙化、荒漠化，有效保护修复湿地，生物遗传资源收集保藏量位居世界前列；中国90%的陆地生态系统类型和85%的重点野生动物种群得到有效保护……大量事实明证，中国理念深入人心，中国实践成绩卓著，中国为保护生物多样性国际合作提升了信心、注入了动力。

中国是世界上生物多样性最丰富的国家之一，也是《生物多样性公约》及其有关议定书的重要参与者与推动者，率先签署和批准《生物多样性公约》，始终在建设性推动全球生物多样性治理的最前线。英国《自然》杂志日前发表社论指出，中国在全球生物多样性治理中发挥着关键作用。中国将于明年在昆明举办《生物多样性公约》第十五次缔约方大会，同各方共商全球生物多样性治理新战略。“生态文明：共建地球生命共同体”既是昆明大会的主题，也是人类对未来的美好寄语。作为昆明大会主席国，中方在生物多样性治理和生态文明建设方面的经验备受重视。联合国《生物多样性公约》秘书处代理执行秘书伊丽莎白·穆雷玛的看法颇具代表性——“中国始终愿意与各国分享经验、互学互鉴，这无疑有利于促进全球生物多样性保护进一步发展。”

面对全球环境风险挑战，各国是同舟共济的命运共同体，单边主义不得人心，携手合作方为正道。作为全球生物多样性保护的重要参与者、贡献者、引领者，中国诚心诚意与国际社会携手同行，加强生物多样性保护、推进全球环境治理。共建万物和谐的美丽世界关乎人类福祉，各国理当持续坚韧努力。

《人民日报》（2020年10月2日）

始终做多边主义的践行者

中国重申始终做多边主义的践行者，积极参与全球治理体系改革和建设，坚定维护以联合国为核心的国际体系，坚定维护以国际法为基础的国际秩序，坚定维护联合国在国际事务中的核心作用。这是以天下为己任的襟怀，是当今世界格外需要的担当，是联合国新征程不可或缺的力量

当今世界正经历百年未有之大变局，突如其来的新冠肺炎疫情对全世界是一次严峻考验。站在这样的历史关头纪念联合国成立75周年，历史意涵格外深远。

世界需要一个什么样的联合国？在后疫情时代，联合国应该如何发挥作用？人类需要辨明方向。9月21日，习近平主席在联合国成立75周年纪念峰会上发表重要讲话，回顾联合国走过的不平凡历程，阐明发挥联合国作用的中国主张，发出支持联合国事业、捍卫多边主义的中国强音。国际舆论普遍认为，习近平主席的重要讲话指明了践行多边主义、构建人类命运共同体的正确方向，为各国在联合国旗帜下实现更大团结和进步注入了信心。

弗忘上个世纪前半叶人类两度身历惨不堪言的战祸，以和平为己任、以发展为目标、以公平为要义的联合国，书写了世界和平与发展的篇章。75年来，人类社会迅速发展，国际形势深刻变化，多边主义快速发展。应当清醒认识到，国际上的事需要大家商量着办，在全球性挑战面前需要同舟共济。当前，保护主义、单边主义、霸权主义行径抬头，冲击国际秩序，破坏国际合作。全球性威胁和挑战需要强有力的全球性应对，多边主义必须得到维护，联合国作用必须得到加强。

基于对当今国际形势的深入分析、对联合国初衷使命的准确把握，习近平主席提出4点重要建议：主持公道、厉行法治、促进合作、聚焦行动。“任何

国家都没有包揽国际事务、主宰他国命运、垄断发展优势的权力，更不能在世界上我行我素，搞霸权、霸凌、霸道”“各国关系和利益只能以制度和规则加以协调，不能谁的拳头大就听谁的”“以对话代替冲突，以协商代替胁迫，以共赢代替零和”“践行多边主义，不能坐而论道，而要起而行之，不能只开药方，不见疗效”……习近平主席指明了促进世界和平与发展、建设和谐合作的国际大家庭的方向。国际社会公认，中国主张契合了世界应对现实挑战的迫切需要，彰显了凝聚共识、鼓舞行动的思想力量。恰如俄罗斯科学院世界经济与国际关系研究所学者谢尔盖·卢科宁所观察，中国致力于建设更加公正的国际秩序，致力于创造更为公平、均衡的发展机会，中国坚定践行多边主义、改善全球治理的主张赢得广泛支持。

中国是第一个在联合国宪章上签字的国家，是联合国创始会员国，也是安理会常任理事国中唯一一个发展中国家。中国加入了几乎所有普遍性政府间国际组织，加入了 500 多项国际公约；中国参与 30 余项维和行动，累计派出 4 万余人次维和人员；中国积极推动抗疫国际合作，宣布一系列构建人类卫生健康共同体的重要举措……中国忠实履行国际义务，严格恪守国际承诺，积极践行联合国的崇高理想。近年来，中国倡导的构建人类命运共同体理念、共建“一带一路”倡议、共商共建共享原则等已被多次写入联合国文件。联合国秘书长古特雷斯高度评价：“中国是联合国事业的坚定支持者和主要参与者，也是国际合作和多边主义的支柱，发挥着核心作用。”

站在新的历史起点，联合国寄托着 70 多亿人民对美好生活的向往。联合国成立 75 周年纪念峰会通过《纪念联合国成立 75 周年宣言》，强调多边主义和国际合作的重要性。联合国同日发布的由 100 多万人参加的全球对话活动报告显示，87% 的受访者认为全球合作对应对当今挑战至关重要。

各国利益休戚相关，命运紧密相连。中国重申始终做多边主义的践行者，积极参与全球治理体系改革和建设，坚定维护以联合国为核心的国际体系，坚定维护以国际法为基础的国际秩序，坚定维护联合国在国际事务中的核心作用。这是以天下为己任的襟怀，是当今世界格外需要的担当，是联合国新征程不可或缺的力量。

《人民日报》（2020 年 9 月 23 日）

为世界和平出征

——瞩目中国军队参加联合国维和行动三十年①

和平需要争取，和平需要维护。中国愿同所有爱好和平的国家携手努力，让和平与正义之光照亮世界每一个角落

9 月 18 日，国务院新闻办公室发布《中国军队参加联合国维和行动 30 年》白皮书，回顾中国军队参加联合国维和行动 30 年来的光辉历程、坚定实践和重要贡献，展示中国军队全面落实习近平主席出席联合国维和峰会时宣布的承诺，介绍新时代中国军队维护世界和平的理念和行动，深入阐明中国军队为世界和平出征，是和平之师、正义之师、文明之师，是服务构建人类命运共同体的坚定力量。

正如习近平主席所指出："和平是人类共同愿望和崇高目标。联合国维和行动为和平而生，为和平而存，成为维护世界和平与安全的重要途径。维和行动给冲突地区带去信心，让当地民众看到希望。"始于 1948 年的联合国维和行动，旨在帮助遭受冲突的国家创造实现持久和平的条件。70 多年来，联合国维和人员在世界上最为艰苦和危险的地区无私地奉献与牺牲，"蓝盔"成为战乱地区和平与希望的象征。实践充分证明，联合国维和行动在避免新的世界大战爆发、遏制局部冲突升级、纾解人道主义灾难、促进世界和平与发展方面发挥了重要和不可替代的作用。正如一位中国维和战士在日记中所写："如果有人问我们为什么要跑那么远，到那么危险的地方去维和，请告诉他，因为我们要维护人类文明的底线。"

中国军队是联合国维和行动关键力量。1990 年 4 月，中国军队向联合国停战监督组织派遣 5 名军事观察员，开启了中国军队参加联合国维和行动的历程。从最初的军事观察员，发展到工兵分队、医疗分队、运输分队、直升机分队、警卫分队、步兵营等成建制部队以及参谋军官、军事观察员、合同制军官等维和军事专业人员，中国维和官兵的足迹遍布柬埔寨、刚果（金）、利比里亚、苏丹、黎巴嫩、塞浦路斯、南苏丹、马里、中非等 20 多个国家和地区。30 年来，一批又一批中国维和军人前赴后继、向险而行，为世界和平英勇出征、砥砺前行，先后参加 25 项联合国维和行动，累计派出维和官兵 4 万余人次，16 名中国官兵因此献出了宝贵生命。今年 8 月，2521 名中国官兵在 8 个维和特派团和联合国总部坚守岗位、执行任务。中国积极参加联合国维和行动，是联合国第二大维和摊款国和会费国，安理会常任理事国第一大出兵国。联合国副秘书长阿图尔·哈雷强调："中国在联合国维和行动中发挥着独特和关键作用，没有中国这样的会员国支持，联合国维和行动不可能取得今天这样的成就。"

中国军队参加联合国维和行动，源于中华民族的和平基因，源于中国人民的天下情怀，源于人民军队的根本宗旨，源于中国的大国担当。以履行大国担当、维护世界和平、服务构建人类命运共同体为初心和使命，中国军队在战乱地区监督停火、稳定局势、保护平民、安全护卫、支援保障、播撒希望，赢得国际社会广泛赞赏。肯尼亚军官鲁根多说："危难时，中国军队不仅带来安全，更带来温暖。"黎巴嫩辛尼亚村村长卡萨姆感慨道："像中国维和部队这样真诚帮助我们的不多。东方朋友对我们的帮助是全方位的，是不夹杂任何私心的，中国维和军人是和平使者的典范。"一位联合国官员评价说："在中国维和军人的身上，我们看到了中华民族最伟大的优点：善良和智慧。感谢中国让世界更美好！"

今年是中国人民抗日战争暨世界反法西斯战争胜利 75 周年，也是联合国成立75周年。在这个富含历史意蕴的年份回顾中国"蓝盔"走过的不平凡历程，更加彰显中国始终是世界和平的建设者、全球发展的贡献者、国际秩序的维护者，中国军队始终是世界和平与发展的正义力量。和平需要争取，和平需要维护。中国愿同所有爱好和平的国家携手努力，让和平与正义之光照亮世界每一个角落。

《人民日报》（2020 年 9 月 19 日）

带给世界更多信心和希望

——瞩目中国军队参加联合国维和行动三十年②

中国坚定不移走和平发展道路，也希望各国都走和平发展道路，愿意携手各国共同维护世界和平与发展

2015 年 9 月 28 日，中国国家主席习近平出席联合国维和峰会，宣布支持联合国维和行动的 6 项承诺。国务院新闻办近日发布《中国军队参加联合国维和行动 30 年》白皮书，首次详细介绍 5 年来中国政府和军队坚决贯彻落实习近平主席决策部署，言必信、行必果，以实际行动履行相关承诺，向世界表明中国作为负责任大国的担当，展现中国在联合国维和行动中的新作为新贡献。

中国以实际行动践行维护世界和平的庄严承诺，为联合国维和行动作出重要贡献。8000 人规模维和待命部队和 300 人规模常备维和警队在联合国完成注册，6 支维和待命分队晋升为三级待命部队；先后派遣 25 批维和工兵和医疗分队共 7001 人，参加在刚果（金）、南苏丹、苏丹达尔富尔、马里、黎巴嫩的维和行动；通过举办专业培训为 60 多个国家训练维和人员 1500 余人，通过开展扫雷援助项目为多国培训扫雷人员 300 余人，中国公安部培训多国维和警务人员 1000 余人；积极落实对非盟 1 亿美元无偿军事援助，支持非洲常备军和危机应对快速反应部队建设；派出首支维和直升机分队；中国—联合国和平与发展基金安排 23 个项目 1000 多万美元用于支持联合国维和行动……中国军队以服务构建人类命运共同体为目标，加大对联合国维和行动的支持和参与力度，为冲突地区实现和平发展带去更多信心和希望。

新时代的中国军队，已经成为联合国维和行动的关键因素和关键力量，为世界和平与发展注入更多正能量。联合国秘书长古特雷斯称赞：“中国维和官兵选拔培训坚持最高标准，他们在执行维和任务期间严格遵守联合国工作规范和纪律要求，展现了过硬的专业素质和职业操守，受到各方高度评价。”第七十四届联合国大会主席穆罕默德—班迪说：“在人员和资金方面，中国在联合国维和行动中发挥的作用越来越大。”联合国秘书长军事顾问罗伊特中将表示：“中国对维和行动的贡献值得大书特书。没有中国举轻若重、至关重要的支持，肯定没有联合国维和行动现在取得的成功。”

世界和平需要各国共同维护，维和行动需要多方加强合作。参加联合国维和行动以来，中国军队秉持互惠互信、合作共赢原则，先后与 90 多个国家、10 多个国际和地区组织开展维和交流与合作，增进相互了解，交流经验做法，加强务实合作，密切双多边关系，不断提升维和能力。中国不断加强战略沟通，凝聚维和共识；分享经验做法，贡献中国智慧；深化联演联训，共同提升能力。中国成为国际社会公认的“支持维和行动与多边主义的重要力量”，充分体现出中国支持联合国事业、支持世界和平与发展事业、坚持共商共建共享的全球治理观和维护多边主义的坚定决心。

“和平犹如空气和阳光，受益而不觉，失之则难存。”尽管当今世界正经历百年未有之大变局，单边主义、霸权主义和强权政治冲击国际秩序，破坏国际合作，人类面临着日益严峻、不断增多的风险和挑战，但和平与发展仍是时代主题。站在重要历史节点展望未来，人类更需倍加珍惜、加倍呵护来之不易的和平。中国坚定不移走和平发展道路，也希望各国都走和平发展道路，愿意携手各国共同维护世界和平与发展。正如白皮书所指出：中国军队将一如既往支持联合国维和行动，履行守护和平的庄严承诺，给冲突地区带去更多信心，让当地人民看到更大希望。

《人民日报》（2020 年 9 月 21 日）

推动构建人类命运共同体
——瞩目中国军队参加联合国维和行动三十年③

世界和平不可分割，人类命运休戚与共。参加联合国维和行动 30 年来，中国军队以实实在在的行动让和平之光照亮世界，为发展营造和平稳定的环境，把温暖、爱心和友谊传递到四面八方。正如国务院新闻办近日发布的《中国军队参加联合国维和行动 30 年》白皮书所宣示的：履行大国担当、维护世界和平、服务构建人类命运共同体，始终是中国军队参加联合国维和行动的初心和使命。

命运与共，是中国维和官兵经历汗与泪、血与火考验熔铸的坚定信念。“大千世界，我也许只是一根羽毛，但我也要以羽毛的方式承载和平的心愿。”中国维和女警察和志虹生前在日记中写下的话，既是中国维和人员天下情怀的体现，也是他们捍卫世界和平的誓言。迎着朝霞出发、披着星光归营，在枪声中入睡、在炮声中惊醒，哪里有任务，哪里就有中国维和军人迎难而上的身影。30 年来，中国军队参加 25 项联合国维和行动，累计派出维和官兵 4 万余人次，16 名官兵献出了宝贵的生命。中国维和官兵用汗水和青春浇灌美丽的和平之花，用热血和生命撑起和平的蓝天。

发展和安全并重，标本兼治解决冲突根源，和平才可持续。中国军队在维和行动中，既为冲突国家和地区创造安全稳定环境，也积极参与医疗卫生、人道救援、环境保护、民生发展、社会重建等工作，提供更多公共服务产品，努力为当地人民点亮发展的希望。30 年来，中国军队累计新建和修复道路 1.7 万多千米、桥梁 300 多座，排除地雷及未爆炸物 1.4 万余枚，完成大量平整场地、维修机场、搭建板房、构筑防御工事等工程保障任务，累计接诊救治病人、抢救伤员 24.6 万余人次。在极度贫水的苏丹达尔富尔，中国工兵分队给水官兵克服重重困难，先后在当地打井 14 口，有效缓解当地人民的饮水难题。联合国负责维和事务的副秘书长让—皮埃尔·拉克鲁瓦指出：“中国维和人员保护平民、维护治安、开展基建、改善民生，为世界和平发展作出了巨大贡献。”

中国维和官兵不仅是和平的守护人，还是友谊的传播者。中国赴刚果（金）医疗分队与驻地布卡武市“国际儿童村”结成对子，用真情传递爱心和温暖，中国女官兵被孩子们亲切称作“中国妈妈”，这一爱心接力棒已经接续 17 年，在当地传为佳话。中国赴南苏丹维和部队向当地人民传授农业技术、赠送农具菜种，建起“蓝盔农场”，满足自身需求的同时还向当地人免费供应。中国赴黎巴嫩维和部队组织开设中国文化和汉语课程，传播中国“和文化”，深受当地学生欢迎。中国维和官兵以亲身实践证明，文明差异不应该成为世界冲突的根源，文明互鉴可以成为推动人类社会进步的动力、维护世界和平的纽带。

中国积极参加联合国维和行动，是携手各国推动构建人类命运共同体的应有之义。当今世界正经历百年未有之大变局，新冠肺炎疫情全球大流行使这个大变局加速变化，国际安全形势不稳定性不确定性增加，世界和平面临多元威胁。中国军队将继续加大联合国维和行动参与力度，全面提升维和能力，忠实履行使命任务，为维护世界和平作出更大贡献。中国推动完善维和行动体系，标本兼治解决冲突根源。中国坚持共商共建优势互补，构筑新型维和伙伴关系。中国支持改进安理会维和授权，全面提升维和行动效能。中国支持充分发挥能力待命机制作用，提高快速反应水平。中国主张积极应对多种风险威胁，切实保障维和人员安全。

“为维和而行动”，这是联合国发出的倡议，各国理当积极响应。无论国际风云如何变幻，中国都将同所有爱好和平的国家一道，坚定捍卫和践行多边主义，坚定维护以联合国为核心的国际体系，坚定维护以联合国宪章宗旨和原则为基石的国际关系基本准则，推动构建人类命运共同体，携手建设更加美好的世界。

《人民日报》（2020 年 9 月 25 日）

同解时代命题　共促和平发展

当今世界，和平、发展、合作、共赢仍是不可逆转的时代潮流，中国顺应大趋势，凸显大担当。中国国家主席习近平将应邀以视频方式出席联合国成立75周年系列高级别会议并发表重要讲话，备受世界瞩目。在联合国成立75周年的特殊历史节点和新冠肺炎疫情全球大流行使百年未有之大变局加速演进的关键时刻，国际社会应当着眼“后疫情时代”，共同厘清人类将面对什么样的世界、世界需要什么样的联合国等重大问题；国际社会普遍期待中国智慧，赞赏中国坚定支持联合国事业、坚定维护对多边主义和以联合国宪章宗旨和原则为核心的国际秩序和国际体系。

5年前的金秋，习近平主席赴纽约联合国总部出席联合国成立70周年系列峰会，首次登上联合国讲坛，站在历史高度，把握时代脉搏，面向人类未来，深刻阐释中国对国际秩序以及攸关人类前途命运的政策主张，提出一系列务实合作倡议和举措，为国际关系发展带来新的气象，为维护世界和平贡献新的力量，为促进全球发展提供新的方案，在国际关系史册留下浓墨重彩的一页。中国理念、中国方案深入人心，引起广泛共鸣。

5年来，中国坚定不移推动建设相互尊重、公平正义、合作共赢的新型国际关系，推动构建人类命运共同体，携手各国共建“一带一路”，为世界和平与发展作出重要贡献。中国与180个国家建立外交关系，同110余个国家和国际组织建立了不同形式的伙伴关系；中国同138个国家和30个国际组织签署200份共建“一带一路”合作文件，共同开展了超过2000个合作项目。正如英国学者马丁·雅克所观察：“中国提供了一种‘新的可能’，这就是摒弃丛林法则、不搞强权独霸、超越零和博弈，开辟一条合作共赢、共建共享的文明发展新道路。这是前无古人的伟大创举，也是改变世界的伟大创造。”

5 年来，中国积极支持联合国事业，习近平主席在联合国成立 70 周年系列峰会上宣布的有关重大倡议和举措已全部落实。中国 8000 人规模维和待命部队和 300 人规模常备维和警队在联合国完成注册；中国—联合国和平与发展基金开展 80 多个项目，使用资金规模 6770 万美元；帮助发展中国家发展经济、改善民生的“6 个 100”项目超额完成；南南合作援助基金在 30 多个发展中国家实施 80 余个项目……实实在在的举措，充分说明中国始终做世界和平的建设者、全球发展的贡献者、国际秩序的维护者。联合国秘书长古特雷斯强调，中国的支持对多边主义至关重要，期待中国在国际事务中发挥重要领导力。

当前，新冠肺炎疫情全球大流行使百年未有之大变局加速演进。世界经济陷入深度衰退，保护主义、单边主义和霸凌行径抬头，个别国家和政治势力急于“甩锅”“脱钩”“退群”，破坏国际合作，企图挑起意识形态和社会制度对抗，使世界陷入危险境地。面对诸多共同挑战，人类站在新的十字路口。“世界怎么了、我们怎么办”，各国需要共同回答时代之问。联合国成立 75 周年纪念活动以“我们想要的未来，我们需要的联合国：重申我们对多边主义的集体承诺”为主题，具有重要现实意义。

越是关键时刻，越要认清历史大势，看清时代潮流，加强和完善全球治理，以全球之力应对全球挑战。应该看到，和平与发展仍是当今时代主题，新兴市场国家和发展中国家振兴的大势没有改变，世界走向多极化的大势没有改变，经济全球化在曲折中前行的大势也没有改变。联合国以和平为己任、以发展为目标、以公平为要义，正是号召力、凝聚力、影响力之所在。纪念中国人民抗日战争暨世界反法西斯战争胜利 75 周年之际，中国真诚携手世界各国，共同推动联合国重整行装再出发，这是坚定站在历史正确的一边的正义抉择。

“大道之行也，天下为公。”时间为证，作为联合国创始会员国和第一个在联合国宪章上签字的国家，中国始终不惧风雨、不畏险阻，积极践行联合国的崇高理想，不断促进人类和平与发展的伟大事业，以实际行动推动构建人类命运共同体。

《人民日报》（2020 年 9 月 17 日）

让各国人民共享服务贸易增长成果

9月4日，习近平主席在2020年中国国际服务贸易交易会全球服务贸易峰会上致辞，就服务业开放合作提出中国倡议，宣示了中国同各国携手努力、共克时艰，共同促进全球服务贸易发展繁荣，推动世界经济尽快复苏的决心和信心。

当今世界正在经历百年未有之大变局。新冠肺炎疫情全球大流行使这个大变局加速变化，经济全球化遭遇逆流，保护主义、单边主义上升，世界经济低迷，国际贸易和投资大幅萎缩，给人类生产生活带来前所未有的挑战和考验。与此同时，新一轮科技革命和产业变革孕育兴起，带动了数字技术强势崛起，促进了产业深度融合，引领了服务经济蓬勃发展。世界贸易组织发布的《2019年世界贸易报告》显示，服务业已成为全球经济的支柱性产业，从物流、金融到信息处理，服务业是经济活动中不可或缺的要素。在此背景下，助力服务业开放合作成为推动发展的重要力量。习近平主席提出，要共同营造开放包容的合作环境、共同激活创新引领的合作动能、共同开创互利共赢的合作局面。3点倡议顺应经济全球化潮流，着眼世界经济长远发展大势，旨在同各国深化合作、凝聚共识，携手开创“全球服务、互惠共享”的美好未来。

中国是全球服务贸易增长的重要贡献者。近年来，中国以更开放的姿态推动服务贸易高质量发展，主动扩大服务进口，为全球服务贸易发展创造了巨大的市场，为推动全球经济开放、包容增长作出了突出贡献。2019年，中国服务贸易进出口额达5.4万亿元人民币，连续6年位居世界第二位。习近平主席在致辞中指出，中国将建立健全跨境服务贸易负面清单管理制度，推进服务贸易创新发展试点开放平台建设；拓展特色服务出口基地，发展服务贸易新业态新模式；建立和培育政府间、国际组织、商协会及企业间多样化伙伴关系，支持组建全球服务贸易联盟；支持北京打造国家服务业扩大开放综合示范区，构建京津冀协同发展的高水平开放平台，带动形成更高层次改革开放新格局……一系列新举措新倡议再次彰显了中国继续扩大开放的积极行动以及推动全球经济开放、包容增长的大国担当。

经济全球化背景下，各国经济彼此依存，利益交融前所未有，以诚相待、普惠共享是根本之计。疫情的全球蔓延，导致世界经济严重衰退，国际需求大幅萎缩，全球贸易面临严峻形势。世界贸易组织最新数据显示，今年第三季度全球货物贸易量持续大幅下滑。该组织认为，尽管全球贸易出现部分复苏迹象，但复苏力度具有高度不确定性，今年全球贸易缩水幅度可能接近 13%。面对如此严峻的形势，加强服务贸易发展对接，创新合作方式，深化合作领域，积极寻求发展利益最大公约数，不断做大“蛋糕”，是促进世界经济增长、使各国人民共享服务贸易增长成果的重要之道。世界贸易组织副总干事易小准表示，共抗疫情再次凸显在今天这个高度连接的世界中，国际合作至关重要，我们比以往任何时候都更需要通过国际合作为服务贸易创造有利的环境。

“突如其来的新冠肺炎疫情，在一段时间内阻隔了我们的相聚，但阻挡不了服务贸易发展的脚步，阻断不了我们携手共进、合作共赢的信心和行动！”在全球范围疫情尚未得到全面控制，各国都面临着抗疫情、稳经济、保民生的艰巨任务之时，2020 年服贸会发挥的平台与桥梁作用更显意义非凡。以坚定的步伐走出人类历史上这段艰难时期，共同迎接世界更加美好的未来，这是中国人民和世界各国人民的共同心愿。世界共同见证，中国与各国携手，竭诚努力为深化服务贸易和投资合作、增强经济社会发展活力贡献智慧和力量。

《人民日报》(2020 年 9 月 8 日)

始终做全球共同开放的重要推动者

从广交会的“中国制造”到进博会的“中国市场”，再到服贸会的“中国服务”，中国坚定不移扩大对外开放的足音铿锵有力，诠释着什么才是站在历史正确的一边，展示出既发展自己也造福世界的胸怀

2020年中国国际服务贸易交易会全球服务贸易峰会将于9月4日晚在北京举行。中共中央总书记、国家主席、中央军委主席习近平将通过视频方式在峰会上致辞。本届服贸会是新冠肺炎疫情发生以来中国第一次在线下线上并举的重大国际经贸活动，备受世界瞩目。服务贸易是当今国际贸易中最具活力的部分，是世界经济增长潜力所在。当此世界经济面临深度衰退的关键时刻，中国唱响“全球服务，互惠共享”主题，让世界进一步看到了中国坚定不移扩大对外开放的信念和决心，感知中国对外开放向更高水平迈进、不断推进同世界各国共同发展之势。

“服务贸易发展前景广阔、潜力巨大，我们应该抓住机遇，携手开创‘全球服务、互惠共享’的美好未来。”习近平主席曾向2019年中国国际服务贸易交易会致贺信，指明了共同促进全球服务贸易繁荣发展的方向。当前，世界经济总产出的六成来自服务业，占全球出口总额20%的服务出口贡献了全球外贸增加值的近一半，服务业和服务贸易已成为世界经济新引擎。正如世界可持续发展工商理事会主席兼首席执行官彼得·巴克所言，2020年服贸会在关键时刻举办，将促进全球贸易，增强人们对经济复苏的信心，世界充满期待。

书写“全球服务、互惠共享”的故事，更见中国经济发展的稳定红利尤其珍贵。过去6年，服贸会累计吸引184个国家和地区、近300家国际组织和境外商协会、1万余家次企业参展，实现意向成交额5293.3亿美元。从首届

展览面积 5 万平方米，到第六届的 16.5 万平方米；意向成交额从首届的 601.1 亿美元到第六届的 1050.6 亿美元，屡创新高。服贸会的发展历程，正是中国与世界持续分享经济发展红利的历程。今年，中国统筹疫情防控和经济社会发展取得显著成效，第二季度经济同比增长 3.2%，惠誉、穆迪等机构近期纷纷上调中国经济增长预期，世界更加看重搭乘中国发展的快车。今年服贸会展览面积约 20 万平方米，共计 1.8 万家境内外企业和机构注册参展参会——服务贸易前 30 强国家和地区均有企业和机构参展参会，399 家世界 500 强企业的总部或分公司参展参会。事实充分说明，世界看重中国提供的历史性发展机遇。

书写“全球服务、互惠共享”的故事，更见中国扩大开放的行动不断推进。中国不断深化同各国的服务贸易投资合作，促进贸易和投资自由化便利化。服贸会是全球服务贸易领域规模最大的综合性展会，也是中国服务业对外开放的重要窗口。中国上个月印发《全面深化服务贸易创新发展试点总体方案》，将试点地区从 17 个扩围至 28 个，说明扩大服务业对外开放也是中国推进高水平开放的重要举措。从广交会的“中国制造”到进博会的“中国市场”，再到服贸会的“中国服务”，中国坚定不移扩大对外开放的足音铿锵有力，诠释着什么才是站在历史正确的一边，展示出既发展自己也造福世界的胸怀。

书写“全球服务、互惠共享”的故事，更见中国顺应大势维护自由贸易的大国担当。当前，经济全球化遭遇逆流，单边主义、保护主义抬头。但应该看到，经济全球化是历史潮流，尽管会出现一些回头浪，但奔腾向前的势头谁也阻挡不了。国际经济联通和交往仍是世界经济发展的客观要求，开放合作才是为全球发展负责之举。作为全球最大货物贸易国和第二大服务贸易国，中国始终是全球共同开放的重要推动者。中国携手各国共同促进服务贸易繁荣发展，正是坚定支持多边贸易体制，推动经济全球化朝着更加开放、包容、普惠、平衡、共赢方向发展的重要举措。

随着 2020 年服贸会的大幕开启，世界更加期待维护多边贸易体制、推动全球贸易发展的共识和行动。人们更加相信，中国的更高水平开放将有力推动建设开放型世界经济，造福世界各国人民。

《人民日报》（2020 年 9 月 4 日）

扬起共同发展的风帆

只要各成员携手努力，亚投行必将不负使命、不负时代、不负众托，在为世界创造更多发展机遇的同时，为构建人类命运共同体作出更大贡献

7月28日，习近平主席在亚洲基础设施投资银行第五届理事会年会视频会议开幕式上致辞。习近平主席提出一系列重要指导意见，倡导聚焦共同发展、勇于开拓创新、创造最佳实践、坚持开放包容，把亚投行打造成推动全球共同发展的新型多边开发银行、与时俱进的新型发展实践平台、高标准的新型国际合作机构和国际多边合作新典范。国际社会普遍感到，中国期望继续同各成员一道支持亚投行、办好亚投行的决心，为亚投行未来发展和国际社会应对风险挑战、实现共同发展注入了强大信心。

“亚投行朋友圈越来越大、好伙伴越来越多、合作质量越来越高，在国际上展示了专业、高效、廉洁的新型多边开发银行的崭新形象。”习近平主席从倡导多边主义、促进成员共同发展、推动构建人类命运共同体的高度，充分肯定亚投行的运营成绩。作为国际经济治理体系的新成员，亚投行从最初57个创始成员，到今天拥有来自六大洲的103个成员，批准87个项目，涉及24个经济体，投资总额近200亿美元，充分展现推动基础设施建设和互联互通的活力和潜力。亚投行的成功充分说明，实现共同发展是世界各国的普遍愿望，推动共同发展是顺应大势的正义事业。

面对新冠肺炎疫情冲击，亚投行充分展现行动力。今年4月，亚投行迅速设立应急基金，为成员紧急公共卫生需求提供资金支持，为受到疫情严重影响的基础设施项目及其他生产性领域提供融资。该基金初始额度为50亿美元，现已追加至130亿美元，目前已获批准的项目达16个，总金额超59亿美元，惠及 12 个国家。人类是休戚与共、风雨同舟的命运共同体，唯有相互支持、团结合作才是战胜危机的人间正道。亚投行在全球抗疫中的担当和作为，正是构建人类命运共同体的生动实践。把亚投行打造成促进成员共同发展、推动构建人类命运共同体的新平台，是各成员的普遍共识和心愿。人们相信，亚投行顺势而为、应势而变，坚持高标准、高质量，坚持共商共建共享原则，将有利于提供更多区域和全球公共产品，为促进亚洲及其他地区经济社会发展提供新动力。

中国始终支持多边主义、践行多边主义，以开放、合作、共赢精神同世界各国共谋发展。中国倡导坚持共商共建共享原则，顺应世界经济格局调整演变趋势，同更多发展伙伴开展合作，提供区域和全球公共产品，推动区域经济一体化，推动经济全球化朝着更加开放、包容、普惠、平衡、共赢的方向发展。中国 2013 年倡议成立亚投行，并始终关心、支持亚投行的发展，以实际行动彰显维护多边主义、完善全球治理、促进共同发展的大国担当。当前，国际形势的不稳定性不确定性更加突出，人类面临的全球性挑战更加严峻，更需世界各国齐心协力、共同应对。中国始终秉持人类命运共同体理念，努力为世界注入更多稳定性和确定性，以开放包容的胸怀推动共同发展，尤显弥足珍贵。

“我们相信，面对人类和平与发展的繁重任务，只要国际社会坚定信心、增进共识、合作共赢，我们不仅能够想做事，而且一定能够做成事。”习近平主席 2016 年 1 月在亚投行开业仪式上的致辞具有长期重要指导意义。如今，走向后疫情时代，各国的融资需求更大，亚投行的舞台更广阔。应当看到，只要各成员携手努力，亚投行必将不负使命、不负时代、不负众托，在为世界创造更多发展机遇的同时，为构建人类命运共同体作出更大贡献。

《人民日报》（2020 年 7 月 30 日）

合作共享的科技未来值得期待

经济全球化促进创新要素在世界范围内自由流动，科技浪潮在开放合作中滚滚向前

盘点2019年科技创新成就，是世界上很多人打开2020年的一种方式。展望科技创新预示的进步，更让人思考历史运动的规律，感知时代进步的密码，领悟“科学是一种在历史上起推动作用的、革命的力量”。

科技进步的足音铿锵动听，造福人类的科技成果扑面而来。“基因剪刀”技术有望发布临床试验结果，外形酷似“钢铁侠”的新款工业用外骨骼机器人即将交付使用，人类首次尝试全部人工合成的生命研究——“人工合成酵母基因组计划”将完成，通用流感疫苗初步实验结果令人振奋，向可再生能源系统转型将更好应对气候变化，多国探测器将飞赴火星……从探索星辰大海到发现物质的基本粒子，从解决个体生命健康难题到寻求改善人类整体生存环境，新技术、新突破及其催生的新应用、新体验，正不断让科技梦想照进人类生活现实。

科技能够为人类赋能，合作是关键。英国《自然》杂志和美国《科学》杂志在盘点2019年重大科学突破时，由全球200多名研究人员利用分布在世界各地8个射电望远镜共同完成的人类首张黑洞照片，均当之无愧占据首位。首张黑洞照片的面世，彰显的便是合作的力量。《科学》杂志形象地指出：“团队协作方面的壮举比看到黑洞更加令人惊奇。”面对未知的世界，人类要想攀登一个又一个高峰，只有合作才能不断带来新惊喜。

不断走向合作、共享的科技未来，也是全球科技发展的大趋势。经济全球化促进创新要素在世界范围内自由流动，科技浪潮在开放合作中滚滚向前。世

界知识产权组织近期发布的 2019 年《世界知识产权报告》显示，本世纪初，所有科学论文中 64% 由科学家以团队形式完成，所有专利中 54% 由发明人团队获得，到 2015 年以后，这两项比例分别增至近 88% 和 68%。当前，保护主义阴霾让人们不乏对国家间“技术铁幕”的担忧，但是，选择在开放合作中共赢，还是选择在封闭真空中停滞不前，不该成为持久困扰人类的难题。正如世界知识产权组织总干事弗朗西斯·高锐所指出：“面对共同的全球挑战，各经济体必须在追求创新方面保持开放。”

中国以开放包容的姿态积极参与国际科技合作，在为自身发展创造更大空间的同时，也为推动科技服务于人类共同价值和共同利益作出了中国贡献。嫦娥四号搭载来自荷兰、德国、瑞典、沙特等国的科学载荷，在月球背面探寻宇宙奥秘；17 个国家的 9 个项目成为中国空间站科学实验首批入选项目，被称为“一个伟大范例”；中德等国科研人员发现人类学“新晋网红”——丹尼索瓦人；中国赠埃塞俄比亚微小卫星发射成功，埃塞称赞“中国朋友帮我们实现了‘太空梦’”……中国走的是开放合作的创新之路，卓著于世的成绩，来自海内外的褒奖，无不彰显开放合作的魅力。

放眼 2020 年，中国将建造全球首台 E 级超算机，中国首台火星探测器“火星一号”将择机发射，嫦娥五号将执行月球采样返回任务，北斗将迎来应用和产业的快速发展期。中国将继续顺应合作大潮，与世界携手开拓科技创新的边界，凝聚超越技术本身的人类智慧，朝着为了人类共同命运的正确方向前进，共建全球共享的科技未来。

“科学研究的进展及其日益扩充的领域将唤起我们的希望。”瑞典发明家诺贝尔当年对科技进步寄予的期望，映照着当今世界的生动现实。新一轮科技革命和产业变革正在加速重构全球创新版图，科技合作是大势所趋，科技进步永无止境。

《人民日报》（2020 年 1 月 9 日）

八方来客同享开放合作的获得感

第二届中国国际进口博览会11月10日闭幕，回望载入国际经贸关系史册的6天高光时刻，人们获得许多深刻启示。“我们要以更加开放的心态和举措，共同把全球市场的蛋糕做大、把全球共享的机制做实、把全球合作的方式做活，共同把经济全球化动力搞得越大越好、阻力搞得越小越好。”习近平主席的深刻论述，指明了各国应当携手努力的方向。中国搭台、世界合唱，进博会倡导的是开放合作，实现的是互利共赢。

八方来客，共享沉甸甸的获得感，乘兴而来、满意而归。专业观众注册超过50万人，其中包括7000多位境外采购商，大大超过首届；按一年计，累计意向成交711.3亿美元，比首届增长23%。国际政商学界在虹桥国际经济论坛上碰撞思想、达成重要共识，世贸组织小型部长会议为完善全球经济治理贡献正能量。“进博会所代表的道路，指向和平共处、国际合作、共同繁荣，以及加强国家间的经济依存、文明对话和人文联系。”塞尔维亚总理布尔纳比奇的话，道出了国际社会广泛的共识和心愿。

获得感，源自开放合作让中国与世界在经济深度交融中实现的共同进步。透过历史的长镜头观察，中国发展就是属于全人类进步的伟大事业。各国人士日益认识到这样一个道理：世界好，中国才能好；中国好，世界才更好。“中国的成功故事表明，中国需要对世界开放，世界也需要对中国开放。”正是源于这样的判断，法国总统马克龙在进博会期间敦促法国企业“要以奋勇争先的精神继续开拓中国市场”。正是因为认定不断扩大对外开放的中国是名副其实的“机遇之国”，外国企业在第二届进博会上纷纷表示要“与中国市场共同成长”。

获得感，源自开放合作为世界经济持续发展注入的强劲活力。国际货币基金组织研究部官员不久前曾言，全球贸易增长当下近乎停滞，今年上半年贸易量增速降至1%，为2012年以来最低水平。与此形成反差的是，今年前三季度，中国从第二届进博会国家展63个外国参展国进口货值共计3.09万亿元人民币，比去年同期增长8.8%。对比可见，作为全球贸易发展史上的一大创举，进博会为推动全球贸易增长释放出的积极效应弥足珍贵，为促进世界经济增长拓展了新空间。“中国举办进博会对于增进各国贸易交流、把脉世界经济并提出解决路径具有重要意义。”津巴布韦工商部副部长拉杰·莫迪如是评价。

获得感，源自开放合作促各国在包容互惠中开拓的发展前景。为支持最不发达国家、推动全球实现包容性发展，第二届进博会为参展的40个最不发达国家各提供两个免费标准展位。世贸组织新闻发言人基斯·罗克韦尔评价道，中国为不发达国家提供参与全球贸易的机会，中国深深懂得这是一条通往繁荣与和平发展的道路。

推动经济全球化朝着更加开放、包容、普惠、平衡、共赢的方向发展，让发展成果惠及更多国家和民众，为各国提供更多市场机遇、投资机遇、增长机遇……这些倡议，彰显中国促进共同发展的诚意与作为。

正如世贸组织总干事阿泽维多所言，“进博会是中国推动经济全球化的持续承诺”。第二届进博会的累累硕果无可辩驳地再次说明，中国主动向世界开放市场的重大举措不是权宜之计，而是面向世界、面向未来、促进共同发展的长远考量。中国以实际行动，昭示推动高水平开放、高质量发展、顺应人民对美好生活向往的决心，展现推动建设开放型世界经济、构建人类命运共同体的勇毅担当。

《人民日报》(2019年11月11日)

迎五洲客　计天下利

“中国国际进口博览会交易的是商品和服务，交流的是文化和理念，迎的是五洲客，计的是天下利，顺应的是各国人民对美好生活的向往。”11月4日晚，习近平主席在上海对出席第二届中国国际进口博览会的各国贵宾如是说。当第二届进博会的大幕徐徐拉开，“进博时刻”再度吸引世界目光，习近平主席的话将人们带入对进博会在短时间内成为国际盛会这一现象的深深思考。

无论从规模上还是效果上看，进博会都正在成为一种现象。这个由中国提出的国际公共产品，在全球范围内受到空前热烈的欢迎。今年举办的第二届进博会，规模更大，质量更高，活动更丰富。各国以及全球企业参展热情更高，无论是欧美，还是非洲内陆国、南太平洋岛国，都有更多企业积极参展。更多“全球首发”“中国首展”将亮相展会，进博会的品牌效应日益展现。

透过进博会，世界日益看到中国市场的巨大价值。“不来中国，哪有明天？”一位进博会参展商的话，说到了关键处。选择中国，就打开了未来之门。拥有近14亿人口的大市场和4亿中等收入群体，经济向高质量发展迈进带来的消费持续升级，中国让进博会天然具有巨大的吸引力。更可贵的是，中国对外开放的大门越开越大，营商环境不断改善，知识产权保护力度不断加大等，都让中国市场的吸引力越来越大。把握新时代中国发展机遇，实现共同繁荣进步，恰是各方共赴“东方之约”的共识所在。正如欧莱雅中国总裁兼首席执行官费博瑞感叹：“中国是一个‘海阔凭鱼跃’的地方。我感到自己‘如鱼得水’。”“水”与“鱼”的生动比喻，正是中国市场之于企业的真实写照。

透过进博会，世界真切感受到开放合作的价值。“立足当今，开放合作是推动世界经济稳定复苏的现实要求。放眼未来，开放合作是促进人类社会不断进步的时代要求。”习近平主席在首届进博会开幕式上的主旨演讲发人深省。

当保护主义抬头、国际贸易增速放缓、全球对外投资持续下降，选择开放合作还是封闭独占，是各国必须面对的问题。正如古巴拉美通讯社报道指出：“进博会是保护主义给世界经济蒙上阴影之际中国点亮的灯塔，促进各大洲之间的贸易自由。”当风味独特的埃及橙通过进博会打开市场，埃及驻华使馆公使曼姆杜赫·萨尔曼感慨：“只要开放与合作成为世界的主流，千山万水都不再是障碍。”这就是进博会的力量，它让人们更加坚定对开放合作的信心。

透过进博会，世界更加认识到互利共赢的价值。中国搭台，世界合唱，这是进博会最大的特色。世界各国的产品可以从这里进入中国市场，也可以从这里打开世界市场，因此越来越多企业选择在这里“全球首发”新产品、新技术。“在经济全球化深入发展的今天，弱肉强食、赢者通吃是一条越走越窄的死胡同，包容普惠、互利共赢才是越走越宽的人间正道。”习近平主席阐释的理念，在进博会平台上获得广泛赞同。德国西门子大中华区首席执行官赫尔曼认为，进博会堪为示范，全球化时代需要更务实的沟通，更开放的心态，更广阔的共赢格局。

进博会联通的，不仅是产品与市场，更是理念与思想。“进博会现象”呈现着世界级热潮，雄辩地说明开放合作、互利共赢的发展理念，能够赢得人心、深入人心。

《人民日报》（2019 年 11 月 5 日）

叁

相互成就发展振兴的美好愿景

“

和平发展、合作共赢才是人间正道。不同国家、不同文明要在彼此尊重中共同发展、在求同存异中合作共赢。

”

推动中俄关系持续高质量发展

在两国元首战略引领下，中俄新时代全面战略协作伙伴关系稳定、牢固、坚韧，具有强大生命力和抗压能力，能够经受住各类风险挑战的考验

12 月 15 日，习近平主席在北京同俄罗斯总统普京举行视频会晤。两国元首全面总结今年中俄关系发展新成果，对各领域合作作出新规划，推动两国关系持续高质量发展。这次视频会晤进一步增进中俄高水平互信，有力推动中俄“背靠背”战略协作和全方位务实合作蓬勃发展，为变乱交织的国际形势注入了更多稳定性和正能量。

世界百年变局和世纪疫情交织影响，世界进入动荡变革期。中俄关系经受住各种风浪考验，展示出新的生机活力。双方正式宣布《中俄睦邻友好合作条约》延期并赋予其新的时代内涵，在涉及彼此核心利益问题上坚定相互支持，捍卫了各自国家尊严和两国共同利益。中俄全方位务实合作展现出巨大政治优势和机遇优势。双边贸易额今年前三个季度首次突破千亿美元大关，全年有望再创新高。双方制定完成《中俄货物贸易和服务贸易高质量发展的路线图》，为实现两国贸易额 2000 亿美元目标作出规划。中俄科技创新年圆满闭幕，一系列战略性大项目顺利实施，共建“一带一路”同欧亚经济联盟对接顺利推进。两国积极展现大国担当，团结国际社会抗击疫情，阐述民主和人权的正确内涵，成为践行真正的多边主义、维护国际公平正义的中流砥柱。中俄关系的全方位发展，充分说明《中俄睦邻友好合作条约》确立的世代友好理念和新型国际关系原则在当前国际形势下具有强大生命力。

中俄关系已成为互信程度最高、协作水平最高、战略价值最高的一组大国关系，这得益于两国元首坚持通过多种方式就重大议题保持沟通和协调，共

同为中俄关系把舵领航。此次视频会晤是中俄元首今年第二次视频会晤，也是2013年以来两国元首的第三十七次会晤。如此高水平、高频率、高质量的元首外交，在当前的大国交往中绝无仅有。明年，两国元首“冬奥之约”将如期而至，双方携手“一起向未来”，将共同开启后疫情时期中俄关系崭新篇章。中俄战略协作和各领域务实合作不断加强，这是双方基于两国各自发展振兴需要和世界发展大势作出的战略决策。在两国元首战略引领下，中俄新时代全面战略协作伙伴关系稳定、牢固、坚韧，具有强大生命力和抗压能力，能够经受住各类风险挑战的考验。

国际上的事应当由各国共同商量着办，推行国际关系民主化、践行真正的多边主义是人心所向、大势所趋。然而，国际上某些势力打着“民主”、“人权”的幌子对中俄两国内政横加干涉，粗暴践踏国际法和公认的国际关系准则。在此国际形势下，中俄开展更多联合行动，更加有效维护双方的安全利益，加强在国际事务中的协调和配合，在全球治理上发出更加响亮的声音，就抗疫、气候变化等全球性问题拿出切实可行的方案，在解决国际和地区热点问题中坚定捍卫国际公平正义，坚决反对披着“多边主义”和“规则”外衣的霸权行径和冷战思维，不仅是捍卫两国自身利益的需要，也是维护国际秩序、促进世界和平发展的需要。此次视频会晤中，两国元首就加强双方在上合组织、金砖、联合国安理会等多边平台上的协调合作进行广泛探讨，并就当前大国关系和民主问题交换意见，向国际社会发出了坚守正道的“中俄之声”，充分展现了大国担当。

在今年两国元首共同发表的关于《中俄睦邻友好合作条约》签署20周年的联合声明中，双方明确重申，俄罗斯需要繁荣稳定的中国，中国需要强大成功的俄罗斯。瞩目未来，双方要秉持世代友好、合作共赢理念，务实推进各领域交流合作，促进中俄关系向更高层次、更高质量、更高水平迈进，不断为建设新型国际关系、推动构建人类命运共同体注入新动力。

《人民日报》（2021年12月17日）

打造更加紧密的“一带一路”伙伴关系

中老铁路是两国互利合作的旗舰项目，是高质量共建“一带一路”的标志性工程，将对区域互联互通和发展合作产生积极带动效应

12 月 3 日下午，中共中央总书记、国家主席习近平在北京同老挝人民革命党中央总书记、国家主席通伦通过视频连线共同出席中老铁路通车仪式。随着两国领导人下达发车指令，中国昆明站内的复兴号“绿巨人”、老挝万象站内的“澜沧号”动车组列车缓缓开动，标志着连接昆明和万象、全长 1035 公里的中老铁路全线开通运营。这是中老关系史上具有里程碑意义的大事喜事，是中老友谊历久弥坚的生动写照，将为持续构建牢不可破的中老命运共同体注入强大动力，为区域互联互通和互利共赢作出积极贡献。

今年是中老两国建交 60 周年暨中老友好年。作为中老友谊的标志性项目，中老铁路建设得到双方领导人的关心关怀和有力指导。2015 年，习近平总书记同老挝领导人一道，作出了共建中老铁路的重大决策。开工 5 年来，习近平总书记多次同老挝领导人交换意见，强调“确保中老铁路建设顺利推进”，“拓展中老铁路等大项目的辐射和示范效应”，为中老铁路建设指明了前进方向、提供了根本遵循。中老双方齐心协力、紧密配合，逢山开路、遇水搭桥，高水平、高质量完成建设任务，以实际行动诠释了中老命运共同体精神的深刻内涵，展现了两国社会主义制度集中力量办大事的特殊优势。

中老铁路是两国互利合作的旗舰项目。正如习近平总书记所指出的，铁路一通，昆明到万象从此山不再高、路不再长。中老铁路使两国互联互通实现跨越式发展，将有力拉动老挝经济增长，惠及两国民生。世界银行 2020 年报告显示，中老铁路的开通将使万象至昆明之间的运输价格下降 40% 至 50%，中

老铁路将使老挝的总收入提升 21%。铁路工程建设带动老挝实现就业 11 万人次，帮助当地修建近 2000 公里的道路水渠，为老挝培养了一批批技术人才和管理人才……老挝《万象时报》评论指出，老中铁路正式通车这一历史性事件，不仅使老挝摆脱内陆束缚，成为地区大陆桥的重要枢纽，也将为老挝未来几十年蓬勃发展创造大量机遇。

中老铁路是高质量共建“一带一路”的标志性工程。中老铁路建成通车，是“一带一路”倡议同老挝“陆锁国”变“陆联国”战略深入对接取得的重大成果。中老铁路是连心路，也是发展路，以这条铁路为依托，中老双方将统筹互联互通和产能与投资合作，打造高质量、可持续、惠民生的沿线经济带。正如通伦总书记所指出的，老中铁路是老挝现代化基础设施建设的一个重要里程碑，将极大促进老挝国家经济社会发展。

中老铁路将对区域互联互通和发展合作产生积极带动效应。作为地区路网的关键枢纽，中老铁路是泛亚铁路的重要组成部分，将成为老挝连通中国和泰国、马来西亚等东盟国家的重要通道，对中国—东盟自由贸易区、大湄公河次区域经济合作产生积极影响，进一步拓展中国与东盟国家在经贸、旅游、文化和人员交流等多方面合作。随着“一带一路”建设的稳步推进，越来越多合作项目将在区域国家落地生根、开花结果，为促进地区经济发展、社会进步和民生改善作出贡献。

老挝人说：“一根柴棍烧不成旺火，一根木棍围不成篱笆”；中国人讲：“众志成城”“众人拾柴火焰高”。面对开放融通的滚滚时代潮流，中国愿同老挝等沿线国家一道，加快打造更加紧密的“一带一路”伙伴关系，共同推动构建人类命运共同体，共创世界美好未来。

《人民日报》（2021 年 12 月 5 日）

真诚友好　平等相待

——中非友好关系继往开来的力量源泉①

中国倍加珍惜中非传统友谊，将继续秉持真实亲诚理念和正确义利观，同非洲朋友一道，让中非友好合作精神代代相传、发扬光大

11 月 29 日晚，习近平主席在北京以视频方式出席中非合作论坛第八届部长级会议开幕式并发表主旨演讲。习近平主席深情回顾中非传统友谊，高度评价中非合作成就，深刻总结中非友好合作精神，对未来中非合作作出战略规划，擘画了新时代中非友好互利合作的宏伟蓝图。

今年是中非开启外交关系 65 周年。65 年来，中非双方在反帝反殖的斗争中结下了牢不可破的兄弟情谊，在发展振兴的征程上走出了特色鲜明的合作之路，在纷繁复杂的变局中谱写了守望相助的精彩篇章，为构建新型国际关系树立了光辉典范。在这样一个重要时间节点回顾历史、展望未来，对开创中非关系更加光明的前景具有重要意义。

“中非关系为什么好？中非友谊为什么深？关键在于中非双方缔造了历久弥坚的中非友好合作精神，那就是‘真诚友好、平等相待，互利共赢、共同发展，主持公道、捍卫正义，顺应时势、开放包容’。”习近平主席指出，这是中非双方数十年来休戚与共、并肩奋斗的真实写照，是中非友好关系继往开来的力量源泉。中非双方继承和发扬中非友好合作精神，将为推动构建高水平中非命运共同体注入强大动力。

习近平主席总结提炼中非友好合作精神，与元首外交推动中非关系行稳致远的实践密不可分。2013 年 3 月就任国家主席后，习近平主席首次出访就远赴非洲，迄今已 4 次访非。2018 年中非合作论坛北京峰会期间，习近平主席

同与会的50余位非洲国家领导人逐一会面，叙友情、商合作、话未来，与非洲领导人建立了深厚的友谊和信任。新冠肺炎疫情发生后，习近平主席亲自推动中非同舟共济、团结抗疫，双方领导人通过视频、通话等形式保持了高层交往的密度和热度。非洲国家高度赞赏中方为非洲国家抗击疫情提供疫苗等宝贵帮助。

真诚友好、平等相待，是中非关系永葆活力的鲜明底色。中非从来都是命运共同体，中国人民始终同非洲人民同呼吸、共命运，始终尊重非洲、热爱非洲、支持非洲。中国倍加珍惜中非传统友谊，始终把发展同非洲国家的团结合作作为中国对外政策的重要基础，坚持国家不分大小、强弱、贫富一律平等，同非方在涉及对方核心利益和重大关切的问题上相互支持，坚定支持非洲国家自主解决本地区问题的努力，坚定支持非洲国家探索适合本国国情的发展道路。近年来，中国秉持真实亲诚理念和正确义利观，同非洲国家一道，不断谱写推动中非合作高质量发展的辉煌篇章。“长期以来，中方尊重非洲独立、主权和文化，真心支持非洲发展，在国际舞台坚持多边主义，维护发展中国家利益。”塞内加尔总统萨勒的话道出了非洲朋友的心声。

数十年来，中非双方以互尊互爱、将心比心的真挚情谊，浇灌出遍布非洲大地的合作成果，诠释了好朋友、好伙伴、好兄弟的真谛。中国在处理非洲事务时坚持做到“五不”——不干预非洲国家探索符合国情的发展道路，不干涉非洲内政，不把自己的意志强加于人，不在对非援助中附加任何政治条件，不在对非投资融资中谋取政治私利。中国把非洲自主可持续发展同中国自身发展紧密结合起来，不搞你输我赢的零和游戏，不做唯利是图的狭隘之举，始终同非洲各国团结一心、携手前进。非洲友人称赞：中国是非洲真正的患难之交。

“中国永远不会忘记非洲国家的深情厚谊，将继续秉持真实亲诚理念和正确义利观，同非洲朋友一道，让中非友好合作精神代代相传、发扬光大。”站在新的历史起点上，中非双方将继续坚持真诚友好、平等相待，不断深化友谊和互信，让中非友好关系不断焕发出新的生机和活力。

《人民日报》（2021年12月1日）

互利共赢　共同发展

——中非友好关系继往开来的力量源泉②

中非合作成果遍布非洲大地，中非贸易额和中国对非投资额稳步攀升，不仅改善了非洲经济社会发展条件，更给双方人民带来了实实在在的好处

中非友谊历久弥坚，具有光荣传统和深刻内涵。习近平主席在中非合作论坛第八届部长级会议开幕式上发表主旨演讲，总结中非关系发展历程，提出“真诚友好、平等相待，互利共赢、共同发展，主持公道、捍卫正义，顺应时势、开放包容”的中非友好合作精神。这是首次对中非关系精神内涵进行系统梳理，对中非合作本质特征做出精辟概括，对构建新型国际关系具有重要指导意义，为国与国交往指明了人间正道。

互利共赢、共同发展是中非友好合作的鲜明特征。中非开启外交关系65年来，在发展振兴的征程上走出了特色鲜明的合作之路，这条合作之路的最大特色就是互利共赢、共同发展。中国始终致力于把自身发展同非洲发展紧密联系起来，把中国人民利益同非洲人民利益紧密结合起来，把中国发展机遇同非洲发展机遇紧密融合起来，在谋求自身发展的同时，向非洲朋友提供力所能及的支持和帮助，为中非人民福祉而推进合作，让合作成果惠及中非人民。

在实现自身发展的进程中，中国始终关注和支持非洲国家改善民生、谋求发展的事业。为促进中非互利共赢、共同发展，中国持续加大对非援助和合作力度，只要是中方作出的承诺，就一定不折不扣落到实处。2000年至2020年，中国在非洲建成的公路铁路超过1.3万公里，建设了80多个大型电力设施，援建了130多个医疗设施、45个体育馆、170多所学校，为非洲培训各领域人才共计16万余名，打造了非盟会议中心等一系列中非合作“金字招牌”。“感谢中国对非洲的无私帮助”“感谢中国人民给予的帮助和支持”……非洲国家政要和人民发自内心的感谢，是中非友好合作最生动、最真实的写照。

发展对非关系，中国坚持义利相兼、以义为先。从 2015 年中非合作论坛约翰内斯堡峰会“十大合作计划”，到 2018 年中非合作论坛北京峰会“八大行动”，再到中非合作论坛第八届部长级会议“九项工程”，中国始终秉持真实亲诚理念和正确义利观，与非洲国家并肩携手、共同努力，促进互利共赢、共同发展。中非合作成果遍布非洲大地，中非贸易额和中国对非投资额稳步攀升，不仅改善了非洲经济社会发展条件，更给双方人民带来了实实在在的好处。

中非互利共赢、共同发展，这是双方坚定不移的共同追求，不会因时因事而有任何改变，只会根据双方需求和时代大势变化而不断深化。中国将同非洲国家共同实施的卫生健康、减贫惠农、贸易促进、投资驱动、数字创新、绿色发展、能力建设、人文交流、和平安全等“九项工程”，为未来 3 年中非合作描绘了宏伟蓝图。中国将再向非方提供 10 亿剂疫苗，为非洲援助实施 10 个减贫和农业项目，为非洲农产品输华建立“绿色通道”，未来 3 年推动企业对非洲投资总额不少于 100 亿美元，为非洲援助实施 10 个数字经济项目，为非洲援助实施 10 个绿色环保和应对气候变化项目，为非洲援助新建或升级 10 所学校……这些实实在在的举措，契合非洲国家最紧迫的发展需求，对接中国新发展格局建设，顺应国际发展合作大势，是中国对非投入力度不减、中非合作势头不降的有力宣示，必将为非洲疫后经济复苏赋予新的动能。

中非友好合作精神是中非双方在争取民族独立和国家解放的历史进程中培育的宝贵财富，是中非双方在发展振兴和团结协作的伟大征程上形成的重要风范。无论国际形势如何变幻，无论遭遇什么艰难险阻，中非双方都将矢志不渝加强政治互信，坚定不移深化务实合作，让中非友好合作精神发扬光大、世代传承。

《人民日报》（2021 年 12 月 2 日）

主持公道　捍卫正义
——中非友好关系继往开来的力量源泉③

中非携手构建新时代中非命运共同体，必将为促进发展中国家群体性崛起、推动国际力量对比向更加均衡的方向发展注入强劲动力，必将不断壮大国际社会主持公道、捍卫正义的力量

当前，百年变局和世纪疫情交织叠加，世界进入动荡变革期。中国是世界上最大的发展中国家，非洲是发展中国家最集中的大陆。双方共同维护真正的多边主义、捍卫国际公平正义，对维护发展中国家共同利益、促进国际合作意义重大。

在中非合作论坛第八届部长级会议开幕式上发表主旨演讲时，习近平主席总结中非关系发展历程，提出中非友好合作精神，将“主持公道、捍卫正义”作为其中重要内容。这一提炼总结深刻揭示了中非开启外交关系65年来，双方合作对捍卫国际公平正义所发挥的重要作用，更加坚定了双方在当前复杂多变的国际形势下维护真正的多边主义、坚持发展中国家的正义主张的信心。

主持公道、捍卫正义是中非友好合作的道义担当。中非有共同的历史遭遇，双方向来有主持公道、捍卫正义的历史自觉。从中国支持非洲反帝反殖和民族解放的正义事业，到一批非洲国家支持新中国恢复在联合国的合法席位，中非双方在国际舞台上始终相互支持、密切配合，中非合作一直是反对霸权强权、践行多边主义、维护发展中国家共同利益的一面旗帜。长期以来，中国承诺在联合国的一票永远属于发展中国家。这是中非双方主持公道、捍卫正义的切实体现。

如何发展对非关系，折射出一个大国外交政策的道义原则和胸怀格局。数

十年来，中非关系不断开拓新境界，为构建新型国际关系树立了典范。这不仅是因为双方传统友谊深厚、利益互补，更因为双方始终坚守原则、以义相交。中国历来主张，世界上没有放之四海而皆准的发展模式，一直坚定支持非洲国家走符合自身国情的发展道路。中国始终强调实现发展振兴是非洲的应有权利，积极倡导各方尊重非洲主权，倾听非洲意见，重视非洲主张，兑现对非洲的承诺。中国坚持正确义利观，积极引领国际对非合作，为非洲实现自主可持续发展提供了大量支持。非洲国家长期以来恪守国际关系基本准则，为中国维护主权、安全和发展利益，促进国家统一，实现发展振兴提供了重要支持。

在国际舞台上，中非双方对主持公道、捍卫正义有着强烈的政治共识和责任担当。中非双方始终相互支持、密切配合，坚定维护以联合国为核心的国际体系、以国际法为基础的国际秩序、以联合国宪章宗旨和原则为基础的国际关系基本准则，推动国际秩序朝着更加公正合理的方向发展。双方一致反对单边主义和保护主义，致力于维护开放型世界经济和多边贸易体系。中非坚定支持增加发展中国家特别是非洲国家在国际治理体系中的代表性和发言权。中非都认为团结合作是抗击新冠肺炎疫情最有力的武器，共同反对将疫情政治化、病毒标签化，反对种族歧视和意识形态偏见，都倡导提高新冠疫苗的可及性和可负担性，主张以国际合作破解疫苗赤字、消除“疫苗鸿沟”。中国宣布将再向非方提供 10 亿剂疫苗，为非洲国家援助实施 10 个医疗卫生项目，向非洲派遣 1500 名医疗队员和公共卫生专家，也是在践行多边主义、捍卫国际公平正义。

发展同非洲国家的团结合作是中国对外政策的重要基石，也是中国长期坚定的战略选择。瞩目未来，中非双方同舟共济、继往开来，携手构建新时代中非命运共同体，必将为促进发展中国家群体性崛起、推动国际力量对比向更加均衡的方向发展注入强劲动力，必将不断壮大国际社会主持公道、捍卫正义的力量。

《人民日报》（2021 年 12 月 3 日）

顺应时势　开放包容

——中非友好关系继往开来的力量源泉④

顺应时势、与时俱进是中非关系始终保持旺盛生命力、不断向前发展的重要动力，开放包容、兼收并蓄是中非合作在国际对非合作中的鲜明特征

中非关系不是一天就发展起来的，更不是什么人赐予的，而是中非双方风雨同舟、患难与共，一步一个脚印走出来的。习近平主席近日在中非合作论坛第八届部长级会议开幕式上提出的中非友好合作精神，是中非双方长期真诚相待、精诚合作的结晶，是中非人民的宝贵精神财富，也是中非关系的闪亮名片。

顺应时势、开放包容是中非友好合作精神的重要内容，展现出中非合作的时代风范。中非开启外交关系 65 年来，从穷兄弟间的互帮互助到引领国际对非合作潮流，中非合作从不封闭排他，而是开放自信、开拓创新，不仅为非洲经济社会发展带来机遇，而且为国际对非合作创造了更加有利的条件。顺应时势、与时俱进是中非关系始终保持旺盛生命力、不断向前发展的重要动力，开放包容、兼收并蓄是中非合作在国际对非合作中的鲜明特征。

65 年来，中非双方顺应和平、发展、合作、共赢的时代潮流，坚持登高望远，不断推动中非关系实现新的跨越。双方在争取民族解放和国家独立的斗争中相互支持，持续深化政治互信；在实现经济发展和民族振兴的道路上互帮互助，不断拓展合作新领域；在重大国际和地区问题上密切协调，共同捍卫国际公平正义。特别是中非合作论坛成立 21 年来，中非关系实现了从建立新型战略伙伴关系到提升为全面战略合作伙伴关系的跨越，明确了从构建更加紧密的中非命运共同体到构建新时代中非命运共同体的目标，为推动构建新型国际关系、推动构建人类命运共同体树立榜样，为推动国际关系民主化贡献了重要力量。

65年来，中非双方以逢山开路、遇水架桥的开拓精神，坚持以增进人民福祉为目标，不断拓展合作的广度和深度。从“十大合作计划”到“八大行动”再到“九项工程”，中非合作顺应时代变化和双方人民需求，总能找到新的契合点和增长点。近年来，随着中非各自进入新的发展阶段，双方发展阶段梯次衔接的优势更加明显，双方合作也进入提质增效的新阶段。双方在继续巩固贸易投资、卫生健康、农业减贫、基础设施、人力资源等传统领域合作基础上，积极拓展数字经济、绿色低碳、智慧城市、5G等新业态合作，打造中非合作新增长点，中非互利合作之路越走越宽广。

中国始终认为，非洲实现长治久安、发展振兴，是非洲人民心愿，也是国际社会责任；非洲是国际合作的大舞台，不是大国博弈的竞技场。中非共建“一带一路”完全遵循现有国际通行规则，坚持公开透明，在尊重非方意愿前提下，愿同所有有能力、有意愿的国家加强第三方合作，实现互利共赢，打造多赢合作平台。中国提出“全球发展倡议”，中国和非洲国家共同发起“支持非洲发展伙伴倡议”，欢迎更多国家和组织特别是非洲传统合作伙伴加入，以汇聚起国际社会支持非洲发展的强大合力，助力非洲国家实现更加强劲、绿色、健康的发展。

当今世界正面临百年未有之大变局，面对新的机遇和挑战，中国将秉持真实亲诚理念和正确义利观，同非洲国家一道，继续谱写推动中非合作高质量发展、共筑新时代中非命运共同体的辉煌篇章。

《人民日报》（2021年12月4日）

为全球发展合作树立典范

中非合作在给中非人民带来实实在在好处的同时，也为国际对非合作创造了更加有利的条件

“当前，中非关系处于历史最好时期，中非合作成果遍布非洲大地，改善了非洲经济社会发展条件，给双方人民带来了实实在在的好处。”国务院新闻办公室近日发表《新时代的中非合作》白皮书，全面介绍新时代中国对非政策理念、中非合作的生动实践和丰硕成果等，为国际对非合作乃至全球发展合作贡献了中国经验和中国智慧。

中国致力于不断巩固中非政治互信，深化各领域务实合作，为非洲和平与发展提供力所能及的帮助。经过几十年辛勤浇灌，中非合作之树枝繁叶茂。从2006年中非合作论坛北京峰会确立中非新型战略伙伴关系，到2015年中非合作论坛约翰内斯堡峰会确立中非全面战略合作伙伴关系，再到2018年中非合作论坛北京峰会确定构建更加紧密的中非命运共同体，中非关系进入历史最好时期。

中非合作论坛约翰内斯堡峰会和北京峰会分别宣布实施“十大合作计划”和“八大行动”，将中非经贸合作水平推向历史新高。中国自2009年起连续12年稳居非洲第一大贸易伙伴国地位，中非贸易额占非洲整体外贸总额比重连年上升，2020年超过21%；中非贸易结构持续优化，中国已成为非洲第二大农产品出口目的国。截至2020年底，中国企业累计对非直接投资超过430亿美元，在非洲设立各类企业超过3500家，聘用本地员工比例超80%，直接和间接创造了数百万个就业机会。中非合作提升了非洲自主发展能力，让更多非洲人民过上了幸福生活。

中非共建“一带一路”合作不断走向深入。几乎所有同中国建交的非洲国家都已经同中国签署共建“一带一路”合作文件，非盟委员会同中国签署了中国同区域性国际组织签署的第一份共建“一带一路”规划类合作文件。在“一带一路”合作的带动下，亚吉铁路、蒙内铁路等相继完工通车，吉布提多哈雷多功能港等有效提升当地转口贸易能力，为地区互联互通和一体化进程发挥了重要作用。中非双方将以高质量共建“一带一路”为抓手，进一步推动共建“一带一路”倡议同非盟《2063 年议程》、联合国 2030 年可持续发展议程以及非洲各国发展战略深度对接，深化中非各领域务实合作，促进非洲长远可持续发展。

在抗击新冠肺炎疫情中，中非唱响团结合作、共克时艰的时代强音。2020 年 6 月，习近平主席以视频形式主持召开中非团结抗疫特别峰会，中国成为全球首个同非洲大陆就应对疫情举行峰会的国家。中国向非洲 53 国和非盟提供了 120 批紧急抗疫物资援助，向 17 个非洲国家派出抗疫医疗专家组或短期抗疫医疗队。中方积极落实将疫苗作为全球公共产品的坚定承诺，截至 11 月 25 日已向国际社会提供了超过 18 亿剂新冠疫苗。中非团结抗疫，进一步深化了中非友谊。

中国对非合作一直走在国际对非合作的前列。中非合作好不好，中非人民最有发言权。中国对非合作的出发点永远是中非双方人民的根本利益，永远不会将遏制他国作为自身对非政策的出发点。中国始终认为，非洲是国际合作的大舞台，不是大国博弈的竞技场。中非合作从来不是清谈馆，在给中非人民带来实实在在好处的同时，也为国际对非合作创造了更加有利的条件。

中非合作顺应时代潮流，有利于增进双方和全人类共同福祉，为全球发展合作树立典范。面向未来，中国人民将同非洲人民携手构建更加紧密的中非命运共同体，为建设新型国际关系、推动构建人类命运共同体不断注入新动力。

《人民日报》（2021 年 11 月 29 日）

元首外交引领中非关系行稳致远

站在新的历史起点上，中非携手构建更加紧密的中非命运共同体，定将更好造福中非人民，为建设更加美好的世界作出新的更大贡献

11 月 29 日，习近平主席将在北京以视频方式出席中非合作论坛第八届部长级会议开幕式并发表主旨演讲。这是继 2015 年论坛约翰内斯堡峰会、2018 年论坛北京峰会和 2020 年中非团结抗疫特别峰会之后，习近平主席同非方领导人再次共同规划中非关系未来发展方向，是中国今年面向发展中国家的一次重大外交行动，将为推动中非政治互信不断深化、务实合作提质升级注入新动力，用实实在在的合作成果更多更好惠及广大中非人民。

发展同非洲国家的团结合作是中国对外政策的重要基石，也是中国长期坚定的战略选择。习近平主席高度重视发展中非关系，以元首外交引领中非关系行稳致远。2013 年 3 月，习近平主席就任国家主席后首次出访就远赴非洲，至今已四次访非，足迹遍及非洲东西南北中。2015 年习近平主席出席中非合作论坛约翰内斯堡峰会，将中非新型战略伙伴关系提升为全面战略合作伙伴关系。2018 年在中非合作论坛北京峰会上，习近平主席同非洲领导人一致决定，构建更加紧密的中非命运共同体，树立了中非关系史上新的里程碑，引领中非关系和中非合作迈入新时代。

习近平主席提出真实亲诚对非政策理念和正确义利观，为新时代对非合作指明了前进方向、提供了根本遵循。真实亲诚理念和正确义利观高度凝练和概括了中国对非政策理念，体现了中国优秀文化的道德精髓，融入了中非传统友谊的历史积淀，树立了国际对非合作的时代标杆。在 2018 年中非合作论坛北京峰会上，习近平主席提出共同打造责任共担、合作共赢、幸福共享、文化共兴、安全共筑、和谐共生的中非命运共同体，中非双方就此达成战略共识。习近平主席深刻阐释中国在对非合作中始终践行的“四个坚持”和“五不”原则，这些原则符合中国“己所不欲，勿施于人”的传统理念，契合非洲国家的根本利益和国际关系的基本准则，是中非团结合作的本质特征，对国际对非合作具有重要借鉴意义。

中非从来就是命运共同体，中非友谊历久弥坚。50 年前，第二十六届联合国大会以压倒性多数通过第 2758 号决议，恢复中华人民共和国在联合国的合法席位，提案的 23 个国家中有 11 个来自非洲，76 张赞成票中有 26 张来自非洲；2008 年中国遭受特大地震灾害，非洲国家纷纷捐款捐物给予支持；2014 年埃博拉疫情在西非暴发，中国医务者“最美逆行”，在国际社会发挥引领和示范作用；新冠肺炎疫情发生后，中国和非洲国家患难与共、守望相助，谱写了中非团结友好、共克时艰的新篇章。中非始终风雨同舟、携手前行，为推动构建人类命运共同体树立了典范。

正确处理“义”和“利”的关系是新时代中非合作的必然要求。中非关系最大的“义”，是把非洲自主可持续发展同中国自身发展紧密结合起来，不搞你输我赢的零和游戏，不做唯利是图的狭隘之举，最终实现合作共赢。中国始终秉持真实亲诚理念和正确义利观，同非洲国家开展各领域务实合作，取得累累硕果，受到非洲国家和人民欢迎。非洲知名民调机构“非洲晴雨表”近日发布的报告显示，中国在非洲影响力排名第一，63% 受访者认为中国对本国的政治经济影响“非常”或“比较”积极。

“中非关系保持旺盛生命力的‘秘诀’，就是与时俱进、开拓创新。”《新时代的中非合作》白皮书如是指出。中国全面建成小康社会，迈上全面建设社会主义现代化国家新征程。非洲加快工业化和现代化进程，朝着非盟《2063 年议程》描绘的美好梦想前行。站在新的历史起点上，中非同心同向、守望相助，携手构建更加紧密的中非命运共同体，定将更好造福中非人民，为建设更加美好的世界作出新的更大贡献。

《人民日报》（2021 年 11 月 28 日）

为地区和平稳定繁荣作出更大贡献

共建和平、安宁、繁荣、美丽、友好的家园，构建更为紧密的中国—东盟命运共同体，顺应和平、发展、合作、共赢的时代潮流，符合双方人民的共同期盼

“让我们把人民对美好生活的向往放在心头，把维护和平、促进发展的时代使命扛在肩上，携手前行，接续奋斗，构建更为紧密的中国—东盟命运共同体，共创更加繁荣美好的地区和世界！”在中国—东盟建立对话关系30周年纪念峰会上，习近平主席就未来的中国东盟关系提出5点建议，为把双方全面战略伙伴关系落到实处、构建更为紧密的中国—东盟命运共同体指明了路径。

中国东盟建立对话关系30年来，双方关系全面快速发展，给双方人民带来实实在在的福祉，为地区和世界和平稳定繁荣作出积极贡献。面向未来，习近平主席胸怀大局、把握大势，提出“共建和平家园”“共建安宁家园”“共建繁荣家园”“共建美丽家园”“共建友好家园”5点建议。与会东盟国家领导人积极响应，表示愿同中方共同努力，打造有意义、实质性、互利的全面战略伙伴关系，惠及地区各国人民，为地区和平稳定繁荣作出更大贡献。

构建更为紧密的中国—东盟命运共同体，顺应和平、发展、合作、共赢的时代潮流。百年变局与世纪疫情交织，国际格局深刻演变，本地区发展也面临新的复杂因素。如何抓住机遇、共迎挑战，继往开来、守正创新，成为中国东盟的共同课题。“和平是我们最大的共同利益，也是各国人民最大的共同期盼”“新冠肺炎疫情再次证明，世界上不存在绝对安全的孤岛，普遍安全才是真正的安全”……习近平主席把脉地区和国际形势，立足解决当下紧要问题，着眼地区长远发展，为深化中国东盟各领域合作引航定向，为携手应对地区和

全球性挑战贡献中国智慧。

构建更为紧密的中国—东盟命运共同体，符合双方人民的共同期盼。东盟与中国山水相连、血脉相亲。共建和平、安宁、繁荣、美丽、友好的家园，将进一步增进双方人民的共同福祉。“中方愿启动‘中国东盟健康之盾’合作倡议”“中方愿在未来 3 年再向东盟提供 15 亿美元发展援助”“未来 5 年力争从东盟进口 1500 亿美元农产品”“中方将启动科技创新提升计划，向东盟提供 1000 项先进适用技术，未来 5 年支持 300 名东盟青年科学家来华交流”“中方愿发起中国东盟农业绿色发展行动计划”“中方愿同东盟加强职业教育、学历互认等合作”……习近平主席提出一系列务实合作举措，服务地区发展需要，契合地区人民需求，将为促进地区经济复苏和可持续发展发挥重要作用。与会东盟国家领导人高度赞赏中方提出的务实合作倡议，表示愿同中方共同努力，推进全方位合作，迎接东盟和中国关系更加美好的 30 年。

无论是将中国东盟关系提升为全面战略伙伴关系，还是推动构建更为紧密的中国—东盟命运共同体，都体现出中国对东盟在区域合作中中心地位的坚定支持。东盟在区域合作中的中心地位是历史形成的，符合地区发展现实需求、符合世界多极化潮流。当前形势下，要巩固加强以东盟为中心、开放包容的区域架构。习近平主席强调，中方将坚定不移以东盟为周边外交优先方向，坚定不移支持东盟团结和东盟共同体建设，坚定不移支持东盟在区域架构中的中心地位，坚定不移支持东盟在地区和国际事务中发挥更大作用。在不断演进的地区架构中，中方的鲜明态度和务实举措，对支持东盟的中心地位具有重要意义，有利于地区和平稳定繁荣发展。

好风凭借力，扬帆正当时。中国愿同东盟国家一道努力，在和平发展的道路上同舟共济、精诚合作，把全面战略伙伴关系落到实处，书写构建更为紧密的中国—东盟命运共同体的绚丽篇章。

《人民日报》（2021 年 11 月 25 日）

在睦邻友好、合作共赢的光明大道上坚定前行

建立全面战略伙伴关系反映了中国东盟关系高水平发展的现状，为双方关系设定了更高目标，有助于加强彼此战略互信和全面合作

“我们走出一条睦邻友好、合作共赢的光明大道，迈向日益紧密的命运共同体，为推动人类进步事业作出了重要贡献。”11 月 22 日，习近平主席在北京以视频方式出席并主持中国—东盟建立对话关系 30 周年纪念峰会时高度评价中国东盟合作取得的显著成就。习近平主席在峰会发表重要讲话，回顾中国东盟建立对话关系 30 年来走过的不平凡历程，总结历史经验，擘画未来蓝图，为中国东盟关系发展指明了新方向，揭开了中国东盟关系的新篇章。

此次峰会是今年中国最重大周边外交行动，也是习近平主席首次同东盟国家领导人举行集体会晤。双方共同宣布将中国东盟关系提升为全面战略伙伴关系，确立了双方关系史上新的里程碑。与会领导人一致认为，建立全面战略伙伴关系反映了中国东盟关系高水平发展的现状，为双方关系设定了更高目标，有助于加强彼此战略互信和全面合作。峰会通过《中国—东盟建立对话关系 30 周年纪念峰会联合声明》，强调推进中国—东盟各领域合作，为建设开放、包容、可持续及享有和平、安全、繁荣和可持续发展的地区作出贡献。

30 年来，经济全球化深入发展，国际格局深刻演变。中国和东盟把握时代机遇，实现双方关系跨越式发展。双方摆脱冷战阴霾，共同维护地区稳定；引领东亚经济一体化，促进共同发展繁荣，让 20 多亿民众过上了更好生活。双方贸易额增长 80 余倍，目前互为最大规模的贸易伙伴；双方累计投资总额超过 3100 亿美元，合作建设了 20 余个经贸合作区。当前，百年变局与世纪

疫情交织，国际和地区形势深刻复杂演变。在此背景下，中国和东盟举行此次纪念峰会，对双方关系发展具有重要意义。

习近平主席深刻总结双方关系发展的宝贵经验：“相互尊重，坚守国际关系基本准则”“合作共赢，走和平发展道路”“守望相助，践行亲诚惠容理念”“包容互鉴，共建开放的区域主义”。这些从中国东盟关系 30 年发展历程中得出的宝贵经验，是双方的共同财富，也为双方发展全面战略伙伴关系奠定了基础、提供了遵循。未来，双方要倍加珍惜、长久坚持，并在新的实践中不断丰富和发展。

这些宝贵经验，发端于双方的共同诉求、共同目标、共同传统、共同基因。中国和东盟比邻而居，双方地缘相近、人文相通，历史遭遇相似，平等相待、和合与共是双方的共同诉求、实现国家安定和人民幸福是双方的共同目标，互帮互助是双方的共同传统，多元包容是双方的共同基因。这些宝贵经验，形成于双方积极顺应时代发展潮流、作出正确历史选择的共同实践。双方照顾彼此重大关切，尊重各自发展路径，以真诚沟通增进理解和信任，以求同存异妥处分歧和问题，共同维护和弘扬亚洲价值观；双方坚定维护地区和平稳定，始终聚焦发展主题，率先建立自由贸易区，高质量共建“一带一路”，共同推动签署《区域全面经济伙伴关系协定》，促进了地区融合发展和人民福祉；双方通过携手应对亚洲金融危机、国际金融危机、新冠肺炎疫情等挑战，强化了命运共同体意识；双方以开放理念引领地区经济一体化，以平等协商推进东盟主导的地区合作，以包容心态构建开放而非排他的朋友圈，落实了共商共建共享原则。

潮平两岸阔，风正一帆悬。中国过去是、现在是、将来也永远是东盟的好邻居、好朋友、好伙伴。站在新的历史起点上，中国和东盟国家将继续在睦邻友好、合作共赢的光明大道上坚定前行，携手打造面向和平、安全、繁荣和可持续发展的全面战略伙伴关系，共同建设更为紧密的中国—东盟命运共同体。

《人民日报》（2021 年 11 月 24 日）

铸就更加紧密的中非命运共同体

中非始终是共同发展道路上携手同行的好伙伴，经贸合作不断深化已成为中非命运与共的生动写照

以“新起点、新机遇、新作为”为主题的第二届中国—非洲经贸博览会日前落下帷幕。来自中国和40多个非洲国家的近900家企业、上万名嘉宾通过线上线下相结合的方式相约盛会，达成丰硕成果，充分彰显中非务实合作提质升级的强劲动力和澎湃活力。

2018年9月，在中非合作论坛北京峰会开幕式上，习近平主席宣布设立中国—非洲经贸博览会，旨在为双方深化经贸合作搭建平台。2019年6月，习近平主席在向首届中非经贸博览会致贺信时表示，希望双方围绕落实中非合作论坛北京峰会“八大行动”加强对接，积极探索合作新路径，开辟合作增长点，推动中非经贸合作再上新台阶。如今，中非经贸博览会已成为推动中非合作论坛经贸举措落实的新平台和地方对非经贸合作的新窗口。正如本届中非经贸博览会主宾国阿尔及利亚总统特本所指出的，中非经贸博览会有助于非中探索实现优势互补的最佳途径，并采取具体举措推动各领域经济伙伴关系向前发展，打造了非中经济合作新模式。

中非始终是共同发展道路上携手同行的好伙伴，经贸合作不断深化已成为中非命运与共的生动写照。中国已连续12年蝉联非洲最大贸易伙伴国。今年1月至7月，中非贸易额1391亿美元，增长40.5%，达到历史同期最高位。肯尼亚的鲜花、卢旺达的咖啡、喀麦隆的白胡椒、塞内加尔的花生等非洲特色产品越来越多地走进中国千家万户；非洲青年足不出户，就能通过电商平台选购服装、箱包、家电等心仪的“中国制造”；在埃塞俄比亚东方工业园、中埃苏伊士经贸合作区等地，非洲民众在中国企业投资的汽车组装厂、服装厂、制药厂等工作……中非合作不仅为非洲国家创造大量就业机会，也有力推动了非洲国家工业化进程和经济结构转型。

中非从来都是命运共同体，共同的历史遭遇、共同的发展任务、共同的战略利益把双方紧紧联系在一起。近年来，中国秉持真实亲诚对非政策理念和正确义利观，不断推动构建更加紧密的中非命运共同体，中非政治互信日益牢固，贸易投资、基础设施、新兴产业等领域务实合作硕果累累，为非洲国家实现自主可持续发展、增进中非人民福祉贡献重要力量。新冠肺炎疫情发生后，中非双方守望相助、不离不弃，传统友谊得到进一步升华，各领域合作得到进一步深化。中国在非洲的 1100 多个“一带一路”合作项目坚持运行，近 10 万名中国技术和工程人员坚守岗位。一批铁路、公路和电站项目克服疫情影响陆续复工开工，为当地经济社会发展作出重要贡献。非洲国家领导人深有感触地表示，非中关系建立在全方位合作共赢基础上，中国是非洲的真诚朋友，非洲国家谋发展离不开中国的帮助；非方愿与中方加强共建“一带一路”，落实好“支持非洲发展伙伴倡议”，推动非中合作迈上新台阶。

独行快，众行远。这句谚语深刻诠释了合作共赢的真谛。加强中非友好合作，这是中国外交坚定不移的选择。汇聚 27 亿中非人民的磅礴力量，将为维护共同利益提供最有力保障，铸就更加紧密的中非命运共同体。

《人民日报》（2021 年 10 月 2 日）

从团结合作中汇聚力量

——构建更加紧密的上合组织命运共同体①

回顾光辉发展历程，团结合作是上合组织发展壮大的成长之基；展望广阔发展前景，团结合作是上合组织行稳致远的力量之源

9 月 17 日，习近平主席在北京以视频方式出席上海合作组织成员国元首理事会第二十一次会议并发表重要讲话。在百年变局和世纪疫情叠加交织、国际和地区形势复杂深刻演变的背景下，习近平主席深刻总结上合组织发展成就和经验，面向未来提出一系列新倡议、新主张，为推动构建更加紧密的上合组织命运共同体注入强大动力。

上合组织是世界上幅员最广、人口最多的综合性区域合作组织。成立 20 年来，上合组织成员国始终遵循“上海精神”，超越社会制度和历史文化差异，成功走出了一条新型区域组织的合作与发展道路，在地区和国际事务中发挥了积极作用，为构建新型国际关系和人类命运共同体作出重要理论和实践探索。“共促政治互信”“共护安全稳定”“共谋繁荣发展”“共担国际道义”，这是上合组织 20 年来蓬勃发展、成员国互利合作取得累累硕果的重要经验。

“我们应该高举‘上海精神’旗帜，在国际关系民主化历史潮流中把握前进方向，在人类共同发展宏大格局中推进自身发展，构建更加紧密的上海合作组织命运共同体，为世界持久和平和共同繁荣作出更大贡献。”在上合组织开启发展新征程之际，习近平主席提出走团结合作之路、走安危共担之路、走开放融通之路、走互学互鉴之路、走公平正义之路 5 点建议，为上合组织发展指明方向。国际人士指出，习近平主席不仅强调了继续遵循“上海精神”的重要意义，还提出重要建议，对地区和平、稳定、发展将产生深远影响。

回顾光辉发展历程，团结合作是上合组织发展壮大的成长之基；展望广阔发展前景，团结合作是上合组织行稳致远的力量之源。20 年来，上合组织成员国成为各自发展道路上可信赖的坚强后盾，构筑起守护地区和平安宁的铜墙铁壁，加快构建各国人民共享幸福的美好家园，奏响了国际社会同呼吸、共命运的时代乐章。当前，面对新冠肺炎疫情持续蔓延、世界经济增长动力不足、全球治理遭遇困境等人类共同挑战，扛起历史责任，展现时代担当，在更大范围、更宽领域、更深层次上推进上合组织各领域合作，成为构建更加紧密的上合组织命运共同体的应有之义。

应对新冠肺炎疫情是当前最紧迫的任务，团结合作是抗击疫情最有力的武器。习近平主席强调，要秉持人民至上、生命至上理念，弘扬科学精神，深入开展国际抗疫合作，推动疫苗公平合理分配，坚决抵制病毒溯源政治化。这是继去年在上合组织峰会上提出“加强抗疫合作，构建卫生健康共同体”重大倡议后，习近平主席再次在上合组织平台推动国际抗疫合作。中国主张得到各方积极响应，成员国在《上海合作组织二十周年杜尚别宣言》中指出，上合组织框架内卫生防疫领域合作彰显重大现实意义，反对与新冠肺炎疫情有关的污名化，强调应进一步加强国际合作，共同防止疫情蔓延。中国迄今已向 100 多个国家和国际组织提供将近 12 亿剂疫苗和原液，并将加紧实现全年向世界提供 20 亿剂疫苗，深化同发展中国家抗疫合作，用好中方向“新冠疫苗实施计划”捐赠的 1 亿美元。中国推动抗疫合作的实实在在举措，为人类彻底战胜疫情增强了信心。

构建人类命运共同体是人间正道，也是上合组织开启发展新征程的光明大道。站在上合组织发展新的历史起点上，中国将与上合组织其他成员国一道，从“上海精神”中汲取智慧，从团结合作中汇聚力量，构建更加紧密的上合组织命运共同体，为区域合作与全球治理提供有益的“上合方案”，为人类发展进步注入强劲的“上合力量”。

《人民日报》（2021 年 9 月 19 日）

共同筑就地区安全屏障
——构建更加紧密的上合组织命运共同体②

安全稳定是人心所向，是合作共赢的坚实保障。中国将继续与上合组织其他成员国密切沟通交流，健全合作机制，深化安全领域合作，努力打造共建共享的安全格局

百年变局和世纪疫情叠加交织，国际形势复杂深刻演变，地区安全形势复杂多变，对上海合作组织安全合作提出更高要求。在上合组织成员国元首理事会第二十一次会议上，习近平主席提出“走安危共担之路”的重要建议，为维护地区安全稳定指明方向、注入信心。

“利莫大于治，害莫大于乱。”维护和加强地区和平、安全与稳定，是上合组织成立宣言和宪章中明确规定的根本宗旨。20 年来，在各国元首亲自推动和“上海精神”有力指引下，上合组织安全合作务实高效——成员国率先提出打击“三股势力”，签署国际上首个政府间反极端主义公约，迄今已组织十多次“和平使命”联合反恐演习；成员国坚决遏制毒品走私、网络犯罪、跨国有组织犯罪蔓延势头，积极倡导政治解决国际和地区热点问题。上合组织不仅成为欧亚地区的安全稳定器，而且是推动世界和平发展的重要力量。

作为上合组织重要创始成员国，中国一直重视、支持和推动上合组织发展。“维护安全和稳定，构建安全共同体”“遵循共同、综合、合作、可持续的安全观，有效应对各类威胁和挑战，营造良好地区安全环境”“摒弃冷战思维、集团对抗，反对以牺牲别国安全换取自身绝对安全的做法”……习近平主席连续 9 年出席上合组织峰会并发表重要讲话，就推动地区安全合作提出一系列重要主张和倡议，为把上合组织打造成安危共担的典范发挥重要引领和推动作用。

习近平主席在本次上合组织峰会上强调，要坚持共同、综合、合作、可持续的安全观，严厉打击“东伊运”等“三股势力”，深化禁毒、边防、大型活动安保合作，尽快完善本组织安全合作机制，推进落实反极端主义公约等法律文件，加强各国主管部门维稳处突能力建设。中方针对地区安全新形势提出的重要主张，有助于筑就更加可靠的地区安全屏障，得到与会各方积极评价。在《上海合作组织二十周年杜尚别宣言》中，成员国强调倡导平等、共同、不可分割、综合、合作、可持续安全，认为应持续不断合作应对各种安全威胁与挑战，严格遵循国际法准则，反对实行双重标准。本次峰会批准了关于打击“三股势力”、禁毒、保障国际信息安全等多份文件，将为各方构建安全共同体筑起铜墙铁壁。

阿富汗局势攸关地区安全稳定，上合组织一直保持高度关注。本次上合组织峰会举行当天，习近平主席还以视频方式出席上合组织和集体安全条约组织成员国领导人阿富汗问题联合峰会并发表重要讲话，就政治解决阿富汗问题、推动阿富汗止乱回稳并走上和平重建道路提出 3 点意见建议——推动阿富汗局势尽快平稳过渡、同阿富汗开展接触对话、帮助阿富汗人民渡过难关。习近平主席强调用好“上海合作组织—阿富汗联络组”等平台，引导阿富汗搭建广泛包容的政治架构，奉行稳健温和的内外政策，坚决打击一切形式的恐怖主义，同周边国家实现友好相处，彰显中国携手各方推动实现本地区普遍安全、共同安全、合作安全、持久安全的坚定决心。

安全稳定是人心所向，是合作共赢的坚实保障。中国将继续与上合组织其他成员国密切沟通交流，健全合作机制，深化安全领域合作，努力打造共建共享的安全格局，共同维护和平稳定，为推动构建更加紧密的上合组织命运共同体、开启上合组织发展新篇章不懈努力。

《人民日报》（2021 年 9 月 20 日）

相互成就发展振兴的美好愿景
——构建更加紧密的上合组织命运共同体③

秉持人类命运共同体理念，中国积极携手上合组织其他成员国，不断拓展共同发展的广阔空间，不断打造交流互鉴的平台，为促进地区和平发展作出巨大贡献

当前，上海合作组织国家都面临振兴经济、改善民生的重要任务，互利合作是应对疫情冲击、促进经济复苏的良方。习近平主席在上合组织成员国元首理事会第二十一次会议上发表重要讲话，高度评价上合组织为促进地区繁荣发展作出的贡献，提出“走开放融通之路”“走互学互鉴之路”的建议以及一系列合作倡议，为上合组织各国相互成就发展振兴的美好愿景擘画了蓝图、提振了信心。

上合组织成立 20 年来，务实合作不断向纵深发展，有力提升了区域整体发展水平，成员国经济总量和对外贸易额实现年均增长约 12%。近年来，乘着共建“一带一路”合作的“东风”，上合组织国家发展战略对接合作日益紧密，贸易投资水平显著提升，地区高质量互联互通格局初现轮廓，农业、地方等领域合作亮点纷呈。各方积极落实涉及道路运输、能源管线、产业园区等大项目合作，为各国人民带来实实在在的好处。上合组织大学、文化节、马拉松赛、青年交流营等一批人文品牌项目精彩纷呈，有效促进民心相通，为开放合作创造了有利条件。上合组织凝聚起合作共赢的巨大向心力，打造共同发展繁荣的强劲引擎，为地区国家人民带来了更多福祉。

经济全球化时代，开放融通是不可阻挡的历史潮流。在今年的上合组织峰会上，习近平主席就地区开放融通提出一系列重要主张：要持续推进贸易和投

资自由化便利化，保障人员、货物、资金、数据安全有序流动，打造数字经济、绿色能源、现代农业合作增长点；要推动共建“一带一路”倡议同各国发展战略及欧亚经济联盟等区域合作倡议深入对接，维护产业链供应链稳定畅通，促进各国经济融合、发展联动、成果共享。中方提出力争未来5年同本组织国家累计贸易额实现2.3万亿美元目标、设立中国—上合组织经贸学院、在上合组织框架内启动实施二期专项贷款用于共建“一带一路”合作等。各方欢迎中方提出的倡议，认为在各国经济社会发展遭遇疫情冲击之时，中方真诚分享发展机遇，彰显了负责任的大国担当。成员国再次重申支持中国提出的“一带一路”倡议，肯定各方为共同实施“一带一路”倡议所做工作。

上合组织发展最牢固的基础在于文明互鉴，最深厚的力量在于民心相通。正是得益于文明互鉴和民心相通，上合组织超越意识形态、社会制度、发展道路差异，树立了新型国家关系典范。在上合组织框架内，中国积极倡导交流对话、文明互鉴，以实际行动推动一系列人文交流活动，搭建起各国人民相知相亲的桥梁。为进一步夯实上合组织发展的民意基础，习近平主席今年提出涉及科技、教育、文化、卫生、扶贫等诸多领域的合作倡议，包括未来3年中方将向上合组织国家提供1000名扶贫培训名额、建成10所鲁班工坊、开展卫生健康等领域30个合作项目，举办青年科技创新论坛，成立传统医药产业联盟等。峰会发表了关于加强科技创新领域合作的声明，批准了环保、文化、旅游、青年等领域合作文件，欢迎中方举办2022年北京冬奥会和冬残奥会，体现了成员国期待将上合组织发展成果更好惠及各国人民的共同愿望。

大道之行，天下为公。秉持人类命运共同体理念，中国积极携手上合组织其他成员国，不断拓展共同发展的广阔空间，不断打造交流互鉴的平台，为促进地区和平发展作出巨大贡献。

《人民日报》（2021年9月21日）

建设多极化世界秩序
——构建更加紧密的上合组织命运共同体④

无论国际风云如何变幻，中国都将以实际行动践行多边主义、完善全球治理、维护国际秩序，与世界上一切进步力量携手共进，推动历史车轮向着光明的目标前进

“解决国际上的事情，不能从所谓‘实力地位’出发，推行霸权、霸道、霸凌，应该以联合国宪章宗旨和原则为遵循，坚持共商共建共享。”习近平主席在上海合作组织成员国元首理事会第二十一次会议上发表重要讲话时强调。在单边主义、保护主义抬头的背景下，中方主张为上合组织继续维护国际公平正义、在全球治理中发挥更大建设性作用明确了思路。

上合组织的20年，是共担国际道义的20年。上合组织顺应和平、发展、合作、共赢的时代潮流，创造性提出以“互信、互利、平等、协商、尊重多样文明、谋求共同发展”为内容的“上海精神”，成功探索出一条新型区域组织合作与发展道路。成员国就弘扬多边主义和全人类共同价值发出响亮声音，就反对霸权主义和强权政治表明公正立场，同观察员国、对话伙伴及赞同本组织宗旨原则的国际和地区组织密切协作，奏响了国际社会同呼吸、共命运的时代乐章。特别是在新冠肺炎疫情发生以来，上合组织倡导各国团结抗疫、互施援手，反对将疫情政治化，为国际抗疫合作树立了典范，为促进全球公共卫生治理贡献了“上合力量”。

“一时强弱在于力，千秋胜负在于理。”习近平主席在讲话中引用的这句话，深刻揭示了走公平正义之路的重要性。习近平主席强调，要践行真正的多边主义，反对打着所谓“规则”旗号破坏国际秩序、制造对抗和分裂的行径。要恪守互利共赢的合作观，拆除割裂贸易、投资、技术的高墙壁垒，营造包容普惠的发展前景。这些重要主张切中肯綮，得到各方普遍认同和支持。成员国认为，中方主张对推动构建相互尊重、公平正义、合作共赢的新型国际关系和人类命运共同体具有重要现实意义。在《上海合作组织二十周年杜尚别宣言》中，成员国倡导在公认的国际法准则，多边主义，平等、共同、不可分割、综合、合作、可持续安全，反对冲突和对抗，以及全球和地区安全与稳定基础上建设多极化世界秩序。

百年变局和世纪疫情交织叠加，国际形势复杂深刻演变，全球性挑战日益增多，加强全球治理的任务更加艰巨。坚持多边主义原则，维护以联合国为核心的国际体系和以国际法为基础的国际秩序，才能维护全球共同利益。人类生活在同一个地球村，各国利益休戚与共、命运紧密相连，各国人民对美好生活的向往更加强烈。国际力量对比深刻调整，国际关系民主化大势不可阻挡。历史已经并将继续证明，睦邻友好必将超越以邻为壑，互利合作必将取代零和博弈，多边主义必将战胜单边主义。上合组织强调继续坚守多边主义，反对通过集团化、意识形态化和对抗性思维解决重大国际和地区问题，强调在联合国中心协调作用下建设多极化世界秩序，为维护国际公平正义发出了“上合声音”，为加强全球治理提供了有益的“上合方案”。

察势者明，趋势者智。瞩目未来，上合组织将继续高举“上海精神”旗帜，在国际关系民主化历史潮流中把握前进方向，在人类共同发展宏大格局中推进自身发展，站在多边主义一边，站在公平正义一边，站在历史正确的一边。无论国际风云如何变幻，中国都将以实际行动践行多边主义、完善全球治理、维护国际秩序，与世界上一切进步力量携手共进，推动历史车轮向着光明的目标前进。

《人民日报》（2021 年 9 月 22 日）

中国—东盟合作不断焕发新活力

一批标志性互联互通项目顺利实施，各领域投资合作不断深化，产业链供应链融合进一步加深……建设更为紧密的中国—东盟命运共同体，正在不断转化为双方实实在在的行动

9月13日，以“共享陆海新通道新机遇，共建中国—东盟命运共同体”为主题的第十八届中国—东盟博览会和中国—东盟商务与投资峰会（东博会）落下帷幕。本届东博会规模继续扩大，国际参与度进一步提升，签约项目总投资额创历届之最，彰显中国与东盟经贸合作的澎湃活力和巨大潜力。在中国和东盟建立对话关系30周年的重要年份，本届东博会的成功举办，是双方守望相助、休戚与共的命运共同体精神的生动写照。

东博会是深化中国—东盟合作的重要平台。从2014年创新设立特邀合作伙伴机制到2017年首次设立“一带一路”展区，从2020年首次采用“实体展+云上东博会”形式，到2021年区域全面经济伙伴关系协定展区亮相，伴随中国—东盟关系的提质升级，东博会影响力和吸引力不断扩大，推动并见证了双方互联互通不断加速，经济融合持续加深，经贸合作日益加快，人文交往更加密切。

中国和东盟各领域合作日益密切，符合双方和双方人民的共同利益，顺应和平、发展、合作、共赢的时代潮流。30年来，从磋商伙伴和全面对话伙伴到“面向21世纪的睦邻互信伙伴关系”，再到“面向和平与繁荣的战略伙伴关系”，中国和东盟关系实现跨越式发展；30年来，双方全方位合作不断深化，互为最大贸易伙伴，成为亚太区域最具活力的合作；30年来，双方坚持讲信修睦，谋求合作共赢，共同铸就了地区和平稳定的重要支柱，共同打造了发展繁荣的强大引擎，共同树立了亚太区域合作最为成功的典范。

建设更为紧密的中国—东盟命运共同体，这是中国和东盟共同努力的方向。在第十七届中国—东盟博览会和中国—东盟商务与投资峰会开幕式上，习近平主席就建设更为紧密的中国—东盟命运共同体提出 4 点倡议，得到东盟国家积极回应，有关领域合作正持续推进。当前，在新冠肺炎疫情仍在全球肆虐、国际形势深刻复杂演变的背景下，中国与东盟携手同行、相互支持，共克时艰、共促发展，为建设更加紧密的中国—东盟命运共同体注入强大动力。

建设更为紧密的中国—东盟命运共同体，正在不断转化为双方实实在在的行动。从中老铁路、中泰铁路到雅万高铁、西部陆海新通道，一批标志性互联互通项目顺利实施；从合作建设 20 多个经贸合作区、开创“两国双园”合作新模式，各领域投资合作不断深化，产业链供应链融合进一步加深；从中国—东盟自贸协定升级、区域全面经济伙伴关系协定签署，到澜湄合作、中国—东盟东部增长区等次区域合作走深走实，双方务实合作不断推进；从向东盟国家提供大量抗疫物资、派遣多批医疗专家组，到交付近 2 亿剂新冠疫苗、实施中国—东盟公共卫生合作倡议，双方以实际行动诠释了守望相助、休戚与共的命运共同体精神。新加坡副总理兼经济政策统筹部长王瑞杰表示，东盟与中国关系蓬勃发展，不断深化，希望双方未来继续扩大合作领域、加深合作内容，为全球人民福祉贡献坚实力量。

“一根柴棍烧不成旺火，一根木棍围不成篱笆。”本届东博会主题国老挝的这句谚语，道出中国与东盟合作共赢、命运与共的题中之义。中国—东盟合作正迎来新的历史机遇。顺势而动，积极作为，中国—东盟合作必将不断焕发新活力，不断为建设人类命运共同体作出新贡献。

《人民日报》（2021 年 9 月 14 日）

讲信修睦　合作共赢

本届论坛的举行，正值新时代中俄关系处于历史最好时期。中俄携手并肩、加强合作，对促进东北亚和平稳定和发展繁荣具有重要意义

“我们愿同各方一道努力，秉持真正的多边主义，讲信修睦，合作共赢，向着推动构建人类命运共同体的目标稳步迈进。”9月3日，习近平主席应邀以视频方式出席第六届东方经济论坛全会开幕式并致辞，就应对疫情挑战、推进互利合作、维护地区和平稳定等提出重要主张，为地区国家合作共赢、携手谱写远东合作新篇章注入强大信心。

这是习近平主席第二次出席东方经济论坛全会开幕式并致辞，既体现出中俄新时代全面战略协作伙伴关系的高水平和中方对俄方举办重大主场外交活动的坚定支持，也体现出中方对东北亚区域合作的高度重视。东方经济论坛是在俄罗斯总统普京亲自倡议下举办的，是区域国家凝聚智慧、共商合作的重要平台。一个和睦、互信、团结、稳定的东北亚符合各国利益和国际社会期待，对维护多边主义、推动国际秩序朝着更加公正合理的方向发展也具有重要意义。

作为东北亚地区重要一员，中国始终致力于参与地区合作，始终致力于推动各国交流对话，始终致力于营造和睦友好的周边环境，展现了负责任、有担当、建设性的大国形象。2018年9月，习近平主席在第四届东方经济论坛全会上致辞时提出四点主张：要增进互信，维护地区和平安宁；要深化合作，实现各国互利共赢；要互学互鉴，巩固人民传统友谊；要着眼长远，实现综合协调发展。今年，面对世界格局深刻变革、新冠肺炎疫情起伏不定、世界经济艰难复苏的现实，习近平主席在致辞中提出各方在应对疫情挑战方面相互助力、在推进互利合作方面持续发力、在维护地区和平稳定方面形成合力等重要主张。这些重要主张顺应时代发展潮流，契合域内各方利益，为地区国家早日战胜疫情、推动经济社会发展、携手建设和谐安宁的共同家园描绘了清晰可行的路线图。

在习近平主席和普京总统战略引领下，本届论坛的举行，正值新时代中俄关系处于历史最好时期。今年6月，习近平主席同普京总统成功举行视频会晤，共同宣布《中俄睦邻友好合作条约》延期，就加强中俄战略协作和全方位务实合作等重大问题达成新的共识。中俄互利共赢合作取得累累硕果。中俄双边贸易额连续3年突破千亿美元，中国连续11年成为俄罗斯第一大贸易伙伴。疫情防控期间，中俄守望相助，同舟共济，推动经贸、科技创新等领域务实合作稳步发展。中俄共同维护二战胜利成果与国际公平正义，在涉及彼此核心利益问题上坚定相互支持，在反对强权政治的道路上相互扶助，在国际事务中密切协调配合，坚定维护以联合国为核心的国际体系和以国际法为基础的国际秩序，支持和践行真正的多边主义，成为当今世界最重要的稳定性力量之一。

中俄携手并肩、加强合作，对促进东北亚和平稳定和发展繁荣具有重要意义。中俄远东合作正迎来丰收季。2019年12月，来自俄罗斯的天然气通过中俄东线天然气管道正式进入中国；今年8月17日，中俄首座跨江铁路大桥——同江中俄黑龙江铁路大桥实现铺轨贯通……一系列重大标志性成果表明，中俄全方位合作具有强大韧劲，能够为两国人民带来更大福祉。中方对有利于促进东北亚地区稳定、发展、共赢的多边合作均持开放态度，愿深化共建“一带一路”同欧亚经济联盟对接合作，支持数字经济创新发展，推动更多实实在在的项目落地实施，给地区人民带来更多实惠。

中国已经开启全面建设社会主义现代化国家新征程。中方愿继续同地区国家一道，立足地区，放眼世界，共克时艰，同谋发展，共同维护地区和平稳定，不断做大共同利益蛋糕，让本地区人民共享合作机遇和发展成果，开创东北亚更加美好的明天。

《人民日报》（2021年9月5日）

推动中阿战略伙伴关系迈上更高水平

中阿建立全面合作、共同发展、面向未来的战略伙伴关系3年多来，双方合作领域越来越广、成果越来越实

8月22日，为期4天的第五届中国—阿拉伯国家博览会落下帷幕。本届中阿博览会取得丰硕成果，充分彰显中国与阿拉伯国家共谋合作发展、共促和平发展、实现互利共赢、高质量共建“一带一路”的勃勃生机，有助于推动中阿战略伙伴关系迈上更高水平。

中阿博览会是中国和阿拉伯国家共建“一带一路”的重要平台。前四届中阿博览会，共有来自112个国家和地区、5000多家国内外企业参会参展，累计签订各类合作项目936个。从2013年起，习近平主席连续5次向中阿博览会致贺信，充分体现中方对发展中阿关系的高度重视。“中国和阿拉伯国家是相互信任的好朋友，也是在实现共同发展道路上携手同行的好伙伴”“中国愿同包括阿拉伯国家在内的各国一道，推动‘一带一路’建设共享机遇，共促和平”……习近平主席在贺信中对中阿合作寄予殷切期望，为中阿携手前进、开创美好未来注入信心和动力。

中阿博览会反映出中阿顺应时代潮流、共谋合作发展的美好图景。中阿是共建“一带一路”的天然合作伙伴，中国已同19个阿拉伯国家和阿盟签署共建“一带一路”合作文件。近年来，随着高质量共建“一带一路”持续推进，中阿各领域合作不断深化。面对百年变局叠加世纪疫情带来的全球挑战，中阿合作和共建“一带一路”并没有按下“暂停键”，而是展现出强大韧性和旺盛活力。2020年，中阿贸易额近2400亿美元，中国已成为阿拉伯国家第一大贸易伙伴国。今年上半年，中阿双边贸易额达1442.7亿美元，同比增长

25.7%。中阿携手打造非洲最高楼、世界规模最大的光热电站、中东最清洁燃煤电站等多项“第一”。中阿把彼此发展战略对接起来，让两大民族复兴之梦紧密相连。

中阿博览会展现出中阿拓展新兴领域合作、引领风气之先的光明前景。本届博览会上，数字经济、清洁能源、新型材料、绿色食品、医疗康养、跨境电商等6个主题线下展区引人瞩目，博览会发布的《中阿经贸关系发展进程2020年度报告》指出：中阿探索数字化转型合作加速，在传统能源合作基础上，清洁能源与技术合作成为新增长点，可再生能源发展、能源减贫与治理将是合作新亮点。中国和中东国家正携手应对气候变化和能源转型，积极开展太阳能、核能等清洁能源合作，推动能源结构多元化，提升环境保护与治理能力，共同打造中东版“绿色丝路”。正如摩洛哥非洲中国合作与发展协会主席纳赛尔·布希巴所指出的：“阿中团结起来促进交流、增进了解、达成合作，无疑为全球经贸合作做出表率，也为重振世界经济带来信心。”

中阿博览会彰显出中阿团结合作、携手构建人类命运共同体的伟大愿景。习近平主席指出，面对新冠肺炎疫情，中国和阿拉伯国家携手抗疫，树立了守望相助、共克时艰的典范。在本届中阿博览会上，与会嘉宾积极评价中阿携手抗疫、命运与共的表现。中国已经向阿拉伯国家援助和出口近1亿剂疫苗，同阿联酋、埃及等国开展联合灌装生产合作。后疫情时代，中阿还将不断深化医疗物资采购、疫苗合作生产等卫生领域的投资合作，为地区国家战胜疫情、复苏经济提供助力。阿拉伯国家联盟秘书处助理秘书长卡迈勒·哈桑·阿里感慨：“中国经验”已成为阿拉伯国家在疫情后振兴经济可借鉴的最突出的经验。

一位阿拉伯诗人曾说：“当你面向太阳的时候，你定会看到自己的希望。”中阿建立全面合作、共同发展、面向未来的战略伙伴关系3年多来，双方合作领域越来越广、成果越来越实。中阿在合作共赢的道路上并肩前行，这是双方携手打造面向新时代的中阿命运共同体的生动实践。

《人民日报》（2021年8月23日）

不断开拓上合组织发展新局面

各成员国将继续弘扬“上海精神”，增进团结互信，深化各领域合作，以集体之力、团结之力、合作之力，不断开拓上合组织发展新局面

2001 年 6 月 15 日，上海合作组织在黄浦江畔成立，这一天因此载入史册。20 年来，上合组织走过不平凡的发展历程，成为欧亚地区和国际事务中重要的建设性力量。成员国遵循“上海精神”，加强政治、经济、安全、人文等领域合作，树立了相互尊重、公平正义、合作共赢的新型国际关系典范。中国是上合组织重要创始成员国，为推动上合组织发展作出重要贡献。

20 年来，上合组织始终致力于共谋稳定、共促发展。从初创、成长到发展，从共同打击“三股势力”到开展全方位合作，上合组织成员国构建起不结盟、不对抗、不针对第三方的建设性伙伴关系，开创了区域合作新模式，为地区和平与发展作出了新贡献。如今，上合组织成员国经济总量接近 20 万亿美元，比成立之初扩大了 13 倍多，对外贸易总额达到 6.6 万亿美元，比 20 年前增长了 100 倍，是世界上幅员最广、人口最多的综合性区域合作组织，也是促进世界和平与发展不可忽视的重要力量。国际社会普遍认为，上合组织影响力日益扩大，正在对世界产生深刻影响。

20 年来，上合组织创造性地提出并始终践行互信、互利、平等、协商、尊重多样文明、谋求共同发展的“上海精神”。“上海精神”具有超越时代和地域的生命力和价值。在新冠肺炎疫情与世界百年变局叠加共振背景下，上合组织成员国坚定弘扬“上海精神”，相互支持抗击疫情，积极推进各领域合作，为本组织稳定发展、全球抗疫和多边合作注入了正能量。当前，国际形势复杂多变，单边主义、保护主义抬头，热点问题此起彼伏，安全威胁依然严峻，国

际社会期待上合组织继续为应对全球挑战、完善全球治理贡献“上合智慧”，为维护和践行多边主义、捍卫国际公平正义贡献“上合力量”。

20 年来，中国始终致力于推动上合组织发展，为促进地区安全稳定、各国发展繁荣作出不懈努力。2013 年以来，习近平主席连续 8 年出席上合组织峰会，呼吁并推动各方携手构建更加紧密的上海合作组织命运共同体，提出一系列重要合作倡议，各方积极回应。“确立构建人类命运共同体的共同理念”正式写入青岛宣言，成为上合组织成员国的共同愿景；共建“一带一路”倡议同各国发展战略及欧亚经济联盟等区域合作倡议深入对接，为地区发展创造重要机遇。2020 年，习近平主席首次在上合组织框架内提出构建“卫生健康共同体”“安全共同体”“发展共同体”“人文共同体”的重大倡议。习近平主席的倡议丰富和发展了“上海精神”的内涵，为后疫情时代的上合组织发展传递了信心，指明了方向。

站在新的历史起点，承载各方重托，上合组织肩负新的时代重任。各成员国将继续弘扬“上海精神”，增进团结互信，深化各领域合作，以集体之力、团结之力、合作之力，不断开拓上合组织发展新局面。中国将继续同各方一道，朝着构建更加紧密的上合组织命运共同体的方向不断努力，为建设新型国际关系、构建人类命运共同体作出新贡献。

《人民日报》（2021 年 6 月 15 日）

打造更高水平的中国东盟战略伙伴关系

加快推动高质量共建“一带一路”，共同推进区域合作健康发展，维护地区和平稳定，这是中国与东盟国家的共同心声

6 月 7 日至 8 日，纪念中国—东盟建立对话关系 30 周年特别外长会和澜湄合作第六次外长会在重庆举行。各方就加强中国东盟合作、澜湄合作达成广泛共识，展现出深化团结合作、共创美好未来的光明前景。

30 年携手同行，中国和东盟关系实现跨越式发展。双方已成为最大规模的贸易伙伴、最富内涵的合作伙伴、最具活力的战略伙伴。中国东盟合作为 11 国 20 亿人民带来了巨大利益和福祉，为地区和平稳定、发展繁荣提供了重要支撑，共同树立了亚太区域合作最为成功的典范。2020 年，中国和东盟首次互为最大贸易伙伴。双向投资不断扩大并趋向均衡，累计突破 2000 亿美元大关。区域全面经济伙伴关系协定（RCEP）成功签署，表明地区国家正成为维护自由贸易和多边主义、引领国际合作的重要力量。尤其需要指出的是，中国和东盟国家携手抗击疫情，生动诠释了唇齿相依的兄弟之情、守望相助的邻里之义。

中国和东盟始终把对方放在对外关系的首要位置，为彼此关系发展提供了政治引领。在东盟对话伙伴中，中国创造了多项“第一”：第一个加入《东南亚友好合作条约》，第一个同东盟建立战略伙伴关系，第一个同东盟商谈建立自贸区，第一个明确支持东盟在区域合作中的中心地位……习近平主席提出亲诚惠容的周边外交理念，提出愿同东盟国家共建 21 世纪海上丝绸之路，携手共建更为紧密的中国—东盟命运共同体，为深化中国与东盟国家关系注入了强大动力。在此次特别外长会上，中方表示双方可探讨将中国东盟关系提升为全面战略伙伴，展现出深化双方团结合作的意愿和决心。

展望未来，深化中国与东盟国家合作面临巨大机遇。着眼于建设更为紧密的中国—东盟命运共同体，习近平主席去年 11 月在第十七届中国—东盟博览会和中国—东盟商务与投资峰会开幕式上发表致辞时提出 4 点倡议——提升战略互信，深入对接发展规划；提升经贸合作，加快地区经济全面复苏；提升科技创新，深化数字经济合作；提升抗疫合作，强化公共卫生能力建设。中方倡议瞄准中国东盟各自发展的需要，阐明了双方合作升级的有效路径，为双方战略伙伴关系的发展描绘了新蓝图。

中国立足新发展阶段，推动高质量发展，加快构建以国内大循环为主体、国内国际双循环相互促进的新发展格局，这将为包括东盟国家在内的世界各国提供更大市场、更多机遇、更强发展动能。“一带一路”倡议同东盟互联互通总体规划加快对接，大批接地气、惠民生的重点项目稳步实施，为双方人民带来了实实在在的利益。中国与东盟国家贸易畅通成效显著。泰国副总理兼商业部部长朱林通过中国电商平台，为泰国水果直播“带货”，一口气卖出近 5000 个榴莲和 2 万个椰青，正是东盟国家挖掘中国市场机遇的生动例证。中国与东盟国家正努力推动 RCEP 尽早生效，地区国家将迎来更为广阔的合作空间。

以中国—东盟建立对话关系 30 周年和澜湄合作 5 周年为契机，加快推动高质量共建“一带一路”，共同推进区域合作健康发展，维护地区和平稳定，这是中国与东盟国家的共同心声。面向未来，中国与东盟国家将共同实现好、维护好、发展好东亚特色的区域合作之路，打造更高水平的中国东盟战略伙伴关系，构建更为紧密的命运共同体。

《人民日报》（2021 年 6 月 10 日）

为促进非洲和平发展发挥积极作用

中国坚定不移维护和践行多边主义，与国际社会一道，为促进非洲和平发展发挥积极作用，这也是为维护世界和平与发展作贡献

5月19日，在联合国安理会本月轮值主席国中国倡议下，安理会以视频方式举行“非洲和平与安全：推进非洲疫后重建，消除冲突根源”高级别会议。安理会成员协商一致通过中国起草的主席声明，强调安理会严重关切疫情对非洲经济、政治、安全、人道等领域造成破坏性影响，并加剧非洲冲突局势，强调要综合施策，共同发力，促进非洲可持续经济增长和发展、减贫等目标，夯实非洲和平的基础。

中方主持召开此次会议有助于凝聚共识、形成合力，为非洲持久和平和可持续发展注入新动力。

新冠肺炎疫情发生以来，非洲各国遭受严重冲击，面临抗疫情、稳经济、保民生的艰巨任务与挑战。联合国秘书长古特雷斯表示，疫情大流行是促使非洲大陆爆发冲突的重要因素，非洲许多社区和国家已经面临“复杂的和平与安全环境”，多种挑战正在增加不稳定的风险。如何帮助非洲构筑起战胜疫情的防线，共同促进非洲和平发展，检验国际公平正义和人类良知。

中国是非洲国家的好兄弟、好朋友、好伙伴。在此次高级别会议上，中方提出助力非洲弥合“抗疫鸿沟”、破解“和平赤字”、缩小“发展差距”、纠正“治理不公”的建议，为非洲国家战胜疫情、开展疫后重建、消除冲突根源出谋划策，得到各方高度赞赏。事实再次证明，在实现非洲和平发展的道路上，中国一直坚定地与非洲站在一起。

中国始终是非洲抗击疫情的坚定支持者。中方积极落实习近平主席在第

七十三届世界卫生大会视频会议开幕式上宣布的举措和中非团结抗疫特别峰会成果，全力支持非方抗疫行动，共同打造中非卫生健康共同体。常驻非洲各国的 46 支中国医疗队在第一时间投入当地的抗疫行动，15 支中国巡回抗疫医疗专家组以及紧急建立的 43 个中非对口医院合作机制，为非洲带去防疫经验、方案和物资。中国已经并正在向 30 多个有需要的非洲国家提供急需的新冠疫苗。“在面临困难时，只有中国把我们放在心上，伸出援手……”中方雪中送炭之举赢得非洲国家的真诚赞誉。

中国始终是非洲发展振兴的积极参与者。疫情发生以来，中方全面落实二十国集团缓债倡议，同 16 个非洲国家签署缓债协议或达成缓债共识，还在中非合作论坛框架内免除 15 个非洲国家 2020 年底到期的无息贷款。疫情防控常态化形势下，中方在非洲的 1100 多个“一带一路”合作项目坚持运行，近 10 万名中国技术和工程人员坚守岗位。非洲人士感叹：“中国不仅想办法帮助我们应对疫情，更帮助我们复苏经济，推动非洲实现可持续发展。”

中国始终是非洲和平稳定的有力维护者。当前，2043 名中国维和人员正在非洲，为和平日夜值守。在百年变局和世纪疫情叠加共振背景下，面对单边主义、保护主义和强权政治逆流，中国会继续在联合国为非洲仗义执言，敦促各方尊重非洲国家的主权，尊重非洲国家自主选择的发展道路，尊重非洲国家平等参与国际事务的权利。

中非从来都是命运共同体，患难时刻更见中非真挚情谊。中国坚定不移维护和践行多边主义，与国际社会一道，为促进非洲和平发展发挥积极作用，这也是为维护世界和平与发展作贡献。

《人民日报》（2021 年 5 月 21 日）

推动中俄务实合作提质升级

中俄以元首外交为引领深化新时代全面战略协作伙伴关系，必将为捍卫国际公平正义、维护世界和平稳定、促进共同发展繁荣发挥中流砥柱作用

5 月 19 日，国家主席习近平在北京通过视频连线，同俄罗斯总统普京共同见证两国核能合作项目——田湾核电站和徐大堡核电站开工仪式。在《中俄睦邻友好合作条约》签署 20 周年的重要年份，习近平主席和普京总统举行年内的首次双边线上交往，对引领中俄新时代全面战略协作伙伴关系继续保持高水平发展具有重要意义。

能源合作一直是中俄两国务实合作中分量最重、成果最多、范围最广的领域，核能是其战略性优先合作方向，一系列重大项目相继建成投产。2018 年 6 月，在习近平主席和普京总统共同见证下，双方签署核能领域一揽子合作协议，商定合作建设田湾核电站 7 号、8 号机组和徐大堡核电站 3 号、4 号机组。这是中俄迄今最大的核能合作项目，既展示了中俄在高端装备制造和科技创新领域的重大合作成果，也将助推双方各领域务实合作提质升级。

习近平主席在 4 台核电机组项目开工之际提出三点希望：坚持安全第一，树立全球核能合作典范；坚持创新驱动，深化核能科技合作内涵；坚持战略协作，推动全球能源治理体系协调发展。习近平主席从全球高度为两国核能合作指明方向，有利于中俄两国为全球能源治理贡献更多方案，为实现全球可持续发展目标发挥建设性作用。普京总统对 4 台核电机组项目未来表示了信心，认为这不仅将为俄中关系进一步发展注入新的活力，也将助力实现碳达峰、碳中和目标，为应对全球气候变化、实现人类可持续发展作出积极努力和贡献。

面对世纪疫情叠加百年变局，中俄相互坚定支持，密切有效协作，生动诠

释了中俄新时代全面战略协作伙伴关系的深刻内涵。新冠肺炎疫情发生以来，习近平主席同普京总统 5 次通话，引领中俄新时代全面战略协作伙伴关系持续向前发展。2020 年，中俄务实合作逆势前行，双边贸易额连续 3 年突破 1000 亿美元，两国油气、核能等领域战略性大项目不断取得新成果，共建“一带一路”与欧亚经济联盟对接持续推进。今年以来，从中俄东线天然气管道南段全面开工到两国政府签署《关于合作建设国际月球科研站的谅解备忘录》，启动国际月球科研站的合作，再到如今田湾核电站和徐大堡核电站开工，一系列务实合作成果生动表明，经历了疫情考验的中俄务实合作韧性更强，后劲更足。

2021 年对中俄关系具有特殊意义。在《中俄睦邻友好合作条约》签署 20 周年之际，习近平主席同普京总统商定，将在更高水平、更广领域、更深层次推进双边关系向前发展。中俄以元首外交为引领深化新时代全面战略协作伙伴关系，必将为捍卫国际公平正义、维护世界和平稳定、促进共同发展繁荣发挥中流砥柱作用。

《人民日报》（2021 年 5 月 20 日）

为维护国际公平正义筑就坚固屏障

中俄始终肩并肩站在一起，背靠背紧密合作，坚决反对世界上的霸权霸道霸凌，成为维护世界和平稳定和国际公平正义的中流砥柱

今年是《中俄睦邻友好合作条约》签署20周年，赋予中俄关系特殊意义。3月23日，中俄两国外长在广西桂林举行会谈，就双边关系和重大国际地区问题广泛交换意见，达成一系列新的共识。这再次体现了两国关系的高水平和特殊性，也向世界展示了中俄共同捍卫国际公平正义的坚定意志。

元首战略引领是新时代中俄关系的政治优势。过去一年，习近平主席同普京总统5次通话，多次互致函电，共同出席一系列多边视频峰会，就中俄关系和重大国际地区问题深入交换意见，达成新的重要共识，为两国关系稳步前行发挥了最关键的战略引领作用。今年初，两国元首分别出席世界经济论坛"达沃斯议程"对话会，共同发出坚持多边主义、共同应对全球性挑战的时代强音，提出团结战胜疫情和携手重振全球经济的"中俄方案"。事实证明，在两国元首战略引领下，中俄新时代全面战略协作伙伴关系稳定、牢固、坚韧，具有强大生命力和抗压能力，能够经受住各类风险挑战的考验。

中俄关系具有强大内生动力和独立价值，不受国际风云变幻影响，不受任何其他因素干扰。两国要互为战略依托，互为发展机遇，互为全球伙伴，这既是历史的经验，也是时代的要求。共同抵制"政治病毒"，维护二战胜利成果与国际公平正义，在涉及彼此核心利益问题上坚定相互支持，在反对强权政治的道路上相互扶助……中俄双方以实际行动诠释了"互信程度最高、协作水平最高、战略价值最高的一组大国关系"的题中之义，中俄关系的全球意义更加彰显。

当前，世纪疫情和百年变局交织，世界进入动荡变革期，国际形势不稳定性不确定性明显上升，国际社会迫切需要大国共同展现应有格局，担起重要使命。中俄始终肩并肩站在一起，背靠背紧密合作，坚决反对世界上的霸权霸道霸凌，成为维护世界和平稳定和国际公平正义的中流砥柱。中俄两国外长发表关于当前全球治理若干问题的联合声明，阐释“人权”“民主”“国际秩序”“多边主义”概念的正确内涵，呼吁国际社会搁置分歧，凝聚共识，加强协作，维护世界和平与地缘战略稳定，推动构建更加公正、民主、合理的多极化国际秩序。这一声明反映了国际社会尤其是发展中国家的集体诉求，是中俄坚定维护多边主义、加强全球治理的正义之举。

习近平主席强调：“中俄加强战略协作，能够有效抵御打压分化两国的任何图谋，并为维护国际公平正义筑就坚固屏障。”站在《中俄睦邻友好合作条约》签署 20 周年的新起点，中俄双方全面落实两国元首达成的各项共识，重温世代友好、合作共赢的缔约初心，在更大范围、更宽领域、更深层次上推进双方合作，必将继续共同打造战略互信、互利合作、民心相通、公平正义的国际关系典范。

《人民日报》（2021 年 3 月 25 日）

迈向更高水平联动发展和互利共赢

这是一次共商中国—中东欧国家合作未来的峰会，是一次凝聚国际抗疫合作共识的峰会，是一次为中欧合作注入正能量的峰会，也是一次践行和促进多边主义的峰会

2 月 9 日，国家主席习近平在北京主持中国—中东欧国家领导人峰会并发表主旨讲话。作为中国今年首场主场外交和中国—中东欧国家合作机制建立以来举行的最高级别领导人会晤，此次峰会为新形势下的中国—中东欧国家合作凝聚了新共识、绘制了新蓝图。

“察势者明，趋势者智。”9 年前，中国—中东欧国家本着合作共赢、共谋发展的初心，怀着共同开创美好未来的决心，顺应时代潮流和发展大势，联合倡议建立中国—中东欧国家合作机制，开启中国同中东欧国家关系发展新阶段。有事大家商量着办，让合作方都有收获，在开放包容中共同发展，通过创新不断成长，中国—中东欧国家合作在实践中形成符合自身特点并为各方所接受的合作原则。事实表明，中国—中东欧国家合作是多边主义的生动实践，符合各方共同利益和可持续发展愿望，同双边关系相互促进，也为中欧关系提供了有益补充。

中国—中东欧国家开拓思路、先试先行，率先探索跨区域合作同共建“一带一路”倡议对接，率先实现“一带一路”合作协议在地区全覆盖。抗击新冠肺炎疫情是当前最紧迫的任务。中国与中东欧国家守望相助、携手抗疫，传统友谊得到进一步淬炼升华。同 9 年前相比，中国同中东欧国家贸易额增长近 85%，其中中方进口增幅高出出口增幅 22 个百分点，双向旅游交流人数增长近 4 倍。中欧班列已经覆盖大部分中东欧国家，累计开行 3 万多列。希腊比雷

埃夫斯港、塞尔维亚斯梅戴雷沃钢厂、克罗地亚佩列沙茨跨海大桥等一大批合作项目成果喜人。

当今世界面对前所未有的挑战，需要各国以前所未有的团结协作共同应对，中国—中东欧国家合作需要实现更高水平联动发展和互利共赢。习近平主席提出 4 点建议：第一，直面疫情挑战，坚定共克时艰的合作信心；第二，聚焦互联互通，畅通联动发展的合作动脉；第三，坚持务实导向，扩大互惠互利的合作成果；第四，着眼绿色发展，打造面向未来的合作动能。习近平主席在峰会期间宣布了经贸、农业、大项目、人文交流等领域一系列重要合作倡议和举措。中国方案着眼世纪疫情和百年变局交织给世界带来的深远影响，契合各国人民利益，为共同推动中国—中东欧国家合作走得更稳、更实、更远指明了方向。

在当前疫情持续蔓延、世界经济深陷衰退背景下，习近平主席倡议并主持此次峰会意义重大，人们普遍认为这是中国—中东欧国家合作新的重要里程碑。各方表示愿继续参与这一合作，同舟共济，携手抗疫，共促经济复苏，践行多边主义，共同应对各种全球性挑战。峰会发表《2021 年中国—中东欧国家合作北京活动计划》和《中国—中东欧国家领导人峰会成果清单》，充分体现了中国—中东欧国家合作的务实属性和广阔前景，也表明了中方对深化中国—中东欧国家合作的高度重视和真挚愿望。

这是一次共商中国—中东欧国家合作未来的峰会，是一次凝聚国际抗疫合作共识的峰会，是一次为中欧合作注入正能量的峰会，也是一次践行和促进多边主义的峰会。踏上新起点，双方凝心聚力，继往开来，携手共谱合作新篇章。

《人民日报》（2021 年 2 月 11 日）

推动中非合作提质升级

中非关系的本质特征是真诚友好、相互尊重、平等互利、共同发展，中非友好合作顺应历史潮流；在中非关系发展的每一个关键时期，双方都能登高望远，找到彼此合作新的契合点和增长点，推动中非关系实现新的跨越

中非关系为什么能够经受风云考验，历久弥坚，始终保持旺盛生命力？答案颇具启示意义——中非关系的本质特征是真诚友好、相互尊重、平等互利、共同发展，中非友好合作顺应历史潮流；在中非关系发展的每一个关键时期，双方都能登高望远，找到彼此合作新的契合点和增长点，推动中非关系实现新的跨越。进入新时代，习近平主席提出真实亲诚对非政策理念和正确义利观，亲自推动构建更加紧密的中非命运共同体，亲力亲为开展对非元首外交，引领中非关系跑出亮丽的“加速度”。在国际形势不稳定性不确定性增加的背景下，中非携手捍卫多边主义，反对单边主义和保护主义，坚定维护以联合国为核心的国际体系和以国际法为基础的国际秩序。恰如莫桑比克前总统希萨诺所指出，非中双方的发展目标高度契合，有助于完善全球体系、加强全球治理，为所有希望实现繁荣发展的国家提供公平的平台。

极不平凡的2020年见证，面对新冠肺炎疫情严峻挑战，中非相互声援、并肩战斗，树起国际抗疫合作新标杆，带动中非关系实现新提升。50多位非洲国家领导人或致电或发表声明，向中国表达慰问和送来宝贵支持；中国率先驰援非洲，向非洲15个国家派遣抗疫医疗专家组，提前开工建设非洲疾控中心总部，郑重承诺新冠疫苗研发完成并投入使用后愿率先惠及非洲国家。习近平主席主持中非团结抗疫特别峰会并发表主旨讲话，指明了疫情形势下中非抗疫及务实合作的前行路径，擘画了中非关系发展的未来方向。中方同非方

一道积极落实中非团结抗疫特别峰会成果，造福中非和世界各国人民。世界卫生组织总干事谭德塞评价，中非之间的深度合作展示了战胜疫情所需的全球团结和领导力。

中非从来都是命运共同体，加强中非友好合作是中国外交坚定不移的选择。连续31年，中国外交部长每年首次出访都选择非洲。中方这一行动，体现出中国对非洲的高度重视，体现出中国与非洲兄弟之间牢不可破的友谊，体现出中国对非洲各国发展振兴的坚定支持。

这一次，中国与尼日利亚签署关于建立中尼政府间委员会的谅解备忘录，中国与刚果（金）、博茨瓦纳分别签署关于共同推进“一带一路”建设的谅解备忘录……中非双方政治互信进一步巩固，传统友谊进一步升华，合作前景进一步拓展。

抗疫情、稳经济、保民生，是中非双方当前面临的重任；加强合作、共促发展，是中非双方共同的愿望。中国连续十几年成为非洲第一大贸易伙伴，连续多年对非洲经济增长贡献率超过20%，46个非洲国家与非盟同中国签署共建“一带一路”合作文件。中非继续推进落实2018年中非合作论坛北京峰会成果，积极推动发展战略对接和高质量共建“一带一路”，有利于增强非洲经济复苏发展的韧性。中方支持非洲大陆自由贸易区建设，支持非洲加强互联互通和保障产业链供应链建设，同非方拓展数字经济、智慧城市、清洁能源、5G等新业态合作，有助于推动非洲经济转型升级。

潮起宜踏浪，风正可扬帆。2020年，中非双方庆祝中非合作论坛成立20周年；2021年，中非双方将以召开新一届中非合作论坛会议为契机，进一步实现中非合作提质升级。可以肯定，双方致力于推动后疫情时期中非合作朝着更高质量、更加惠及民生的方向发展，一定能在构建更加紧密的中非命运共同体的征程中不断创造新的辉煌。

《人民日报》（2021年1月11日）

推动构建人类命运共同体的生动例证

随着中国扩大对外开放的步伐不断向前迈进，中国以自身复苏带动世界共同复苏的效应日益凸显，中国同东盟合作的空间将更为广阔

11 月 27 日至 30 日，以“共建‘一带一路’，共兴数字经济”为主题的第十七届中国—东盟博览会在广西南宁举行。本届东博会首次采取线上线下相结合的办展形式，实体展总展位数 5400 个，“云上”参展企业 1500 多家。在 27 日的签约仪式上，各方共签订国内外投资合作项目 86 个，总投资额 2638.7 亿元，同比增长 43.6%，增幅为历年东博会之最。东博会上澎湃的活力，充分说明中国同东盟合作潜力巨大。

“新形势下，中方视东盟为周边外交优先方向和高质量共建‘一带一路’重点地区，支持东盟共同体建设，支持东盟在东亚合作中的中心地位，支持东盟在构建开放包容的地区架构中发挥更大作用。”习近平主席在第十七届中国—东盟博览会和中国—东盟商务与投资峰会开幕式上致辞，提出“提升战略互信，深入对接发展规划”“提升经贸合作，加快地区经济全面复苏”“提升科技创新，深化数字经济合作”“提升抗疫合作，强化公共卫生能力建设”。“4 个提升”，观照现实，着眼长远，在东盟各界引发热议。泰国参议院外交委员会顾问阿颂西认为，这 4 点倡议对建设更为紧密的东盟—中国命运共同体具有重要指导意义，也为未来东盟—中国关系发展指明了方向。

中国和东盟山水相连、血脉相亲，友好关系源远流长。在东盟对话伙伴中，中国创造了多项“第一”：第一个加入《东南亚友好合作条约》，第一个同东盟

建立战略伙伴关系，第一个同东盟商谈建立自贸区，第一个明确支持东盟在东亚区域合作中的中心地位。

2013 年，习近平主席提出愿同东盟国家共建 21 世纪海上丝绸之路，携手共建更为紧密的中国—东盟命运共同体。7 年来，双方互联互通不断加速，经济融合持续加深，经贸合作日益加快，人文交往更加密切，中国—东盟关系成为亚太区域合作中最为成功和最具活力的典范，成为推动构建人类命运共同体的生动例证。

7 年来，共建“一带一路”倡议在东盟国家落地生根、开花结果。双方正就共建“一带一路”倡议同东盟发展规划持续深化对接，稳步推进中老铁路、中泰铁路、雅万高铁等大项目。中国愿同东盟一道，落实《中国—东盟关于“一带一路”倡议同〈东盟互联互通总体规划 2025〉对接合作的联合声明》，依托陆海新通道建设，加强铁路、公路、港口、机场、电力、通信等基础设施互联互通合作，加快推进现有经济走廊和重点项目建设，积极构建中国—东盟多式联运联盟。中国同东盟的相通相融是大势所趋、民心所盼。

中国同东盟经贸合作不断取得新成就。中国—东盟自由贸易区全面建成 10 年来，双方贸易额从 2010 年的 2928 亿美元增长到 2019 年的 6415 亿美元。今年前三季度，双方贸易额达 4818 亿美元，同比增长 5%，东盟首次成为中国最大贸易伙伴。双方经贸合作有力促进了彼此发展繁荣。日前签署的《区域全面经济伙伴关系协定》，有利于提升地区吸引力和竞争力，促进地区经济复苏，让亚太地区继续引领风气之先，进一步提振了双方经贸合作的信心。

数字经济是全球未来的发展方向，也是中国同东盟合作的重要领域。今年是中国—东盟数字经济合作年，双方携手合作，抓住新一轮科技革命和产业变革机遇，发挥互补优势，聚焦合作共赢，可以在智慧城市、5G、人工智能、电子商务、大数据、区块链、远程医疗等领域打造更多新的合作亮点，为双方经济社会发展培育更多新动能。

中国一贯秉持亲诚惠容周边外交理念发展同东盟国家关系。亲望亲好，邻望邻好。随着中国扩大对外开放的步伐不断向前迈进，中国以自身复苏带动世界共同复苏的效应日益凸显，中国同东盟合作的空间将更为广阔。明年是中国同东盟建立对话关系 30 周年，地区人民期待双方打造更高水平的战略伙伴关系，建设更为紧密的中国—东盟命运共同体，为地区形势注入更多稳定性和确定性，为地区发展注入更多新动能，增进地区国家人民的共同福祉。

《人民日报》（2020 年 11 月 30 日）

东亚区域合作的标志性成果

经济全球化和自由贸易是符合各国发展利益的历史大势，维护多边主义、坚持开放合作是应对风险挑战、推动共同发展的正确选择

11月15日，区域全面经济伙伴关系协定（RCEP）正式签署。作为世界上参与人口最多、成员结构最多元、发展潜力最大的自贸区，这不仅是东亚区域合作极具标志性意义的成果，更是多边主义和自由贸易的胜利。RCEP将实现地区各国间货物贸易、服务贸易和投资高水平开放，极大提升区域贸易投资自由化便利化水平，提升地区吸引力和竞争力，不仅将有力推动地区经济整体复苏进程，必将为促进地区的发展繁荣增添新动能，也将成为拉动全球增长的重要引擎。

八年磨一剑，证明了相向而行的智慧和力量。RCEP由东盟于2012年发起，旨在削减关税及非关税壁垒，建立统一市场。历经31轮正式谈判，闯过一道道难关。特别是今年以来，RCEP各成员克服新冠肺炎疫情带来的巨大困难，全面完成市场准入谈判，并完成1.4万多页法律文本审核工作，协定最终如期签署。这是东亚经济一体化建设近20年来最重要的成果，着实来之不易。

在RCEP谈判中，中国始终以诚意推动开放合作的行动备受瞩目。秉持开放包容、互利合作的原则，中方参与了所有领导人会议、部长级会议和技术谈判，并以“促谈、促合、促成”的精神推动解决谈判的难点问题。外商投资法的正式实施、外商投资准入负面清单的不断缩减，为中国参与相关谈判营造了良好氛围、提供了丰富经验和制度保障。中国加快构建以国内大循环为主体、国内国际双循环相互促进的新发展格局，不仅是中国自身发展需要，而且将更好造福各国人民，彰显大国担当。

RCEP 的签署将激发地区国家合作的活力。RCEP 有利于推动形成区域内统一的规则体系，消除贸易投资壁垒，大大提升贸易投资自由化便利化程度。在新冠肺炎疫情导致国际贸易投资大幅下滑、世界经济陷入严重衰退的大背景下，RCEP 将大大激发商品、技术、服务、人员及资本流动活力，有利于维护区域产业链供应链稳定畅通，有助于各成员携手克服疫情带来的挑战。新加坡《联合早报》指出，RCEP 的签署将为区域经济合作注入强劲动力。英国《金融时报》认为，RCEP 将会为全球经济贡献约 1186 亿美元的增量，助力各成员经济总量增加 0.2 个百分点。

RCEP 的签署在全球树立起开放合作的标杆。RCEP 是一个全面、现代、高质量和互惠的自贸协定，呈现出很强的包容性，照顾各成员对外开放的承受力。签署协定的 15 个国家包括东盟十国和中国、韩国、日本、澳大利亚、新西兰，有发达国家，有发展中国家，也有最不发达国家，给予部分国家一些过渡期的安排，充分体现参与方发展诉求的最大公约数，为不同发展阶段、不同制度体制的国家间建立互利共赢的自贸安排树立良好示范。协定的签署充分表明多边主义和自由贸易是大道、正道，仍然代表世界经济和人类前进的正确方向。国际社会普遍认为，RCEP 将为促进全球自由贸易和多边贸易体制发展发挥积极作用。新加坡总理李显龙表示，这是全世界迈出的重大一步，标志着维持开放和互联互通供应链以及促进更自由、更密切的相互依存关系的集体承诺。

路虽远，行则将至；事虽难，做则必成。经济全球化和自由贸易是符合各国发展利益的历史大势，维护多边主义、坚持开放合作是应对风险挑战、推动共同发展的正确选择。开放、合作、团结、共赢的信念值得共同坚守，双边、多边、区域合作理当向前迈进。只要各方坚定信心、携手合作，就一定能够开创东亚乃至人类更加美好的未来。

《人民日报》（2020 年 11 月 16 日）

坚守多边主义的人间正道

今年是世界反法西斯战争胜利 75 周年，也是联合国成立 75 周年。特殊年份，如何从世界反法西斯战争历史中汲取经验教训，找寻应对全球性挑战、实现共同发展之道，是摆在世界各国面前的时代命题。“我们要以史为鉴，以实际行动践行多边主义、完善全球治理、维护国际秩序。”习近平主席在上海合作组织成员国元首理事会第二十次会议上发表重要讲话，重申对维护多边主义和国际公平正义的坚定承诺，提振了国际社会对坚持多边主义的信心，也为上合组织在国际和地区事务中发挥更加积极的作用指明了方向。

当前，国际社会正在经历多边和单边、开放和封闭、合作和对抗的重大考验。作为世界上幅员最广、人口最多的综合性区域合作组织，上合组织本身就是多边主义的产物，有责任在捍卫多边主义上发挥更加积极的作用。在国际和地区形势复杂深刻演变的背景下，上合组织成功举行视频峰会，成员国领导人签署并发表峰会宣言，发表关于共同应对新冠肺炎疫情、关于第二次世界大战胜利 75 周年、关于打击利用互联网等渠道传播“三股势力”思想、关于保障国际信息安全领域合作、关于应对毒品威胁、关于数字经济领域合作等多个方面的声明，批准涉及医疗卫生、地方发展、对外交往等多个领域的合作文件，充分展现了践行多边主义的强大行动力。

“成员国倡导在公认的国际法准则、多边主义、平等和不可分割的安全、反对冲突和对抗的基础上构建多极化世界秩序，巩固全球和地区安全与稳定”“将继续维护和巩固以世界贸易组织为核心，以规则为基础的开放、透明、公正、包容、非歧视的多边贸易体制，促进开放型世界经济，反对破坏多边贸易体制、威胁世界经济的单边贸易保护主义行为”“呼吁国际社会共同支持并加强联合国作为综合性多边组织，根据其宪章在维护国际和平安全、推动全球发展和保护人权事业中发挥中心协调作用”……在峰会宣言和系列声明中，上合组织成员国领导人阐明一致立场，为维护多边主义增添了正能量。

全球性挑战日益上升，从维护和平稳定到促进经济复苏，从共同抗击疫情到完善后疫情时代全球治理体系，都需要坚守多边主义的人间正道。今年9月，联合国大会通过的《纪念联合国成立75周年宣言》特别强调“重振多边主义”，联合国秘书长古特雷斯强调“当前加强多边主义的必要性比以往任何时候都更加凸显”。中国始终是多边主义的践行者和捍卫者，习近平主席在2018年上合组织青岛峰会上提出的发展观、安全观、合作观、文明观和全球治理观，无不体现出维护多边主义的坚定决心。近一段时间以来，从出席联合国成立75周年系列高级别会议，到在第三届中国国际进口博览会开幕式上发表主旨演讲，再到出席上合组织成员国元首理事会第二十次会议、在第三届巴黎和平论坛发表视频致辞，习近平主席向世界发出“践行多边主义，不能坐而论道，而要起而行之，不能只开药方，不见疗效”的时代强音，展现了中国作为负责任大国的历史担当。

“历史已经并将继续证明，睦邻友好必将超越以邻为壑，互利合作必将取代零和博弈，多边主义必将战胜单边主义。”各国要秉持共商共建共享原则，倡导全球事务由各国一起商量着办，治理体系由大家携手建设，发展成果由各国人民共同分享。中国将继续坚定不移支持上合组织，始终站在多边主义一边，站在公平正义一边，站在历史正确的一边，顺应和平发展的世界潮流，为人类发展进步事业作出更大贡献。

《人民日报》（2020年11月15日）

加强抗疫合作，构建卫生健康共同体

上合组织携手抗疫的生动实践充分证明，团结合作是抗击疫情最有力的武器。各国唯有相互支持、团结合作，才能战胜疫情，才能维护人类的共同家园

“当前形势下，上海合作组织要弘扬‘上海精神’，深化团结协作，为地区国家稳定和发展作出更大贡献，为推动构建人类命运共同体作出更多实践探索。”11 月 10 日晚，习近平主席在北京以视频方式出席上海合作组织成员国元首理事会第二十次会议并发表重要讲话，深刻分析国际形势，就巩固上合组织团结互信、深化各领域合作、构建更加紧密的命运共同体提出一系列倡议主张，为推动后疫情时代上合组织持续健康稳定发展注入新动力。

新冠肺炎疫情加速了国际格局调整，世界进入动荡变革期。国际社会正在经历多边和单边、开放和封闭、合作和对抗的重大考验。此时举行的上合组织峰会意义更为特殊，世界更加瞩目。自 2001 年成立以来，上合组织始终保持健康稳定发展势头，成功探索出一条新型区域组织的合作与发展道路。作为世界上幅员最广、人口最多的综合性区域合作组织，上合组织如何进一步凝聚抗疫合力、维护安全稳定、推动经济复苏、捍卫国际公平正义，事关地区国家发展繁荣、各国人民福祉，也具有全球示范意义。

面对疫情挑战，上合组织成员国风雨同舟、守望相助，以实际行动生动诠释了“患难见真情”的邻里情谊，有力维护了本地区人民生命健康安全。在中国抗疫的关键时刻，上合组织其他成员国纷纷向中国伸出援手，向中方表达慰问和支持，许多暖心之举令人感动；上合组织专门发表声明，支持中方为抗击疫情所做的努力。中方对其他成员国遭受疫情冲击也感同身受，及时提供力所能及的帮助——多次举办专家视频会议分享防控经验、派出抗疫医疗专家组或

联合工作组现场交流指导、援助急需的医疗物资等行动，有力支持了各方抗疫。上合组织成员国还着眼疫情防控常态化，共同构筑边境地区联防联控机制，维护公共卫生安全的同时，确保地区产业链供应链安全顺畅。正如上合组织秘书长诺罗夫所评价，上合组织为全球抗疫合作注入了正能量，为构建人类卫生健康共同体作出了重要贡献。

欲粟者务时，欲治者因势。在 2018 年上合组织青岛峰会上，中方倡导签署关于共同应对流行病威胁的声明，既立足当下又着眼长远，具有格外重要的现实意义，落实好该声明将为各方开展防疫合作提供指导。在本次峰会上，中方倡议成员国疾控中心设立热线联系，及时通报跨境传染病信息；中方提出继续办好本组织传统医学论坛，深化交流互鉴；中方表示愿积极考虑本组织国家疫苗需求，支持各国保护人民生命安全和身体健康。地区国家一致称赞，中方倡议和主张有助于促进上合组织卫生领域合作机制发挥作用，有助于深化疫情监测、科研攻关、疾病防治等领域的交流合作，有助于共建健康丝绸之路、构建卫生健康共同体。

“一箭易断，十箭难折”“生存的力量在于团结”“有团结的地方，定有幸福相随”……来自上合组织成员国的这些谚语闪耀着智慧之光，地区人民对团结合作的追求由来已久。在全球抗疫的关键时刻，上合组织坚定支持世界卫生组织发挥关键领导作用，为促进团结合作发出了响亮声音。“个别势力企图利用疫情‘污名化’和孤立中国的做法不得人心，不会得逞”“俄方反对个别势力借疫情指责中国，将同中方坚定站在一起”“白方坚决反对将病毒政治化、标签化”……上合组织成员国和观察员国坚决抵制“政治病毒”，坚定捍卫国际公平正义。

上合组织携手抗疫的生动实践充分证明，团结合作是抗击疫情最有力的武器。各国唯有相互支持、团结合作，才能战胜疫情，才能维护人类的共同家园。人们相信，只要坚持高举“上海精神”旗帜，一如既往精诚合作，上合组织就一定能为早日战胜疫情、推动经济复苏贡献强大的“上合力量”，为构建人类命运共同体作出应有贡献。

《人民日报》（2020 年 11 月 11 日）

维护安全和稳定，构建安全共同体

上合组织携手构建安全共同体，有利于不断深化团结协作，有利于切实维护好得来不易的地区稳定大局，为地区共同发展提供安全保障，也必将为维护世界和平与稳定贡献重要的“上合力量”

国际形势错综复杂，新冠肺炎疫情尤其给国际和地区热点问题增添了新的复杂因素。携手应对风险挑战、共同促进安全稳定和发展振兴，是上海合作组织肩负的艰巨任务。“安全和稳定是国家发展的首要前提，关乎各国核心利益。我们要遵循共同、综合、合作、可持续的安全观，有效应对各类威胁和挑战，营造良好地区安全环境。”习近平主席在上海合作组织成员国元首理事会第二十次会议上发表重要讲话，提出“维护安全和稳定，构建安全共同体”等重大倡议，丰富了上合组织安全合作内涵，指引了共同行动方向。国际舆论普遍认为，中国主张意义重大、影响深远。

共谋稳定、共促发展是上合组织的初心。多年来，各成员国着眼共同安全命运，开展务实高效安全合作，确保了本地区安全稳定大局，也为世界和平与发展作出了重要贡献。当前，非传统安全威胁上升，与传统安全热点问题交织叠加，成为影响国际安全和稳定的突出因素。更值得警惕的是，国际恐怖组织和地区“三股势力”复趋活跃，某些域外势力以各种借口插手本地区国家内部事务。本次会议通过并发表了《上海合作组织成员国元首理事会莫斯科宣言》以及关于共同应对新冠肺炎疫情，第二次世界大战胜利 75 周年，保障国际信息安全，数字经济领域合作，打击利用互联网等渠道传播恐怖主义、分裂主义和极端主义思想，应对毒品威胁等一系列声明，彰显了维护安全和稳定的坚定意志。

中方提出构建安全共同体，是推动构建更加紧密的上合组织命运共同体的重要举措。在2018年上合组织青岛峰会上，习近平主席呼吁各方齐心协力构建上合组织命运共同体，推动建设新型国际关系，携手迈向持久和平、普遍安全、共同繁荣、开放包容、清洁美丽的世界；在2019年上合组织比什凯克峰会上，习近平主席进一步提出把上海合作组织打造成安危共担的典范。中方提出的一系列重要主张，与互信、互利、平等、协商、尊重多样文明、谋求共同发展的“上海精神”一脉相承，为地区国家筑牢安全屏障打开了宏阔的视野，得到各方积极评价。本次峰会成果文件强调尊重文明多样性和各国人民自主选择政治、经济和社会发展道路，建立平等伙伴关系，维护平等、共同、不可分割、综合、合作、可持续安全等，也说明了各方对中方主张的高度认可。

维护各国政治安全和社会稳定，巩固团结互信的政治基础，是构建安全共同体的重要方面。习近平主席指出，“我们要坚定支持有关国家依法平稳推进重大国内政治议程，坚定支持各国维护政治安全和社会稳定，坚决反对外部势力以任何借口干涉成员国内政。要深化团结互信，坚持通过对话和协商化解矛盾和分歧，巩固本组织发展政治基础”。国际舆论评价，这些主张体现出中方维护地区安全稳定的坚定决心，展现了中方愿通过对话和协商化解矛盾和分歧的建设性态度。

安全形势因时因势而变，安全合作也必须因时因势而动。中方提出，要严防“三股势力”借疫生乱，遏制毒品泛滥趋势，打击极端主义思想通过互联网传播，提升成员国执法安全合作水平；要重视维护生物安全、数据安全、外空安全，积极开展沟通和对话；要用好“上海合作组织—阿富汗联络组”平台，帮助阿富汗实现和平重建。中方欢迎各方参与中方发起的“全球数据安全倡议”，展现出推动共同构建和平、安全、开放、合作、有序的网络空间的大国担当。一系列主张得到各方积极响应。俄罗斯总统普京对中方主张十分赞同，表示俄方支持中方发起的“全球数据安全倡议”。

“利莫大于治，害莫大于乱。”安全稳定是人心所向，合作共赢是大势所趋。上合组织携手构建安全共同体，有利于不断深化团结协作，有利于切实维护好得来不易的地区稳定大局，为地区共同发展提供安全保障，也必将为维护世界和平与稳定贡献重要的“上合力量”。

《人民日报》（2020年11月12日）

深化务实合作，构建发展共同体

各成员国密切团结合作，不断放大促进区域共同发展的“上合效应”，必将为世界和平与发展贡献更大力量

“大家一起发展才是真发展，可持续发展才是好发展。我们要秉持创新、协调、绿色、开放、共享的发展理念，拓展务实合作空间，助力经济复苏、民生改善。”习近平主席在上海合作组织成员国元首理事会第二十次会议上发表重要讲话，着眼当前形势，放眼长远未来，提出“深化务实合作，构建发展共同体”重大倡议，为上海合作组织应对风险挑战、促进共同发展擘画蓝图，获得各方热烈欢迎和高度评价。

上海合作组织不断加强利益融合，形成了你中有我、我中有你的利益共同体。近年来，上海合作组织地区整体发展势头良好，在全球经济中所占比重稳步增加，对世界经济增长的贡献率不断提升。当前，新冠肺炎疫情在全球持续蔓延，世界经济陷入深度衰退，经济全球化遭遇逆流，全球贸易和投资下滑。人们愈加意识到，合作才是应对挑战、创造机遇的正道，发展才是破解难题的钥匙。本地区拥有资源禀赋丰富、市场规模巨大、科技创新实力雄厚等无可比拟的优越条件，只要团结协作，就能推动地区融合发展不断取得新成果。本次峰会发表的宣言明确指出，上合组织在发展过程中积累的巨大经贸和投资合作潜力将促进本组织经贸合作。各方共同重申了加强贸易、投资、产能、交通、能源、创新、数字经济等领域合作的共同愿望。各方就携手致力于深化上合组织科技创新合作、开展联合科研、加强科学家和科研机构之间的经验交流进一步达成共识，寄望于通过科技创新合作寻求新的经济增长点，为中长期经济增长和全球可持续发展提供助力。

凡益之道，与时偕行。在2018年上合组织青岛峰会上，中方倡导秉持开放、融通、互利、共赢的合作观，各方发表关于贸易便利化的联合声明，进一步凝聚了地区国家致力于共同发展的共识。在今年的峰会上，中方提出一系列新的重要合作倡议：继续推动共建“一带一路”倡议同各国发展战略及欧亚经济联盟等区域合作倡议深入对接，加强互联互通，促进产业链、供应链、价值链深度融合，畅通区域经济循环；通过人员往来“快捷通道”和货物运输“绿色通道”，加快实现复工复产；为各国企业营造开放、公平、非歧视的营商环境，扩大相互投资规模；抓住新一轮科技革命和产业变革机遇，加强数字经济、电子商务、人工智能、智慧城市等领域合作。国际舆论称赞，这些倡议展现出中国致力于推动互利共赢国际合作的真诚愿望，在新冠肺炎疫情仍在蔓延的当下具有格外重要的现实意义。

大道至简，实干为要。中国与上合组织国家一道，不断拓展共同发展的广阔空间，为促进地区合作与发展作出的贡献有目共睹。中国成立中国—欧亚经济合作基金，在青岛建设中国—上合组织地方经贸合作示范区，在陕西省设立上合组织农业技术交流培训示范基地等，为地区国家发展不断提供助力。在今年的峰会上，中方提出将于明年在重庆举行中国—上海合作组织数字经济产业论坛、共同实施更多民生工程、支持设立减贫联合工作组等，彰显推动地区经济发展的担当。上合组织成果文件多次表示支持共建“一带一路”，中国为促进共同发展所作贡献受到地区人民广泛欢迎。

中国不断推出全面扩大开放的举措，地区国家对中国机遇寄予更大期待。今年前三季度，中国经济增长由负转正，充分证明中国经济的强大韧性。即将进入新发展阶段的中国，正在加快构建以国内大循环为主体、国内国际双循环相互促进的新发展格局，建设更高水平开放型经济新体制。真诚倡导把上海合作组织打造成互利共赢典范的中国，正以自身的稳步发展持续为地区发展注入正能量。上合组织秘书长诺罗夫所作评价代表了各方普遍看法——“中国加快构建新发展格局，将推动中国高质量发展，也将为各国共同发展提供更多机遇。”

共促发展，共享繁荣，上合组织构建发展共同体的前景无限宽广。可以肯定，各成员国密切团结合作，不断放大促进区域共同发展的“上合效应”，必将为世界和平与发展贡献更大力量。

《人民日报》(2020年11月13日)

促进民心相通，构建人文共同体

中方积极致力于同各方一起把上海合作组织打造成包容互鉴的典范，彰显了中华文明海纳百川、开放包容的胸襟，体现了关注世界前途、人类命运的人文情怀

全球性挑战考验人类文明成色。当前，国际上不时出现“文明冲突论”“种族优越论”的喧嚣，新冠肺炎疫情甚至导致一些国家加剧社会撕裂、种族冲突。国际形势越是错综复杂，越是说明加强文明交流互鉴、促进文明和谐共生的任务十分迫切。“文明没有优劣之分，只有特色之别。我们要促进文明互学互鉴，增进各国睦邻友好，夯实上海合作组织长远发展民意基础。”习近平主席在上海合作组织成员国元首理事会第二十次会议上提出“促进民心相通，构建人文共同体”重大倡议，丰富了构建更为紧密的上海合作组织命运共同体的内涵，意义深远。

历史经验表明，文明能够因交流互鉴而充满生命力，秉持包容精神能够实现文明和谐。上海合作组织地区孕育了众多古老文明，不同民族、不同文化、不同宗教在此交融汇聚，相得益彰。只要坚持开放包容、互学互鉴，就能为各国人民世代友好、共同发展进步注入持久动力。从倡导树立平等、互鉴、对话、包容的文明观，到倡导构建人文共同体，中方积极致力于同各方一起把上海合作组织打造成包容互鉴的典范，彰显了中华文明海纳百川、开放包容的胸襟，体现了关注世界前途、人类命运的人文情怀。

促进文明交流互鉴，中国是倡议者，更是行动者，积极推出了一系列拉紧人文交流合作纽带的举措。上合组织媒体峰会促进媒体合作，妇女论坛开辟合作新天地，风云二号气象卫星顺利“上岗”提供气象服务，教育、科技、文化、

旅游、卫生、减灾等各领域合作扎实推进。习近平主席在本次峰会上宣布，中方将于明年举办上海合作组织民间友好论坛，继续办好上海合作组织青年交流营活动，在未来3年为各方提供600名青年交流名额，培养相知相亲的青年一代。“兄弟情谊胜过一切财富。我们深刻感受到了这份情谊。”上合组织成员国人民以这样的心声，表达对中国行动的感激之情。

人类历史就是一幅不同文明交流、互鉴、融合的宏伟画卷。上合组织各成员国都是古丝绸之路重要沿线国家，以和平合作、开放包容、互学互鉴、互利共赢为核心的丝路精神深入人心，为地区国家深化人文领域合作奠定了坚实基础。如今，随着共建“一带一路”不断推进，地区国家间的人文交流蓬勃开展，为上合组织民心相通注入了新动力。巴基斯坦国立科技大学中国研究中心副主任阿万深有感触：“得益于共建‘一带一路’，上合组织成员国间互联互通水平大幅提升，人文交流持续密切。”

上海合作组织成立19年来的实践表明，文明差异绝不是冲突的根源。在互信、互利、平等、协商、尊重多样文明、谋求共同发展的“上海精神”指引下，地区国家以文明交流超越文明隔阂，以文明互鉴超越文明冲突，以文明共存超越文明优越，呈现着具有全球意义的示范作用。随着地区各国不断朝着构建人文共同体的目标努力，“上合智慧”定能不断为人类文明发展进步作出更大贡献，让文明交流互鉴成为推动人类社会进步的动力、维护世界和平的纽带。

《人民日报》（2020年11月14日）

推动中欧关系迈向更高水平

中欧增强政治互信，推动务实合作，打造更具世界影响力的中欧全面战略伙伴关系，为充满不确定性的世界提供了难能可贵的稳定性

9月14日晚，国家主席习近平同欧盟轮值主席国德国总理默克尔、欧洲理事会主席米歇尔、欧盟委员会主席冯德莱恩共同举行会晤。中德欧领导人就中欧关系深入交换意见，为下阶段中欧关系规划方向，确定重点领域，一致同意加强沟通协调合作，确保今后中欧之间一系列重大政治议程取得成功，深化互信，实现互利共赢，坚持维护多边主义，共同应对全球性挑战，推动中欧关系迈向更高水平。此次会晤展现了中欧牢牢把握相互支持、团结合作的大方向，坚定不移推动中欧全面战略伙伴关系健康稳定发展的决心。

今年是中国与欧盟建交45周年。突如其来的新冠肺炎疫情并未阻断中欧之间的高层对话交流。习近平主席同欧盟机构和成员国领导人之间通过电话、信函等方式保持沟通，交流频度比疫情发生之前更高。第十轮中欧高级别战略对话、第二十二次中国—欧盟领导人会晤、第八次中欧经贸高层对话、中欧数字领域高层对话等相继举行，充分展示了中欧推进全面战略伙伴关系的共同意愿。6月22日，习近平主席在北京以视频方式会见欧洲理事会主席米歇尔和欧盟委员会主席冯德莱恩，强调中欧要做维护全球和平稳定的两大力量，要做推动全球发展繁荣的两大市场，要做坚持多边主义、完善全球治理的两大文明。此次中德欧领导人会晤期间，习近平主席进一步强调，中欧要坚持和平共处，坚持开放合作，坚持多边主义，坚持对话协商。“4个坚持”为推动后疫情时代中欧关系更加稳健成熟，迈向更高水平指引了方向。法新社报道认为，此次会晤为欧中关系注入了“新的政治动力”。

建交 45 年来，中国同欧盟的关系保持了合作主基调，不断增进双方人民的福祉。中欧关系的发展历程充分证明，中欧之间的合作不是迫于形势的权宜之计，而是主动坚持的战略选择；不是为了赢得短期的利益收获，而是为了实现长期的互利共赢。疫情发生以来，中国和欧盟相互支持、相互帮助。中欧经贸往来经受住了冲击，展现出强大韧性并不断拓展合作领域。今年 8 月，中欧班列累计开行 1247 列、发送货物 11.3 万标箱，同比增长分别达到 62%、66%，同比增长率连续 6 个月实现两位数。这些充分说明，中欧合作潜力巨大。此次会晤期间，中欧双方宣布签署《中欧地理标志协定》，确认加快中欧投资协定谈判，实现年内完成谈判的目标；双方决定建立环境与气候高层对话和数字领域高层对话，打造中欧绿色合作伙伴、数字合作伙伴关系……一系列重要合作成果与共识进一步拓展了中欧合作的广度和深度，丰富了中欧关系的内涵。

中欧作为世界两大力量、两大市场、两大文明，主张什么、反对什么、合作什么，具有世界意义。当前，新冠肺炎疫情全球大流行使百年未有之大变局加速演进。经济全球化遭遇逆流，保护主义、单边主义上升，世界经济低迷，国际贸易和投资大幅萎缩，给人类生产生活带来前所未有的挑战和考验。疫情发生以来，中欧就抗疫和全球卫生合作保持紧密联系，展现了中欧全面战略伙伴关系的时代意义和全球影响。双方进一步加强宏观经济政策协调和配合，共同维护全球产业链供应链稳定，有利于世界经济复苏。此次会晤期间，中欧展现出进一步加强团结合作，共同维护多边主义，抵制单边主义和保护主义，更加有效应对各种全球性挑战的意愿，体现出维护中欧双方和国际社会共同利益的担当。

习近平主席指出："中欧和平共处的力量坚定一分，世界的和平和繁荣就多一分保障。"可以肯定，坚定不移推动中欧全面战略伙伴关系健康稳定发展，能够为国际社会抗击疫情、恢复经济、维护正义注入更多正能量。在联合国成立 75 周年的重要年份，中欧增强政治互信，推动务实合作，打造更具世界影响力的中欧全面战略伙伴关系，为充满不确定性的世界提供了难能可贵的稳定性，有利于加强全球治理，推动构建人类命运共同体。

《人民日报》（2020 年 9 月 16 日）

中俄深度融通、合作共赢的典范

站在新起点，中俄关系正在朝着守望相助、深度融通、开拓创新、普惠共赢的目标和方向不断迈进

12 月 2 日，中国国家主席习近平在北京同俄罗斯总统普京视频连线，共同见证中俄东线天然气管道投产通气仪式。中俄务实合作的这一重大成果，也是双方更加紧密地站在一起，发展中俄新时代全面战略协作伙伴关系的生动体现。

中俄东线天然气管道项目是两国元首亲自商定并关注的中俄能源合作重大战略性项目，对深化两国全方位合作、促进两国利益融合具有重要意义。2014 年 5 月 21 日，在习近平主席与普京总统的见证下，中俄在上海签署两国政府东线天然气合作项目备忘录、中俄东线供气购销合同两份能源领域重要合作文件。双方商定，俄罗斯通过中俄天然气管道东线向中国供气，输气量逐年增长，最终达到每年 380 亿立方米，累计 30 年。5 年多来，两国参建单位密切协作，广大工程建设者爬冰卧雪、战天斗地，高水平、高质量完成建设任务。这不仅是大国工匠精湛技艺的展示，而且折射了中俄合作的一个鲜明特点——中俄携起手来，能够克服难事、成就大事，造福两国和两国人民。

数据和事实，无不说明东线天然气管道项目堪称深度融通、合作共赢的典范。2018 年，中国进口天然气 1214 亿立方米，成为全球第一大天然气进口国。俄罗斯 2018 年的天然气产量约为 6695 亿立方米，占全球天然气产量的 17.3%。对中方而言，管道全线建成后，将与现有区域输气管网实现互联互通，向东北、环渤海、长三角地区稳定供应清洁优质的天然气资源。中国每年因此可减少二氧化碳排放量 1.64 亿吨、二氧化硫排放量 182 万吨，惠及沿线 9 个省区市 4 亿多人口，能够有效优化能源消费结构、改善沿线地区大气质量。对俄方而言，该项目有利于将资源优势转化为经济优势，为俄罗斯远东相关地区加速基础设施建设、创造就业提供了宝贵机遇。俄罗斯第一频道电视台在报道中俄东线天然气管道投产通气仪式时指出，数额如此巨大的项目在俄罗斯天然气行业历史上前所未有，将有力促进整个远东地区的发展。

供气！接气！循着两国领导人在中俄东线天然气管道投产通气仪式上发出的指令，人们眼前呈现的是中俄能源合作百尺竿头、更进一步的新局面。能源合作是中俄合作中分量最重、成果最多、范围最广的领域。近年来，在两国元首引领下，双方能源合作的丰硕成果，为促进两国经济社会发展发挥了积极作用。2018 年，习近平主席和普京总统共同决定成立中俄能源商务论坛，旨在为双方企业搭建直接对话交流的平台，广泛寻找合作机遇，精准对接合作需求。今年 6 月，习近平主席和普京总统共同出席中俄能源商务论坛，指明了新时代巩固和深化中俄能源合作的战略方向。中俄推动双边能源合作提质升级，有利于加强全球能源治理合作，推动能源可持续发展事业。

今年是中俄建交 70 周年，习近平主席和普京总统共同宣布发展中俄新时代全面战略协作伙伴关系。双方结合国际形势发展变化，根据各自国家发展和双方合作需要，开拓创新，推动中俄关系在高水平上保持积极健康发展势头，不断取得新成果。诚如习近平主席所言："投产通气既是重要阶段性成果，更是新的合作起点。"站在新起点，中俄关系正在朝着守望相助、深度融通、开拓创新、普惠共赢的目标和方向不断迈进。世界同样感知，中俄双方展示出维护好各自核心利益和两国共同安全，维护地区及世界和平稳定的坚定决心和坚强意志。

《人民日报》（2019 年 12 月 3 日）

顺应互利共赢世界潮

开放合作，铿锵有力的足音在亚太地区回响。循着这个声音，人们看到一个值得期待的合作新局正在展开——《区域全面经济伙伴关系协定》15 个成员国整体上结束谈判，预计 2020 年签署协定。这标志着世界上人口数量最多、成员结构最多元、发展潜力最大的自贸区建设取得重大突破。

世界经济面临诸多挑战和风险，单边主义、保护主义上升，经济下行压力增大，贸易增速放缓，多边贸易体制受到各种力量侵蚀。在这样的国际背景下，《区域全面经济伙伴关系协定》谈判取得突破性进展的意义更加珍贵——不仅给市场带来重大利好和信心，而且成为对世界多边贸易体制的有力支持和有益补充，将为促进全球贸易和投资自由化便利化、稳定世界经济增长提供新的助力。“这将对世界经济发展至关重要”“我们会继续维护自由贸易和以规则为基础的多边贸易体制”“完成谈判将展示我们支持在本区域营造开放贸易投资环境的共同承诺”……地区国家领导人的积极表态，进一步说明坚持合作和开放，追求共同发展和繁荣，是地区各国的普遍共识。

知行合一，是区域合作进程得以不断取得突破的关键要素。回望《区域全面经济伙伴关系协定》的多年谈判历程，可见各成员国付出的大量努力颇不寻常。其中，中国作为区域经贸合作的重要推动者和积极参与者，所发挥的建设性作用受到了普遍赞誉。中国致力于开放合作的行动实实在在、一以贯之。从中国致力于推动共建“一带一路”、推动打造中国—东盟自贸区升级版、推动加快中日韩自由贸易协定谈判进程的行动中，世界同样读出了力促区域经贸合作的初心，感触到来自中国的开放合作之风。

顺应互利共赢的世界潮，让开放的大门越开越大，当今中国带给亚太地区乃至整个世界的开放合作故事源源不断。仅在过去两个月间，就有许多新成果可圈可点：中国—东盟自贸区升级《议定书》全面生效，推动双方经贸合作再上新台阶；中国和新西兰宣布完成自贸协定升级谈判，为双方互利合作带来新机遇；中国和毛里求斯签署自由贸易协定，开启中非经贸合作新局面；中国和欧盟完成了地理标志协定谈判，正致力于推动中欧投资协定谈判早日取得积极成果。中国同全球伙伴不断书写的互利共赢新篇章，为经济发展注入了强劲动力，为各国人民带来了福祉。

“大江大河奔腾向前的势头是谁也阻挡不了的。”推动经济全球化朝着更加开放、包容、普惠、平衡、共赢的方向发展，这是顺应历史潮流，行人间正道。把全球市场的蛋糕做大、把全球共享的机制做实、把全球合作的方式做活，这是维护各国人民共同利益，通向各国共同发展美好未来的正确路径。

《人民日报》（2019 年 11 月 19 日）

肆

抗击疫情离不开命运共同体意识

“大道不孤，大爱无疆。我们秉承“天下一家”的理念，不仅对中国人民生命安全和身体健康负责，也对全球公共卫生事业尽责。我们发起了新中国成立以来援助时间最集中、涉及范围最广的紧急人道主义行动，为全球疫情防控注入源源不断的动力，充分展示了讲信义、重情义、扬正义、守道义的大国形象，生动诠释了为世界谋大同、推动构建人类命运共同体的大国担当！”

生命至上，大国担当

“祖国接我回家”，珍爱生命的旋律温暖人心。1 月 31 日，在防控新型冠状病毒感染的肺炎疫情的关键时刻，中国政府派遣民航包机，接回滞留在泰国、马来西亚的 199 名湖北同胞。高效有序的国家行动，把人民群众的生命安全和身体健康放在首位，切实为人民群众排忧解难，这就是国际社会有目共睹的中国。泰国媒体报道指出，中国政府决定派民航包机接滞留海外的湖北特别是武汉公民回家，体现了对国民的负责任态度，这种在疫情严峻时刻关心每一位公民的做法值得赞赏。

众志成城，勠力同心，中国人民正在与新型冠状病毒感染肺炎疫情进行严肃的斗争。中国快速形成一体联动、联防联控的局面，彰显了打赢疫情防控阻击战的坚定信心和充沛能力。国际舆论纷纷指出，中国采取了“公共卫生史上最具勇气、最为重大的举措”，这种“上下一心的凝聚力令人肃然起敬”，“只有中国才能够实现如此高效有力的应对”。国际观察人士看到，团结奋斗的中国气势，坚不可摧的中国意志，迎难而上的中国奇迹，正是中国特色社会主义制度优势所带来的。世界卫生组织的评价代表了国际社会的普遍看法——“中方行动速度之快、规模之大，世所罕见，展现出中国速度、中国规模、中国效率……这是中国制度的优势，有关经验值得其他国家借鉴。”

生命至上，人类命运休戚与共。中国政府站在人类命运共同体的高度决策施策，所采取措施既是保护中国人民，也是保护世界人民。中国政府始终本着公开、透明、负责任的态度及时向国内外发布疫情信息，积极回应各方关切，加强与国际社会合作，在世界范围内赢得广泛尊重和支持。“如果不是政府的努力，以及他们在保护本国人民和世界人民方面取得的进展，我们现在可能已经在中国以外看到了更多的病例，甚至可能是死亡。”世界卫生组织总干事谭德塞 1 月 30 日发表的声明，对中国担当给予高度评价。

“疫情是魔鬼，我们不能让魔鬼藏匿。”中国展现的负责任大国担当，增添了国际社会共同努力控制疫情传播、战胜疾病威胁的信心。中国发现疫情、分离病毒、分享病毒基因序列并与世卫组织和其他国家分享，速度之快令人印象深刻。世卫组织专家前往武汉实地考察，中国驻外机构同驻在国政府保持着密切沟通，及时通报疫情及中方的防控努力，这些都有利于世界各国掌握疫情进展，采取防控疫情的有效措施。文莱国会议员哈尼指出：“中国政府作出的努力不仅是对中国人民的健康负责，也是对国际社会的积极贡献。”

“我们战胜这场疫情的唯一途径是所有国家本着团结与合作的精神共同努力。”世界卫生组织呼吁所有国家共同付诸行动。信任中国，支持中国，选择同中国一起携手合作攻克疫情，这是世界上一切有良知的人们共同的心声，为打赢这场疫情防控阻击战增添了必胜的力量。

《人民日报》(2020 年 2 月 1 日)

正是共担风雨时

——抗击疫情离不开命运共同体意识①

新型冠状病毒感染的肺炎疫情，牵动着世界各国人民的心。良知告诉人们，疫情面前，人类命运与共，惟有团结协作，共铸捍卫生命的力量。

世界高度认可中国行动，交口称赞中国力量。中国上下一心、一体联动、联防联控，本着公开、透明、负责任的态度及时向国内外发布疫情信息，积极回应各方关切，加强与国际社会合作。正如西班牙中国政策观察网站的文章所指出，中国集中力量办大事的制度优势在抗击疫情的战斗中得到充分显现。14亿中国人民团结一致的决心和行动，也为共同维护地区和全球的公共卫生安全作出了贡献。“这不仅保护了中国人民的生命安全，也保护了世界人民的生命安全”“中国人民万众一心、众志成城抗击疫情，世界进步力量都与中国人民站在一起”“相信在中国共产党领导下，中国一定能在抗击疫情的斗争中取得胜利”……外国政要的由衷称赞，表达出世界对中国的信心与支持。

环球同此凉热，人间自有真情。迄今已有 50 多个国家的 70 多位政要以及近 20 个国际组织的负责人通过致函或其他方式，积极评价并支持中方为抗击新型冠状病毒感染肺炎疫情所作努力，为武汉加油，为中国加油。韩国、日本、英国、法国、土耳其、巴基斯坦、哈萨克斯坦、匈牙利、伊朗、白俄罗斯、印度尼西亚等 11 国和联合国儿童基金会向中方捐助的疫情防控物资已运抵中国，俄罗斯、越南、德国等国政府也纷纷主动捐赠防疫医疗物资。德国中学生齐唱《让世界充满爱》，日本友好人士写下“山川异域，风月同天”的肺腑之言……无数感人的瞬间，无不是讲述真情交融、命运交织的故事，展现“我们都是一家人”的情怀。

这是全球化的世界，任何一个国际社会成员都不可能置身于全球公共卫生事件之外。病毒是人类的共同敌人，尽快打赢这场疫情防控阻击战是世界的共同目标。当此之时，世界需要的不是好事者的趁机聒噪，不是狭隘者的偏见和歧视，更不是西方一些媒体乱贴标签、刻意歪曲的不义之行。团结向善才是主流，正如联合国前秘书长、博鳌亚洲论坛理事长潘基文所言，在这场疫情阻击战取得胜利之时，历史铭记的不仅有中国特色社会主义制度优势，也有各国携手合作应对危机的共同担当。

风雨同舟，中国与世界在一起。经历了2003年“非典”疫情，有“病毒猎手”之称的美国哥伦比亚大学教授利普金与中国结下深厚友谊。如今，他再度来到中国，与中国同行携手遏制疫情。2014年西非埃博拉疫情暴发后，中国第一时间响应非洲国家呼吁，率先行动，紧急驰援；如今，南非U—Mask公司向中国捐赠医用口罩，科特迪瓦足球运动员亚亚—图雷录制视频为武汉加油，更有非洲最大银行的上万名员工“穿红衣，挺中国”……患难与共，这是世界面对风险挑战的应有态度，也是人类命运共同体意识释放的强大感召力。

因为命运相连，所以心心相通。世界的目光投向武汉。火神山医院、雷神山医院数日间拔地而起的奇迹震撼了世界——英国广播公司敏锐地捕捉到，全球有数千万网友观看了这两座应急医院建设场面的直播；各国网友亲切地称呼昼夜轰鸣的工程机械为“白滚滚”“红牛哥哥”。人们赞叹中国速度、中国效率，更相信势不可挡的中国力量。

正是共担风雨时，世界各国人民诚心诚意选择同中国站在一起。人类不能被病毒击败，同心合力抗击疫情，就一定能够通往最终的胜利。

《人民日报》（2020年2月4日）

团结合作势在必行
——抗击疫情离不开命运共同体意识②

在这“你中有我、我中有你”的全球化时代，共同努力有效遏制疫情扩散，才能护佑各国共同的福祉，才能带来人类共同的安宁

面对公共卫生危机，各国应当团结合作，共克时艰。新型冠状病毒感染肺炎疫情发生以来，国际社会日益认识到团结合作的重要性。2月4日，联合国秘书长古特雷斯呼吁国际社会团结一致，对中国及其他可能受到疫情影响的国家表达强烈支持；世界卫生组织总干事谭德塞当天呼吁所有成员准确分享疫情相关信息，并连说3次“团结”，认为团结合作才能快速消除疫情。

团结合作，首先要准确理解世界卫生组织宣布将疫情列为“国际关注的突发公共卫生事件”的含义。近年来，世卫组织曾多次宣布有关疫情构成“国际关注的突发公共卫生事件”，这种认定旨在动员更多国际资源应对疫情。同时，世卫组织通过发布临时建议，协调各国行动，避免有的国家采取不必要的过激措施。世卫组织认为，一些国家采取的贸易或旅行限制措施可能会增加恐惧感，对公共卫生几乎没有好处，将对有关国家采取限制措施的理由寻求澄清。国际社会应尊重世卫组织专业权威建议，致力于合作抗击疫情。

新型冠状病毒感染肺炎疫情发生以来，中国政府一直本着对人民健康高度负责的态度，采取了最全面、最严格的防控举措，很多举措远超出《国际卫生条例》要求，被世界卫生组织称赞为“设立了应对疫情暴发的新标杆”。根据媒体报道，2009年始于美国的甲型H1N1流感造成163.23万人被感染，28.45万人死亡，死亡率高达17.4%。此次在中方的不懈努力下，目前中国境内新型冠状病毒感染的肺炎患者死亡率约2.1%，远低于以往其他疫情。2月1

日起，治愈人数开始超过病死人数。根据世卫组织2月3日发布的疫情报告，全球除中国外共有153例确诊病例，不到中国境内病例的1%，并不构成“大流行”。中国所展示的，正是团结合作的力量。国际社会公认，正是由于中方的努力，才有效防止了疫情向其他国家蔓延。

病毒感染没有国界，疫情是人类面临的共同挑战。正因为此，每当发生“国际关注的突发公共卫生事件”时，总能看到国际社会团结合作抗击疫情的感人场景。2014年非洲发生埃博拉疫情，国际社会紧急驰援，中国第一个派遣包机运送紧急救援物资，第一个派出医疗队赴当地抗击疫情，获得一致称赞。新型冠状病毒感染肺炎疫情发生后，许多国家和国际组织都以不同方式表达对中国抗击疫情的支持和帮助。国际友人道出“中国的困难就是我们的困难”的心声，无论是阿联酋迪拜塔等建筑点亮“中国红”，还是人口只有130万的赤道几内亚向中国政府捐款200万美元，以及各国民众、企业积极捐赠、运送医疗防疫物资，都是人类命运休戚与共的生动体现。

团结是铁，团结是钢，团结就是力量。“受病毒影响的中国人民和世界各地的所有人，要知道世界和你们在一起。”世卫组织正在致力于推动国际社会团结合作，同舟共济。在这“你中有我、我中有你”的全球化时代，共同努力有效遏制疫情扩散，才能护佑各国共同的福祉，才能带来人类共同的安宁。

《人民日报》(2020年2月6日)

关键时刻更见中国制度优势
——抗击疫情离不开命运共同体意识③

14亿中国人民联防联控，发挥国家治理体系制度效能和制度威力，探索出应对突发公共卫生事件的新路

武汉加油，中国加油！抗击疫情，振奋人心的消息一再传来。2月6日，武汉雷神山医院正式通过验收并开始逐步移交。正式使用后，这所医院将可提供1600张床位，容纳2000余名医护人员。火神山医院、雷神山医院接连建成，超级速度，超级震撼。在网络直播的全球“云监工”之下，逾万名建设者齐心协力，日夜鏖战，与蔓延的疫情竞速，点亮生命的希望。国际舆论纷纷热赞“中国组织力”，高度评价中国集中力量办大事的制度优势——“只有中国可以！”，成为海外社交媒体上的“超高频”网友留言。

疫情是对国家治理体系和能力的大考。高效建起两座医院，只是中国这段时间抗击疫情的一个缩影。从快速检测病毒基因序列并与全球分享，到采取史上最大规模封城措施隔绝病源，中国政府本着对人民群众生命安全和身体健康高度负责的态度，采取了前所未有、世所罕见的防控与救治举措，很多举措甚至远超《国际卫生条例》要求。“这种上下一心的凝聚力令人肃然起敬”“展现出中国非凡的团结行动力”……中国强大的组织能力赢得世界广泛尊重与信任。

“中国速度”何以如此之快，“中国力量”何以源源不断？此时此刻，世界上很多人都感到无法不思考这个问题。国际社会日益认识到，答案就在于体现人民意志、保障人民权益、激发人民创造活力的中国制度优势。上下同欲，则无往而不胜。当前，对抗新型冠状病毒感染、挽救患者生命进入关键阶段，尤其需要依靠团结奋进的力量。在中国，有最能凝聚全国力量，最有办法把人力、

财力、物力切实有效地集中运用到疫情防控工作上的制度体系和社会环境——在党中央统一指挥、统一协调、统一调度下，坚定信心、同舟共济、科学防治、精准施策，“全国一盘棋”释放出无穷无尽的战斗力。正因为如此，“坚信中方能够充分发挥独特制度优势战胜疫情”的国际声音越来越强，厄瓜多尔医学联合会主席埃内斯托·卡拉斯科的由衷赞叹就颇具代表性——中国采取必要和及时的行动应对疫情，并展现出与其大国地位相匹配的领导力，值得全世界借鉴。

这注定是人类历史的非凡一页。一方有难、八方支援的互助赞歌响彻神州大地，疫情防控的人民战争进一步让世界感受到中国人民坚不可摧的意志、愈挫愈奋的精神。在阖家团聚的春节假期，数以千计的医务工作者奔赴湖北，口罩生产商紧急复工，工地建设者不舍昼夜，交通运输部门严格防范疫情扩散……14亿中国人民联防联控，发挥国家治理体系制度效能和制度威力，探索出应对突发公共卫生事件的新路。国际舆论赞叹“世界上没有任何一个国家能够如此行动高效”“每当中国面临威胁，其战胜困难的决心能克服几乎一切阻碍”。

关键时刻，更见中国制度优势。有中国共产党的坚强领导，有中国特色社会主义制度的巨大优势，有国际社会的大力支持，这场疫情防控阻击战，中国一定能赢！

《人民日报》（2020年2月8日）

必能为世界经济共同发展作出新贡献

——抗击疫情离不开命运共同体意识④

中国正在同时间赛跑，与新冠肺炎疫情较量。做好疫情防控工作，直接关系中国人民生命安全和身体健康、中国经济社会大局稳定，事关中国对外开放。连日来，中国坚持在疫情严重的地区集中精力抓好疫情防控工作，在其他地区做好防控工作的同时统筹抓好改革发展稳定各项工作。各方面的积极成效让国际社会充分认识到：中国经济有足够韧性来应对各种不确定性，中国经济长期向好的基本面不会改变。

应对疫情和经济下行压力，中国有充足的政策空间。人民银行、财政部、银保监会、证监会、外汇局联合出台 30 条措施，发挥金融机构对疫情防控工作和实体经济的支持作用。2 月 3 日和 4 日，人民银行超预期开展公开市场操作，两天累计投放流动性 1.7 万亿元，保持疫情防控特殊时期银行体系流动性的合理充裕，发出加大逆周期调节力度的信号，稳定市场预期。全国各地积极动员部署，正在有序组织重点企业复工复产。世界银行发表声明，相信中国有防控疫情、保持经济韧性的政策空间。国际货币基金组织总裁格奥尔基耶娃表示，中国经济继续展现出“极强的韧性”，并对此“充满信心”。

风物长宜放眼量，中国经济长期向好发展的趋势不会改变。疫情是暂时的，疫情带来的影响是暂时的。疫情终将被战胜，风雨之后见彩虹。数十年来，中国发展经历过种种大风大浪，但没有迈不过去的坎儿。只要客观、全面、辩证看待中国经济，就能明白中国依然有足够应对风险挑战的能力。中国经济总量近百万亿元，人均国内生产总值超过 1 万美元，拥有 14 亿人口的市场、9 亿劳动力、4 亿多中等收入群体、1.7 亿受过高等教育和拥有专业技能的人才资源。要看到，支撑中国经济基本面的众多要素，绝不是区区病毒来袭就能瞬间击垮的。“强大”“有力”“成功”……一段时间以来，这样的关键词频频出现在国际社会对中国的积极评价中。人们赞叹，中国在疫情面前的英勇无畏、坚强有序，正是在70年奋斗所夯实的雄厚基础上实现的。

经济全球化时代，各国命运紧密相连，中国面对的难关，也是世界面对的难关。国际金融市场每一天都随着疫情的信息而波动不定，各国产业界都期盼被疫情暂时压抑的生产能力、消费需求尽快重新释放出来。中国是世界第二大经济体，也是全球产业链中不可或缺的重要环节，中国动员一切力量防控阻击疫情，同时尽最大努力有序复工复产，正是在关键时刻为世界经济作出重要贡献。

中国防控阻击疫情处于关键时刻，这也是格外需要国际社会成员出入相友、守望相助、共克时艰的关键时刻。值得警惕的是，任何唱衰中国经济的声音，都无异于给世界经济雪上加霜。世界卫生组织的专业主张应当受到尊重——中国的疫情防控很出色，反对任何针对中国的旅行、贸易限制措施。处于全球供应链各环节的各国市场主体，为来自中国的商品、服务和输华的商品提供更多贸易便利，符合其本国利益，也符合世界各国的共同利益。

艰难困苦，玉汝于成。应当记住马克思所讲过的话：“如果斗争只是在机会绝对有利的条件下才着手进行，那么创造世界历史未免就太容易了。”要相信，办法总比困难多。坚定行进在深化改革、扩大开放征程上的中国，每每在啃硬骨头、涉险滩、闯难关的考验中积聚起战胜困难挑战的更大能量。大雪压青松，青松挺且直。疫情压不垮中国经济，更阻挡不了中国发展的步伐。国际观察人士普遍预期的战胜疫情后的中国经济强势反弹，必能为推动世界经济共同发展、高质量发展作出新的更大贡献。

《人民日报》（2020年2月10日）

共同担当使命　淬炼文明之光

——抗击疫情离不开命运共同体意识⑤

休戚相关，命运与共，各国理当遵循人类命运共同体价值理念。同舟共济，守望相助，团结合作，共同发展，都是人类历史长河淬炼的文明之光

国际社会在团结合作应对新冠肺炎疫情的同时，也在思考加强公共卫生国际合作的长久之策。2 月 11 日至 12 日，世界卫生组织在日内瓦举办针对新型冠状病毒的全球研究与创新论坛，以协调全球科研力量，尽早找到更有效的诊疗方案，研制出安全有效的疫苗。在即将举行的慕尼黑安全会议上，主办方将专门组织一场有世卫组织官员参加的边会，讨论疫情相关问题。面对国际关注的突发公共卫生事件，完善和加强全球治理，切实保障和增进全球共同利益，当是国际社会共同的责任和使命。

疫情不仅是对一国治理体系和能力的大考，也是对全球治理体系和能力的检验。近年来发生的数起国际关注的突发公共卫生事件，无不需要各国发扬合作精神，携手共同应对。这次疫情再次提醒人们，在全球化时代，单边主义和保护主义并不符合全球利益，只顾自己、不顾他人的做法并不能完全自保，惟有团结合作、并肩向前，才是最大可能保护各方利益、共同利益的正确选择。

休戚相关，命运与共，各国理当遵循人类命运共同体价值理念。新冠肺炎疫情发生以来，中国举国行动，上下一心，全力应对，吹响保护人民生命安全和身体健康的冲锋号，打响疫情防控的人民战争。中国政府采取积极、高效、公开、透明的举措，也为维护全球和地区公共卫生安全作出了重大贡献。疫情面前，中国展现的不仅是集中力量办大事的制度优势，更是以人类共同利益为

重的价值追求。正如来自世卫组织的评价，中国努力控制病毒源头，限制疫情传播，为世界其他地区防控工作争取到宝贵时间，“如果没有中国努力，全球病例会远高于此”。各国领导人和国际组织负责人等纷纷表达对中国的支持和慰问，不仅因为中国为世界最终战胜疫情注入了希望和信心，也包含着对中国价值追求的肯定和褒扬。

顺应迈向人类命运共同体的大势，采取为全球负责的行动，是新冠肺炎疫情发生以来呈现的全球普遍现象。“山川异域，风月同天”“岂曰无衣，与子同袍”这样的温暖，不仅体现在几十个国家和国际组织为中国提供捐款和大量医疗防疫物资，体现在“中国加油”“武汉加油”的呼声在全球共鸣，还体现在当出现歧视和污名化现象时及时发出正义之声、当出现不实信息时及时澄清事实。暖心的行动，无论大小，展现的都是为人类共同利益负责的价值追求，汇聚的都是构建人类命运共同体的正能量。“战胜新冠肺炎疫情的唯一方法，就是所有国家本着团结与合作的精神共同努力。”来自世界顶级医学科学家的忠告已是世界上很多国家人民的自觉行动，相信在庆祝抗击疫情胜利的那一天，世界可以为这样的团结合作精神而自豪。

当然，面对突发公共卫生事件，全球治理也暴露出一些薄弱环节。在绝大多数国家遵循世卫组织的专业权威建议，保持冷静、科学、理性的情况下，个别国家作出过激反应，采取了过度应对措施；一些人还陷入了针对全球化的焦虑、迷惘甚至怯懦。这说明，个别国家和一些人的思维还跟不上时代前进的步伐，全球治理还有需要加强和完善的地方。正如世卫组织总干事谭德塞所指出，传染病控制一直就是一种时足时乏的事情——当疾病暴发和政府担忧时，各国会投入大量资源；当传染病结束后，资源又变得相当匮乏。从这个意义上讲，当前这场疫情再次提出了值得全世界共同思考的国家治理乃至全球治理难题：如何持续做好传染病监控和控制，如何以充足的医学准备和供应以备不时之需。今年是联合国成立 75 周年，联合国已发起关于人类前景的全球对话活动。思考抗击新冠肺炎疫情给人类社会带来的启示，当属谋划全球治理创新改革时需要考虑的重要内容。

没有一个冬天不会过去，没有一个春天不会到来。与病毒较量，人类必胜。人们需要总结经验，珍视抗击疫情中凝聚的全球力量，也需要检视不足，共同寻找解决问题的出路。同舟共济，守望相助，团结合作，共同发展，都是人类历史长河淬炼的文明之光。命运与共，并肩前行，携手抗击疫情，必将为人类文明之光增添新动能，为构建人类命运共同体注入新能量。

《人民日报》（2020 年 2 月 12 日）

凝聚科学防治强大合力

——抗击疫情离不开命运共同体意识⑥

全力以赴防控传染病疫情，是当前对国际社会共同智慧和能力的大考。战胜疫病离不开科技支撑。战胜疫病，团结合作是最强利器，凝聚科技攻关合力是最大支撑

全球化时代，人类同享地球村，共沐阳光，共担风雨。任何一种传染性病毒疫情所威胁的，都是无分国别、地域、种族、人群的全人类。这是人类共同面对的新挑战，人类不可能选择让历史倒退，只有勇敢向前，共同战胜疫情。当前，打赢新冠肺炎疫情防控阻击战，人类共同家园才有美好未来。正如中国国家主席习近平所强调的，战胜疫病离不开科技支撑。

世界卫生组织总干事谭德塞的疾呼，代表了一种国际响应——“我们需要集体的知识、智慧和经验来回答我们目前尚未找到答案的问题。”协调全球科研力量，确定研究重点、诊疗方案并推动疫苗开发，各国专业人士群策群力、集思广益，积极勾画“科研路线图”，为没有相关技术能力的国家和地区提供病例样本检测服务，分享流行病学研究最新情况……加油，再加油，全球科学界正就最紧迫的问题展开合作，关乎各国人民的生命安危。

战胜疫病，团结合作是最强利器，凝聚科技攻关合力是最大支撑。“当前很多国家面临疫情挑战，这时候需要国际科学界团结合作。”世界卫生组织近日举办新型冠状病毒全球研究与创新论坛，来自全球的 400 多名与会者发出共同心声。在新冠肺炎疫情蔓延至 20 多个国家和地区的当下，这场汇聚全球之力的“科学会议”本身，就是在向世界传递具有重要意义的积极信号：抗击疫情，全球科学界要采取团结一致的行动。

拔出科技利剑，斩断新冠肺炎疫情蔓延之势，是刻不容缓的任务。中国冲在一线，迅速整合科技力量，不断加大科研攻关力度，协同开展新冠肺炎药物研发和科研攻关；始终秉持开放合作原则，积极开展国际合作，为科学防治作出了特殊贡献。习近平总书记近日在中央政治局常委会会议上明确要求加大科研攻关力度——“要科学论证病毒来源，尽快查明传染源和传播途径，密切跟踪病毒变异情况，及时研究防控策略和措施……对抗击疫情所需要的疫苗、药品等研发，要调动高校、科研院所、企业等各方面的积极性，注重科研攻关和临床、防控实践相结合，在保证科学性基础上加快进度。”中国在奋力攻关，既是奋斗于闯过眼前的难关，又是致力于健全科学研究、疾病控制、临床治疗的有效协同机制，着眼有效的制度化安排。国际社会公认，作为具有重要影响力的科技大国，中国在科研领域的积极行动和开放态度，展现出真正的担当。

以人民为中心，构建人类命运共同体，这是时代赋予的重大责任。疫情面前，中国同世界密切合作，世界选择同中国在一起，这是为生民立命！正是因为中国第一时间识别出病原体并与世界分享病毒基因序列，帮助其他国家研发出病毒测试工具，有效避免了疫情更大范围扩散。中国同德国卫生部门密切合作，快速识别、隔离德国境内新冠病毒感染者，这种公开、透明、负责任的举措获得了世卫组织的称赞。正带领团队全力研发新冠肺炎疫苗的澳大利亚科学家瓦桑也认为，“流行病防范创新联盟”两周内就宣布资助 3 项疫苗研究，这是非常快的速度，“一切得益于中国科学家的贡献”。中国科研人员拥有丰富的一手经验，这决定了中国将是全球“科研路线图”的重要参与者和贡献者。

“要相互团结，团结，团结，还是团结。”人类命运与共，世卫组织疾呼的合作精神，是人类应对公共卫生挑战所不可或缺的。人类与病毒斗争的历史早已告诉人们，合力开展科研攻关，让成果传播开来为全人类作贡献，这才是敬佑生命之选。人们不会忘记，中国早在 16 世纪发明的人痘接种术，就曾造福欧亚大陆众多国家。人们不会忘记，2014 年西非多国暴发埃博拉疫情，中国开展新中国成立以来最大规模的卫生援外行动——第一个派遣包机运送紧急救援物资，第一个派出医疗队赴当地抗击疫情，累计向疫区及周边 13 个国家提供总价值超过 1.2 亿美元的援助，派遣 1200 多名医护人员；无论是检测病毒标本，还是有针对性地运送移动生物安全实验室、援建固定生物安全实验室、培训当地医护及公共卫生人员，中国既解燃眉之急又着眼长远的做法，深受非洲国家及国际社会好评。

疾病是各国人民共同的敌人。全力以赴防控传染病疫情，是当前对国际社会共同智慧和能力的大考。“科学就是科学，将科学政治化没有帮助。”谭德塞最近一次又一次向世界发出的呼吁，催人警醒。当此同新冠肺炎疫情赛跑之际，以生命的名义携手合作，以最快的速度找到扼杀病毒的良方，是国际社会必须做出的选择。凝聚科学防治强大合力，中国在加紧行动，世界上响应正义呼声的科学家们在加紧行动。

《人民日报》（2020 年 2 月 16 日）

践行多边主义　合作应对挑战
——抗击疫情离不开命运共同体意识⑦

这是弘扬多边主义、彰显国际合作力量的时刻。凝聚多边之力，共同维护各国人民的健康和安全，正成为越来越多国家和地区的积极选择

突如其来的新冠肺炎疫情提醒世界，这是一个传统安全与非传统安全相互交织的时代，也是一个局部问题和全球问题彼此转化的时代，人类生存依赖性日益紧密，人类命运息息相关。2 月 14 日至 16 日第五十六届慕尼黑安全会议对全球公共卫生安全和新冠肺炎疫情的关注，再次说明了这一点。

中方在会上介绍中国上下一心抗击疫情的行动和成效，得到与会者普遍称赞；世界卫生组织总干事谭德塞专程参会，肯定中国采取的从源头上控制疫情的措施令人鼓舞，并再次呼吁国际社会团结起来。在抗击疫情这场没有硝烟的战争中，世界不分西东，无论南北，是一个命运共同体。

中国果断采取最全面、最严格、最彻底的举措迎击疫情，就是对全球防控疫情作出的最大贡献。正是因为中国速度、中国效率发挥的重要防控疫情效应，正是因为中国积极开展国际合作，中国境外确诊病例占所有病例不足 1%。“我已经多次称赞中国，我还会继续这么做。”谭德塞的肺腑之言代表了国际社会的心声，众志成城冲锋抗疫一线的中国，完全配得上这样的评价和赞誉。

世界支持中国，就是在为本国以及全球疫情防控贡献力量。在抗击疫情最艰苦的日子里，中国并不孤单，各国人民和中国人民坚定站在一起。全球 160 多个国家和国际组织的领导人专门发函致电中国，表达对中方的坚定支持。很多国家社会各界积极行动起来，或捐款捐物，或加油鼓劲。印尼警察演唱“武汉加油歌”，英国小学生合唱“让世界充满爱”，斯里兰卡各界为中国祈福……

疫情面前，释放团结的力量，是各国人民发自内心作出的选择。

这场疫情带给世界的启示是深刻的。慕尼黑安全会议会场内充斥各种各样的争论和交锋，一些与会者对所谓“西方缺失”的忧虑折射出安全感不足的心绪。人们的确应当思考，何为安全，如何安全？世界需要共同、综合、合作、可持续的安全。面对全球性挑战，没有哪个国家可以独善其身，也没有哪个国家可以包打天下。各国迫切需要摆脱区分东西方划界束缚，弥合凸显南北方差异的经济鸿沟，真正把人类赖以生存的星球看作一个生命共同体，把国际社会看作世界大家庭，共同构建人类命运共同体。

如何应对全球公共卫生安全挑战？惟有同舟共济、共克时艰。这是弘扬多边主义、彰显国际合作力量的时刻——七十七国集团和联合国积极声援中国抗击新冠肺炎疫情的努力；上海合作组织、金砖国家、东盟、非盟分别发表声明支持中国抗击疫情；西非经济共同体 15 个成员国卫生部长举行特别会议，协调应对新冠肺炎疫情的政策及措施；中国—东盟将在老挝举行关于新冠肺炎问题特别外长会，这是 2003 年中国—东盟举行领导人特别会议共同应对非典疫情后，中国与东盟在公共卫生合作方面的又一次重要会议。凝聚多边之力，共同维护各国人民的健康和安全，正成为越来越多国家和地区的积极选择。

全球化时代，各国面临的挑战是共同的，责任是共同的，命运是共同的。践行多边主义，合作应对全球性挑战，这是大势所趋、人心所向。

《人民日报》（2020 年 2 月 18 日）

守护文明精神的特殊战斗
——抗击疫情离不开命运共同体意识⑧

以科学、理性战胜未知和恐惧，以相互尊重、平等相待、开放包容的态度对待彼此，这应是一种文明自觉，这也是构建人类命运共同体的应有之义

新冠肺炎疫情突然来袭，守卫人类共同命运的抗疫行动随之而起。这不只是一场疫情防控阻击战，也是一场守护人类文明精神的特殊战斗。人们日益认识到，疫情不仅在考验人类的科学认知能力、维护健康能力，而且在拷问人类文明，是否有足够的力量在危难时刻为所有人遮风挡雨。

战胜一种未知远多于已知的新型病毒，需要应对多大挑战，跨越多少障碍，不言而喻。显然，探寻治疗之策需要攻关，匡正种种邪谬之说，让理性战胜恐慌同样刻不容缓。尤其需要警惕的是，形形色色的失实信息四处传播，见不得阳光的阴谋论在社交媒体上泛出恶臭，一些针对亚裔的歧视性言行发出了危险信号。是让因疫情而起的恐慌和歧视肆虐，还是让相互尊重、平等相待、开放包容的文明之光更加闪耀？事关人类共同命运，回答必然是明确的。

联合国、世界卫生组织等国际组织发出要团结、不要污名化的呼吁，各国政要作出“我们不能让恐慌像病毒一样感染我们”“疾病不分种族和国籍，人非病毒，排外主义才是”的回应，各国民众纷纷表示站在中国人民一边。环顾世界，放眼涌动的暖流，感知人性之光，人们足以欣慰地得出结论：当今世界的主流向善而生，接纳“和羹之美，在于合异；上下之益，在能相济”的大义。

面对种种因疫情而起的谣言、阴谋论和歧视言行，“单点突破式”的澄清与批驳是容易的。毕竟，一切谣言在缜密的科学论证面前都不堪一击，一切阴谋论都有难以掩盖的明显破绽，一切歧视性做法都为人类文明所不容。然而，恰如阻击疫情传播难在不留死角，应对伴随疫情而至的文明挑战，最重要的是要让全世界、全社会最大限度地建立起秉持科学态度，坚守文明精神的自觉。要做到这一点，需要各国政府、国际组织、社会机构、公众人物都勇于站出来积极发挥正面作用。

知者不惑。阻断失实信息、有害信息传播，关键在于扩大科学信息、有效信息供给。在应对疫情的过程中，中国政府坚持多层次、高密度发布权威信息，切实帮助公众稳定情绪，并及时向国际社会通报疫情信息，赢得世界的普遍认同和赞赏。世卫组织指出，中方始终坚持公开透明原则，及时发布信息，快速识别病毒并分享基因序列，采取果断有力措施控制疫情传播，体现的不仅是对本国人民生命健康的高度负责，更是对全球疾病防控的大力支持。可以说，这些负责任做法最大程度上减少了恐慌和歧视，正是人类文明精神的体现。

面对疫情带来的文明拷问，无论国家还是个人，都要交出答卷。我们相信人类必胜，文明必胜。“我们需要作出选择。我们能够携手并肩对付一个共同且危险的敌人吗？还是我们任由恐惧、怀疑和非理性左右，四分五裂？”世卫组织总干事谭德塞日前在慕尼黑安全会议上的发问值得思考。以科学、理性战胜未知和恐惧，以相互尊重、平等相待、开放包容的态度对待彼此，这应是一种文明自觉，这也是构建人类命运共同体的应有之义。

《人民日报》（2020 年 2 月 20 日）

为世界公共卫生事业尽责担当
——抗击疫情离不开命运共同体意识⑨

有为有效的中国行动，也将进一步推动凝聚起防控疫情的全球力量，同国际社会一道维护地区和全球公共卫生安全

“中方采取强有力防控措施，不仅是为了维护中国人民生命安全和身体健康，也是为世界公共卫生事业作贡献。”2月20日，习近平主席在应约同韩国总统文在寅通电话时如是强调。自新冠肺炎疫情暴发以来，习近平主席已应约与多个国家领导人通电话，在沟通中国采取最全面、最严格、最彻底举措防控疫情情况的同时，也向世界展现了中方秉持命运共同体理念，与世界一道共同应对疫情，共同维护全球公共卫生安全，促进世界人民健康福祉的坚定决心与信心。

中国全力筑牢控制疫情蔓延的防线。疫情发生以来，中国政府本着对人民群众生命安全和身体健康高度负责的态度，采取了前所未有、世所罕见的防控与救治举措，很多举措甚至远超《国际卫生条例》要求——以创纪录的速度完成病毒分离、基因测序，并同世界卫生组织分享；用10天时间在疫情最严重的武汉市火速建成两所专门医院；从全国抽调3万多名医护骨干紧急驰援最前线；组织全国力量进行药物研发攻关……在美国库恩基金会主席罗伯特·库恩看来，中国为阻止疫情蔓延进行了全民动员，整个国家都行动起来抗击疫情，这是中国全社会对世界的庄重承诺。

中国速度为世界争取了宝贵的时间窗口。病毒传播速度快，疫情就是动员令。“如果这种病毒在一个卫生系统薄弱的国家传播，我们不知道它会造成什么样的损害。”回想世卫组织总干事谭德塞20多天前的话，人们更能看清楚中国在这场抗击疫情的紧急行动中争分夺秒的意义。正是因为中国速度、中国规模、中国效率，目前全球仅 20 多个国家受疫情影响，远低于 2009 年甲型 H1N1 流感疫情影响 200 多个国家和地区的记录；99% 的病例发生在中国境内，中国以外的病例数约为 1%。无论是在发展中国家还是在发达国家，对中国采取全面有力措施防控疫情并努力防止疫情在世界蔓延表示高度赞赏的声音都十分响亮。

中国实践为世界防疫树立新标杆。中国从疫情一开始就采取公开、透明、负责的态度，与世界卫生组织及各国加强沟通、密切合作，及时通报信息，尽全力阻止疫情在全球传播。中国官员和驻外使节积极主动介绍中国抗击疫情的最新情况，坦诚回答国际媒体关心的各类问题；中国邀请世卫组织等相关专家前往武汉实地考察，并积极配合世卫组织专家考察组在北京、广东、四川等地考察。世卫组织多次高度赞赏中国的负责任态度，充分肯定中方采取的果断措施，对中国战胜疫情充满信心。迄今为止，已经有 160 多个国家和国际组织负责人向中国致电致函表示支持。

中国担当生动诠释命运共同体理念。疫情防控和公共卫生应急管理，是跨越国界的挑战。疫情面前，考验的不只是人类智慧，更是团结精神与责任担当。中国一方面像对待本国公民一样，保障外国在华公民的生命安全和身体健康，一方面通过参加中国—东盟关于新冠肺炎问题特别外长会等行动为提升公共卫生合作水平、促进地区人民健康安全凝聚共识。患难之际，更能彰显命运与共的弥足珍贵——在得知日本新冠病毒核酸检测试剂不足后，中国在自身面临疫情严峻挑战的时刻立即向日方表达提供协助意愿，紧急向日本国立传染病研究所捐赠一批新冠病毒核酸检测试剂盒。不久前，谭德塞总干事不无感慨地指出：“世卫组织一直呼吁各国领导人在公共卫生挑战面前展现足够的领导力和政治意愿，而中国在这方面的表现值得其他国家学习。”

病毒是人类共同的敌人，维护人的生命健康是人类共同的责任。在共同对抗病毒的全球语境下，支持中国就是支持世界，中国的胜利就是世界的胜利。有为有效的中国行动，也将进一步推动凝聚起防控疫情的全球力量，同国际社会一道维护地区和全球公共卫生安全。

《人民日报》（2020 年 2 月 22 日）

完善治理，中国探索提供重要启示
——抗击疫情离不开命运共同体意识⑩

在疫情的大考面前，世界必须展现强大高效的组织动员能力，与时俱进完善治理体系、提升治理能力，以开放的态度加强团结合作

2 月 23 日，统筹推进新冠肺炎疫情防控和经济社会发展工作部署会议召开，再次令世界对中国强大的组织动员能力赞叹不已。这是全面总结当前疫情防控工作、全面部署重点任务和重大举措的重要会议，向世界展示了中国能力、中国意志和中国信心。“防控工作取得的成效，再次彰显了中国共产党领导和中国特色社会主义制度的显著优势。”习近平总书记的话，正是国际社会的普遍共识。

新冠肺炎疫情是一次危机，也是对国家治理体系和能力的一次大考。面对新中国成立以来传播速度最快、感染范围最广、防控难度最大的一次重大突发公共卫生事件，中国坚持全国一盘棋，统一指挥、统一行动，打响疫情防控的人民战争、总体战、阻击战，为保障本国人民生命安全和身体健康、维护全球公共卫生安全尽责担当。无论是联合国对“中国做出了强大且令人印象深刻的反应”的肯定，国际舆论对中国“史无前例”的防控举措的称赞，还是世界卫生组织作出“中国展现的领导力和政治意愿值得其他国家学习”的积极评价，都反映了中国答卷的世界形象。

“在疫情面前，中国政府展现出强大高效的组织和动员能力，令我印象深刻，这正是中国制度的优势！”法国前总理拉法兰如是表示。习近平总书记亲自指挥、亲自部署，全国统筹协调，广大人民群众众志成城、守望相助，各条战线、各个行业积极参与。以极大政治勇气果断要求湖北省对人员外流实施全面严格管控，调派330多支医疗队、41600多名医护人员驰援抗疫最前线，迅速开设火神山、雷神山等集中收治医院和方舱医院，组织19个省份对口支援……中国在短时间内完成一项项看似不可能完成的任务，坚定了国际社会对中国战胜疫情的信心。与此同时，中国统筹推进疫情防控和经济社会发展，尽最大努力降低疫情对经济社会发展的影响。国际社会普遍认为，中国展现的出色的领导能力、应对能力、组织动员能力、贯彻执行能力，是其他国家做不到的，为世界防疫树立了典范。

小智治事，大智治制。防控新冠肺炎疫情的过程中，中国不懈致力于完善国家治理体系、提升治理能力，着眼提高未来的“答卷能力”。针对疫情暴露出来的短板和不足，中国正采取切实有效的行动强化公共卫生法治保障、改革完善疾病预防控制体系、改革完善重大疫情防控救治体系、健全重大疾病医疗保险和救助制度、健全统一的应急物资保障体系，把在疫情防控中积累的经验真正转化为应对突发重大公共卫生事件的体制机制。中国在国家治理上的探索与完善，生动诠释了中国特色社会主义制度的与时俱进，这也是中国打赢这场没有硝烟的战争所倚重的制度保障，并为世界打赢疫情防控阻击战提供了宝贵经验。埃及共产党总书记萨拉赫·阿兹利对此深为赞叹，指出这些举措将进一步提升国家治理能力，对中国和世界非常重要。

战胜疾病关乎各国人民的安危，团结合作是最有力的武器。中方秉持人类命运共同体理念，既对本国人民生命安全和身体健康负责，也对全球公共卫生事业尽责。中国积极主动同世卫组织和国际社会开展合作和信息交流，迅速分享部分毒株全基因组序列，研制成功快速检测试剂盒，向其他出现疫情扩散的国家和地区提供力所能及的援助，努力防止疫情在世界蔓延。这些行动体现出中国负责任大国的担当，彰显出中国特色社会主义制度开放合作的气度。中国展现的团结合作精神，为世界携手抗击疫情奠定了基调。170多个国家领导人和40多个国际和地区组织负责人对中国表示慰问和支持，饱含对中国负责任举措的高度认可。

“如何在全球化的世界中应对公共卫生事件，中国在这方面开展了全新探索，历史很可能为此感谢中国。”深入分析中国采取的疫情防控措施，美国库恩基金会主席罗伯特·劳伦斯·库恩如是表示。世人的确应当认识到，抗击疫情离不开命运共同体意识，中国的探索与实践，已经带给世界重要启示。在疫情的大考面前，世界必须展现强大高效的组织动员能力，与时俱进完善治理体系、提升治理能力，以开放的态度加强团结合作。

《人民日报》(2020 年 2 月 25 日)

复工复产，中国自有底气

——抗击疫情离不开命运共同体意识⑪

“越是在这个时候，越要用全面、辩证、长远的眼光看待我国发展，越要增强信心、坚定信心。”习近平总书记在统筹推进新冠肺炎疫情防控和经济社会发展工作部署会议上发表的重要讲话，让世界看到中国实现经济社会发展目标任务的必胜信念。中国一手抓疫情防控，一手抓复工复产，以精准筹划的政策举措、稳扎稳打的实际行动，努力减少疫情对经济的影响。中国与世界紧密相联，中国坚决秉持为全球公共卫生安全负责的态度，也坚守以自身发展为世界经济发展作贡献的初衷。

经济社会是一个动态循环系统，不能长时间停摆。中国人民正以时不待我、只争朝夕的精神，努力把落下的“功课”补回来，把耽误的“时间”抢回来。政府在行动，实施分区分级精准防控策略，打通人流、物流堵点，放开货运物流限制。企业在行动，包机包高铁迎接务工人员返岗等创造性做法此起彼伏。广袤大地上，春耕备耕已从南到北陆续展开。疫情压不垮中国经济。国际观察人士普遍相信，随着员工回得来、原料供得上、产品出得去逐步实现，中国经济运行一定能够尽快恢复正常。国际货币基金组织总裁格奥尔基耶娃预期中国经济将在第二季度恢复正常。美国耶鲁大学高级研究员斯蒂芬·罗奇认为随着疫情逐步得到控制，中国经济或将强势反弹，由衷表示“我对中国经济长期发展前景保持乐观”。

经济全球化时代，世界各国相互依存，既是命运共同体，也是利益共同体。“中国好，世界才更好”，这是无数事实一再证明的道理。“这些天投资者问得最多的问题很可能是‘如何追踪中国恢复生产的情况’。”摩根士丹利一位分析师的话，道出了国际市场对中国实现企业复工复产的热切关注。中国强调深化对外开放和国际合作，加强同经贸伙伴的沟通协调，优先保障在全球供应链中有重要影响的龙头企业和关键环节恢复生产供应，维护全球供应链稳定，彰显了为全球共同发展负责的大国胸怀。

全面、辩证、长远地看，疫情对中国经济的影响是暂时的，中国经济韧性强劲，内需空间广阔，产业基础雄厚，中国经济长期向好的基本面没有改变。中国是世界第二大经济体、世界第一制造业大国、全球供应链重要枢纽，中国是世界第一大货物贸易国、全球第二大外资流入国和对外直接投资国。中国人均国内生产总值迈上 1 万美元台阶，中等收入群体规模超过 4 亿人，是全球最具成长性的消费市场。近期，特斯拉、宝马、丰田、三星、空客、霍尼韦尔等大批制造业企业宣布复工复产，还有不少外资企业纷纷通过“云签约”进入中国，充分说明中国吸引外资的综合竞争优势没有改变，外国投资者对中国的信心和投资战略没有改变。

透过挑战看机遇，更能看到中国经济的潜力和前景。一些国际观察人士注意到，中国全民抗疫带火了“宅经济”与“云生活”，智能制造、无人配送、在线消费、医疗健康等新业态新模式逆势成长，不仅顺应了民生需要，释放出新兴消费潜力，还为经济高质量发展开拓了新空间。为抗击疫情，中国正在加大试剂、药品、疫苗研发支持力度，推动生物医药、医疗设备、5G 网络、工业互联网等加快发展。可以预期，疫情过后，中国经济发展将获得更多新动能。

中国有能力、有信心、有底气战胜疫情，也完全有信心变压力为动力、化危为机，实现经济社会发展目标任务。稳定发展的中国经济，必能继续为全球增长注入信心和动力。

《人民日报》（2020 年 2 月 27 日）

元首外交，凝聚信心与力量
——抗击疫情离不开命运共同体意识⑫

“总统先生作为疫情发生后首位访华的外国元首，专程来中国表达慰问和支持，充分体现了总统先生和蒙方对中蒙关系的高度重视和对中国人民的深厚情谊，是中蒙两个邻国守望相助、同舟共济的生动诠释，我对此表示赞赏。”2月27日，习近平主席在人民大会堂同蒙古国总统巴特图勒嘎会谈时表示。在抗击疫情的关键时期，习近平主席同外国政要会谈会见、通电话，同外国友人互致信函，介绍中方坚持统筹疫情防控和经济社会发展的有力有效措施，展现中方打赢疫情防控阻击战的决心和信心，展示中方携手各国抗击疫情、对全球公共卫生事业尽责的大国担当，以实际行动诠释并推动构建人类命运共同体。

最打动人心的是雪中送炭。柬埔寨首相洪森在疫情严峻时期到访中国，“就是为了展示柬埔寨政府和人民对中国政府和人民抗击疫情的大力支持”；蒙古国总统访华，在此前已经向中方提供捐款的基础上，再向中方赠送3万只羊，以表达蒙古国人民的心意；塞尔维亚总统武契奇表示愿随时访华，以实际行动体现对中国人民的坚定支持，塞尔维亚第一副总理兼外长达契奇访华……患难见真情。疫情面前，世界与中国站在一起，更加彰显构建人类命运共同体的特殊意义与价值。

特殊时期，元首外交凝聚起宝贵的信心与力量。“我们完全有信心、有能力、有把握打赢这场疫情防控阻击战”“我们将继续本着人类命运共同体理念，同国际社会加强合作，共同战胜疫情”“疫情对中国经济的影响是暂时的，相信经过努力，今年我们仍能实现既定的经济社会发展目标任务”……外界对疫情形势及其对经济造成的影响感到担忧之际，习近平主席的铿锵话语，为国际社会客观理性认识中国疫情防控举措和成效、中国经济社会发展态势提供了最权威视角。“中方会像保护自己孩子一样，全力为埃塞俄比亚等各国在华留学生提供保障”，习近平主席的感人话语，让世界看到中华文明天下为公的博大胸怀。

特殊时期，元首外交亦体现了中国与友好国家在关键时刻相互支持、守望相助的优良传统。2014 年西非暴发埃博拉疫情，习近平主席第一时间向西非三国元首致电慰问，指挥中国有史以来规模最大的医疗卫生援外行动，在国际上发挥了引领示范作用；2015 年尼泊尔发生强烈地震，习近平主席立即向尼泊尔总统致电慰问，中国政府成为最早向尼泊尔提供援助、最早派出救援队伍的国家之一；2018 年印度尼西亚发生地震海啸灾情后，习近平主席第一时间向印尼总统发去慰问电，中国政府、企业以及民间团体纷纷伸出援手，参与印尼灾区的救援和重建。心与心相通，情与情相融，国与国本就是这样的命运共同体。关键时刻的相互支持，正是构建人类命运共同体的生动实践。

“患难与共，共克时艰”“同中国人民站在一起”“在习近平主席指挥领导下，中国人民一定能够战胜疫情，中国发展一定能够恢复正常”“没有任何国家可以做得比中国更好”……外国领导人的诚挚话语，展现出各国对中国的坚定支持，更彰显全球命运与共的大义。元首外交，以构建人类命运共同体的实际行动，激励着各国人民携手努力，凝聚起共同打赢疫情防控阻击战的信心与力量。

《人民日报》（2020 年 2 月 29 日）

战“疫”行动，需要平等之光照耀

——抗击疫情离不开命运共同体意识⑬

维护正义之道，坚守人性之美，锻造制胜之器，才能继续开拓人类社会的美好未来

平等观念，是照亮现代文明的一道光。在新冠肺炎疫情面前，世界离不开这道光。不同国家、不同种族、不同民族的人民彼此命运休戚与共，共同努力、携手抗击疫情的行动，书写出平等相待、平等互助、平等合作的文明篇章。

地球之上，在生命的权利面前，所有国家、种族、民族一律平等。无论在哪个国家，人民的生命安全和身体健康都应得到维护和保障。无论在哪个国家，行种族歧视、污名他国的行为都不能容、不可忍。这是尤其需要让同情心、同理心跨越国界、种族、民族，绽放光芒的特殊时刻，各国都有义务在维护本国人民生命安全和身体健康的同时，维护他国人民的生命安全和身体健康，为全球公共卫生安全作出贡献。这是构建开放包容的人类命运共同体的题中之义。

平等相待，乃正义之道。疫情发生以来，中方始终秉持人类命运共同体理念，本着公开、透明、负责任态度，及时同世卫组织和国际社会分享信息，积极回应各方关切，加强国际合作，防止疫情在世界扩散蔓延。中国采取最全面、最严格、最彻底的防控举措，为战胜疫情争取宝贵时间。世卫组织部分合作专家提供的数据模型显示，中国采取控制人员流动的措施让中国境内的疫情传播速度延缓了两到三天，让中国境外的疫情传播速度延缓了两到三周。世卫组织总干事高级顾问布鲁斯·艾尔沃德感慨，中国采取的前所未有的公共卫生应对措施，已经避免或至少推迟了数十万新冠肺炎病例。做好自己的事，坚守利他的义，以平等之心面向世界，这就是中国行动，站在道义之巅。

平等互助，乃人性之美。在中国抗击疫情的关键时刻，170 多个国家领导人和 40 多个国际和地区组织负责人以电话、信函、声明等方式表示慰问和支持，各国民众、企业以实际行动支持中国。中国在本国疫情防控阻击战仍然胶着之际，仍然向其他出现疫情的国家和地区提供力所能及的援助——得知日方新冠病毒核酸检测试剂不足，中方紧急捐赠一批检测试剂盒；韩国大邱疫情形势严峻，中方紧急筹备大量医用口罩；伊朗疫情暴发，中方紧急捐赠一批核酸检测试剂盒及医疗设备，并派出中国专家组驰援……无疆的大爱汇聚暖流，涌向世界上需要帮助的地方，生动呈现出患难相扶、风雨同舟的美好画卷。

平等合作，乃制胜之器。“公共卫生安全是人类面临的共同挑战，需要各国携手应对。”习近平总书记阐述的主张，已经成为国际共识。争分夺秒对抗病毒侵害，这是人类共同争取生命权利的战斗。越是在攻克难关的关键时刻，越要用平等包容的眼光看待彼此，凝聚和衷共济的团结意志，提升平等互利的合作力量。中方不断扩大国际和地区合作，持续同世卫组织保持良好沟通，同有关国家分享防疫经验，加强抗病毒药物及疫苗研发国际合作。“应对新冠肺炎疫情等重大公共卫生事件需要全人类的集体智慧和协作，凸显构建人类命运共同体的重要性。”最早提出“全球化”概念的学者之一、英国社会科学院院士马丁·阿尔布劳发出的呼吁，值得国际社会普遍重视，各国理当展现应有的担当。

战“疫”行动，需要平等之光照耀。维护正义之道，坚守人性之美，锻造制胜之器，才能继续开拓人类社会的美好未来。

《人民日报》（2020 年 3 月 2 日）

凝聚共同战斗的精神力量
——抗击疫情离不开命运共同体意识⑭

中国人民的宽广胸怀和不屈精神，不仅让心心相通、命运与共的生动故事熠熠生辉，而且彰显了构建人类命运共同体的精神力量

“精神是一个民族赖以长久生存的灵魂，唯有精神上达到一定的高度，这个民族才能在历史的洪流中屹立不倒、奋勇向前。”在抗击新冠肺炎疫情的斗争中，中国精神为世界所瞩目。护目镜遮不住的坚毅专注眼神，口罩勒出深深压痕的脸庞，社区内外忙碌的身影，城市中不分昼夜奔忙的志愿者……一个个感人瞬间彰显震撼之力，被历史铭记。中华民族在经受考验时迸发出强大的精神力量，激励着中国，也鼓舞着世界。

“最让我震撼的是，每一个中国人都有很强烈的责任担当和奉献精神，愿意为抗击疫情作出贡献。”世界卫生组织总干事高级顾问布鲁斯·艾尔沃德分享在中国观察到的细节，打开了一个真切感知中国的视角：奋战在抗疫一线的医护人员和工作人员全力以赴，非常疲惫，有工作人员在同考察组谈话间隙困得睡着了；每一个被动员和组织起来的中国人，就像是在跟病毒打一场战争，肩负起阻止病毒蔓延的共同责任。在他看来，正是中国人民的坚韧和奉献，极大延缓了疫情的传播。世卫组织专家于细微处捕捉到的中国人的面貌，正是中华民族精神的体现。

不久前，美国彭博社在报道武汉暂时关闭离汉通道等举措正在取得积极进展时指出，这体现出一种深深植根于中华文化的“舍小家为大家”的理念。这与世卫组织感慨的“武汉街道空无一人，但是每个窗户后面都有配合应对疫情的市民”不谋而合。家是最小国，国是千万家；一心装满国，一手撑起家。无

论是疲惫得在任何地方都能睡着的医生和护士，还是与时间赛跑的火神山、雷神山医院建设者，为居民代买药品、浑身挂满药袋的社区工作者，昼夜转运物资、接送医护人员上下班的志愿者……这些来自千万家庭的平凡个体，忘我地冲锋在疫情防控阻击战一线。高尚而美好的家国情怀，正是命运与共的精神内涵。

疫情面前，中国人民始终抱有必胜信念，体现出乐观坚韧的精神。在武汉方舱医院，病房内患者和医护人员竖起大拇指，医护人员在送患者出院后轻快地跳起了舞……没人知道这背后有多少汗水和泪水，但正是一个个压不弯的脊梁，让中国傲然屹立于世界。联合国秘书长古特雷斯称赞中国人民“为全人类作出贡献”，这贡献背后离不开中国人民愈挫愈勇的品质。

只要每个人都发光，萤火也能汇成星河。无论是奋战在抗击疫情一线的“逆行者”，为保障经济和人民生活默默付出的志愿者，还是坚守在疫情防控各个环节的“守望者”，通过“口罩航班”捐助抗疫物资的海外同胞，走出国门志愿帮助发生疫情的其他国家的中国专家组……在抗击疫情这场没有硝烟的战争中，海内外中华儿女以千千万万闪光的行动，汇聚成患难与共、同舟共济、坚不可摧的英雄伟力。“中国展现了惊人的集体行动力与合作精神”，世卫组织如此评价。中国人民的宽广胸怀和不屈精神，不仅让心心相通、命运与共的生动故事熠熠生辉，而且彰显了构建人类命运共同体的精神力量。

新冠肺炎疫情正在多个国家和地区扩散，世卫组织已将疫情全球风险级别上调至“非常高”。当此之时，中国战“疫”行动带给世界的启示更加珍贵。这是人类与病毒的较量，人类必须足够强大。命运共同体意识不可或缺，和衷共济、共同战斗的精神必不可少。应当相信，凭借人类命运共同体之伟力一定能够战胜疫情，赢得人类的生存和发展。

《人民日报》（2020年3月5日）

以发展之力筑牢人类共同防线
——抗击疫情离不开命运共同体意识⑮

推动共同发展，才能提升人类共同应对挑战的能力，才能让人类命运掌握在人类自己手中

“防控新冠肺炎疫情斗争有两条战线，一条是疫情防控第一线，另一条就是科研和物资生产，两条战线要相互配合、并肩作战。”习近平总书记日前在北京考察新冠肺炎防控科研攻关工作时指明了两条战线的重要任务。理解其中要义，人们更能深入体会到不断增强发展能力、以发展成果增强抗击疫情能力的内在逻辑。

越是面对风险挑战，越能检验一个国家的发展能力和发展成果。新冠肺炎疫情发生以来，中国统筹推进疫情防控和经济社会发展，经过艰苦努力，当前已初步呈现疫情防控形势持续向好、生产生活秩序加快恢复的态势。紧紧攥住发展这把“金钥匙”，不断磨砺激流勇进、化危为机的发展本领，中国正构筑起强大坚实的抗疫防线。

人类同疾病较量最有力的武器就是科学技术，人类战胜大灾大疫离不开科学发展和技术创新。在疫情防控阻击战中，“中国防线”上迸发出源源不断的创新力量，为战胜疫情不断注入底气与信心。临床救治和药物、疫苗研发、检测技术和产品、病毒病原学和流行病学、动物模型构建等主攻方向上的科研攻关，为疫情防控提供有力科技支撑；采取恢复期血浆、干细胞、单克隆抗体等先进治疗方式，提升重症、危重症救治水平；利用人工智能、大数据等新技术开展流行病学和溯源调查，有助于搞清楚病源从哪里来、向哪里去，提高精准度和筛查效率……新技术在“战疫”中成长、成熟，彰显了中国科技的硬核力

量。世界卫生组织总干事高级顾问布鲁斯·艾尔沃德经过实地考察后得出结论：科技驱动成为中国防控措施的一大特点。

发展能力也是抵御风险挑战的“免疫力”。北斗卫星导航系统融入医院建设、物资运送、巡防管控等工作中，让防控工作更加高效精准；因为有了医学影像辅助诊断系统，对病情评估的时间由几个小时压缩到几秒钟，在降低医护人员感染风险的同时也提高工作效率；口罩核心紧缺材料——熔喷布产量提升，口罩日产量和日产能将在分别突破1亿后继续提升；无人配送车、无人清扫车、无人消毒池广泛使用……这场疫情防控阻击战，也是对中国发展成果的一次检验。中国能力的不断提升，充分证明“发展是解决一切问题的总钥匙”。

抗击疫情需要同舟共济，发展亦需要同舟共济。全球受新冠肺炎疫情影响的国家和地区已超过100个，在一定意义上，公共卫生问题也是发展问题。近期，国际货币基金组织宣布将向寻求援助的低收入和新兴市场国家提供总额约500亿美元贷款；世界银行宣布将帮助发展中国家加强卫生系统，向低收入国家提供赠款和低息贷款，向中等收入国家提供贷款。毫无疑问，提高公共卫生应急能力，离不开发展的基石。

世界卫生组织已多次呼吁各国借鉴中国经验，增强疫情防控能力。应该看到，中国之所以“能”，一方面得益于中国制度的优越性和全国人民众志成城，另一方面也得益于中国不仅以发展为目标，更把发展作为解决问题的手段。无论是聚焦当下的疫情还是放眼长远的目标，都需要强调发展的意义。命运与共的时代，发展更是普遍联系的。推动共同发展，才能提升人类共同应对挑战的能力，才能让人类命运掌握在人类自己手中。

新冠肺炎疫情再次提醒人们，世界发展既充满希望，也面临挑战。各国必须团结起来，坚定信心，携手合作，以发展的力量筑牢全球抵御风险的防线，用发展成果提升解决问题的能力，让发展成果真正惠及更多国家和人民。

《人民日报》（2020年3月9日）

为全球抗击疫情注入信心
——抗击疫情离不开命运共同体意识⑯

中国行动为世界赢得了准备时间，也赢得了希望。中国经验给世界带去了温暖，也增添了信心

“经过艰苦努力，湖北和武汉疫情防控形势发生积极向好变化，取得阶段性重要成果，初步实现了稳定局势、扭转局面的目标。”3 月 10 日，在抗击新冠肺炎疫情的关键时刻，习近平总书记赴湖北省武汉市考察疫情防控工作，引起世界广泛关注。国际社会共睹中国抗击疫情决胜之地的重要成果，感知中国打赢湖北保卫战、武汉保卫战的坚定决心和信心，称赞中国抗疫行动是“对全人类的巨大贡献”。

沧海横流，方显英雄本色。中国政府和中国人民用实际行动展现了中国力量、中国精神，彰显了中华民族同舟共济、守望相助的家国情怀。武汉不愧为英雄的城市，武汉人民不愧为英雄的人民。广大医务工作者日夜奋战，舍生忘死，不负重托，不辱使命；广大党员、干部不怕牺牲、勇于担当、顾全大局、甘于奉献……中国人民的责任担当，世界人民看在眼里，感叹不已，联合国和世界卫生组织反复强调“世界应该感谢中国”。

根据世界卫生组织的最新评估，新冠肺炎疫情“已具有全球大流行特征”。随着越来越多国家投入抗击疫情一线，中国经验和战绩更加深入地为世界所瞩目。中国采取最全面、最严格、最彻底的防控举措，有效遏制了疫情扩散蔓延势头。世卫组织称赞中国采取了“可能是史上最雄心勃勃、最快速和最积极的疫情防控努力”。外国领导人普遍认为，中国在抗击疫情中创造的这些“最”，是真正的对人民负责、对世界负责、对历史负责。世卫组织总干事谭德塞指出，

中国的经验告诉世界，遏制疫情蔓延是可能的，任何国家只要有来自政府的坚定承诺和人民的强有力配合，就可以控制疫情。毫无疑问，中国抗击疫情业已取得的成果，为全球抗击疫情注入了信心。

中国为世界争取到难得的“机会窗口”。疫情防控如同战争，分秒必争。世卫组织强调，正是武汉和湖北的大规模防控措施，为中国其他省份赢得了时间，也为世界其他地方争取了准备时间；正是得益于中国正在采取的大规模防控行动，国际社会才争取到了一个“机会窗口”。虽然疫情已扩散至118个国家和地区，但对于很多国家和地区来说，“机会窗口”仍在。可以说，中国行动为世界赢得了准备时间，也赢得了希望。

中国为世界提供了重要的经验借鉴。从免费检测病毒、不断提高检测效率，到轻重症分开、线上问诊，到建设专门医院、方舱医院，再到社区配送生活物资，中国在抗击疫情的大考中磨砺责任担当之勇、科学防控之智、统筹兼顾之谋、组织实施之能，探索出弥足珍贵的实践经验。正如塞尔维亚总统武契奇所说，中国在抗击疫情中表现出色，是最有资格分享经验的国家，将向中国寻求更多建议。如今，中国派出的医疗专家团队已经赴伊朗、伊拉克、意大利开展工作，中国政府和专家正通过各种途径与世界分享防控和诊疗经验。中国经验给世界带去了温暖，也增添了信心。

全球携手防控疫情的任务如此紧迫，各国理应坚定信心、并肩战斗，为取得属于人类的胜利而全力以赴。

《人民日报》（2020年3月13日）

珍重生命，赢得世界信赖

——抗击疫情离不开命运共同体意识⑰

中国战“疫”行动给世界带来的启示，堪为人权思考的升华。中国与世界各国在一起，坚定而勇敢地冲在战斗一线，尽责担当

争分夺秒抗击新冠肺炎疫情，千方百计护佑生命健康，这是捍卫人权的生动体现。中国政府秉持人类命运共同体理念，本着公开、透明和负责任的态度积极开展国际合作，切实维护包括在华外国人在内的国内外人民生命安全和身体健康，为维护全球公共卫生安全作出了巨大牺牲和巨大贡献。

“生命重于泰山。”在中国的疫情防控阻击战中，处处体现着护佑生命权利的担当。习近平总书记作出重要指示，要求各级党委和政府及有关部门把人民群众生命安全和身体健康放在第一位。“要全力以赴救治感染患者”“集中患者、集中专家、集中资源、集中救治”“要加强患者医疗救治费用保障，确保患者得到及时救治，决不能因费用问题耽误患者救治”……方向明确，信心坚定，任务落实，绘就了中国在这个特殊时期人权实践的动人画卷。

中国奉行以人民为中心的人权理念，始终把人民利益摆在至高无上的地位，把生存权、发展权作为首要的基本人权。烈火见真金，中国在当前疫情防控的战斗中经受住了考验。对湖北省人员外流实施全面严格管控，举全国之力支援湖北省，迅速建设集中收治医院和方舱医院，各省区市相继启动重大突发公共卫生事件一级响应，各类医疗及生活物资源源不断运往武汉等抗疫一线，都是为了尽最大可能捍卫生命的权利。

人权是具体的不是抽象的，人权观察离不开辩证思考。应当看到，中国战“疫”行动给世界带来的启示，堪为人权思考的升华。中国人民深刻理解生命的意义，积极响应中央号召，舍小家为大家，积极配合做好各种防控措施。广大医务工作者义无反顾、日夜奋战，广大人民群众识大体顾大局、自觉配合疫情防控，广大社区工作人员等坚守岗位、日夜值守，饱含对生存权、健康权的尊重，他们冒着生命危险全力保护一方民众的健康平安。正如联合国秘书长古特雷斯所说，中国人民以牺牲正常生活的方式为全人类作出了贡献。

西方一些人以狭隘的人权观看待中国的疫情防控举措，曲解中国政府和人民作出巨大贡献的任何行径，都是严重背离事实的，令人不齿。当期颐之年的老人得以治愈，当几个月大的婴儿战胜病魔，当使用体外膜肺氧合机支撑生命长达 21 天的患者被从死亡线上拽回……世界上任何肯于尊重事实的人，都会承认中国已经竭尽全力践行对人权的尊重。“如果我感染病毒，希望在中国得到治疗。”世界卫生组织总干事高级顾问艾尔沃德之言发自肺腑，因为他基于亲身所见，对中国珍重生命的行动给予高度信赖。

疫情没有国界，守卫人民群众的生命安全和身体健康的爱心和行动跨越了国界。当地时间 3 月 14 日，意大利罗马一小区响起《义勇军进行曲》，人们高喊“感谢中国！”；最近几天，西班牙网友发起“感谢中国”热词标签……让欧洲民众对万里之遥的中国表达感谢的，正是中国派遣专家团队、运送医疗物资支援有关国家抗击疫情。中国在全力做好国内疫情防控的同时，积极主动与国际社会开展合作，同国际组织保持良好沟通，同东亚、东盟、非洲、中东欧国家等分享相关经验，向伊朗、伊拉克、意大利等国派遣医疗专家团队，展现出人类命运与共的大爱。

人的生命是最可宝贵的。新冠肺炎疫情已扩散至 140 多个国家和地区，各国都应当为本国人民生命安全和身体健康负责，也应当为世界人民的生命安全和身体健康负责。中国与世界各国在一起，坚定而勇敢地冲在战斗一线，尽责担当。

《人民日报》（2020 年 3 月 16 日）

大道不孤　人类必胜

——抗击疫情离不开命运共同体意识⑱

当博施济众成为各国共同选择，当己立立人、己达达人的道义主导人心，人类战胜病毒的希望之光就会越来越亮

“中方愿同包括俄罗斯在内的各国一道，基于人类命运共同体理念，加强国际防疫合作，开展防控和救治经验分享，推动联合科研攻关，携手应对共同威胁和挑战，维护全球公共卫生安全。”习近平主席近日同俄罗斯总统普京通电话，再次强调了维护全球公共卫生安全之道。在这场维护人类健康福祉和全球公共卫生安全的战斗中，中国始终秉持人类命运共同体理念，始终坚持开放合作、同舟共济，展现出真正的大国道义和大国担当。

连日来，中国携手世界抗击疫情的日程满满。3 月 20 日上午，中方倡议举行中日韩新冠肺炎问题特别外长视频会议；3 月 20 日下午，中方同 10 多个欧亚地区及南亚地区的国家举行视频会议；3 月 19 日晚，中方同 10 多个欧洲国家的政府官员和公共卫生专家举行视频会议；3 月 18 日，中国同 24 个非洲国家和非洲疾控中心就新冠肺炎疫情防控举行专家视频会议……这些会议承担着同一项任务：分享抗疫信息，交流防控经验。从官方到专家再到企业、民间，中国通过各种途径帮助他国，中国经验迅速走向世界，立己达人的情怀感动世界。

中国专家团队奔赴国外抗击疫情前线，画出一道道“最美逆行之弧”。2 月底，中国 5 人专家团队抵达伊朗；3 月 7 日，7 人专家团队抵达伊拉克；3 月 12 日晚，首批 9 人专家团队携 31 吨医疗物资抵达意大利首都罗马；3 月 18 日，第二批 13 人专家团队携带 9 吨急需医疗物资抵达意大利米兰……雪中送炭，情暖世界。塞尔维亚总统武契奇在宣布进入国家紧急状态时动情地说，中国医护人员不在禁止入境名单之列，因为“中国是目前唯一能帮助塞尔维亚的国家”。中国还向亚洲、欧洲、非洲多国提供检测试剂盒，向 82 个国家和世卫组织、非盟提供力所能及的抗疫物资援助，并尽一切努力为其他国家采购医疗防护物资提供方便。“这就是我们所说的团结！”正如意大利外交部长迪马约所说，中国行动激励世界与疫情进行坚决斗争。

投我以木桃，报之以琼瑶，这是当前国际社会迫切需要弘扬的美德。在中国疫情最严重的时候，国际社会对中国提供政治支持，79 个国家和 10 个国际组织为中国人民提供抗疫物资援助；当其他国家疫情严重时，中国尽己所能伸出援手。传递温暖，弘扬大义，才能在与病毒相搏的战场上迸发战无不胜的人类之力。

越是关键时刻，越能看出谁在坚守国际道义高地。多国宣布进入紧急状态，世界更要拧成一股绳，避免孤立造成的恐慌。在全球抗击疫情的斗争中，中国坚定支持、配合世界卫生组织工作，不但全力以赴做好了自己的事情，而且力促团结合作，同众多国家一起编织防控疫情的“安全网”。国际社会的共同行动，正是相互尊重、公平正义、合作共赢的新型国际关系的体现，也是构建人类命运共同体的生动实践。

当博施济众成为各国共同选择，当己立立人、己达达人的道义主导人心，人类战胜病毒的希望之光就会越来越亮。人们当坚信：命运与共，大道不孤；坚守道义，人类必胜。

《人民日报》（2020 年 3 月 21 日）

“健康丝绸之路”为生命护航

——抗击疫情离不开命运共同体意识⑲

从打造“健康丝绸之路”，到打造人类卫生健康共同体，中国愿同全球伙伴携起手来，推动完善全球公共卫生治理，提升卫生健康水平

近日，习近平主席应邀同意大利总理孔特通电话时指出，“中方愿同意方一道，为抗击疫情国际合作、打造‘健康丝绸之路’作出贡献”。在全球抗击新冠肺炎疫情的关键时期，习近平主席强调打造“健康丝绸之路”，对于强化全球战疫信心，加强协调与合作具有重要引领作用。

面对新冠肺炎疫情在全球范围内蔓延，中意两国以实际行动诠释了打造“健康丝绸之路”的题中之义。在中国疫情最严重之时，意大利政府向中方捐赠防护物资，意大利总统府举办特别音乐会，并通过国家电视台现场直播，向中国人民传达意大利人民对中国抗疫努力的支持和友好情谊；当前意大利疫情严重，中国政府和多个地方政府都向意大利提供了医疗物资援助，第三批医疗专家组即将派出。此外，中国丝路基金决定向意大利民事保护局和伦巴第大区政府捐赠 2 万只 N95 口罩、2 万人份检测试剂，第一批物资已经运抵。正如意大利前总理、欧盟委员会前主席普罗迪所言：“你们的捐赠发出了团结和友谊的信号，我们不能忘记。我期待大家更加明白在这个世界上我们命运与共。”

携手打造“健康丝绸之路”，为共建“一带一路”开辟了新的合作空间。2017 年，习近平主席在日内瓦访问世界卫生组织时提出，中国欢迎世界卫生组织积极参与“一带一路”建设，共建“健康丝绸之路”。时任世界卫生组织总干事陈冯富珍回应称，世界卫生组织赞赏中国在全球卫生安全和卫生治理领域的领导能力，愿加强同中方在“一带一路”框架下合作。中国同世卫组织签署《中华人民共和国政府和世界卫生组织关于“一带一路”卫生领域合作的谅解备忘录》，促进与“一带一路”沿线国家等重点合作伙伴开展合作，携手打造“健康丝绸之路”。意大利是七国集团中首个与中国签署“一带一路”谅解备忘录的国家，中意共建“一带一路”原本就有良好合作基础。中意在抗击新冠肺炎疫情的战斗中团结合作，书写了共建“健康丝绸之路”的感人一页。

携手打造“健康丝绸之路”，也为完善全球公共卫生治理提供了新思路。抗击新冠肺炎疫情的实践再次表明，筑墙于事无补，独善其身是不可能的，各国惟有团结协作，着眼长远，提升全球公共卫生治理水平，才可能在与病毒的战斗中赢得先机。中方从疫情一开始就高度重视国际卫生合作，本着公开、透明、负责任态度，及时向各方通报疫情信息，与世卫组织和有关国家密切合作。中国支持联合国、世卫组织动员国际社会加强政策协调，加大资源投入，特别是帮助公共卫生体系薄弱的发展中国家做好防范和应对准备，并向世卫组织捐款2000万美元，帮助发展中国家提升应对疫情的能力，加强公共卫生体系建设。与此同时，中国已经宣布向82个国家和世卫组织、非盟提供援助，多批援助物资已经送达受援方，充分展现了中国人民与世界各国人民加强抗击疫情国际合作、共同打造人类命运共同体的大国担当。

新冠肺炎疫情带给世界的影响是深刻的，人类不仅需要应对一时挑战，而且需要切实着眼、布局人类卫生健康事业的长远。“中方愿同法方共同推进疫情防控国际合作，支持联合国及世界卫生组织在完善全球公共卫生治理中发挥核心作用，打造人类卫生健康共同体。”习近平主席近日向法国总统马克龙致慰问电时首次提出“打造人类卫生健康共同体”，这是关乎全人类未来的重要倡议。

从打造“健康丝绸之路”，到打造人类卫生健康共同体，中国愿同全球伙伴携起手来，推动完善全球公共卫生治理，提升卫生健康水平。当此之时，疫情蔓延，警钟在耳，各国必须作出正确抉择，团结再团结，行动再行动，共商共建共享，为生命护航。

《人民日报》（2020年3月24日）

让合作的阳光驱散疫情的阴霾

——抗击疫情离不开命运共同体意识⑳

促进团结和合作，是至关重要的责任。加强沟通与协调，是必不可少的路径。完善全球卫生治理，是功在长远的筹谋

“中方愿同法方一道，推动有关各方加强在联合国、二十国集团等框架下协调合作，开展联防联控，完善全球卫生治理，帮助发展中国家和其他有需要的国家加强能力建设，抵御疫情给世界经济带来的冲击，让合作的阳光驱散疫情的阴霾。”3月23日，习近平主席同法国总统马克龙通电话，阐明中国推动合作之志。习近平主席站在全球卫生治理的高度，强调团结协作的重要性，展现出中国愿同各国合作抗击疫情、维护全球发展大局的坚定决心与信心。

促进团结和合作，是至关重要的责任。“团结，团结，还是团结！”这是世界卫生组织总干事谭德塞发出的强烈呼吁，也是各国不应有任何犹豫的共同抉择。近日，欧盟外交与安全政策高级代表博雷利呼吁：“我们必须加强合作，现在是加强多边主义、携手抗击疫情的关键时刻，要共同努力才能应对这一全人类的威胁。”全球化时代，挑战是共同的，责任也是共同的。各国理应认识到，维护好本国民众健康安全就是为维护全球公共卫生安全作贡献，帮助他国抗击疫情就是在帮助自身缓解压力。各国应当相互补台，在科研攻关方面鼎力合作，共享科研数据和信息，共同研究提出应对策略。合作已是各国不可推卸的责任，疫情面前考验担当。

加强沟通与协调，是必不可少的路径。疫情防控压力越大，各国沟通协调的紧迫性越强。连日来，中国先后同太平洋岛国、非洲国家、欧洲国家、欧亚和南亚地区国家、拉美和加勒比国家就新冠肺炎疫情防控举行专家视频会议，介绍中方经验，分享中国最新研究成果、防疫理念及综合举措等；中日韩举行新冠肺炎问题特别外长视频会议，探讨相互衔接的联防联控机制，有效防止疫情跨境传播；二十国集团财长和央行行长召开视频会议，就疫情对全球经济的影响进行讨论，同意协调行动……疫情正在全球扩散蔓延并造成广泛影响，各国沟通与协作的行动也在不断加强。推进疫情防控国际合作，最大限度缓解对世界经济造成的冲击，是各国共同利益所在。

完善全球卫生治理，是功在长远的筹谋。近几十年来，全球公共卫生治理体系取得明显进步，但也频繁遭遇传染性疾病带来的复杂艰巨挑战。全球化时代人口流动性增强，客观上使得人类健康挑战更具全球性。新冠肺炎疫情暴露出全球卫生治理体系的短板，凸显了加强全球卫生治理建设的紧迫性。疫情蔓延，单凭筑墙于事无补，独善其身绝无可能。维护人类健康福祉，需要坚持多边主义，坚持共商共建共享的全球治理理念，需要同心打造卫生健康共同体。正如美国盖茨基金会联席主席比尔·盖茨所说，“我们不仅需要拯救生命，也要从整体上改善应对疫情暴发的方式”。惟有着眼长远，协力提升全球卫生治理水平，才有望从根本上增强人类抵御病毒侵袭的能力。

严峻的挑战就在人类眼前，新冠病毒所带来的未知如此之多，造成的威胁如此之大，影响的范围如此之广。人类怎么办？诚心诚意地共同努力，果敢勇毅地战而胜之。应当坚信，只要世界各国秉持命运共同体理念、担当合作的责任，让合作的阳光驱散疫情的阴霾，人类就一定能在这场与病毒的较量中切实捍卫生命的权利。

《人民日报》（2020 年 3 月 25 日）

弘扬伙伴精神　共护人类家园
——抗击疫情离不开命运共同体意识㉑

二十国集团理当扛起事关各国人民福祉的历史重任，进一步弘扬伙伴精神，积极做敬佑人类生命、稳定经济发展的行动派

3 月 26 日，习近平主席将在北京出席二十国集团领导人应对新冠肺炎特别峰会。这将是二十国集团历史上首次举行领导人视频峰会，也是新冠肺炎疫情发生以来，习近平主席出席的首场重大多边活动。习近平主席出席特别峰会，有助于推动开展抗击疫情国际合作，有助于推动二十国集团加强协调合作、稳定世界经济，有助于分享中国经验和中国方案，将向世界展示中国的大国担当。

“二十国集团的政治承诺意味着强有力的团结，这有助于我们以最有力的方式向前推进和抗击这一流行病。”世界卫生组织总干事谭德塞表示。新冠肺炎大流行正在加速发展，几乎所有国家都已向世卫组织报告新冠肺炎病例，累计确诊病例接近 40 万例。如何制定“战时计划”，协调行动，阻断疫情蔓延，促进科学合作，寻找疫苗和诊疗方法，统筹医疗和防护物资的供应等，是世界各国的当务之急。与此同时，疫情蔓延对政治、经济、社会造成严重影响。“受新冠肺炎疫情冲击，全球经济‘几乎肯定’会发生衰退，并‘有可能达到创纪录的规模’。”联合国秘书长古特雷斯道出很多人的忧虑。国际社会期望二十国集团成员共同作出反应，助力世界走出困境。

严峻挑战面前，尤当强化团结合作精神。人们记得，2008 年国际金融危机爆发后，正是二十国集团秉持同舟共济的伙伴精神，把正在滑向悬崖的世界经济拉回到稳定和复苏轨道。如今，世界期待二十国集团再次临危受命，勇担历史使命，团结一切可以团结的力量，尽最大努力防控疫情，最大限度缓解疫

情影响。从今年协调人会议认识到疫情大流行亟须国际社会积极应对，到财长和央行行长特别视频会议同意制定应对疫情的联合行动计划，再到领导人特别峰会，这些高频率、多领域、高层次会议的努力，展现出二十国集团“勇敢与合作的领导力”，给世界以遏制疫情蔓延、维护全球发展的信心。

“病毒不分国界、不分种族，全人类只有共同努力，才能战而胜之。”连日来，习近平主席与多国领导人密集通电话，阐述中国秉持人类命运共同体理念，推动疫情防控国际合作、抵御疫情给世界经济带来的冲击的中国方案，充分展现天下为公的大国情怀，得到国际社会积极响应和高度肯定。作为二十国集团重要成员，中方主张各国在联合国和二十国集团框架内推进合作，支持世卫组织发挥应有作用，推动完善全球卫生治理，加强宏观经济政策协调，稳市场，保增长，保民生，确保全球供应链开放、稳定、安全。外国领导人纷纷表示，愿同中方开展双边卫生合作，并共同推动各方在二十国集团、世卫组织等多边框架内加强合作，携手战胜疫情，应对疫情给世界经济带来的冲击。

习近平主席出席二十国集团领导人应对新冠肺炎特别峰会，将让人们进一步看到中国经验和中国方案的世界意义。以武汉市为主战场的全国本土疫情传播已基本阻断，经济社会运行秩序正在稳步恢复。中国采取的防控措施为全球抗击疫情赢得了时间，提供了借鉴。中方已同东北亚、南亚、中东欧、非洲、拉美和加勒比及南太等地区的 100 多个国家以及东盟、欧盟、非盟、上合组织、加共体等国际组织举行近 20 场专家视频会，交流中国疫情防控经验。中国恢复和扩大防疫物资生产，为本国和其他国家抗击疫情提供了必要的物资保障。卓有成效的中国行动，高度负责的中国担当，正是打造卫生健康共同体和人类命运共同体的生动实践。

一次又一次闯难关、跨险隘的历史经验早已说明，伙伴精神是二十国集团最宝贵的财富。全球抗击疫情的紧要关头，二十国集团理当扛起事关各国人民福祉的历史重任，进一步弘扬伙伴精神，积极做敬佑人类生命、稳定经济发展的行动派，加强团结、加强合作、加强协调，让人类命运共同体理念之光照亮人类共同家园。

《人民日报》（2020 年 3 月 26 日）

直面挑战　迅速行动

——抗击疫情离不开命运共同体意识㉒

“当前，国际社会最需要的是坚定信心、齐心协力、团结应对，全面加强国际合作，凝聚起战胜疫情强大合力，携手赢得这场人类同重大传染性疾病的斗争。”3 月 26 日晚，习近平主席在北京出席二十国集团领导人应对新冠肺炎特别峰会并发表题为《携手抗疫　共克时艰》的重要讲话。中方秉持人类命运共同体理念，结合本国抗击疫情实践经验，就加强疫情防控国际合作、稳定世界经济提出一系列重要主张，发挥重要引领作用。国际舆论普遍认为，中国致力于同二十国集团其他成员共同释放合作战胜疫情的积极信号，展现了真正的大国担当。

前所未有的新冠肺炎大流行深刻表明全球的紧密联系及脆弱性。“这是一场全球危机，需要全球应对。”世界卫生组织总干事谭德塞一而再、再而三，不断提醒人们必须携手应对疫情挑战，寻求人类胜利的共同未来。联合国秘书长古特雷斯在峰会上强调，当前形势下，团结至关重要，各国应共同、尽快采取一切“必要措施”应对疫情。“我们坚定承诺建立统一战线应对这一共同威胁。”二十国集团领导人应对新冠肺炎特别峰会声明，展现了共同采取行动的共识。

这是中国为维护全球公共卫生安全尽责担当的重要一页。针对当前全球疫情形势及其造成的严重影响，习近平主席介绍中国经验，阐述中国主张，提出中国倡议，作出中国贡献。坚决打好新冠肺炎疫情防控全球阻击战，有效开展国际联防联控，积极支持国际组织发挥作用，加强国际宏观经济政策协调——来自中国的“四点倡议”，以团结合作为基调，既立足当下又着眼长远，既强调加强疫情防控又兼顾世界经济发展，赢得国际社会积极响应。联合国副秘书长洛科克认为，习近平主席向国际社会“展示了中国与其他国家加强合作、共同应对新冠肺炎疫情这一重大挑战的决心”。英国48家集团俱乐部主席斯蒂芬·佩里表示，中国以自身行动诠释了构建人类命运共同体的重要性。

国际社会公认，中国发挥的建设性作用，为世界各国合力战胜疫情注入了正能量，带来了新希望。疫情在全球多国多点暴发，中国基于本国业已取得的抗疫经验积极支援他国，推动国际合作。中国向伊朗、伊拉克、意大利、塞尔维亚、柬埔寨、巴基斯坦派遣医疗专家组，实施对89个国家和4个国际组织的抗疫援助，同100多个国家和国际组织开展近20场经验分享视频会议，让世界同感中国患难与共的情怀、天下为公的胸怀。习近平主席倡议尽早召开二十国集团卫生部长会议，建议二十国集团依托世界卫生组织加强疫情防控信息共享，建议适时举办全球公共卫生安全高级别会议，发起二十国集团抗疫援助倡议，倡议制定二十国集团行动计划……人们相信，随着这一系列务实倡议付诸实施，应对疫情国际合作必能取得极大进展。

疫情在全球蔓延，世界需要真心英雄。为了保护人类生命，为了恢复全球经济稳定，为了奠定强劲、可持续、平衡和包容性增长的坚实基础，中国呼吁国际社会直面挑战、迅速行动。中国以世界人民健康福祉和全球长远发展为使命，与世界各国同舟共济、守望相助，不断谱写着构建人类命运共同体的新篇章。

《人民日报》（2020年3月29日）

确保全球产业链供应链开放稳定安全

——抗击疫情离不开命运共同体意识㉓

开放合作是符合世界经济运行规律的客观需要，也是驱散疫情阴霾的重要武器

突如其来的新冠肺炎疫情，正对全球贸易和产业链供应链造成冲击。3月30日，二十国集团贸易和投资部长特别会议发表联合声明，呼应此前举行的二十国集团领导人应对新冠肺炎特别峰会共识，强调针对疫情采取的紧急措施应具有针对性、适当性、透明度和临时性，避免相关政策对国际贸易造成不必要的障碍或对全球产业链供应链产生破坏性影响。共同的声音表明，各国携手尽最大努力减少新冠肺炎疫情对世界经济的影响，不让次生危害拖累人类与病毒较量的脚步，也是当务之急。

经济全球化时代，各经济体在全球产业分工合作中命运与共。当前，新冠肺炎疫情诱发全球产业链供应链出现多点"梗阻"，全球贸易和对外投资面临巨大困难。联合国贸易和发展会议报告显示，疫情可能导致今年全球对外直接投资最高下降40%。与此同时，各国对防疫物资的需求激增，保障这些物资的生产和跨境流动事关生命和健康。协调应对措施，联手加大宏观政策对冲力度，减缓疫情对全球生产和需求造成全面冲击，实现自由、公平、非歧视、透明、可预期和稳定的贸易投资环境以及保持市场开放的目标，已是各国必须作出的选择。

通则不痛，痛则不通。关键时刻，保持贸易开放和投资流动，进而保证商品充足和价格合理，对于提振世界经济复苏至关重要。正如世界贸易组织总干事阿泽维多所强调："没有一个国家能自给自足，不管它有多强大或者多先进。"

人们越来越认识到，能否采取共同举措，减免关税、取消壁垒、畅通贸易，已是考验国际担当的重要标准。

作为全球产业链供应链的重要一环，中国始终坚守开放合作的承诺，以实际行动为各国携手抗击疫情、协调应对疫情冲击提供了重要支撑。随着国内疫情防控形势持续向好，经济社会秩序加快恢复，中国不断扩大防疫物资生产，为本国和其他国家抗击疫情提供了必要物资保障，为全球打赢疫情防控阻击战贡献了中国力量。譬如，作为全球市场重要供应方，中国原料药产业复工复产率和主要产品的达产率都超过 80%；中国只用两个月时间就实现医用防护服日产能增长 40 多倍，红外温度传感器日交付量由 1.5 万颗扩大至约 20 万颗；3 月 19 日以来，在保障国内需求的同时，中国已紧急向国外提供有创呼吸机 1700 多台，已签订单量约 2 万台……中国生产力迅速转化为全球抗击疫情的战斗力，中国经济的内循环助力全球产业链供应链的大循环。这个现象本身就说明，确保全球产业链供应链开放、稳定、安全，对于保障全人类健康和福祉具有重要意义。

开放合作是符合世界经济运行规律的客观需要，也是驱散疫情阴霾的重要武器。尽管个别国家一些人借疫情炒作“经济脱钩”，鼓噪转移产业链，甚至试图人为切断全球产业链供应链，但应当看到，任何违背时代潮流和经济规律的妄想，都不可能得逞。中国美国商会近日发布的调查结果显示，长期来看，中国仍是大多数在华美国企业的重点市场。中国是公认的制造业大国，也是防疫和医疗物资生产和出口大国。中国抗击疫情的成效、提供防疫物资的行动证明，中国是全球产业链供应链上不可或缺的重要力量。

疫情面前，更需人类同呼吸共命运。确保全球产业链供应链开放、稳定、安全，何尝不是保障人类生命线。世界各国理当携起手来，各尽其能，各展其长，给生命以保障，为发展添力量。

《人民日报》（2020 年 4 月 1 日）

坚决打好疫情防控全球阻击战

——抗击疫情离不开命运共同体意识㉔

积力之所举则无不胜，众智之所为则无不成。世界需要团结再团结，合作再合作，行动再行动，坚决打好新冠肺炎疫情防控全球阻击战

新冠肺炎疫情在全球范围造成了远超预期的影响，打好疫情防控全球阻击战，成为全球面临的最迫切最紧要任务。3月31日，联合国发表题为《共担责任、全球声援：应对新冠肺炎疫情的社会经济影响》的报告，联合国秘书长古特雷斯强调，新冠肺炎疫情是联合国成立以来面临的最大考验，国际社会需要作出更强有力、更有效的应对，只有团结一致才能共同战胜这场危机。

病毒凶猛，向人类发起日甚一日的攻势。数据显示，从确诊首例到全球确诊病例数量达到10万例历时67天，达到第二个10万例历时11天，达到第三个10万例历时4天，达到第四个10万例历时2天。如今，已有200多个国家和地区报告确诊80多万例，病毒已夺去4万多人的生命。形势逼人，要尽最大可能挽救生命，减缓疫情造成的冲击，须臾不能懈怠观望。还要清楚，侥幸心理贻害无穷。“对待当前疫情要有不屈不挠的战斗精神，只有遏制病毒传播才能拯救生命和维持社会经济正常运转。”正如世界卫生组织总干事谭德塞所言，尽快遏制疫情是当务之急，也是治本之策。

国际社会应该加紧行动起来，坚决遏制疫情蔓延势头。在日前举行的二十国集团领导人应对新冠肺炎特别峰会上，习近平主席介绍了中国经验，呼吁国际社会坚决打好疫情防控全球阻击战。中方提出尽早召开二十国集团卫生部长会议，加强信息分享，开展药物、疫苗研发、防疫合作，建议发起二十国集团抗疫援助倡议等，得到国际社会积极响应。人们普遍认为，来自中方的倡议正是打好疫情防控全球阻击战所应遵循的方向，人类命运共同体理念已经成为推动抗击疫情国际合作的重要精神力量。

更令世界感动的是，纵有疫情冲击，中国始终秉持人类命运共同体理念，强调携手帮助公共卫生体系薄弱的发展中国家提高应对能力。全球公共卫生安全，不是一国一域之事，不能坐视任何一国掉队。要知道，任何一国在病毒攻势面前失守，都可能意味着全球受到冲击，世界不堪重创。联合国和世界卫生组织反复强调加大对发展中国家的支持力度，原因也在于此。

中国积极行动，言出必信。中方向亚洲、欧洲、拉丁美洲多国派出抗疫医疗专家组，中国政府向 120 个国家和 4 个国际组织提供物资援助，中国地方政府通过国际友好城市等渠道向 50 多个国家捐赠医疗物资，中国企业向 100 多个国家和国际组织捐赠医疗物资，中方组织专家同全球各个地区的国家分享经验。新加坡国立大学东亚研究所教授郑永年评价，中国在打好国内疫情防控阻击战的同时，也为其他国家提供力所能及的帮助，世界各国看到了中国的道义与担当。

全球战疫，迫切需要国际合作与担当。中国取得疫情防控阶段性重要成果，所蹚出的路、所积累的经验弥足珍贵，为各国抗疫行动注入了信心。同样值得欢迎的是，二十国集团各成员承诺，采取一切必要公共卫生措施，争取提供足够资金来遏制此次病毒扩散，以保护人民，特别是最脆弱群体。

积力之所举则无不胜，众智之所为则无不成。世界需要团结再团结，合作再合作，行动再行动，坚决打好新冠肺炎疫情防控全球阻击战。凭借对抗疫情的共同战略、共同信念、共同行动，人类完全可以赢得最终的共同胜利。

《人民日报》（2020 年 4 月 2 日）

携手拉起最严密联防联控网络
——抗击疫情离不开命运共同体意识㉕

开展国际联防联控，是遏制全球疫情快速蔓延的必然要求，也是最终赢得疫情防控全球阻击战的决定因素

“病毒无国界。疫情是我们的共同敌人。各国必须携手拉起最严密的联防联控网络。”习近平主席在二十国集团领导人应对新冠肺炎特别峰会上提出重要倡议。连日来，国际社会对所有国家协调一致行动的呼声日益强烈。有效开展国际联防联控，既在国家层面上全力抗击疫情，也在地区和全球层面上携手应对，有助于汇聚全球智慧和力量，提升全球抗疫的成效和信心，这是打好疫情防控全球阻击战、早日彻底战胜疫情的重要保障。

开展联防联控，中国经验最具说服力。疫情发生后，中国迅速构建起从中央到地方、全方位多层次网格状的防控体系，构筑起联防联控的严密防线，为迅速扭转疫情防控形势并取得阶段性重要成效发挥重要作用。世界卫生组织认为，中国采取的是一种“全政府、全社会策略”，该策略“改变了这种快速攀升的，并且是潜在致命疾病的曲线”。《科学》杂志在线近日刊登的研究报告也印证这一点。这份由美国、英国和中国科研人员共同完成的研究报告指出，中国的防控措施成功打破了病毒传播链，阻止了传染源和易感人群之间的接触，减少了数十万人感染。正是基于这样的实际成效，世卫组织认为“中国成功的联防联控经验，值得世界学习和借鉴”。

开展国际联防联控，是遏制全球疫情快速蔓延的必然要求，也是最终赢得疫情防控全球阻击战的决定因素。疫情威胁全人类，全人类必须起而反击。联合国秘书长古特雷斯呼吁各国共同并尽快采取一切必要措施应对疫情，二十国集团要采取协调一致的行动。世卫组织总干事谭德塞明确指出，全球要加强联防联控，尤其需加强区域性国际组织的协同与合作。世贸组织总干事阿泽维多强调："如果我们不能共同努力，历史将不会友好地记住我们。"世界日益认识到，只有在全球拉起最严密的联防联控网络，才能真正形成抗疫合力，尽快遏制病毒传播。

开展国际联防联控，需要各国增进广泛交流与合作。疫情防控涉及方方面面，不论是疫情信息通报、防控和诊疗经验分享、药物和疫苗科研攻关，还是边境口岸管控、维护畅通贸易和全球产业链供应链稳定，都需要各国有效沟通，积极协调行动。中方提出探讨建立区域公共卫生应急联络机制，有助于提高突发公共卫生事件应急响应速度。在二十国集团领导人应对新冠肺炎特别峰会声明中，各方承诺建立统一战线应对疫情威胁，本着团结精神，采取透明、有力、协调、大规模、基于科学的全球行动，向正确方向迈出了重要一步。

推动国际联防联控，中国始终是高度负责的行动派。中方第一时间发布病毒基因序列等信息，及时向世卫组织以及有关国家通报疫情信息，为世界争取了宝贵的时间。中方积极同有关国家分享疫情防控经验，积极参与开展药物和疫苗联合研发，并向其他国家提供力所能及的援助。中方支持国际社会加强政策协调，加大资源投入，特别是帮助公共卫生体系薄弱的发展中国家做好防范和应对准备。中方已建立新冠肺炎疫情防控网上知识中心，介绍中国抗击疫情相关技术指南、诊疗规范和防控信息等，中心向所有国家开放，将向世界贡献中国智慧和中国方案。中方倡议建立中国—东盟公共卫生应急联络机制，中韩成立新冠肺炎疫情联防联控合作机制……无论是在双边、地区还是全球层面，中国始终以高度的责任感开展国际合作，积极推动国际联防联控，为世界人民的健康福祉尽责担当。

新冠肺炎疫情全球蔓延形势严峻，人类只有切实选择团结合作才能坚不可摧。这是捍卫人类生命的决战，各国必须携手拉起最严密的联防联控网络，必须共同合作加快药物、疫苗、检测等方面科研攻关，力争早日取得惠及全人类的突破性成果。

《人民日报》（2020 年 4 月 3 日）

国际人道主义精神值得加倍珍视
——抗击疫情离不开命运共同体意识㉖

为捍卫各国人民生命安全和身体健康，中国选择勇敢“逆行”，这是人类命运共同体价值理念的生动实践和共同构建人类命运共同体的抗疫行动，彰显了人本精神和天下情怀，闪耀着人类命运共同体理念所内含的国际人道主义精神光芒

“中方秉持人类命运共同体理念，愿同各国分享防控有益做法，开展药物和疫苗联合研发，并向出现疫情扩散的国家提供力所能及的援助。”习近平主席不久前在二十国集团领导人应对新冠肺炎特别峰会上的重要讲话，将世人的目光引向中国高度负责任的行动。中国始终积极推动抗击疫情国际合作，本着人道主义精神向其他国家提供帮助，彰显以人为本、尊重生命的大爱。

新冠病毒夺去了大量无辜生命，人类在全力抗敌与关爱同类两条战线上争分夺秒、尽锐出征。这是格外需要弘扬人道主义精神的时候，应当真诚关怀每一个生者、衷心尊重每一个生命、全力拯救每一个病患。

保护好本国人民的生命安全和身体健康离不开人道主义精神，打赢疫情防控全球阻击战同样离不开人道主义精神。联合国秘书长古特雷斯在最近举行的联合国“新冠肺炎疫情全球人道主义应对计划”启动仪式上疾呼：“我们必须帮助那些极度脆弱的人——数以百万计最没有能力保护自己的人。”联合国已划拨 7500 万美元应急资金，用于支持疫情产生的人道主义行动，以保护受新冠肺炎疫情影响最大的人，并支持用水、健康和卫生服务。

疫情面前，亟须全球协同行动。中国在国内疫情防控取得阶段性重要成效基础上，正本着国际人道主义精神，面向世界提供力所能及的帮助。向伊朗、

伊拉克、意大利、塞尔维亚、柬埔寨、巴基斯坦、老挝、委内瑞拉、菲律宾等国派出医疗专家组，向120个国家、4个国际组织提供抗疫物资援助，同180多个国家、10多个国际和地区组织分享疫情防控经验……中国开展新中国成立以来援助时间最集中、涉及范围最广的一次紧急人道主义行动。国际社会纷纷称赞，“这是真正的人道主义援助”“中国医生体现了人道主义精神，向中国医生致敬”“你们不辞艰辛，千里至此，是人道主义精神让你我如今相遇，中华民族是最美好的民族”。

雪中送炭暖人心。塞尔维亚总统武契奇和匈牙利总理欧尔班等亲赴机场，迎接中国抗疫医疗专家组和援助物资；柬埔寨首相直播中国医疗专家组抵达金边，60万网友在线观看；意大利外长迪马约评价中国医疗专家和他们携带的援助物资“将拯救意大利”……国际社会的赞誉充分表明，“中国正在做的事情是正确的”，中国援助所展现出的国际人道主义精神备受尊重。

大道之行，天下为公。中华民族向来就有乐善好施、扶危济困的优良传统。开展对外援助70年来，中国始终本着国际主义和人道主义精神，向广大发展中国家和受到自然灾害、重大传染病疫情威胁的国家提供力所能及的帮助。在印度洋海啸、西非埃博拉疫情、尼泊尔特大地震等诸多威胁人类生命安全的突发事件中，中国都真诚提供了紧急人道主义援助。绝不在朋友落难时袖手旁观，绝不在伸出援手时夹杂私利，这就是中国之义。应当看清，西方一些人出于狭隘的地缘政治算计和荒谬的傲慢与偏见，歪曲中国提供的人道主义救援，抹黑中国善举，完全就是对人道主义精神的玷污。国际公认，为捍卫各国人民生命安全和身体健康，中国选择勇敢“逆行”，这是人类命运共同体价值理念的生动实践和共同构建人类命运共同体的抗疫行动，彰显了人本精神和天下情怀，闪耀着人类命运共同体理念所内含的国际人道主义精神光芒。

人民至上、生命至上的价值理念，理当贯穿疫情防控全球阻击战的始终。团结合作是最有力的武器，国际人道主义精神值得加倍珍视。只要各国坚守捍卫生命的大义，超越意识形态差异，团结起来，行动起来，就能在全面加强国际合作的过程中凝聚强大合力，携手赢得这场人类同重大传染性疾病的斗争。

《人民日报》（2020年4月7日）

必须积极支持国际组织发挥作用

——抗击疫情离不开命运共同体意识㉗

积极参与全球卫生治理，为世界公共卫生事业作贡献，是责任也是义务，符合人类共同利益。只有团结协作，人类才能获取制胜之力，才能共享生命安全

“中方支持世界卫生组织发挥领导作用，制定科学合理防控措施，尽力阻止疫情跨境传播。”在不久前召开的二十国集团领导人应对新冠肺炎特别峰会上，习近平主席发表重要讲话，表达了积极支持国际组织发挥作用的主张。世界共同看到，中国在关键时刻展现的大国担当，为打好疫情防控全球阻击战注入了重要力量。

中方建议二十国集团依托世界卫生组织加强疫情防控信息共享，推广全面系统有效的防控指南，呼吁发挥二十国集团的沟通协调作用，加强政策对话和交流，建议适时举办全球公共卫生安全高级别会议……这些强调多边合作的建议，无不体现出加强国际协调以应对当前疫情挑战的高度自觉。

人类是一个休戚与共的命运共同体。同病毒较量，只有当人类取得全胜，各国人民生命安全和身体健康才有充分保障。每当突发公共卫生事件来袭，应急响应离不开国际协调，尤其需要国际组织发挥作用。世界卫生组织是负责卫生事务的联合国专门机构，在突发传染病的早期检测预警、协调防控策略、共享诊治方法以及组织国际援助方面肩负重要使命，在构建风险共担、安全共享的全球公共卫生应急机制方面发挥了重要作用。当前，世卫组织正在尽全力协调国际社会共同应对新冠肺炎疫情，包括启动多家实验室、加紧建立全球检测网络，动员国际力量、加快科学研究和创新工作，与联合国基金会以及有关合

作伙伴共同发起新冠肺炎团结应对基金，发布《基本卫生服务指南》等，与有关国际和地区组织一起展现出积极领导力。

积极参与全球卫生治理，为世界公共卫生事业作贡献，是责任也是义务，符合人类共同利益。二十国集团领导人应对新冠肺炎特别峰会达成的共识承载着世界的期望——各方承诺致力于同包括世卫组织在内的相关国际组织一道在各自职责范围内采取一切必要行动，表示完全支持并承诺进一步增强世卫组织在协调国际抗疫行动方面的职责，包括尽快填补世界卫生组织“新型冠状病毒战略防范和应对方案”中的资金缺口，向世卫组织新冠肺炎团结应对基金、流行病防范创新联盟和全球疫苗免疫联盟提供资源……至关重要的是，将积极的承诺落到实处。

在全球卫生治理领域，中国始终倡导并践行多边主义，积极支持国际组织发挥作用。新冠肺炎疫情发生后，中国一直与世卫组织密切合作。世卫组织总干事谭德塞在声明中说：“中国发现疫情、分离病毒、测序基因组并与世卫组织和世界分享的速度之快，令人印象深刻，无法用语言形容。”在世卫组织专家赴武汉进行实地考察、世卫组织—中国联合专家考察组工作，以及经验分享、物资援助等方面，中国都是世卫组织工作的坚定支持者。中国向世卫组织捐款2000万美元，支持世卫组织开展抗击疫情的国际行动，被誉为“体现全球团结互助精神”的善举。

应当警惕的是，在如此需要团结一致抗击疫情之魔的关键时刻，一些人却居心叵测地对世卫组织大肆进行诋毁和污蔑，这种置人类生命安全于不顾的“拆台”行径，危害不亚于疫情本身。英国伦敦政治经济学院全球事务研究所主任艾瑞克·伯格洛夫撰文指出，那些对世卫组织的批评“人多属于‘找茬儿’，效果适得其反”，“想要战胜疫情，二十国集团领导人必须同国际组织合作，首先便是世卫组织”，“世卫组织当前仍然是唯一能够提供全球健康领导力、激发干预所需要的信任的机构”。国际权威医学杂志《柳叶刀》在线发表的社论强调，世卫组织“在协调全球应对工作中发挥的核心作用必须继续下去”。

战胜全球蔓延的疫情，必须凝聚强大合力。“面对联合国成立以来最大的考验，国际社会需要作出更强有力、更有效的应对。只有团结一致，抛开政治游戏并认识到困难，才能共同战胜这场危机。”联合国秘书长古特雷斯近日再次向国际社会发出的呼吁催促各方高度警醒。联合国面对的考验，是对国际社会的共同考验。只有团结协作，人类才能获取制胜之力，才能共享生命安全。

《人民日报》(2020 年 4 月 8 日)

英雄的城市为世界作出重要贡献
——抗击疫情离不开命运共同体意识㉘

只要秉持人类命运共同体理念，团结合作抗击疫情，疫情的阴霾终将被驱散，人类终将拥抱生机盎然的春天

“武汉从两个多月的隔离中苏醒”“武汉解封对于整个中国来说具有重大象征意义”……国际舆论高度关注武汉 4 月 8 日正式解除离汉通道管控措施，有序恢复对外交通。因为新冠肺炎疫情暴发，这座城市在按下“暂停键”的状态中度过 76 天，一段非同寻常的中国战疫之路随之载入人类历史，顶天立地的中国精神、坚不可摧的中国力量震撼世界。

人们铭记，在那危急时刻，中国对千万级别人口的城市果断采取外出通道管控措施，体现了对人民生命安全和身体健康高度负责的态度，体现了集中力量办大事的制度优势，体现了出色的领导能力、应对能力、组织动员能力、贯彻执行能力。决战决胜之地，争分夺秒的中国行动，展现出负责任大国形象，得到国际社会高度赞誉。

在举世关注的目光中，英雄的城市，英雄的人民，走进人类抗击疫情的记忆。武汉成为抗击疫情特殊时刻世界认识中国的一扇窗口。“武汉街道空无一人，但是每个窗户后面都有配合应对疫情的市民。中国展现了惊人的集体行动力与合作精神。”世界卫生组织总干事高级顾问艾尔沃德动情地说，每一个中国人都有很强烈的责任担当和奉献精神，愿意为抗击疫情作出贡献。

及时关闭离汉通道之举，为中国和世界争取到宝贵的时间窗口。多国专家一致认为，正是中国强有力措施，显著改变了疫情蔓延曲线。近日《科学》杂志在线发表美国、英国和中国科研人员共同完成的研究报告显示，武汉出行禁令将其他城市的疫情暴发时间平均推迟 2.91 天，让中国新冠肺炎感染者的总病例数减少 96%；截至 2 月中旬，这一举措减少了近 80% 国际传播，对遏制疫情起到了至关重要的作用。“我对他们表示感激，感谢他们的合作，他们所做的，不仅是在保护自己（国家）的人民，也是在保护世界其他地方的人民”“我们要认识到武汉人民的贡献，世界欠你们的”“中国人民的坚韧和奉献，极大延缓了新冠肺炎疫情的传播”……世界卫生组织如此表达对武汉人民的称赞和感谢。

武汉抗击疫情的成效振奋了疫情中的世界各国人民。很多发生疫情的国家积极借鉴中国经验，效仿“武汉模式”，采取交通管控、建设方舱医院等举措。“武汉提供了一个窗口，让人们了解不可预知的后病毒时代的未来。”彭博社近日的报道指出。医学界权威期刊《柳叶刀》发表社论指出：“有证据表明，中国政府的巨大公共卫生投入已成功挽救了成千上万人的生命。各国政要可以从中国的经验中学习。”法国国家公共卫生委员会主席伯特兰认为，中国的隔离措施取得了非常好的效果，为法国提供了重要参考。“昨日法国向武汉派送物资，今日中国向法国施以援手。我们的友谊具有示范意义：只有国际社会齐心协力，才能赢取抗疫的最终胜利。”4 月 8 日，一直坚守岗位的法国驻武汉总领事贵永华在致武汉的公开信中所作深情表述，折射了世界从武汉获得的重要启示和信心。

从寒雪纷飞的严冬，到樱花缤纷的暖春，决战之地阻击疫情取得重要成效，鼓舞世界各国人民。武汉唱响的生命之歌，透射着坚定不移的人类必胜信念。人们完全可以相信，只要秉持人类命运共同体理念，团结合作抗击疫情，疫情的阴霾终将被驱散，人类终将拥抱生机盎然的春天。

《人民日报》（2020 年 4 月 9 日）

加强国际宏观经济政策协调是负责任之举
——抗击疫情离不开命运共同体意识㉙

世界经济韧性和全球经济治理能力正在面对严峻考验。越是关键时刻，越需要把准方向，越需要同舟共济、合作共赢的伙伴精神

疫情影响全球几乎所有国家，世界经济正承受巨大压力。如何在携手抗击疫情的同时，联手加大宏观政策对冲力度，最大限度减少疫情对世界经济的影响，努力避免经济下行造成的次生灾害，成为既立足当下又兼顾长远的重要课题。

在某种意义上，新冠肺炎疫情也算得上一场经济突发事件。国际金融协会在一个月内三次下调全球经济增长预期；国际货币基金组织认为，2020 年全球经济将急剧跌入负增长，预计将出现上世纪 30 年代大萧条以来最糟糕的经济后果；联合国贸易和发展会议预测，全球外国直接投资总额或将触及 2008 年国际金融危机以来的最低点……这些预测表明，疫情不可避免地将对世界经济造成严重冲击。世界各国必须携起手来，避免突如其来的疫情“黑天鹅”变成威胁世界经济发展的“灰犀牛”。“巨大的灾难……会使陌生人之间产生兄弟般的情谊。”国际货币基金组织总裁格奥尔基耶娃近日就世界经济形势发表演讲时，引用法国作家雨果的这句名言，鼓励全世界团结起来，以巨大的勇气共同应对新冠肺炎疫情给世界经济造成的冲击。

“疫情对全球生产和需求造成全面冲击，各国应该联手加大宏观政策对冲力度，防止世界经济陷入衰退。”习近平主席不久前在二十国集团领导人应对新冠肺炎特别峰会上提出加强国际宏观经济政策协调的中国倡议，强调要实施有力有效的财政和货币政策，加强金融监管协调，共同维护全球产业链供应链稳定，保护妇女儿童，保护老年人、残疾人等弱势群体，保障人民基本生活。中国倡议为稳定世界经济发出有力信号，为世界经济发展注入信心。

二十国集团领导人作出维护全球经济金融稳定、提振市场信心、保障就业民生、减少疫情对全球贸易和供应链的冲击等承诺，展现出以更有力度、更加团结的集体行动对冲疫情影响、维护世界经济稳定的决心。各国协同增效的宏观经济政策，不仅有利于缓冲疫情对经济造成的冲击，而且有利于提升全球经济应对冲击和波动的能力。连日来，中方在双边和多边层面上加强沟通，积极推动各方落实二十国集团领导人应对新冠肺炎特别峰会共识，推动二十国集团和国际社会在危机应对和全球经济治理方面发挥作用，得到各方积极响应。

国际社会成员当以高度的责任感弘扬合作精神，竭尽所能，使用现有一切政策工具，降低此次大流行病对经济和社会造成的损害，恢复全球增长，维持市场稳定并增强经济韧性。中国正加大力度向国际市场供应原料药、生活必需品、防疫物资等产品。中国持续实施积极的财政政策和稳健的货币政策，重申坚定不移扩大改革开放，放宽市场准入，持续优化营商环境，积极扩大进口，扩大对外投资。由于疫情全球蔓延和世界经济形势严峻，中国经济发展面临的困难加大，但中国经济体量大、韧性强，有充足的政策工具，有信心把疫情造成的损失降到最低限度，努力完成全年经济社会发展目标任务。随着中国复工复产取得重要进展，国际社会对中国经济发展的信心不断增强。“中国复工复产经验为世界提供范本”“中国经济复苏给世界带来希望”……透过中国经济复苏释放的明显积极信号，观察中国与世界的良性互动，国际社会更加清楚地感知，中国为维护世界经济稳定贡献正能量。

世界经济韧性和全球经济治理能力正在面对严峻考验。越是关键时刻，越需要把准方向，越需要同舟共济、合作共赢的伙伴精神。坚持多边主义，加强宏观政策协调，共同维护开放型世界经济，积聚共同发展的力量，世界经济大船才经得起风浪，闯得过险滩，拥抱充满希望的蔚蓝之海。

《人民日报》（2020 年 4 月 14 日）

特殊时期最宝贵的人权保护
——抗击疫情离不开命运共同体意识㉚

人类命运与共，切实保障人民的生命权和健康权，是各国共同的责任，亟须共同的担当

“中国政府始终坚持以人民为中心，将人民生命安全和身体健康放在第一位。”面对新冠肺炎疫情挑战，中国强调人民至上、生命至上的价值理念，向国际社会传递了将生命权和健康权置于疫情防控首位的抗疫逻辑。

生命权和健康权是举世公认的基本人权。中国将人民生命安全和身体健康放在第一位，并以此作为疫情防控中一切工作的出发点和落脚点，最大程度保护了人民的生命权和健康权。从强调“生命重于泰山。疫情就是命令，防控就是责任”，到举全国之力支援湖北省疫情防控，“把医疗救治工作摆在第一位”“最大限度提高治愈率、降低病亡率”，以人民为中心的人权理念贯穿其中。中国实施的“封城”“禁行”等临时性举措，都是为了维护人民的生命安全和身体健康。毫无疑问，这是特殊时期最宝贵的人权保护。

中国全力救治每一个生命。仅湖北省已治愈80岁以上新冠肺炎患者3600多人。国外疫情形势严峻，习近平主席在同外方领导人通电话时多次强调，中国政府高度重视保护海外中国公民身体健康和生命安全。中国加强对境外中国公民特别是留学生的关心关爱，派发“健康包”，并在必要时派包机接中国公民回国。与此同时，中国始终高度重视在华外国公民的生命安全和身体健康，对所有外国在华人员一视同仁，依法保障他们的合法权益。“能怎样去拯救生命，就怎样去拯救生命。中国的方法被事实证明是成功的。”世界卫生组织总干事高级顾问布鲁斯·艾尔沃德在赴中国考察后由衷感叹。

疫情给各国人民生命安全和身体健康带来巨大威胁，也给各国保障人民的生命权、健康权带来巨大挑战。尽一切努力救治患者、挽救生命，中国也利用各种平台向国际社会发出共同呼吁。“一带一路”新闻合作联盟秘书处日前面向全球成员单位发出《共筑抗疫防线　共建健康丝路》公开信，倡议联盟成员“捍卫生命的权利，肩负防控的担当，尊重奉献与牺牲，传递人民至上、生命至上的价值理念”。中国常驻联合国日内瓦办事处和瑞士其他国际组织代表也在联合国人权理事会与联合国人权高专有关会议上发出呼吁：“各国应将人民生命安全和身体健康摆在第一位，通过有效国际联防联控和抗疫合作，切实保障人民的生命权和健康权。”

大疫之中，中国行动托举大仁大义。在国内，采取强有力防控措施，维护人民生命安全和身体健康；面向世界，秉持人类命运共同体理念，向国际社会提供力所能及的帮助，为守护更多国家人民的生命权和健康权提供支持。截至目前，中国政府已经或正在向 127 个国家和 4 个国际组织提供物资援助。中国还向世卫组织捐助 2000 万美元，累计向 11 个国家派出 13 批医疗专家组，同 150 多个国家以及国际组织举行了 70 多场专家视频会。中国地方政府、企业和民间团体已向 100 多个国家和地区以及国际组织捐赠了医疗物资。中国行动，彰显生命重于泰山的理念，赢得了世界尊重。

正如联合国人权高专办、国际移民组织、联合国难民署和世界卫生组织所强调：“只有采取包容性办法，保护每个人的生命权和健康权，新冠肺炎疫情才能得到控制。”始终将人民生命安全和身体健康放在第一位，是中国疫情防控取得重大阶段性成效的重要内在逻辑。人类命运与共，切实保障人民的生命权和健康权，是各国共同的责任，亟须共同的担当。

《人民日报》（2020 年 4 月 16 日）

彰显珍视生命的人性之美

——抗击疫情离不开命运共同体意识㉛

这是全球战疫的关键时刻，理当让人性的光辉照亮携手奋战之路，激励共同捍卫生命的力量，拥抱人类赢得最终胜利的希望

应对新冠肺炎疫情，需要凝聚人类共同的力量。中国的实践让世界看到，14 亿中国人民同舟共济，众志成城，守望相助，形成了联防联控、群防群控的强大力量，彰显了打赢疫情防控人民战争、总体战、阻击战的伟力。在这钢铁般意志和力量的背后，绽放着中国人民珍视生命、护佑生命的人性之美。人民至上、生命至上，感天动地，温暖人心。

应收尽收、应治尽治、应检尽检、愿检尽检……秉持人类命运共同体理念，必然珍视每一个人的生命，竭尽一切可能对每一个受到新冠病毒侵袭的生命做到不抛弃、不放弃。始终把生命安全和身体健康放在第一位，是支撑全体中国人民勠力同心、与疫情顽强斗争的共同信念，也鼓舞、激励着全体医护人员并肩作战，与病毒决斗，与死神搏斗，取得来之不易的防控成绩。湖北新冠肺炎重症、危重症患者从最高峰时的 1 万多例降至两位数，湖北已有 3600 多位 80 岁以上新冠肺炎患者被治愈。其中，武汉已治愈 7 位百岁以上老人，年龄最大的 108 岁，80 岁以上高龄患者救治成功率近 70%。这是医护人员不负生命之托、拼尽全力搏出来的奇迹。

中国大地上的这场人民战争，处处可见中国人民无私奉献、勇敢付出，为护佑生命接力，为拯救生命疾驰。病人之病、忧人之忧，传统美德激励善举，博爱情怀托举众生。数据显示，1 月 20 日以来，参与疫情防控的注册志愿者达 361 万人，记录志愿服务时间达 1.16 亿小时。联合国志愿人员组织全球执

行协调员奥利维尔·亚当专门发表声明，致敬包括近50万名青年志愿者在内的参加抗击疫情的中国志愿者和志愿服务组织，认为他们的不懈努力全面体现了奉献、责任和主人翁精神，是对志愿服务精神的完美诠释。

打好疫情防控全球阻击战，需要国际社会成员讲大局、识大体，充分认识新冠肺炎疫情是全人类面临的共同挑战，是一场人类公共卫生安全危机，更需要各国秉持人类命运共同体理念，对本国和全球各国人民生命安全和身体健康负责，采取积极有效的真行动，各尽所能，各展其长。

珍视生命的共同价值理念，把中国与世界紧密联系在了一起。迄今，中国已向亚洲、欧洲、非洲、拉丁美洲的17个国家派出近200人次医疗专家，并与全世界绝大多数国家分享了疫情防控经验。在伊拉克，中国医疗专家组感叹“无论走到哪里，都会有人主动和我们合影，从他们每个人脸上洋溢的笑容中能感受到对我们最真挚的欢迎”；在塞尔维亚，中国医疗专家组足迹几乎覆盖所有出现疫情的地区，并在塞方的要求下一再延长援助计划；在老挝，中国专家启程回国前再次到病房看望患者，患者们纷纷竖起大拇指……这种携手抗疫的务实行动，诠释出真善美的力量，展现出各国人民基于人类命运共同体认同的共情和大爱。

新冠肺炎疫情依然在全球范围快速蔓延，需要国际社会成员珍视生命、团结合作、守望相助。这是全球战疫的关键时刻，理当让人性的光辉照亮携手奋战之路，激励共同捍卫生命的力量，拥抱人类赢得最终胜利的希望。

《人民日报》（2020年4月20日）

让多边主义大厦更加牢固
——抗击疫情离不开命运共同体意识㉜

在多边框架下加强团结、协调、合作，这是国际社会携手应对疫情挑战、维护人类共同家园的唯一正解

与新冠病毒的较量依然胶着，人类战队必须稳住阵脚、定准方向。连日来，多国政府、政要和国际组织负责人纷纷表态，支持世界卫生组织在抗击新冠肺炎疫情中发挥重要作用。在全球抗击疫情的关键时刻，世界日益认识到坚持多边主义、深化国际合作的紧迫性和必要性，日益认识到支持世卫组织就是支持多边主义，就是维护国际社会在抗击疫情面前的团结一致。

病毒是人类的共同敌人，正以全人类为敌，其攻击范围不限于一国一地。人类为捍卫生命而战，握紧的拳头最有力。在多边框架下加强团结、协调、合作，这是国际社会携手应对疫情挑战、维护人类共同家园的唯一正解。作为联合国系统内负责公共卫生事务的专门机构，世卫组织秉持科学、客观、公正立场，积极指导协助各国应对疫情，为推动抗击疫情国际合作作出重要贡献，也为各国同舟共济、守望相助搭建起专业多边平台。抗击疫情需要世卫组织发挥应有的重要作用。世卫组织必须得到支持，这是国际共识，符合各国共同利益。

团结合作是国际社会战胜疫情最有力武器。必须强调“团结”，无论怎样强调都不为过。近日举行的东盟与中日韩（10+3）抗击新冠肺炎疫情领导人特别会议上，各方一致同意将与世卫组织和国际社会密切合作，共同维护全球公共卫生安全。“77 国集团和中国”4 月 19 日发表声明，赞赏世卫组织在抗击新冠肺炎疫情过程中发挥领导作用，呼吁国际社会团结一致，并增加对世卫组织支持。联合国大会、欧盟、非盟、“多边主义联盟”等组织近期都表示，支持世卫组织协调国际社会共同抗击疫情。国际社会绝大多数成员都明白，只有让多边主义大厦更牢固，团结合作战胜疫情才更有希望。

共同命运遭遇严峻挑战，共同担当就是共同责任。各方没有理由推诿，理当奋力争先，击败病毒对人类生命发起的挑衅。以人类命运共同体理念为指引，坚持和维护多边主义原则，坚定信心、齐心协力、团结应对疫情，全面加强国际合作，应当成为各方的自觉行动。

在人类命运面临严峻挑战的关键时刻，中国始终秉持人类命运共同体理念，倡导并践行多边主义，积极开展抗疫国际合作，坚定支持联合国和世卫组织发挥领导作用，积极协调国际社会合作抗击新冠肺炎疫情，为打好疫情防控全球阻击战注入强大正能量。中方一直本着公开、透明、负责任态度，同世卫组织保持密切沟通合作，及时通报疫情信息，第一时间发布病毒基因序列等信息，毫无保留同世卫组织和国际社会分享防控和治疗经验，并向世卫组织捐款2000万美元，以实际行动支持其开展全球抗疫合作。在二十国集团领导人应对新冠肺炎特别峰会上，中方不仅呼吁各国支持世卫组织发挥领导作用，还提出了诸多加强多边合作的具体倡议。在各方的共同努力下，相关倡议正在推进落实中。

坚持多边主义，支持多边机构切实发挥作用，既是维护国际秩序和规则的正义之举，也是向公共卫生体系薄弱的发展中国家提供支持的具体行动，符合全球共同利益。德国、法国、意大利和加拿大等国家领导人日前一致强调和呼吁加强国际合作应对疫情，表达对世卫组织的高度肯定和“全力支持”。事实证明，在关系各国人民生命安全和身体健康的抗疫行动中，个别西方国家破坏团结合作的行径，最终只能让自己成为孤家寡人。

对国际秩序而言，抗击疫情不仅是人类与病魔的较量，而且日益呈现多边主义与单边主义的较量。这是一个关键的考验，只有秉持人类命运共同体理念，紧握团结合作这个最有力武器，人类才可能彻底战胜疫情。让多边主义大厦更加牢固，各国应当作出这样的正确选择。

《人民日报》（2020年4月21日）

必须让多边合作的轮子转起来

——抗击疫情离不开命运共同体意识㉝

在多边维度上加大合作力度，以多边之力共同抗击疫情，这是当务之急。构建人类命运共同体，才能维护共同的健康福祉、更好的发展愿景

新冠肺炎疫情肆虐，对全球公共卫生安全、世界经济等诸多领域造成严重冲击。其影响所具有的广泛性、严重性，决定了凝聚全球合力的必要性、紧迫性。充分发挥多边机制作用，让多边合作的轮子转起来，让人类命运共同体的阳光普照地球家园，才能给予每一个在疫情阴霾笼罩下的国家和个体以希望和力量。

历史实践证明，多边主义能够在应对人类共同挑战的过程中发挥建设性作用。事实上，无论是联合国，还是二十国集团、亚太经合组织等全球性、区域性多边机制，很多都是在应对挑战的过程中应运而生的。阻击埃博拉疫情等突发公共卫生事件，应对国际金融危机、亚洲金融危机，无不有赖于国家力量基础上的多边合作。今年是联合国成立 75 周年，也是进一步审视各国对多边主义所作承诺的重要契机。突如其来的新冠肺炎疫情更是提醒人们，有必要加强和完善以联合国为核心的全球治理体系，让多边机制充分发挥应有效能。

“要战胜疫情就必须强化基于协调一致和多边主义的‘全球应对’行动。”第七十四届联合国大会本月初首次通过专门针对新冠肺炎疫情的决议，呼吁加强应对疫情多边合作。4 月 20 日，联大通过关于确保各国都能获得应对新冠病毒的药品、疫苗以及医疗设备的决议，并在团结一致、多边合作的基础上提出一项全球对策，强调指出联合国系统在协调全球控制和遏制新冠病毒的传播对策方面发挥着核心作用，肯定世界卫生组织所发挥的关键作用。联合国大会的相关决议，明确了开展抗击疫情多边合作的严肃性和重要性，为全球携手应对疫情指明了方向。

世界卫生组织是负责卫生事务的联合国专门机构，是当前协调推进全球抗击疫情的核心力量，在帮助非洲等发展中国家应对疫情方面更是不可或缺。世界比以往任何时候都需要世界卫生组织。支持世界卫生组织，就是支持多边主义，就能凝聚全球抗疫力量，就能挽救更多生命。无论是“77 国集团和中国”、不结盟运动所代表的广大发展中国家，还是法国、德国、英国、加拿大、日本等发达国家，以及联合国、欧盟等国际和地区组织，都明确支持世界卫生组织在应对疫情、加强全球公共卫生体系建设方面继续发挥重要作用。个别西方大国的一些政客站在绝大多数国家的对立面，执意给世界卫生组织抹黑、拆台，甚至在多边合作的舞台上搅局，是把本国利益凌驾于全球利益之上，是缺乏良知的表现。

中国坚定支持多边主义，积极支持国际组织发挥作用，坚定维护多边体制的权威性和有效性。新冠肺炎疫情在多国多点发生后，中国秉持人类命运共同体理念，以前所未有的行动，与世界各国协调合作、共担风雨、共克时艰。中国及时向世界卫生组织以及有关国家和地区通报疫情信息，第一时间向世界卫生组织分享新冠病毒全基因序列，充分彰显合作精神。中方在前期向世界卫生组织捐款 2000 万美元现汇的基础上，增加 3000 万美元现汇捐款，用于疫情防控和支持发展中国家卫生体系建设，充分表明支持世卫组织、支持多边主义的坚定态度。中国支持联合国、世卫组织动员国际社会加强政策协调，加大资源投入，特别是帮助公共卫生体系薄弱的发展中国家做好防范和应对准备。无论是在二十国集团框架内，还是在中国与中东欧十七国、东盟与中日韩（10+3）、东盟与中国（10+1）等地区合作平台上，中国积极推动抗疫国际合作，为提高公共卫生治理水平、稳定世界经济提出一系列重要倡议。联合国秘书长古特雷斯表示，中国的支持对多边主义至关重要，期待中国在国际事务中发挥重要领导力。

疫情全球蔓延，对于各国而言，挑战是共同的，责任是共同的，命运是共同的。加强全球治理，在多边维度上加大合作力度，以多边之力共同抗击疫情，这是当务之急。构建人类命运共同体，才能维护共同的健康福祉、更好的发展愿景。

《人民日报》（2020 年 4 月 24 日）

为世界经济注入宝贵信心和动力

——抗击疫情离不开命运共同体意识㉞

经历了疫情大考的中国坚持开放创新，坚定行进在高质量发展大道上。这是充满感召力的，通往世界共同进步、共同繁荣的阳光大道

伴随中国各地陆续复工复产，民众出行及消费日渐回升，国外媒体敏锐捕捉到中国经济复苏的信号："中国大城市的交通状况恢复到去年相同水平""中国重新开放数千个旅游景点""电力、钢铁需求和汽车制造业等重要指标接近恢复到正常状态"……经过艰苦卓绝努力，继全国疫情防控阻击战取得重大战略成果后，中国经济恢复活力的迹象也令人振奋和鼓舞，为疫情笼罩下的世界经济注入了宝贵信心和动力。

中国经济复苏发展的态势稳健。截至 4 月下旬，中国规模以上工业企业平均开工率已达 99.1%，人员复岗率达到 95.1%。中国 4 月份制造业采购经理人指数为 50.8%，连续两个月处于荣枯线以上，表明经济持续恢复。商务部对全国 8200 余家外资重点企业的调查显示，截至 4 月 28 日，复产率超过 70% 的外资企业占 76.6%。美国《外交政策》杂志刊文认为，中国的商业活动正在恢复，"复苏表现令人鼓舞"。新加坡外长维文表示，中国成功应对疫情挑战，有序推动复工复产，给各国战胜疫情带来了希望，令人敬佩。

经历疫情大考，世界更加坚定对中国经济强大韧性的信心。中国市场规模巨大、基础设施及产业配套完善、增长潜力广阔……这些经济优势像一块巨大的磁石，吸引外资企业选择中国市场。外国投资者纷纷表示，在中国长期经营发展的信心和决心没有改变。中国美国商会 2020 年《中国商务环境调查报告》

认为，长期来看，中国仍是大多数在华美资企业的重点市场。华南美国商会发布的报告显示，75%的受访企业表示，无论疫情影响如何，不会改变在华再投资计划。《日本经济新闻》刊文指出：“更多的日本企业留在了中国，因为他们不仅仅把中国当作出口加工基地，更重要的是中国已经成为他们生产的商品的消费市场。”美国沃顿商学院教授莫里斯·科恩认为，中国作为制造业主要供应商的地位不会改变。

经历疫情大考，世界更加清楚看到中国经济充满活力和机遇。新冠肺炎疫情对中国经济的影响是暂时的、有限的，中国经济长期向好的基本面没有改变，支持中国经济高质量发展的要素条件没有改变。抗击疫情期间，“云办公”、“宅经济”、在线教育、直播卖货、智能配送、医疗健康等领域表现突出，涌现不少消费新热点，折射中国经济加快转型升级的强大内生动力。德国新闻电视台的报道认为，“中国制造”在疫情中展示科技优势，得益于“中国有一个非常具有创新性和竞争性的创业环境”。中国美国商会4月30日发布最新一期《美国企业在中国白皮书》显示，中国国内消费和日益庞大且富裕的中等收入群体崛起带来的增长是在华美企的最大机遇，持续性经济和市场改革是第二大机遇。由此可见，改革创新带来的活力，让世界看到，中国仍是发展的机遇之地。

中国不仅是全球重要的生产基地和消费市场，也是重要的研发基地和产业枢纽，在全球产业链、供应链中占据重要地位。中国及时复工复产，企业陆续开工，员工重返工作岗位，所带来的生产效能和消费动能逐渐显现，有助于缓解疫情造成的全球经济困难，为维护全球产业链和供应链的稳定作出重要贡献。盖茨基金会联席主席比尔·盖茨认为，在疫情蔓延时，药品原料的市场供应没有中断，“事实是，中国现在是最可靠的原料供应国”。中国呼吁加强国际宏观经济政策协调，号召各国携手合作，维护贸易畅通，为世界经济复苏提振士气。中国承诺坚定不移扩大改革开放，放宽市场准入，持续优化营商环境，积极扩大进口，扩大对外投资，以开放创新的姿态促进世界经济共同繁荣。

人类命运与共。世界经济走出疫情带来的挑战和低谷，需要各国共同应对、开放合作、携手发展。第127届广交会将于今年6月首次网上举办，第三届中国国际进口博览会将如期于11月份在上海举办，都是中国作为世界经济的稳定器和动力源的具体体现。经历了疫情大考的中国坚持开放创新，坚定行进在高质量发展大道上。这是充满感召力的，通往世界共同进步、共同繁荣的阳光大道。

《人民日报》（2020 年 5 月 2 日）

为凝聚全球抗疫合力鼓与呼
——抗击疫情离不开命运共同体意识㉟

站在人类命运共同体高度，为凝聚全球抗疫合力鼓与呼，对人民负责、对历史负责，这是全球媒体应有的主流价值理念

新冠肺炎疫情大流行，人类与病毒大战。在这风雨同舟、命运与共的特殊时期，媒体不仅是信息传播者，还是全球抗击疫情的重要参与者。

国际舆论场如此信息纷纭，很多信息又难辨真伪。基于历史的教训，世界卫生组织从一开始就非常重视向各国民众传递准确信息的重要性，指出打击与疫情相关的谣言或虚假信息十分关键。世卫组织提出从 4 个方面着手抑制疫情相关虚假信息传播，包括追踪多语种疫情相关错误信息，“谣言传染病”管理团队与世卫组织媒体部门密切合作，向更广泛的受众传递疫情信息，与搜索引擎和社交媒体等合作，过滤虚假信息，推广正确信息。应当看到，疫情使全球媒体面对一场大考，这是以大实践检验媒体作为、甄别媒体本色的重要时刻。

媒体应当忠实记录历史，新闻报道必须坚持尊重事实。真实是新闻的生命。越是关键时期，媒体人越需要俯下身、沉下心、察实情、说实话，极尽可能做出准确、客观、全面的报道。然而，一些不负责任的西方媒体捕风捉影、传播谣言，甚至参与制造谣言，干扰了全球抗疫合作的大局。在抗击疫情的特殊战斗中，中国以巨大的牺牲为世界作出了巨大贡献，得到国际社会的高度肯定和称赞。越是有造谣势力的存在，媒体客观认识、准确报道中国抗疫成果的意义越重大。要知道，媒体助力向世界传播可资借鉴的中国经验，本身就是为维护人民生命安全和身体健康提供正能量。

媒体应当尊重人类文明共同价值，新闻报道必须坚守文明底线。联合国秘

书长古特雷斯曾指出，面对疫情，人们很容易以带有倾向性的视角看待问题，对他人产生歧视，侵犯他人人权，给无辜的人贴上标签，避免这种歧视行为十分重要。新冠肺炎疫情发生以来，西方一些政客和媒体蓄意传播带有种族歧视色彩的信息，是造成亚裔遭受语言和行为暴力的主要原因之一。巴基斯坦参议院外交委员会主席穆沙希德·侯赛因认为，这种污名化行为“是针对一个国家及其全体人民的种族主义行为，是一种仇恨犯罪”，“这种行为有违一切文明行为规范、外交准则和国际法”。应当看到，世界上所有的良心媒体都会自觉抵制污名化行为，站在道义的一边。西班牙《阿贝赛报》社长贝尼托·鲁比多·拉蒙德给人民日报社致函时就着重强调，在当前形势下，媒体角色至关重要，应发挥安定民心、安抚民众的作用。

媒体应当充分反映人类命运休戚与共的大势，新闻报道应为构建人类命运共同体注入正能量。病毒肆虐，国际社会需要共担风雨、共克时艰、同舟共济、携手抗疫。媒体之间应当加强合作，助力疫情应对，为共同维护全球公共卫生安全、促进世界人民健康福祉作贡献。“我们倡议联盟成员多向公众传递团结和支持的信息……关注和报道世界各国守望相助、相互支持的故事，传递共同抗击疫情的暖新闻、正能量。”“一带一路”新闻合作联盟向全球 98 个国家的 205 家媒体成员发出的公开信，道出了世界上坚守道义的媒体人的共同心声。

人心齐，泰山移。凝聚命运共同体意识，聚合人类共同意志、共同行动的强大力量，这是战胜疫情的必要条件。站在人类命运共同体高度，为凝聚全球抗疫合力鼓与呼，对人民负责、对历史负责，这是全球媒体应有的主流价值理念。

《人民日报》（2020 年 5 月 8 日）

当用正确钥匙解答国际秩序问题

——抗击疫情离不开命运共同体意识㊱

只有在公正健康的国际秩序下，才能有真正有效的国际合作；只有携手赢得这场人类同重大传染性疾病的斗争，才能将人类历史引向更广阔的美好未来

习近平主席多次指出，当今世界正处于百年未有之大变局。这一重大论断着眼于人类历史进程和国际格局演变，引导世人深入思考维护与健全国际秩序的时代意义。新冠肺炎疫情给世界带来的冲击，日益呈现为大变局特征。当此之时，世人尤其需要找到正确的钥匙，解答国际秩序未来何去何从的问题。

国际秩序是动态的，总的方向应该有利于维护人类共同利益、守护人类共同家园。自 17 世纪中叶确立威斯特伐利亚体系以来，国际秩序的演进与重建历程，对人类社会发展提供了重要启示。现行国际秩序是二战后形成的，以联合国为核心的多边主义国际秩序，成为维护世界和平与稳定、促进各国共同发展的基础，总体上符合和平、发展、合作、共赢的时代潮流，值得国际社会共同珍惜、共同维护。

联合国的创立给世界带来了希望。成立于 1948 年的世界卫生组织，是负责卫生事务的联合国专门机构，其初衷就是完善全球卫生健康治理，帮助世界各国应对公共卫生安全挑战。新冠肺炎疫情期间，世卫组织积极履行自身职责，为推动国际抗疫合作发挥积极领导作用，得到国际社会普遍认可和高度赞誉。国际货币基金组织、世界银行等国际机构也在全力以赴，协调应对疫情造成的经济影响。截至 5 月 7 日，国际货币基金组织已批准 50 个成员国提出的总计约 180 亿美元的紧急援助请求，并暂停 25 个最贫困国家的债务偿还。世界银行成立了新的卫生紧急防范与应对多捐助方基金，帮助各国尤其是低收入国家应对疫情大流行造成的卫生健康挑战和促进经济复苏。

值得思考的是，疫情暴发于单边主义和保护主义抬头且对现行国际秩序不乏冲击的时候，疫情更加暴露了冲击国际秩序的行为所具有危害性。正如美国对外关系委员会主席理查德·哈斯所指出，疫情提醒人们，全球化是一个现实，而不是一个选择；全球问题和全球应对能力的差距，将决定疫情扩散的规模。新冠肺炎疫情让各国更清楚地认识到，人类命运休戚与共，只有构建人类命运共同体才是人间正道，只有团结合作才是最有力的武器，只有以团结取代分歧、以理性消除偏见，才能凝聚起抗击疫情的强大合力。

连日来，纪念二战欧洲主战场结束75周年的活动在多地举行。对历史的反思，对现实的深思，都应当以对人类负责为出发点。“中方愿同俄方一道，坚定维护第二次世界大战胜利成果和国际公平正义，支持和践行多边主义，始终做世界和平的建设者、全球发展的贡献者、国际秩序的维护者。”习近平主席掷地有声的话语，鲜明地表达了中国态度和立场。坚决打好新冠肺炎疫情防控全球阻击战、有效开展国际联防联控、积极支持国际组织发挥作用、加强国际宏观经济政策协调，中方在二十国集团领导人应对新冠肺炎特别峰会上提出的倡议，体现了中国一直积极维护现行国际秩序，主张通过改革完善，使国际秩序和全球治理体系朝着更加公正、合理的方向发展的深邃思考。中方积极支持世卫组织开展工作，积极推动抗疫国际合作，正是构建人类命运共同体的历史担当。

“我们能够携手并肩对付一个共同且危险的敌人吗？”世卫组织总干事谭德塞提出的问题值得全世界深思。今年是联合国成立75周年，国际秩序面临改善健全的契机。联合国75年历史特别是新冠肺炎疫情大考给人们提供了重要启示：只有在公正健康的国际秩序下，才能有真正有效的国际合作；只有携手赢得这场人类同重大传染性疾病的斗争，才能将人类历史引向更广阔的美好未来。

《人民日报》（2020年5月11日）

顺应市场规律才能助力发展

——抗击疫情离不开命运共同体意识㊲

中国持续积极参与国际分工，同全球伙伴一起维护全球产业链、供应链稳定，就是对世界经济稳定和全球发展作出重要贡献

“要坚定支持联合国和世卫组织在协调国际抗疫合作上发挥应有作用，还要加强宏观经济政策协调，维护全球产业链、供应链稳定。”近日，习近平主席在与外国领导人通话中，再次指明全球战疫的当下保持世界经济稳定发展之道。随着新冠肺炎疫情蔓延，全球产业链、供应链被置于放大镜下检视。各国秉持人类命运共同体理念加强团结协作，降低疫情对全球产业链、供应链的冲击，不只有助于驱散疫情阴霾，而且是世界经济复苏发展的关键之举。

全球产业链、供应链是在遵循市场经济规律基础上形成的国际分工与合作的成果，不是谁家的私产。随着贸易和投资自由化便利化，跨国公司搏击于经济全球化浪潮，亚当·斯密所称的“自由市场”、大卫·李嘉图所言的“比较优势”都得以充分体现。资本、劳动力、技术等生产要素在全球范围流动，从高成本地区向低成本地区、从低效率地区向高效率地区进行梯度转移，有效连接起供给和需求。千锤百炼下，全球产业链、供应链模式逐渐替代国家间产品分工与交易模式，大大提升了全球生产效率。全球产业链、供应链的不断优化为全球发展提供了关键动力，无论是发达国家还是发展中国家、最贫穷国家，都是受益者。

不断为优化全球产业链、供应链创造条件，更好地为全球发展作贡献，这是构建人类命运共同体的应有担当。然而一段时间以来，个别国家一些政客不断借疫情捏造国际分工带来所谓“威胁”，声称要干预甚至重构全球产业链、

供应链。这样的论调与经济全球化大势相逆，也不符合全球产业链、供应链因循规律稳定发展的内在逻辑。企业才是市场主体，虽然政府可以通过关税等工具来改变经济激励，但只要企业依然寻求最小成本下的最优利润，经济全球化就难以发生根本性逆转，各经济体之间的分工协作、优势互补依然是基本态势。

“基于中国的数据表明，我们的大多数成员不会收拾行李离开中国。”作为深耕中国市场的资深人士，中国美国商会总裁毕艾伦近期对产业链、供应链变化的这种认知，显然与西方一些政客“不惜一切代价把供应链搬回”的论调不同。中国美国商会的最新调查显示，尽管受疫情影响，但很少有公司表示准备撤离中国市场。彭博社报道认为，美国公司仍专注于中国这个庞大且前景看好的消费市场，它们在中国生产的很多产品已经瞄准了当地化，这是经济全球化更加强劲的方式之一。

新冠肺炎疫情是对全球产业链、供应链韧性的压力测试。各国更加重视全球产业链、供应链的整体安全，并重视科学调整本地化、区域化和全球化的配置策略。但是，转移产业链、供应链并非像开灯、关灯般那么简单。要清楚，基于国际分工的产业链、供应链已经塑造了当今全球生产平台，构成了现代全球经济结构。人为拆链，设置壁垒，都将产生巨大的破坏效应——短期可能付出通胀的代价；长期看，政府过度干预企业经营，会导致市场规则扭曲、经济发展瓶颈。耶鲁大学高级研究员史蒂芬·罗奇就认为，打破供应链、施加惩罚或政治威胁将是代价高昂的误判，会削弱创新和繁荣。

顺应市场规律，才能助力发展。应当看到，中国是全球产业链、供应链中生机勃发的一环。经过几十年的建设和改革开放实践淬炼，中国所拥有的全球最完整产业配套体系，已深深融入全球经济生态系统的良性循环，为世界所欢迎。在新冠肺炎疫情冲击世界经济的当口，中国持续积极参与国际分工，同全球伙伴一起维护全球产业链、供应链稳定，就是对世界经济稳定和全球发展作出重要贡献。

《人民日报》（2020年5月15日）

全球团结抗疫是当务之急
——抗击疫情离不开命运共同体意识㊳

疫情所照鉴的全球卫生治理不足，是当今世界必须共同直面的挑战。世人期待的，是团结合作力量的进一步凝聚，是战胜病毒的希望之光，更是人类卫生健康共同体的光明未来

新冠肺炎疫情蔓延，全球凝心聚力、切实行动、团结抗疫，是当务之急，关乎人类生命安全和身体健康。第七十三届世界卫生大会将于5月18日以视频会议形式召开，特殊时期，特殊使命，承载着世界各国人民的期待。

正如习近平主席在二十国集团领导人特别峰会上阐述的重要主张："当前，国际社会最需要的是坚定信心、齐心协力、团结应对，全面加强国际合作，凝聚起战胜疫情强大合力，携手赢得这场人类同重大传染性疾病的斗争。"国际社会的主流意愿，就是携手抗疫、共克时艰。

世界卫生组织是联合国专门机构，是协调推进全球抗疫合作的核心力量。世卫组织在谭德塞总干事领导下，秉持客观、公正、科学的态度，积极推动抗击疫情国际合作，得到国际社会广泛认可。

连续数月，世卫组织付出的艰苦努力都处于全球聚光灯下：协助各国加强疫情防控和能力建设；与众多伙伴合作提供权威信息，向公众、医护人员和各国发布了数十份技术指导；通过世卫组织全球专家网络协调一流的科学家，组织、优化全球科研力量；携手世界主要网络平台，应对随疫情次生的"信息流行病"；为一线医护人员提供必要的医疗设备，世卫组织与合作伙伴订购了3000万套检测设备，并向需求最迫切的国家运送大批口罩、护目镜等设备；

培训、动员医护人员，在线提供 40 多种语言的培训课程；启动“获得抗击新冠肺炎工具加速器”国际合作倡议，筹集 74 亿欧元，用于加速研发生产并公平分配新冠肺炎疫苗、诊断和治疗工具……大量数据和事实说明，无论是发布权威信息、提供技术指引、筹措防疫物资，还是协调全球抗疫行动，世卫组织都功不可没。

病毒没有国籍，疫情不分种族、国家、地域。人类是命运共同体，团结合作抗疫是唯一出路。当前，支持世卫组织发挥积极作用，就是维护人类生命安全和身体健康。“77 国集团和中国”最近发表声明，赞赏世卫组织在抗击新冠肺炎疫情过程中发挥领导作用；不结盟运动举行应对新冠肺炎视频峰会并通过政治宣言，支持世卫组织在全球抗疫中的领导作用——上述支持分别代表了世界上 100 多个国家，体现了国际社会对世卫组织的信心。不止于此，欧盟、非盟等地区组织也都以明确的实际行动支持世卫组织，助力各国抗疫。

行动起来，支持世卫组织，是各方应尽之责。“当前，个人、企业及其他组织能够为世卫组织做些什么？我想让你们知道，人们多么感激你们所做的工作。”一位英国记者日前在世卫组织例行发布会上这样发问。世卫组织卫生紧急项目负责人迈克尔·瑞安回答：“需要空间、支持、团结，来完成工作。世卫组织有成千上万工作人员奋战在抗疫一线，我们需要团结。”这样的问与答，折射出人心所向、势之所趋。显然，西方一些政客动辄污名化世卫组织的行径，完全与国际主流共识格格不入。拿世卫组织作为地缘政治博弈工具的任何企图，都无异于对人类生命健康权利的挑衅。国际权威医学期刊《柳叶刀》杂志主编理查德·霍顿认为，全球卫生安全体系需要世卫组织，保护世界人民健康福祉是世卫组织的唯一目标，疫情大流行期间削弱世卫组织的决定是反人类的罪行，这是对全世界人民不人道的攻击。

团结合作不仅是人类的现实需要，而且是必须作出的选择。正如谭德塞所强调：“新冠肺炎疫情造成的死亡人数超过任何一次恐怖袭击。病毒才是我们共同的敌人。”亦如联合国秘书长古特雷斯所指出：“病毒不分国界，对任何人都是威胁。在一个相互联结的世界，只有其他每一个人都安全了，才能保障自身安全。”

疫情所照鉴的全球卫生治理不足，是当今世界必须共同直面的挑战。此时此刻，世界的目光投向世界卫生大会，聚焦新冠肺炎疫情防控，分析疫情防控最新进展，分享防控经验，分辨应对方案……世人期待的，是团结合作力量的进一步凝聚，是战胜病毒的希望之光，更是人类卫生健康共同体的光明未来。

《人民日报》（2020 年 5 月 18 日）

为团结合作抗疫贡献中国力量

——抗击疫情离不开命运共同体意识㊴

只有携起手来，才能共同佑护各国人民生命和健康，共同佑护人类共同的地球家园。共同构建人类卫生健康共同体，关乎全人类福祉，各国理当共同努力

5月18日晚，习近平主席在第七十三届世界卫生大会视频会议开幕式上发表题为《团结合作战胜疫情　共同构建人类卫生健康共同体》的致辞。在人类抗击新冠肺炎疫情的关键时刻，习近平主席从共同构建人类卫生健康共同体的高度，深刻阐述中国抗疫主张，提出一系列重要倡议，对于提振全球抗疫信心，推进国际抗疫合作，擘画未来全球治理体系，具有重要的现实和深远意义。

人类正在经历第二次世界大战结束以来最严重的全球公共卫生突发事件。站在重大历史关头召开的本届世界卫生大会视频会议受到全球高度关注，习近平主席应邀致辞，体现了国际社会对中国疫情防控成就的高度认可，体现了中国在国际抗疫合作中的重要作用。

如何调动全球资源打赢疫情防控阻击战？习近平主席提出六条建议：全力搞好疫情防控，发挥世卫组织领导作用，加大对非洲国家支持，加强全球公共卫生治理，恢复经济社会发展，加强国际合作。这些基于中国抗疫实践得出的宝贵经验，既着眼当前面临的紧迫问题，又兼顾国际公共卫生领域长远合作考量，形成有机统一的完整体系。透过六条建议，世界进一步感知中国始终是团结合作的坚定倡导者。第七十二届世界卫生大会主席、老挝卫生部长本贡·西哈冯表示，习近平主席的致辞“让我们受到了极大的鼓舞”，中国积极参与国际抗疫合作，为世界提供必要且宝贵的援助，“在抗击疫情的关键时刻，中国作出了巨大贡献”。

中国抗疫行动被誉为世界标杆，中国抗疫成效给世界带来希望。国际社会日益认识到，中国倡导的团结合作，能够汇聚磅礴之力，能够通往最终胜利。世界共同欢迎中方宣布的五项举措——中国将在两年内提供20亿美元国际援助，用于支持受疫情影响的国家特别是发展中国家抗疫斗争以及经济社会恢复发展；中国将同联合国合作，在华设立全球人道主义应急仓库和枢纽，努力确保抗疫物资供应链，并建立运输和清关绿色通道；中国将建立30个中非对口医院合作机制，加快建设非洲疾控中心总部，助力非洲提升疾病防控能力；中国新冠疫苗研发完成并投入使用后，将作为全球公共产品，为实现疫苗在发展中国家的可及性和可担负性作出中国贡献；中国将同二十国集团成员一道落实“暂缓最贫困国家债务偿付倡议”，并愿同国际社会一道，加大对疫情特别重、压力特别大的国家的支持力度，帮助其克服当前困难。这些建设性举措针对当前和今后一个时期全球抗疫的重点和难点，承载着中国为推动国际抗疫合作而积极贡献力量的真诚意愿，彰显出中国始终对本国人民生命安全和身体健康负责，对全球公共卫生事业尽责的大国担当。

这是世界格外需要团结和担当的关键时刻，中国主张映射着国际共识。在本届世界卫生大会上，国际组织负责人和各国领导人的发言，几乎都有“团结”“支持世卫组织”这样的关键词。联合国秘书长古特雷斯在开幕式上呼吁：“现在是国际社会团结的时候，我们应当共同努力，团结一致，阻止病毒扩散并克服其影响。”世卫组织总干事谭德塞在大会发言中指出：“当团结战胜意识形态时，一切皆有可能。”法国总统马克龙说，面对影响到所有人的史无前例的全球危机，必须团结一致，保持头脑清醒并采取有效行动。德国总理默克尔强调，世卫组织是世界卫生领域的合法国际机构，各国应继续努力改进世卫组织的工作程序，并确保可持续的资金支持。

“人类是命运共同体，团结合作是战胜疫情最有力的武器。这是国际社会抗击艾滋病、埃博拉、禽流感、甲型H1N1流感等重大疫情取得的重要经验，是各国人民合作抗疫的人间正道。”习近平主席鞭辟入里的深刻阐释，是方向的引领，更是信心的激励。世界需要认识到，只有携起手来，才能共同佑护各国人民生命和健康，共同佑护人类共同的地球家园。共同构建人类卫生健康共同体，关乎全人类福祉，各国理当共同努力。

《人民日报》（2020年5月20日）

扛起团结抗击疫情的历史重任

——抗击疫情离不开命运共同体意识㊵

各国政党应加强国际合作、政策协调、行动配合，汇集全球的资源和力量，坚决打败新冠病毒这一人类共同的敌人，坚决打赢这场关乎各国人民生命安全和身体健康的保卫战

建立新型政党关系，能为构建人类命运共同体汇聚强大力量。在新冠肺炎疫情蔓延的形势下，各国政党携手扛起历史责任，也是各国人民的期待。“人类命运共同体，顾名思义，就是每个民族、每个国家的前途命运都紧紧联系在一起，应该风雨同舟，荣辱与共，努力把我们生于斯、长于斯的这个星球建成一个和睦的大家庭，把世界各国人民对美好生活的向往变成现实。”2017 年 12 月，习近平总书记在中国共产党与世界政党高层对话会上发表的主旨讲话，对当前全球合作抗击疫情也具有重要的现实指导意义。

疫情也是对政党的大考。世界各国政党能否有效发挥政治引领作用，志存高远、敢于担当，着眼本国和世界，着眼全局和长远，自觉担负起时代使命，加强国际抗击疫情合作，维护人类共同家园？这是必须用实际行动向人民作答的问题。有口皆碑，中国共产党不忘初心、牢记使命，紧紧依靠人民、带领人民为抗击疫情作出艰苦努力，取得积极成效，为打好疫情防控全球阻击战作出重要贡献。事实再次证明，中国共产党是为中国人民谋幸福的政党，也是为人类进步事业而奋斗的政党。

截至目前，近 140 个国家的 330 多个执政党和重要在野党及政治组织共 650 多人，向习近平总书记和中共中央发来电函或通过发表声明、文章等，支持中国共产党领导的抗击疫情的人民战争、总体战、阻击战。“在习近平总书

记和中国共产党的领导下，中国政府及时采取有力举措，短期内有效控制疫情，并积极推动国际抗击疫情合作”“我们高度赞赏中方推动国际抗击疫情合作的努力，呼吁各国政党为抗击疫情凝聚共识和力量”……来自国际社会的声援、赞誉和支持源源不断，充分展现出对中国共产党、中国政府和中国人民的深厚情谊，也广泛代表了各国政党同中方并肩作战、共克时艰的坚定决心。

各国政党肩负着增进民众福祉、促进国家发展和维护世界和平稳定的重任。当前，各国政党应加强国际合作、政策协调、行动配合，汇集全球的资源和力量，坚决打败新冠病毒这一人类共同的敌人，坚决打赢这场关乎各国人民生命安全和身体健康的保卫战。在中国共产党同世界上 110 多个国家 240 多个政党发出的共同呼吁中，各国政党一致倡导敬生命、讲团结、守正义、谋大同，反对将疫情政治化、对他国污名化，呼吁抵制歧视特定国家、地区和民族的言行，支持联合国和世界卫生组织在全球公共卫生治理中发挥领导作用。

中国共产党秉持人类命运共同体理念，一直积极推动各国政党携手抗击疫情。中共中央对外联络部以中国共产党名义分别向 60 多个国家的 110 多个政党领导人致信，全面阐述中国防控疫情的经验做法，向近 400 个政党提供疫情防控和诊疗方案及相关短视频；通过党际渠道，向 50 多个国家 100 多个政党或政党组织提供力所能及的援助。中国共产党根据疫情对党际交往带来的新形势，创新政党交往形式，通过视频连线、“云会议”等方式，就疫情防控常态化形势下治国理政经验交流互鉴……这些积极行动，为维护世界公共卫生安全作出了重要贡献。老挝人民革命党中央总书记、国家主席本扬在同习近平总书记、国家主席通话时表示，中国共产党秉持人类命运共同体理念，积极向有需要的国家提供宝贵支持和帮助，充分展现了负责任大党和大国的担当。

大道之行，天下为公。各国政党尤应增强人类命运共同体意识，通过增进互信、加强沟通、密切协作，汇聚国际抗击疫情合作的政党力量。积极致力于构建人类命运共同体，才能真正维护各国人民共同福祉，才能真正成为推动人类文明进步的重要力量。

《人民日报》（2020 年 6 月 4 日）

当为世界经济稳定多作贡献

——抗击疫情离不开命运共同体意识㊶

疫情改变了经济全球化形态，但没有改变全球化发展大势。让全球产业链、供应链畅通无阻，跨越阻碍世界经济发展与进步的沟壑，让世界经济之水活起来，这是世界各国人民的心愿和福祉

新冠肺炎疫情对全球生产和需求造成全面冲击，全球产业链、供应链的讨论日益增多。进一步加强国际合作，共同维护全球产业链、供应链稳定，这是各国共同的责任。中国在全球产业链和供应链中的重要位置，是随着经济全球化深入发展和全球产业分工格局变化而逐渐形成的。中国迅速遏制疫情的传播蔓延，推动落实分区分级精准复工复产，为全球抗击疫情提供重要支持，为维护世界经济稳定作出了重要贡献。

作为全世界唯一拥有联合国产业分类中所列全部工业门类的国家，中国拥有产业配套、基础设施、人力资源等方面的综合竞争优势，对维护全球产业链、供应链稳定具有重要作用。疫情突袭，防疫物资紧缺成为各国亟待解决的难题。中国在做好国内疫情防控的基础上，尽己所能不断对外输送防疫物资，维护了全球产业链、供应链的开放、稳定和安全。国务院新闻办公室发布的《抗击新冠肺炎疫情的中国行动》白皮书显示，3 月 1 日至 5 月 31 日，中国向 200 个国家和地区出口防疫物资，其中，口罩 706 亿只，防护服 3.4 亿套，护目镜 1.15 亿个，呼吸机 9.67 万台，检测试剂盒 2.25 亿人份，红外线测温仪 4029 万台。中国为国际社会共同抗击疫情提供坚强物资保障，这正是中国在全球产业链、供应链中重要作用的体现。

中国统筹推进疫情防控和经济社会发展工作，取得令世界瞩目的成效。截

至 4 月底，全国规模以上工业企业复工率超过 99%，中小微企业复工率达到 88.4%，重大项目复工率超过 95%；对全国 8200 家重点外资企业调查显示，复产率超过 70% 的企业占 76.6%。中国迅速有效遏制疫情，为中国乃至全球产业链、供应链提供了强大韧性和稳定性，充分说明产业链在中国具有无可比拟的安全性。日本松下电器中国东北亚公司总裁本间哲朗表示，作为全球重要的产业链、供应链环节，中国同时具有强大的国内市场需求、开放的营商环境以及优秀的人才资源，中国“世界工厂”的地位不可替代。

中国拥有 14 亿人口，是举足轻重的“世界市场”，为全球企业提供了巨大的增长空间。中国经济韧性强、潜力大，长期向好的趋势不会因疫情的短暂冲击而改变，这是得到各方认可的基本事实。全球企业踊跃签约参加第三届中国国际进口博览会，企业商业展签约展览面积已超过规划面积的 90%。中国美国商会发布的最新一期《美国企业在中国》白皮书显示，多数美国企业看好中国市场，认为中国市场值得长期、战略性投入，并表示会考虑增加在华投资。英国《金融时报》网站发表社论指出，在世界面临可能是“大萧条”以来最严重危机之际，中国发出希望之光。中国坚定不移扩大开放，中国经济深度融入世界经济，这为中国未来在全球产业链、供应链中的位置奠定了坚实基础。

疫情改变了经济全球化形态，但没有改变全球化发展大势。人类命运与共，人为切断全球产业链、供应链，既不可取，也不现实。正如世界贸易组织总干事阿泽维多指出，“没有一个国家能自给自足，不管它有多强大或者多先进”，“应对产业链冲击的正确方式是国际合作和国际协调，确保产品供应稳定，国际贸易正常运转”。新冠肺炎疫情的现实说明，加强国际合作，为世界经济稳定多作贡献，能够让共同发展之力帮助各国共渡难关。

随着复工复产的足音在世界各地日益响亮起来，世人更加意识到，顺应经济全球化深入发展的大势才能踏上正途。让全球产业链、供应链畅通无阻，跨越阻碍世界经济发展与进步的沟壑，让世界经济之水活起来，这是世界各国人民的心愿和福祉。

《人民日报》（2020 年 6 月 8 日）

民间力量传递跨越国界的大爱
——抗击疫情离不开命运共同体意识㊷

在全球抗疫战场上，涓涓细流汇聚成磅礴的团结之力、道义之力、进步之力，书写着构建人类命运共同体的感人篇章

病毒不分国界，战疫不分你我。抗击肆虐全球的新冠肺炎疫情，民间力量不可或缺。观察中国战疫行动，放眼中国民间力量积极投身全球抗疫斗争、同命运与共的各国人民守望相助、相互驰援的友谊画卷，世人看到从“小我”到“大我”、从“小爱”到“大爱”的人性光辉，感念中国人民深厚的家国情怀、人间大爱，称赞中华民族的文化基因和传统本色。

雪中送炭、惺惺相惜，同舟共济、共克时艰。疫情面前，各国人民用善举和义举让世界充满爱，留下了患难见真情的佳话，积淀着滴水之恩、涌泉相报的情谊。

中国民间团体始终同各国休戚与共、并肩战斗。中国民间组织国际交流促进会发起“丝路一家亲”民间抗疫共同行动，已与数十个国家开展了物资捐赠、经验分享、志愿者派遣等多种形式的抗疫合作。中国 150 多家社会团体和单位发起“绿丝带行动”，向意大利、伊朗、斯里兰卡、俄罗斯等约 20 个国家以及联合国人居署捐赠抗疫物资。在尼泊尔，中国扶贫基金会等捐赠“卫生防疫洗手站”；在埃塞俄比亚、缅甸等国家，中国扶贫基金会每月为贫困儿童免费发放“粮食包”；中国和平发展基金会的捐赠覆盖 10 多个国家……众多中国民间团体雪中送炭的义举，成为中国人民与各国人民以心相交、以诚相助的生动写照。巴基斯坦驻华大使纳格玛纳·哈什米表示，中国民间力量给予的无私援助，“充分体现了大爱、友谊和信任”。

中国企业在全球抗疫战场展现出责任和担当。马云公益基金会、阿里巴巴公益基金会向150个国家和地区捐赠应急抗疫物资，并向世界卫生组织捐赠1亿个医用口罩、100万个N95口罩和100万份核酸检测试剂；腾讯设立1亿美元全球战疫基金，向15个国家提供770万件医疗物资；华大基因在沙特阿拉伯、阿联酋、文莱等多个国家建立病毒检测实验室，为当地抗疫提供科技关键支撑。中国企业急世界之所急，加班加点生产，向200个国家和地区出口防疫物资，为全球抗疫注入强大正能量……这是"善良的中国人、勇敢的中国人和担当的中国人"形象，赢得世界的称赞和感谢。外国人士坚定表示："有中国朋友并肩作战，我们对最终战胜疫情充满信心。"

在全球抗疫的关键时期，虚假信息威胁全球合作抗疫大局。由98个国家的205家媒体组成的"一带一路"新闻合作联盟发表公开信，倡议联盟成员单位积极发挥媒体作用，继续报道准确可靠的抗疫信息、多向公众传递团结和支持的信息、秉持媒体责任和人类道义，推动"一带一路"共建国家在抗疫斗争中风雨同舟、团结合作。特殊时期发挥"一带一路"民心相通作用，让沿线国家民众充分感受到了来自中国的善意和暖意。"一带一路"新闻合作联盟理事单位南非独立传媒集团执行主席伊克博·瑟维表示，"一带一路"朋友圈传递着充满信任、信心和希望的正能量。

探寻中国民间力量积极参与全球抗疫的深层根源，不难发现根植于中华民族文化基因中的特殊密码。中国人民有"天下兴亡，匹夫有责"的爱国情怀，有"大道之行，天下为公"的宏大抱负，还有胸怀天下、推己及人的优良传统。在全球抗疫斗争中，中国科学家无私分享经验，中国企业积极开展援助行动，中国民间团体以各种方式驰援各国，中国媒体主动担当责任和道义……中国人民深深懂得人类命运休戚与共，深知唯有为全人类利益携手奋战，才能最大限度维护人类健康福祉、促进人类文明发展进步。

在全球抗疫战场上，涓涓细流汇聚成磅礴的团结之力、道义之力、进步之力，书写着构建人类命运共同体的感人篇章。民间力量传递跨越国界的大爱，为世界各国人民携手战胜疫情带来希望和力量。

《人民日报》（2020年6月15日）

同非洲兄弟姐妹坚定站在一起

——抗击疫情离不开命运共同体意识㊸

中非团结抗疫特别峰会在即，必将进一步汇聚中非团结合作之力，为双方携手战胜疫情注入强大正能量

6 月 17 日，国家主席习近平将在北京主持中非团结抗疫特别峰会，并发表主旨讲话。在全球抗击新冠肺炎疫情的关键时刻，由中方和非盟轮值主席国南非、中非合作论坛共同主席国塞内加尔共同倡议举行这一峰会，展现出中非深化抗疫合作的决心，展现出双方以实际行动推动构建更加紧密的中非命运共同体和人类卫生健康共同体的意愿。

“发展中国家特别是非洲国家公共卫生体系薄弱，帮助他们筑牢防线是国际抗疫斗争重中之重。”不久前在第七十三届世界卫生大会视频会议开幕式上，习近平主席呼吁国际社会“加大对非洲国家支持”，彰显道义担当。“当前形势下，中国和非洲比以往任何时候都更需要命运与共、团结抗疫、共克时艰。中方将继续同非洲兄弟姐妹坚定站在一起。”习近平主席在同非洲国家领导人通话时所言，映照着“兄弟同心，其利断金”之志，承载着中国人民对非洲人民的深情厚谊。

中非是命运与共、志同道合的好朋友、好伙伴、好兄弟。在并肩抗疫过程中，中非人民心往一处想、劲往一处使。50 多位非洲领导人或致电或发表声明，向中国表达慰问和支持。一些非洲国家在自身条件困难的情况下，依然设法筹集物资捐赠给中方。中方向 50 多个非洲国家和非盟提供多批次物资援助；中方已向非洲五个次区域及周边国家派遣多个抗疫医疗专家组；遍布非洲 45 个国家的中国医疗队积极为当地民众提供医疗保障，并开展抗疫培训近 400 场，为非洲数万名医护人员提供指导；中方同非方举办专家视频会议，毫无保留地开展诊疗技术交流；中国地方政府、民间机构、企业等纷纷伸出援手，向非洲国家捐款捐物；驻非中资企业还积极帮助当地改建新冠肺炎患者收治定点医院……患难见真情，中非人民心连心，恰如非盟轮值主席、南非总统拉马福萨所言："中国是南非和非洲国家真正的朋友和面临困难挑战时可以依赖的伙伴。"

中非从来都是命运共同体，中非双方始终风雨同舟、休戚与共、肝胆相照。自 1963 年中国派遣首支援非医疗小组以来，中国先后累计派遣 2.43 万名医护人员前往非洲支援医疗建设，为两亿多人次非洲人民提供了医疗服务，为当地培训数以万计医务人员。2014 年西非发生埃博拉疫情，中国第一个派遣包机运送紧急救援物资，第一个派出医疗队赴当地抗击疫情，为有关国家战胜疫情作出重要贡献。中国注重提升非洲各国的公共卫生能力，在 2015 年宣布的中非"十大合作计划"和 2018 年宣布的中非合作"八大行动"中，中方有关加强中非公共卫生合作的倡议落地生根，受到非洲国家普遍欢迎。中非公共卫生合作，也是中方始终秉持真实亲诚政策理念和正确义利观的体现。

中非友好关系经得起时间考验，坚如磐石、历久弥新。在并肩抗疫的历程中，中非友谊更见牢不可破。正如非盟委员会主席法基所强调："非中是朋友，更是战友，没有任何事情能够改变或损害非中友好关系。"

中非团结抗疫特别峰会在即，必将进一步汇聚中非团结合作之力，为双方携手战胜疫情注入强大正能量。携手构建更加紧密的中非命运共同体的切实行动，必将不断为中非乃至世界的安全与繁荣作出重要贡献。

《人民日报》（2020 年 6 月 17 日）

共同打造中非卫生健康共同体

——抗击疫情离不开命运共同体意识㊹

中非始终相互理解、相互支持、相互帮助，树起国际抗疫合作新标杆。中非共同致力于维护全球公共卫生安全，共同构建人类卫生健康共同体，必将为促进世界和平与发展作出更大贡献

6 月 17 日晚，习近平主席在北京主持中非团结抗疫特别峰会并发表题为《团结抗疫　共克时艰》的主旨讲话，强调双方应坚持人民至上、生命至上，尽最大努力保护人民生命安全和身体健康，坚定不移携手抗击疫情，坚定不移推进中非合作，坚定不移践行多边主义，坚定不移推进中非友好，共同打造中非卫生健康共同体和更加紧密的中非命运共同体。习近平主席提出的一系列重要倡议和主张，展现了中非团结抗疫、共克时艰的坚定决心，指明了疫情形势下中非抗疫及务实合作的前行路径，擘画了中非关系发展的未来方向，也为国际社会团结协作早日战胜疫情注入了强大正能量。

中非团结抗疫特别峰会在全球抗击新冠肺炎疫情的关键时刻举行，具有特殊的重要意义。中国是世界上最大的发展中国家，非洲是发展中国家最集中的大陆。中非双方共商团结抗疫大计，共叙中非兄弟情谊，充分展现了中非友谊的牢固和中非关系的坚韧。中非人民携手抗疫，是打赢疫情防控全球阻击战的重要力量。会议发表《中非团结抗疫特别峰会联合声明》，凝聚了中非在一系列重大问题上的共同立场，向国际社会发出了中非团结合作的时代强音。

加强团结合作、携手抗击疫情，在特殊时期诠释了中非命运共同体的生动意涵。在中国抗疫最艰难的时刻，非洲送来宝贵支持。50 多位非洲领导人向中国表达慰问和支持，非洲各国纷纷向中国捐赠抗疫物资。非洲疫情暴发后，

中国率先驰援，同非洲人民坚定站在一起。中国政府、企业、社会团体向50多个非洲国家和非盟交付了大量援助物资，向11个国家派出了148人次的抗疫医疗专家组，举行了30多场专家视频会议，开展各类培训活动近400场，常驻非洲的46支中国医疗队也积极投身当地抗疫工作。在这次峰会上，中方宣布将继续全力支持非方抗疫行动，抓紧落实在世界卫生大会开幕式上宣布的举措，继续向非洲国家提供物资援助、派遣医疗专家组、协助非方来华采购抗疫物资。中方承诺，新冠疫苗研发完成并投入使用后，愿率先惠及非洲国家。中国举措极大鼓舞了非洲国家战疫必胜的信心。与会非方领导人指出，习近平主席真诚支持非洲国家抗疫，真正把中非人民的生命健康放在心坎上。

深化中非公共卫生合作，共同打造中非卫生健康共同体，是峰会着眼长远达成的重要共识。提升非洲各国的公共卫生能力，中国一直在行动。从中非“十大合作计划”到中非合作“八大行动”，都包含加强中非公共卫生合作的重要倡议。今年5月，习近平主席在第七十三届世界卫生大会视频会议开幕式上宣布，中国将建立30个中非对口医院合作机制，加快建设非洲疾控中心总部，助力非洲提升疾病防控能力。在这次峰会上，习近平主席表示，中方将提前于年内开工建设非洲疾控中心总部，同非方一道实施好中非合作论坛框架内“健康卫生行动”，加快中非友好医院建设和中非对口医院合作，共同打造中非卫生健康共同体。非盟轮值主席、南非总统拉马福萨认为，此次特别峰会显示出非中之间团结的深度和韧性。世界卫生组织总干事谭德塞指出，中国和非洲之间的深度合作展示了战胜新冠肺炎疫情所需的全球团结和领导力。

“人类终将战胜疫情，中非人民也终将过上更加美好的生活。”中非团结抗疫特别峰会昭示的信心、决心和愿景，为中非全面战略合作伙伴关系注入了新内涵。中非始终相互理解、相互支持、相互帮助，树起国际抗疫合作新标杆。中非共同致力于维护全球公共卫生安全，共同构建人类卫生健康共同体，必将为促进世界和平与发展作出更大贡献。

《人民日报》（2020年6月19日）

“合抱之手”书写大义
——抗击疫情离不开命运共同体意识㊺

中非团结抗疫特别峰会在关键时刻为中非合作擘画了新蓝图，为非洲经济复苏发展注入了新动力，也昭示着双方携手打造合作共赢的中非命运共同体的光明前景

“我愿重申，中方珍视中非传统友谊，无论国际风云如何变幻，中方加强中非团结合作的决心绝不会动摇。”习近平主席在中非团结抗疫特别峰会发表的主旨讲话，既表明中非携手抗击新冠肺炎疫情的坚定决心，也为中非推进务实合作指明前行路径。国际舆论称赞：“此次峰会为中非双方了解彼此需求、制定并落实任务清单提供了务实平台。”

疫情对非洲经济社会发展造成巨大冲击。国际货币基金组织预计，今年撒哈拉以南非洲地区经济将萎缩 1.6%，疫情将一扫该地区近年来取得的积极进展，甚至将对今后数年的经济增长带来巨大压力。世界银行发布的报告显示，今年撒哈拉以南非洲地区经济预计将萎缩 2.1% 至 5.1%，该地区 25 年来将首次陷入经济衰退。毫无疑问，非洲国家正面临疫情和经济下行双重压力。支持非洲国家抗击疫情就能促进其经济社会发展，支持非洲经济社会发展就有利于非洲抗击疫情。抗击疫情是当务之急，促进经济社会发展是增进民生福祉的长远治本之策。

“为克服疫情带来的冲击，我们要加强共建‘一带一路’合作，加快落实中非合作论坛北京峰会成果，并将合作重点向健康卫生、复工复产、改善民生领域倾斜。”这是中国坚定不移推进中非合作的决心。中方愿同国际社会一道，加大对疫情特别重、压力特别大的非洲国家的支持力度，这既有利于非洲国家

在关键时刻增加公共卫生开支以控制疫情，也有利于非洲更长远的可持续发展。联合国秘书长古特雷斯称赞，“中非团结是支援非洲国际行动的重要组成部分”。南非前外交官格特·格勒布勒指出，中国以实际行动发挥了负责任大国的作用。

长期以来，中非同心同向、守望相助，走出了一条特色鲜明的合作共赢之路。中国连续 10 年成为非洲最大贸易伙伴国，是非洲基础设施建设的最大融资国；中国在非洲建设的工业园、厂房、学校、医院等遍布各地；中国累计帮助非洲建设了 1 万多公里公路、6000 多公里铁路以及上百座机场、港口、电站等。中非合作有力带动了非洲发展。为帮助非洲经济尽快走出疫情阴霾，中方着眼长远，支持非洲大陆自由贸易区建设，支持非洲加强互联互通和保障产业链供应链建设，并提出愿同非方一道，共同拓展数字经济、智慧城市、清洁能源、5G 等新业态合作。这些中非合作新蓝图将为疫情之后非洲的发展振兴打下坚实基础，也再次印证了习近平主席在 2015 年中非合作论坛约翰内斯堡峰会上的话：“中非关系最大的‘义’，就是用中国发展助力非洲的发展，最终实现互利共赢、共同发展。”

疫情阻挡不住中非团结合作的步伐。今年是中非合作论坛成立 20 周年，也是中非携手发展的新起点。中方在 2015 年中非合作论坛约翰内斯堡峰会上宣布的中非“十大合作计划”已全面落实完毕，2018 年中非合作论坛北京峰会成果“八大行动”落实取得重要进展。当务之急是，中非双方要用好共建“一带一路”带来的重大机遇，把“一带一路”建设同落实非洲联盟《2063 年议程》、联合国 2030 年可持续发展议程以及非洲各国发展战略相互对接，开拓新的合作空间，发掘新的合作潜力，在传统优势领域深耕厚植，在新经济领域加快培育亮点。双方达成共识，如《中非团结抗疫特别峰会联合声明》所指出，着眼后疫情时代规划中非合作，携手办好 2021 年新一届论坛会议。

“合抱之手”，这是中非合作论坛的会徽，也是中非友好合作关系的生动写照。无论国际风云如何变幻，中非不断深化团结与合作、不断追求和平与发展，不断实现活力与繁荣的目标不会变。中非团结抗疫特别峰会在关键时刻为中非合作擘画了新蓝图，为非洲经济复苏发展注入了新动力，也昭示着双方携手打造合作共赢的中非命运共同体的光明前景。

《人民日报》（2020 年 6 月 20 日）

团结在多边主义旗帜下
——抗击疫情离不开命运共同体意识㊻

团结就是力量。疫情防控全球阻击战关乎人类健康福祉，关乎世界发展繁荣，关乎人类前途命运，世界必须团结在多边主义旗帜下

面对新冠肺炎疫情造成的严重危机，人类必须作出正确抉择。加强团结合作还是寻求脱钩孤立？推进多边协调还是奉行单边主义？日前，习近平主席在北京主持中非团结抗疫特别峰会并发表主旨讲话，强调要坚定不移践行多边主义。峰会发表联合声明，强调中非双方加强团结合作，支持联合国及世界卫生组织发挥引领和协调作用，携手战胜疫情。在全球抗击疫情的重要时刻，中非双方从长远计、为天下谋，发出支持多边主义的“中非声音”，为加强国际抗疫合作注入了“中非力量”。

中非团结抗疫特别峰会，传递出坚定维护和弘扬多边主义的信心和决心。峰会由中国和非盟轮值主席国南非、中非合作论坛共同主席国塞内加尔共同倡议举行，非盟峰会主席团成员国、非洲重要次区域组织轮值主席国等非洲国家领导人以及非盟委员会主席应邀出席，联合国秘书长、世界卫生组织总干事作为特邀嘉宾与会。各方广泛积极参与，充分说明支持团结抗疫的意愿，充分反映出国际社会对非洲防控疫情、应对疫情冲击的重视和支持。世界卫生组织总干事谭德塞认为，中非团结抗疫特别峰会“对于全球加强团结、共同抗疫十分重要”。

加强多边合作是全球团结抗疫的应有之义。面对病毒这一人类共同敌人，国际社会理应拿起团结合作这个抗击疫情最有力的武器，战而胜之。“合作”是中非团结抗疫特别峰会的高频词。最大的发展中国家携手发展中国家最集中的大陆，相互声援、并肩战斗，生动诠释了中非命运共同体的深刻内涵，为国际抗疫合作树立了新标杆。非盟轮值主席、南非总统拉马福萨表示，“非中团结以及更加良好的多边合作是我们赢得抗疫斗争的关键”。联合国秘书长古特雷斯强调，应对新冠肺炎疫情等全球挑战，国际社会需团结一致、相互支持，这是多边主义的核心。

疫情也是对全球治理观的检验。只有秉持正确的理念开展国际合作，在抗疫行动中才能心往一处想，劲往一处使，收获真效果。“多边主义最基本的道理，就是国际上的事情，要由各国商量着办，要按大家同意的规矩办，要兼顾各国利益和关切。”中国和非洲国家一贯坚定遵循这个“最基本的道理”，在本次峰会的联合声明中，双方重申坚定支持多边主义，反对单边主义，维护以联合国为核心的国际体系，捍卫国际公平正义。面对全球挑战，世界更需要坚持多边主义，这是当前国际社会的普遍共识。在个别国家一些政客罔顾事实指责世卫组织之时，联合国大会、欧盟、非盟、不结盟运动、“77 国集团和中国”等纷纷表达对世卫组织的坚定支持，也有力地说明了这一点。

践行多边主义，坚定捍卫国际公平正义。只有各方平等参与，多边机制才有活力，才能形成有效合力，进而捍卫国际公平正义。同样，只有捍卫国际公平正义，才能维护多边机制的活力，才能凝聚起全球抗疫合力。个别国家一些政客将疫情政治化、病毒标签化，大搞种族歧视和意识形态偏见，完全是逆流而动，严重威胁全球合作抗疫大局。中非双方共同表示反对将疫情政治化、病毒标签化，呼吁国际社会共同防止歧视、污名化做法，打击错误和虚假信息，展示出坚守国际公平正义的坚定意志。这些重要共识有利于推进国际抗疫合作，也有利于维护发展中国家共同利益。

团结就是力量。疫情防控全球阻击战关乎人类健康福祉，关乎世界发展繁荣，关乎人类前途命运，世界必须团结在多边主义旗帜下。中非团结抗疫特别峰会发出支持多边主义的强音，唱响团结合作的主旋律，对全球团结抗疫具有重要推动作用。

《人民日报》（2020 年 6 月 21 日）

相互支持　合作共赢

——抗击疫情离不开命运共同体意识㊼

中非友好历久弥坚、永葆活力，其根本原因就在于双方始终坚持平等相待、真诚友好、合作共赢、共同发展

“面对新的机遇和挑战，中非比以往任何时候都更加需要加强合作。”习近平主席在中非团结抗疫特别峰会上发表的主旨讲话，映照出中国与非洲相互支持的意愿和行动、合作共赢的使命和担当。当今世界正经历百年未有之大变局，人类正面临新冠肺炎疫情带来的严重危机和严峻考验。中非团结抗疫、共克时艰，坚定不移推进中非友好，为完善全球治理、应对全球挑战注入了正能量，为推动构建人类命运共同体树立了典范。

“根之茂者其实遂，膏之沃者其光晔。”中非从来都是命运共同体，共同的历史遭遇、共同的发展任务、共同的战略利益把双方紧紧联系在一起。中非关系是双方风雨同舟、患难与共，一步一个脚印走出来的。长期的共同奋斗历程让中非人民结下了深厚的友谊，长期的相互支持铸就了一座又一座中非友谊的丰碑。面对疫情，中国和非洲相互声援、并肩战斗，充分彰显了中非患难与共的兄弟情谊；中非团结抗疫特别峰会成功举行并取得丰富成果，进一步彰显了中非相互支持的坚强底色。正如刚果（布）总理穆安巴所说：“困难到来时，谁与我们站在一起，谁是真正的朋友，我们心里清清楚楚。”携手抗疫是中非命运共同体的真实写照。

中非友好历久弥坚、永葆活力，其根本原因就在于双方始终坚持平等相待、真诚友好、合作共赢、共同发展。数十年来，中非友好深深扎根中非人民心中。非洲国家普遍认为，中国在对非合作中坚持义利相兼、以义为先。“对待非洲

朋友，我们讲一个‘真’字”“开展对非合作，我们讲一个‘实’字”“加强中非友好，我们讲一个‘亲’字”“解决合作中的问题，我们讲一个‘诚’字”，习近平主席2013年3月首访非洲时提出真实亲诚的对非政策理念，为中非关系在新的历史起点上实现更大发展指明了方向，注入了动力。新冠肺炎疫情蔓延之际，非洲国家领导人和非盟委员会主席等积极参加中非团结抗疫特别峰会，非洲媒体第一时间报道峰会成果，非洲舆论积极解读习近平主席主旨讲话和峰会联合声明，充分表明中非友好顺大势、得民心。

中非关系要保持旺盛生命力，必须与时俱进、开拓创新。在中非关系发展的每一个关键时期，双方都能登高望远，找到中非合作新的契合点和增长点，推动中非关系实现新的跨越。近年来，从“十大合作计划”到“八大行动”，中非合作全方位发展；从新型战略伙伴关系到全面战略合作伙伴关系，中非关系不断迈向更高水平。疫情仍在全球蔓延，中国和非洲都面临抗疫情、稳经济、保民生的艰巨任务。中非双方及时倡议举行中非团结抗疫特别峰会，中方以四个“坚定不移”表明以实际行动践行承诺，并为国际抗疫合作贡献力量的决心。中非合作论坛共同主席国塞内加尔总统萨勒表示，通过举办中非团结抗疫特别峰会，“我们重申巩固非中友谊、构建命运共同体的愿望”。

坚定不移推进中非友好，将给世界带来更多稳定性和确定性。当前，国际关系中不公正不平等现象依然突出，保护主义、单边主义、霸凌行径逆流而动。中国与非洲传承和发扬传统友好，并把这一优势转化为促进团结、合作、发展的动力，有利于推动世界更加均衡、公平、包容发展，有利于建立相互尊重、公平正义、合作共赢的新型国际关系。中非双方呼吁坚定支持多边主义，反对单边主义和种族主义，共同支持联合国和世界卫生组织在国际抗疫合作中发挥引领作用，共同反对将疫情政治化、病毒标签化。这些重要共识顺应时代潮流，有利于推进国际抗疫合作，有利于维护中非等发展中国家共同利益，有利于捍卫多边主义和国际公平正义。

“孤举者难起，众行者易趋。”国际社会迫切需要以团结、智慧、勇气，扛起历史责任，解答时代命题，展现时代担当。中国与非洲不断深化友好合作，推进中非全面战略合作伙伴关系高水平发展，携手构建更加紧密的中非命运共同体，必将不断为中非乃至世界的安全与繁荣作出更大贡献。

《人民日报》（2020年6月22日）

促进互联互通　坚持开放包容

——抗击疫情离不开命运共同体意识㊽

促进互联互通、坚持开放包容，是应对全球性危机和实现长远发展的必由之路。疫情没有逆转“一带一路”合作的势头，反而凸显了“一带一路”合作所具有的强大韧性和旺盛活力

“我们愿同合作伙伴一道，把‘一带一路’打造成团结应对挑战的合作之路、维护人民健康安全的健康之路、促进经济社会恢复的复苏之路、释放发展潜力的增长之路。”习近平主席近日向“一带一路”国际合作高级别视频会议发表书面致辞，表达与合作伙伴高质量共建“一带一路”的坚定信心，增强了各国合作战胜新冠肺炎疫情的信心。

疫情促使各国思考应对全球性危机、实现长远发展的有效对策。各国命运紧密相连，人类是同舟共济的命运共同体。无论是应对疫情，还是恢复经济，都要走团结合作之路，都应坚持多边主义。促进互联互通、坚持开放包容，是应对全球性危机和实现长远发展的必由之路。“一带一路”倡议提出近7年来，签署的政府间合作文件总数达200份，共同开展2000多个项目，解决了成千上万人的就业。“一带一路”合作大家庭持续扩大，经贸合作水平持续提高，互联互通持续加强，民意基础日益牢固，可以为全球抗疫注入正能量，为世界经济复苏发展带来信心。

疫情没有逆转“一带一路”合作的势头，反而凸显了“一带一路”合作所具有的强大韧性和旺盛活力。面对疫情，“一带一路”合作伙伴守望相助，向中国提供了宝贵帮助。中国也已经向122个“一带一路”合作伙伴提供抗疫援助，向25个国家派出医疗队，毫无保留同各国全面分享防控和诊疗经验。今

年前5个月，中欧班列开行数量和发送货物量同比分别增长28%和32%，累计运送防疫物资达12524吨，成为欧亚大陆之间名副其实的“生命通道”和“命运纽带”，既为全球抗疫贡献了宝贵力量，也极大缓解了疫情对全球产业链、供应链的冲击。正如埃及前总理伊萨姆·沙拉夫所指出，世界正面临前所未有的挑战，必须通过全球合作机制协同努力，“一带一路”倡议可以发挥这个作用。

疫情拖累全球发展步伐，必须以更大的合作力度促进共同发展，才能更好地增进各国人民福祉。“一带一路”是全球最大的国际合作平台，将之打造成促进经济社会恢复的复苏之路，符合各国人民切身利益。今年前5个月，“一带一路”沿线国家实际投入外资金额同比增长6%；中国对“一带一路”沿线国家和地区非金融类直接投资逆势增长16%。中老铁路、匈塞铁路等项目稳步推进，大批暂时停工的项目及时复工复产，中国还建立了运输、清关和与“一带一路”沿线国家经贸人员往来的“绿色通道”。逆势前行的“一带一路”合作体现了各国共同发展的坚定决心。

共建“一带一路”的前景来自不断开辟新的合作领域。早在2016年6月，习近平主席就提出携手打造“健康丝绸之路”。新冠肺炎疫情发生后，公共卫生领域的合作需求大幅上升。推进“一带一路”卫生合作，共建“健康丝绸之路”，将进一步丰富高质量共建“一带一路”的内涵。此外，推动“绿色丝绸之路”“数字丝绸之路”建设，将为各国经济发展创造更多新增长点，为全球经济复苏提供更多动力源。世界卫生组织总干事谭德塞表示，共建“一带一路”有利于加速实现全民健康覆盖和可持续发展目标，中国对“健康丝绸之路”和“数字丝绸之路”的倡导，表明了创新合作形式应对共同面临的挑战是何等重要。

疫情改变不了经济全球化发展的大势，阻挡不了开放合作的脚步。“一带一路”国际合作高级别视频会议达成广泛共识，充分表明各方都寄望于将“一带一路”打造成合作之路、健康之路、复苏之路、增长之路的愿景。秉持共商共建共享原则，持续加强战略对接、高质量共建“一带一路”，一定能够助力各国应对全球性危机、实现长远发展，为构建人类命运共同体作出新的贡献。

《人民日报》（2020年6月23日）

携手抗疫　并肩同行

——抗击疫情离不开命运共同体意识㊾

中国同阿拉伯国家团结抗疫的努力，向世界展现了发展中国家团结合作的力量，为全球抗击疫情作出了“中阿贡献”

“患难见真情”，这是中国和阿拉伯国家家喻户晓的谚语，也是双方在抗击新冠肺炎疫情行动中命运与共的真实写照。“经过携手抗疫的洗礼，中阿战略伙伴关系基础更加牢固，人民友谊更加深厚，合作前景更加光明。”6 月 22 日，中共中央总书记、国家主席习近平向中国—阿拉伯国家政党对话会特别会议致贺信，充分彰显中方携手阿方凝聚抗疫力量、深化交流合作、推动构建中阿命运共同体的真诚愿望和坚定决心。

中国共产党致力于同各国政党增进互信、加强沟通、密切协作，探索在新型国际关系的基础上建立求同存异、相互尊重、互学互鉴的新型政党关系，搭建多种形式、多种层次的国际政党交流合作网络，汇聚构建人类命运共同体的强大力量。连日来，围绕“携手共建新时代中阿命运共同体”主题，中国—阿拉伯国家政党对话会特别会议引发了诸多共鸣。“阿拉伯各国采取联合行动、携手应对风险挑战、共克时艰具有重要意义，将为增进阿中政治互信、深化阿中战略伙伴关系发挥重要作用。”巴勒斯坦法塔赫主席、总统马哈茂德·阿巴斯所言颇具代表性。本次特别会议表明，中阿凝聚政治共识，巩固团结合作，携手共建新时代中阿命运共同体具有坚实基础。

面对突如其来的疫情，中阿守望相助、共克时艰，谱写了共建中阿命运共同体的新篇章。在中国抗击疫情最关键的时刻，阿拉伯各国领导人和阿盟、海合会等地区组织负责人纷纷向中方表达慰问声援，各国政府和人民以不同形式给予中方支持和帮助，阿方的友好情谊，中国始终铭记在心。在阿拉伯国家受到疫情冲击时，中国人民也感同身受。中国向阿拉伯国家提供大量防疫物资，为 17 个国家和阿盟、海合会举办卫生专家视频会议，向 8 个有紧急需求的阿拉伯国家派遣了医疗专家组，毫无保留地分享成熟的诊疗经验和防控方案。中国同阿拉伯国家团结抗疫的努力，向世界展现了发展中国家团结合作的力量，为全球抗击疫情作出了“中阿贡献”。

中国和阿拉伯国家在长期交往中结下的牢固友谊，成为双方携手抗疫、并肩同行的深厚民意基础。2000 多年来，和平合作、开放包容、互学互鉴、互利共赢始终是中阿交往的主旋律。无论国际风云如何变幻，中阿始终是互惠互利的好伙伴、同甘共苦的好兄弟。2018 年，中阿双方经过友好协商，一致同意建立全面合作、共同发展、面向未来的中阿战略伙伴关系。中阿抗疫合作的实践再次证明，中阿双方比以往任何时候都更需要团结应对各种挑战。

中阿两大民族在古丝绸之路上出入相友，在共建“一带一路”中携手相伴，共同致力于国家富强、民族复兴。作为历史上丝路文明的重要参与者和缔造者之一，阿拉伯国家身处“一带一路”交汇地带，是共建“一带一路”的天然合作伙伴。两年前在中国—阿拉伯国家合作论坛第八届部长级会议上，双方一致认为应在中阿共建“一带一路”框架下进一步共商、共建、共享，拓展合作领域，服务双方共同利益。当前形势下，中阿双方更需要积极探索发展战略对接和务实合作途径，共同努力把“一带一路”打造成合作之路、健康之路、复苏之路、增长之路，共同开辟繁荣发展的美好未来。

中国人讲：“众人拾柴火焰高。”阿拉伯谚语讲：“众人合作，无所不能。”在抗击疫情的过程中，中阿携手并肩，为推动构建人类卫生健康共同体作出重要贡献。展望未来，中阿不断凝聚共识、凝心聚力，定能在实现国家富强、民族复兴梦想的道路上共铸辉煌。

《人民日报》（2020 年 6 月 24 日）

推动中欧关系更加稳健成熟

——抗击疫情离不开命运共同体意识㊿

中欧关系在特殊时期展现出强大生命力，再次验证了双方“道并行而不相悖”的相处逻辑

6 月 22 日晚，习近平主席在北京以视频方式会见欧洲理事会主席米歇尔和欧盟委员会主席冯德莱恩，强调中欧要做维护全球和平稳定的两大力量，要做推动全球发展繁荣的两大市场，要做坚持多边主义、完善全球治理的两大文明。习近平主席阐述的主张，为推动“后疫情时代”中欧关系更加稳健成熟、迈向更高水平指明了方向。中欧经济总量占世界的 1/3，双方在全球抗击新冠肺炎疫情的关键时刻实现良好互动，不仅释放出共抗疫情、共谋合作、共促世界经济复苏的积极信号，也将为充满不稳定性不确定性的世界带来更多稳定性和正能量。

中国和欧盟携手走过 45 年风雨历程，合作共赢始终是双方关系的主基调。中欧贸易额已达建交时的 300 倍，双向人员往来每年接近 800 万人次。中欧已建立数十个不同领域、不同层级的对话磋商机制，合作已扩展到和平与安全、环境、科技、文化、教育、卫生等诸多领域。双方共同推动中欧和平、增长、改革、文明四大伙伴关系积极健康发展，不断深化中欧全面战略伙伴关系。中欧加强在联合国等多边框架中的合作，共同促进全球公共卫生治理，携手应对气候变化等全球性挑战，不断提升中欧关系的全球性和战略性。中欧合作增进了双方人民的福祉，也是纷繁复杂变化的世界中的重要稳定性因素。

面对来势汹汹的新冠肺炎疫情，中欧守望相助、共克时艰。双方领导人保持高频度沟通，就保障应急物资供应、维护产业链供应链安全稳定、加强宏观经济政策协调等进行了富有成效的交流。中欧互向对方提供大量急需的医疗物资，中法“空中桥梁”等渠道畅通无阻；中国还派出多支医疗队奔赴欧洲抗疫一线，留下了“最美逆行者”的佳话；双方成立联合专家组，中欧科学家和医务工作者多次连线交流，分享抗疫宝贵经验；一趟趟满载的中欧班列为欧洲国家补给抗疫物资提供了强大支持。意大利前总理、欧盟委员会前主席普罗迪由衷表示：“中国的捐赠发出了团结和友谊的信号，我期待大家更加明白在这个世界上我们命运与共。”

中欧关系在特殊时期展现出强大生命力，再次验证了双方“道并行而不相悖”的相处逻辑。中欧双方文明不同、制度不同，但双方没有根本利害冲突。双方都认同多边主义，都维护全球经济开放性，也都致力于从相互交往中为人民谋福利。无论是抗击疫情、加快疫苗和药物研发合作，共同支持世界卫生组织工作，还是在联合国、二十国集团等框架内推动国际合作，共同支持非洲国家抗击疫情等，中欧双方都目标相同、行动一致。中欧经济深度交融，双方在重振经济过程中坚持开放合作，将对全球产生示范和引领效应。中德开通“快捷通道”，成为疫情阴霾中一道亮丽的风景线。这些都充分说明，中欧互为机遇和伙伴，彼此合作远大于竞争，共识远大于分歧。德国即将担任欧盟轮值主席国，默克尔总理日前发表演讲时强调，与中国保持合作对欧盟而言具有“重大战略利益”。

尽管疫情在全球蔓延，单边主义、保护主义抬头，但“团结”“合作”是中欧各层级对话中的高频词。中欧合作潜力无限，双方保持密切沟通，推进中欧一系列重大政治议程，不断推动中欧关系迈上新台阶。近日举行的第二十二次中国—欧盟领导人会晤达成了不少重要共识，体现了中欧关系的全面性、战略性、互利性。双方一致认为中欧经贸合作互惠互利，期待早日达成一项全面、平衡、高水平的投资协定。

“中欧作为世界两大力量、两大市场、两大文明，主张什么、反对什么、合作什么，具有世界意义。”习近平主席深刻阐明发展中欧关系的重大意义。双方理当坚定选择相互尊重、求同存异、和而不同，不断增进彼此理解和信任，在合作中扩大共同利益，在发展中破解难题，打造更具世界影响力的中欧全面战略伙伴关系。双方理当携起手来，在危机中育新机，于变局中开新局，不断增进中欧人民的福祉，并为实现世界各国共同发展和繁荣作出贡献。

《人民日报》（2020 年 6 月 25 日）

志合者，不以山海为远
——抗击疫情离不开命运共同体意识51

只要双方同舟共济、精诚团结，就一定能把中阿关系的美好规划转化为实实在在的人民福祉，为各自的发展增添助力，构建中阿命运共同体必将迎来光明的未来

中国—阿拉伯国家合作论坛第九届部长级会议 7 月 6 日以视频连线方式举行。中国国家主席习近平向会议致贺信指出："希望双方以此次会议召开为契机，加强战略沟通协调，稳步推进抗疫等各领域合作，推动中阿命运共同体建设不断走深走实，更好造福中阿双方人民。"明确正确方向，更加坚定信心。当前形势下，中阿以更宽广的国际视野把握双方关系走向，以更紧迫的历史自觉推进双方的战略合作，具有重要意义。

中国和阿拉伯国家在长期交往中结下牢固友谊。无论国际风云如何变幻，中阿始终是互惠互利的好伙伴、同甘共苦的好兄弟。2018 年 7 月，习近平主席在中阿合作论坛第八届部长级会议开幕式上宣布建立全面合作、共同发展、面向未来的中阿战略伙伴关系，倡议打造中阿命运共同体。中方倡议得到阿拉伯国家积极响应，中阿友好合作在新的历史起点上不断迈出新步伐、焕发新生机。两年来，中阿高层交往密切，各领域合作全面推进，战略伙伴关系建设硕果累累，中阿命运共同体正在生根发芽。

新冠肺炎疫情发生以来，中国和阿拉伯国家风雨同舟、守望相助，坚定相互支持，开展密切合作，这是中阿命运与共的生动写照。在中国抗疫最艰难的时刻，阿拉伯国家给予中方宝贵支持。为帮助阿拉伯国家抗击疫情，中方积极协助阿方在华采购抗疫物资，向阿方援助了 100 多万份检测试剂盒、1300 多万只口罩，同21个阿拉伯国家举办专家视频会，向8个国家派出医疗专家组。本届部长级会议发表《中国和阿拉伯国家团结抗击新冠肺炎疫情联合声明》，展现了中阿携手战胜疫情的坚强决心。相信经过携手抗疫的洗礼，中阿战略伙伴关系基础将更加牢固，人民友谊将更加深厚，合作前景将更加光明。

当前形势下，中阿双方比以往任何时候都更需要加强合作、共克时艰、携手前行。中阿推动双方合作向有序复工复产、稳就业保民生方向倾斜，开辟必要人员往来快捷通道，深化产业链供应链合作，有利于应对疫情带来的冲击。过去两年，中阿加快共建“一带一路”，很多重点项目成功落地，2019年双边贸易额同比增长9%，双向投资持续扩大，高技术合作方兴未艾，对阿合作项目扎实落实。截至目前，19个阿拉伯国家和阿盟同中国签署“一带一路”合作文件，双方发展战略对接更加精准高效。本届部长级会议发表《中国—阿拉伯国家合作论坛2020年至2022年行动执行计划》，进一步规划了双方务实合作、共同发展的前进路径。面向未来，中阿加强重点领域合作，推动共建“一带一路”向高质量、可持续、惠民生的方向发展，将助推中阿互利合作形成更多交汇。

中阿同为国际舞台上的重要政治力量，双方加强团结合作，推动完善全球治理，捍卫国际公平正义，顺应世界发展进步的大潮，契合人类历史前进的步伐。中方坚定支持阿拉伯国家维护自身政治安全和社会稳定，走自主发展道路，将继续坚定地同巴勒斯坦人民、阿拉伯人民站在一起。阿方坚定支持中国维护主权和领土完整，坚定奉行一个中国原则，支持中方在香港、新疆问题上的正当立场和主张，反对干涉中国内政。本届部长级会议发表《安曼宣言》，亮明了双方相互支持、命运与共的坚定意志。中阿共同发出正义之声，旗帜鲜明地支持以联合国为核心的国际体系和以国际法为基础的国际秩序，推动发展中国家在全球治理中拥有更大代表性和发言权，为构建人类命运共同体汇聚强大力量。

志合者，不以山海为远。新时代，中阿相互尊重、互利共赢的底色愈加鲜明。只要双方同舟共济、精诚团结，就一定能把中阿关系的美好规划转化为实实在在的人民福祉，为各自的发展增添助力，构建中阿命运共同体必将迎来光明的未来。

《人民日报》（2020年7月8日）

团结合作的声音更响亮
——抗击疫情离不开命运共同体意识㊿

中国与东盟国家一次次并肩应对挑战，关系日益紧密，合作愈发强劲

东盟与中日韩、东亚峰会和东盟地区论坛高官会于7月20日至21日以视频方式举行。地区各国仍处在抗击新冠肺炎疫情和恢复发展的关键阶段，此次系列高官会对于地区国家统筹抗疫和发展，凝聚政治共识，推进务实合作，促进地区和平稳定与发展繁荣具有积极意义。

中国和东盟国家山水相连、人文相通。中国始终把东盟作为周边外交优先方向和共建“一带一路”的重点地区。近年来，中国与东盟（10+1）合作、东盟与中日韩（10+3）合作等机制不断取得丰硕成果，地区合作取得长足进展。疫情发生后，地区国家成功举办东盟与中日韩（10+3）抗击新冠肺炎疫情领导人特别会议、中国—东盟关于新冠肺炎问题特别外长会、东盟与中日韩（10+3）抗击新冠肺炎疫情经贸部长特别视频会议等，强化合作意识、提振合作信心、明确合作方向，充分展现了中国与地区各国守望相助、共克时艰的坚定决心和深情厚谊。

患难见真情，共同抗疫情。在这段特殊的日子里，中国与东盟国家团结合作的声音更加响亮。泰国总理巴育录制“泰中团结，一起加油”的视频，柬埔寨首相洪森“逆行”访华，诠释了相互支持的真挚友谊。东盟国家人民积极向中国人民捐款捐物，为中国抗击疫情加油鼓劲。中国政府、企业、民间机构等向东盟国家多次捐助抗疫物资，向柬埔寨、老挝、菲律宾、缅甸、马来西亚等国家派遣抗疫医疗专家组。中国还多次与东盟国家举办中国—东盟新冠肺炎疫情专家视频研讨会，毫无保留地分享抗疫经验，积极合作推动药物和疫苗研发。

东盟副秘书长康富表示："中国为抗击疫情所做努力，以及中国政府向全球不同地区的国家提供弥足珍贵的支持，特别值得赞扬。"

在做好常态化疫情防控前提下，有序推进安全复工、健康复产，中国与东盟国家合作前景更加广阔。中国与新加坡率先建立人员往来"快捷通道"，合力推动地区供应链产业链畅通。中国—东盟交通部长应对新冠肺炎疫情特别会议近日举行，双方一致同意加强合作，共同努力保障中国与东盟之间运输和物流体系畅通，维护全球产业链供应链稳定，将为复工复产增添强劲动力。今年上半年，中国对东盟进出口总值逆势增长 5.6%，占中国外贸总值的 14.7%，东盟成为中国第一大贸易伙伴。2020 中国—东盟数字经济合作年的启动，将为双方经济社会发展提供更加强大的新动能，为本地区实现持久稳定与繁荣注入新活力。

中国与东盟国家一次次并肩应对挑战，关系日益紧密，合作愈发强劲。中国坚持与邻为善、以邻为伴，坚持睦邻、安邻、富邻，践行亲诚惠容的周边外交理念，始终以开放的胸襟和积极的态度促进地区合作。中国与东盟国家深化共建"一带一路"合作，更多惠及当地就业民生，将让双方民众的心贴得更近。中国—东盟战略伙伴关系不断提质升级，中国与地区国家共同推动年内签署区域全面经济伙伴关系协定，将进一步提升地区开放合作水平，描绘共同发展的新未来。

"交得其道，千里同好，固于胶漆，坚于金石。"中国与东盟国家携手努力，奏响了和平、发展、合作、共赢的主旋律，一个更为紧密的中国—东盟命运共同体必将充满光明的前景。

《人民日报》（2020 年 7 月 21 日）